普通高等教育"十一五"国家级规划教材

21世纪金融学系列教材

国际结算

（第四版）

主　编　张东祥
副主编　高小红

International
Settlement

WUHAN UNIVERSITY PRESS
武汉大学出版社

图书在版编目（CIP）数据

国际结算/张东祥主编,高小红副主编 . — 4 版 . —武汉：武汉大学出版社,2011.3（2022.1 重印）

普通高等教育"十一五"国家级规划教材

21 世纪金融学系列教材

ISBN 978-7-307-08318-9

Ⅰ.国… Ⅱ.①张… ②高… Ⅲ.国际结算—高等学校—教材
Ⅳ.F830.73

中国版本图书馆 CIP 数据核字（2010）第 211422 号

责任编辑:夏敏玲 责任校对:黄添生 版式设计:马 佳

出版发行:**武汉大学出版社** （430072 武昌 珞珈山）

（电子邮箱：cbs22@ whu.edu.cn 网址：www.wdp.com.cn）

印刷:武汉图物印刷有限公司

开本:787×1092 1/16 印张:24 字数:546 千字

版次:1996 年 8 月第 1 版 1999 年 11 月第 2 版
 2004 年 8 月第 3 版 2011 年 3 月第 4 版
 2022 年 1 月第 4 版第 13 次印刷

ISBN 978-7-307-08318-9/F · 1438 定价:45.00 元

第四版自序

国际结算是一门研究国际商业银行间跨国收付或转移资金业务的应用型学科。其研究目标是安全、快捷、便利地实现资金的跨国收付或转移，更好地服务于国际贸易及其他国际交往。

作为一项国际银行业务和银行中间业务，国际结算具有投资少、风险小、收效快和回报较高的特点，是国际银行业务竞争的焦点之一。在华外资银行也把国际结算视为重点发展业务，并已抢占了40%左右的市场份额。在追求业务和利润多元化的今天，国内商业银行开始前所未有地重视包括国际结算在内的中间业务的发展。国际结算业务全球领先的中国银行还把国际结算和贸易融资业务作为中间业务发展的重中之重。

一、国际结算的演进与发展趋势

国际贸易是国际结算产生的前提和基础，也是国际结算的主要服务对象。

原始社会末期，随着社会生产力的不断发展，剩余产品的不断增加，私有制、阶级和国家依次出现，商品流通超越国界，便形成了国际贸易。最初的国际贸易是以物物交换的形式进行的，随后又出现了相对固定的充当一般等价物的实物货币。到了我国的封建社会时期，黄金和白银成为统一的一般等价物，行使价值尺度、流通手段、支付手段、储藏手段的职能后，国际结算才得以产生。

在产生初期及此后相当长的时期里，国际结算一直是以传统的方式进行的，直接结算、现金结算、凭货付款是其基本特点。

随着国际贸易领域的分工与发展、资本主义产业革命的完成以及银行职能的变化，传统的国际结算不断发生变化。

第一，票据的产生与推广使用，使国际结算由现金结算发展到非现金结算。公元11、12世纪，票据在国际贸易较发达的地中海沿岸城市萌芽，到19世纪末期，票据的使用已相当普遍，包括汇票、本票和支票在内的"三票"制度也基本完善。

第二，银行职能的转换与加入，使国际结算由贸易商人之间的直接结算变成了以银行为中介的间接结算。18世纪60年代，随着西方主要国家产业革命的完成，早期高利贷性质的银行（货币兑换商、钱庄）转变为现代商业银行，不仅开展存贷款业务，而且担任信用和支付中介。银行的加入，极大地提高了国际结算的效率。

第三，单据的出现及其证券化，使国际贸易付款条件由"凭货"发展到"凭单"。在国际贸易大幅增长的前提下，国际贸易逐步分成商业（进出口）、航运和保险三个行业，出现了运输单据、保险单据和其他单据。随着内容和格式的基本统一，这些单据所代表的权利被普遍认可并成为买卖和抵押的对象。出口商交货变成了发货与交单两个环节，交单逐步成为交货的代名词。19 世纪末期，单据证券化和凭单付款已经相当完善。对银行而言，国际结算就是一种单据业务，银行一般不管合同和货物。

第四，国际结算领域中国际惯例的产生，使国际结算更加规范。为维护自身利益，一些商人团体早在 13 世纪就开始在总结国际贸易实践中的习惯做法的基础上制定国际贸易规则。特别是国际商会 1919 年成立以来，组织制定了许多国际贸易和国际结算实务方面的规则，其中不少规则如《国际贸易术语解释通则》、《国际汇票和本票公约》、《托收统一规则》、《跟单信用证统一惯例》、《国际保理服务惯例规则》等被国际贸易相关机构普遍接受而成为重要的国际惯例。另外，联合国国际贸易法委员会、国际统一私法协会等机构也制定有关规则。目前，这些国际惯例和规则已成为指导国际结算的基本文件，实际上也是国际结算应遵循的基本原则与标准。

第五，国际贸易融资日益成为国际结算不可分割的组成部分，并成为影响银行国际结算竞争力的最重要因素之一。国际结算的性质也随之发生改变，即由单纯的中间业务（结算）发展为中间业务与资产业务（融资、授信）相结合。国际贸易融资风险管理也成为商业银行全面风险管理的重要内容。

可以说，从 19 世纪末开始，国际结算就进入了现代阶段，非现金结算、间接结算、凭单付款、国际结算与贸易融资相结合、国际惯例的普遍使用是现代国际结算的基本特点。

20 世纪 70 年代以后，国际结算出现了新的发展趋势。

首先是国际结算电子化发展十分迅速。1977 年，一个国际银行业专用的高速电讯系统——环球银行金融电讯协会（SWIFT）正式成立。目前，全球 208 个会员国（地区）的 8 000 多家成员银行①可以通过专用电脑和终端设备直接收发信息。主要货币的清算系统也实行电子化、自动化，如清算国际美元的交换银行相互收付系统（CHIPS，1970 年）、清算英镑的交换银行自动收付系统（CHAPS，1984 年）等相继建立。网上交易和无纸贸易的发展也促进并将进一步推动国际结算电子化的发展。

其次是国际结算方式的非信用证化。随着区域经济一体化的发展，一些区域内成员国之间、发达国家之间的贸易结算开始较多地采用电汇 T/T、付款交单托收 D/P 等简单、迅速的结算方式，如欧盟成员国之间结算的非信用证化比例高达 80%。不过，信用证仍然是发展中国家（地区）之间、发达国家与发展中国家（地区）之间最重要的结算方式之一。

我国银行的国际结算在结算和贸易融资方式、结算货币选择等方面基本上与国际银行接轨，与国际大银行在结算服务质量和水平上的差距不断缩小。由于我国对外贸易的迅速发展和我国商业银行的国际化，我国银行在全球国际结算市场的地位快速提升，2007 年至 2009 年，仅中国银行的国际结算金额就分别达到 1.4 万亿美元、1.7 万亿美元和 1.4 万亿美元②，成为全球国际结算额超万亿美元的唯一银行。

---

① SWIFT 网站，http：//www.swift.com。
② 中国银行股份有限公司网站，http：//www.bank-of-china.com。

二、本书的内容构成与特点

《国际结算》是一本为满足高等院校金融学、国际经济与贸易等相关专业教学需要而编写的教材。本书是普通高等教育"十一五"国家级规划教材。

本书内容由七部分组成:

第一章为国际结算概论。主要对国际结算的基本概念、国际结算的演进、国际结算电子化、国际贸易术语、国际结算中的往来银行以及 SWIFT 等进行了介绍分析。本章内容是国际结算的基础。本次修订更新了国际货物贸易和服务贸易、我国进出口贸易、我国主要银行国际结算机构网络、国际结算金额等数据,主要数据都截至 2009 年底。新数据有利于帮助读者了解全球国际贸易、我国对外贸易和国际结算的最新状况和发展趋势,以及从动态上把握国际结算的特点。

国际商会新修订的《国际贸易术语解释通则2010》将于 2011 年 1 月 1 日正式在全球范围内实施。本次修订反映了国际贸易术语的最新变化。

第二、三、四章为国际结算工具。主要对国际结算使用的票据这一信用工具进行了系统的介绍分析。主要内容包括票据的性质、票据权利与票据义务、票据法、票据的种类、票据行为和票据在国际结算中的使用等。

第五、六、七、八章为国际结算基本方式。主要对以跨国收付或转移资金为目的的贸易汇款、跟单托收和跟单信用证进行了详细介绍分析,包括各种结算方式的业务流程、基本类型、贸易融资、风险管理、相关国际惯例规则及使用背景等内容。本次修订首先是增加了汇款贸易融资,包括出口发票融资或出口 T/T 融资、信保融资、进口 T/T 融资等,使本书在国际结算和国际贸易融资方面的内容更加系统、全面。其次是以 UCP600(《跟单信用证统一惯例》2007 年修订版) 和信用证的其他相关新规则①为依据,补充和更新了信用证结算内容。UCP600 已于 2007 年开始实施,该惯例无论是在形式还是内容上都有了重大变化,本书基本上反映了这些变化。以最新的国际惯例规则和相关法律为依据,是本书写作一直坚持的基本原则。

第九、十、十一章为国际结算附属方式。主要对在风险控制和贸易融资等方面为基本方式提供补充的国际保理服务、福费廷业务和银行保函三种方式进行了系统介绍分析,包括各种结算方式的基本功能、基本程序、风险控制和使用背景等。此次修订增加了《IFA 福费廷国际规则》和《IFA 国际规则用户指南》,以及 2010 年 7 月 1 日生效的《见索即付保函统一规则》的相关内容。

第十二章为国际非贸易结算方式。主要对信用卡、外币兑换、非贸易汇款、光票托收与光票信用证等方式进行了介绍。

第十三章为国际结算方式总结。主要对国际结算方式的特点进行了比较,分析了国际结算的综合使用,以及商业银行贸易融资风险管理。本次修订增加了国际贸易融资风

---

① 包括与 UCP600 配套、2007 年修订生效的《跟单信用证电子交单统一惯例》和《关于审核跟单信用证项下单据的国际标准银行实务》,以及 2008 年修订生效的《跟单信用证项下银行间偿付统一规则》等。

险管理方面的内容，从总体上分析了国际贸易融资的一般风险和特殊风险。

第十四、十五章为商业单据。对国际结算中以反映和说明货物特征为目的的主要商业凭证如跟单汇票、运输单据、保险单据、商业发票的基本性质、基本内容、制作要求和银行审核要点等进行了分析。本次修订以 UCP600 为依据，更新了商业单据的相关内容。

三、本书写作分工与鸣谢

本书由张东祥主持修订，修订分工如下：

张东祥：第一章至第十三章、附录。

高小红、张东祥：第十四、十五章。

胡春焕、刘小妹协助查阅和整理了部分资料。

在本书编写过程中，我们参考了国内外有关书籍和文章，查阅了有关机构和银行的网站，在此对以上文献作者和有关单位一并表示感谢。感谢武汉大学经济与管理学院有关专业的学生们，他们在使用本书的过程中，提出了许多有益的建议。感谢武汉大学出版社为本书被列为普通高等教育"十一五"国家规划教材和顺利出版作出的重要贡献。

由于修订时间比较仓促、作者水平有限，修订版中的缺点和错误在所难免，敬请批评指正！文责由作者自负。

张东祥于珞珈山

whuzdx@ 126.com

2010 年 8 月

第三版自序

本书第一、二版的出版发行，得到了不少单位特别是高校的认可，除武汉大学外，国内多所高校选择该书作为教材或参考书，部分银行及相关单位也把该书作为培训资料，这使我们感到十分欣慰。

为更好地满足教学及广大读者的需要，我们决定对《国际结算》进行第二次修订。

本次修订保留了第一、二版的特点。

第一，内容全面新颖、分析透彻、表述规范、重点突出。全面介绍分析包括跟单信用证、跟单托收、汇款、银行保函、国际保理服务、包买票据业务等贸易结算方式和侨汇、信用卡等非贸易结算方式以及与之配套的票据和商业单据，力争将国际商业银行关于国际结算的规范做法和成功经验展现出来。票据中的汇票、结算方式中的信用证业务、单据中的海运提单和保险单是本书介绍、分析、研究的重点。

第二，将国际贸易融资及银行风险控制放在重要地位。跟单托收、跟单信用证、国际保理服务、包买票据业务等结算方式中，贸易融资与资金收付密不可分，特别是跟单信用证、国际保理服务、包买票据业务三种结算方式更是如此，可以说，没有融资就没有这些方式存在的必要。在上述三种结算方式以及银行保函等结算方式中，银行在提供资金和信用融通的同时也承担了不同程度的风险，因此，分散和控制风险就成为银行的重要课题。本书在这方面提出了一些切实可行的措施。

第三，密切结合和应用最新国际惯例规则。《托收统一规则》（URC522）、《跟单信用证统一惯例》（UCP500）、《跟单信用证项下银行间偿付统一规则》（URR525）、《国际保理服务惯例规则》、《国际保理服务公约》等都是国际结算方面最新的惯例规则，其原则精神和具体条款贯穿于本书始终。

第四，业务操作与业务管理相结合。在注重国际结算业务操作的同时，本书十分重视国际结算业务的宏观管理、分析和运用，如强调辩证认识并合理选择使用各种结算方式，及时把握国际结算的变化趋势等。

本次修订主要是使《国际结算》一书更加准确、精细、简明，更适合阅读和作为教材。

首先，充实了重要国际惯例规则的条款解说，便于读者阅读、理解有关国际惯例规则以及按国际惯例规则办事。

其次，补充了SWIFT结算以及《2000年国际贸易术语解释通则》等内容。

再次，每章增加了小结和思考题，并在书后附上了重要专业词汇的中英文对照表，方便读者学习和思考。

最后，对全书结构进行了调整和重新编排，使本书结构更加合理；与此同时，我们还对全书的文字表述进行了推敲、更正，使其更加准确、简明。

此次修订由张东祥负责，赵云协助完成。各章编写人员分工如下：

第一章：张东祥、赵云。

第二、三、四、五、六章：张东祥。

第七、八章：张东祥、高小红。

第九、十、十一、十二、十三章：张东祥。

第十四、十五章：高小红、张东祥。

附录一、二、三、四：赵云。

本书的写作得到了中国建设银行刘学敏、李华超等同志的帮助，他们为本书的写作提供了部分实务资料和一些好的建议。在此对他们的帮助表示由衷的谢意。

我要感谢武汉大学金融学专业的学生们！他们在使用《国际结算》第一、二版的过程中，提出了一些很好的意见和建议。

最后我要特别感谢我的导师、著名经济学家、原全国人大常委和民建中央副主席、武汉市政府顾问李崇淮教授！他在传授我知识和做人道理的同时，还在百忙之中抽出宝贵时间为本书第一版作了序。

在写作过程中，我们参阅了国内外大量的有关出版物，包括参考书目中列出的和未列出的，在此一并致谢。

由于国际结算业务发展变化较快，加之我们所掌握的资料和自身水平有限，书中缺点错误在所难免，敬请各位同行和广大读者批评指正。

张东祥

2004 年 5 月

第二版自序

  本书初版发行两年多来，先后加印 4 次，累计发行近 2 万册，并被湖北省内外多所高校选做教材，这使我们感到十分欣慰。为更好地满足教学及广大读者的需要，我们决定对《国际结算》进行修订。

  修订版对资金跨国转移的主要方式（包括跟单信用证、跟单托收、汇款、银行保函、国际保理服务、包买票据业务等贸易结算方式和侨汇、信用卡等非贸易结算方式）和基本方法以及与之配套的票据和商业单据的内容记载及审核要求等进行了详细介绍和分析，力争将国际商业银行的规范做法和成功经验展现出来。在注重国际结算业务操作的同时，我们十分重视国际结算的宏观管理、分析和运用，如强调辩证认识并合理选择使用各种结算方式，及时把握国际结算的变化趋势等。

  内容新颖、分析透彻、表述规范、重点突出是本书的主要特点。

张东祥

1999 年 8 月

第一版序

商业银行业务通常可以分为资金来源、资金运用和中介业务三大类，国际结算是银行中介业务的最重要组成部分。与银行其他业务相比，国际结算与贸易融资业务具有投资少、风险小、收效快、利润丰厚等特点，符合商业银行对资金运用的安全性、收益性、流动性的要求，是国际商业银行业务竞争的焦点。目前，国际上绝大多数知名大银行把国际结算业务放在十分重要的地位，在有些银行，国际结算业务已占其业务总量的一半以上。国际结算的水平和地位，已成为衡量一家银行国际化程度的重要标志。

同时，在国际交往日益频繁，特别是全球经济日趋一体化的今天，国际结算也是经济生活中不可缺少的重要内容。离开了国际结算，就不可能有正常的国际经济乃至政治、文化和军事等交往，这好比血液停止了流动，人就无法生存一样。据估计，全球每天发生的国际结算业务都以数千亿美元计算。

为总结国际结算实务中的成功经验，介绍国际结算的规范做法，探讨国际结算中存在的问题，研究国际结算的发展趋势，张东祥同志在多年教学、研究的基础上写成了《国际结算》一书。综观全书，它具有以下特点：

（一）体系完整科学，结构合理

全书内容可分为国际结算工具、国际结算和贸易融资方式、商业单据三大部分。作者首先对国际结算的概念和主要内容，国际结算的产生发展，国际结算中的往来银行进行了介绍，便于读者从总体上了解和把握国际结算这门学科；接着，详细介绍和分析了国际结算工具（指国际票据，包括汇票、本票和支票）、国际结算和贸易融资方式（包括汇款、托收、信用证、银行保函、保理服务、包买票据等）及结汇单据（主要包括跟单汇票、商业发票、运输单据、保险单等），这是国际结算最主要的内容；最后，作者对非贸易结算和银行清算作了简要介绍，这是对国际贸易结算的必要补充。该书内容全面、体系科学、布局合理、重点突出。

（二）内容新颖，资料翔实

《国际结算》一书的写作紧密联系了国际结算最新发展的实际。如将我国票据法与国外票据法进行对比分析，结合跟单托收和跟单信用证的最新规则、惯例——《URC522》和《UCP500》分别介绍和分析了跟单托收和跟单信用证结算方式；花大量篇幅介绍和分析 20 世纪 50、60 年代以后发展起来的国际银行保函、国际保理服务和包买票据业务等最新结算方式。此外，还较系统地介绍了非贸易结算方式及现代化的清算系统。总之，作者始终站在国际结算的最前沿，将最新的信息提供给了广大读者。

作者还对贸易融资进行了详细论述；在全书的写作中，坚持以国际结算中最新的惯例、规则和法律为依据，避免了泛论和空谈。

(三) 分析透彻，视野开阔

作者首先把握住了《国际结算》是一门应用性很强的实务性学科的特点，对结算和融资方式的含义、种类及运作，对票据和单据的内容记载及审核等进行了透彻的介绍，并画出或附上了一些重要图表、单证式样。但作者并没有就实务论实务，而是站在理论高度来分析和认识国际结算的发展变化，把握国际结算的发展趋势。作者在注重国际结算业务操作的同时，十分重视对国际结算的宏观管理和分析。

该书文笔流畅，论述精练，可读性较强。

总之，该书既适合于大专院校作为财经专业学生学习《国际结算》课程的教材，同时也能用于银行、外贸部门的涉外业务培训。

李崇淮

1996 年 4 月

目　　录

第一章　国际结算概论

◎**本章学习目的**

在学习本章之后，应该掌握以下内容：

1. 国际结算的含义、特点与种类。
2. 国际结算的演进与发展趋势。
3. 国际结算中的银行网络。
4. 主要国际贸易术语。

第一节　国际结算的基本概念

一、国际结算的含义及其种类

（一）国际结算的含义

国际结算（International Settlement）是指为清偿国际间债权债务关系或跨国转移资金而发生在不同国家之间的货币收付活动。清偿国际间的债权债务关系以及跨国转移资金是国际结算的基本目的，国际结算或跨国货币收付是其手段。

不同国家之间之所以存在债权债务关系是因为国际间存在着广泛的政治、经济、军事、文化等各方面的交往，这些交往常常会伴随着资金的流动。随着国际交往的增加，特别是国际贸易的不断发展，国际间的债权债务总量与日俱增，于 2008 年达到顶峰。世界贸易组织（WTO）的统计显示，2008 年年底，国际货物贸易（World Merchandise Exports）出口总额达 14.29 万亿美元，国际服务贸易出口（World Commercial Services Exports）达 3.73 万亿美元①。2003—2008 年间，国际货物贸易出口和服务贸易出口每年增长率都在 11% 以上。国际金融危机使得 2009 年的国际贸易出现了负增长，预计全球出口要经过数年才能恢复到危机之前的水平。表 1-1 详细反映了十余年来国际出口贸易迅速增长的状况。

---

① 世界贸易组织 WTO 网站，http://www.wto.org。

表 1-1	国际出口贸易额		单位：亿美元	
	货物贸易出口额	货物出口增长率（%）	服务贸易出口额	服务出口增长率（%）
2000 年	63 640	13.1	14 922	6.2
2001 年	61 550	-3.3	14 945	1.5
2002 年	64 550	4.9	16 014	7.2
2003 年	74 820	15.9	18 340	14.5
2004 年	88 800	18.7	21 795	18.9
2005 年	108 370	22.0	24 147	10.8
2006 年	120 620	11.3	27 108	12.3
2007 年	135 700	12.5	32 572	20.2
2008 年	142 855	17.2	37 313	14.6
2009 年	123 180	-22.7	33 116	-11.2

资料来源：根据世界贸易组织网站，http：//www.wto.org，中华人民共和国商务部网站，http：//www.mofcom.gov.cn 资料整理。

从理论上讲，国际间债权债务关系的清偿，除国际结算以外，还有易货、以黄金偿还等多种手段。但在实际上，后两种手段的作用非常小。这是因为各国对黄金的进出口均施行严格管制政策，只有国家政府之间的债权债务清偿才能采用，而在民间很少使用。易货贸易即现代易货贸易，又被称为对销贸易、对等贸易、反向贸易、无汇贸易等，它不是某种单一的贸易方式，而是将进出口活动联合起来的各种贸易方式的总称。虽然第二次世界大战后，特别是 20 世纪 80 年代以来，其使用范围在不断扩大，但它仍只是国际贸易的一种补充形式，并且现代易货贸易并非传统意义上的物物交换。易货贸易双方不仅要以同一货币计价，而且还要收付一定比例的外汇。为降低风险，保证合同顺利履行，贸易双方或一方还须向银行申请开立信用证或银行保函。这就是说，现代易货贸易仍不能脱离国际结算。因此，国际结算是国际间债权债务关系清偿的最主要手段和最通行方式。

目前，全球每天发生的国际结算业务在千亿美元以上，业务范围遍及世界各个角落。在全球经济一体化的今天，国际结算已成为经济生活中不可缺少的一个方面。

（二）国际结算的种类

国际结算一般被分为国际贸易结算（International Trade Settlement）和国际非贸易结算（International Non-trade Settlement）两类。

1. 国际贸易结算

国际贸易结算是指由有形贸易（Visible Trade）引起的货币收付活动。有形贸易指商品或货物的进出口，它是国际贸易的基础和重要组成部分。国际贸易结算的主要目的是清偿贸易债权债务关系。

2. 国际非贸易结算

国际非贸易结算是指由无形贸易（Invisible Trade）引起的货币收付活动。非贸易主要指单方面转移和服务贸易等，包括侨民汇款、捐赠、国际资本流动、技术转让、国际旅游、运输服务、保险服务、银行服务等。据统计，在国际贸易中，无形贸易比有形贸易发展更快。无形贸易的主体是服务贸易。

非贸易结算的目的有两个：一是清偿债权债务关系，二是转移资金。以转移资金为目的的结算又叫金融交易结算，它在结算总量上已大大超过国际贸易结算和其他非贸易结算之和。

因此，国际结算也可以分成国际贸易结算、非贸易结算和金融交易结算三种类型。

国际贸易结算是国际结算的基础，它在国际结算中具有特殊地位。有形贸易或商品贸易是货物与金钱的相对给付，卖方交货，买方付款。但是，要以买卖双方一手交钱、一手交货，银货当面两讫的方式来完成货物交易数量巨大、年交易额数以万亿美元计的国际货物贸易的交割几乎是不可能的。因此，实际上更多的情况是，卖方发货在先，买方付款在后，并且以单据代表货物，还使用了信用证、银行保函等工具。卖方交货变成了先发货而后交单收款，并且首先付款的可能不是进口商而是银行（如信用证结算），然后才是买方付款、赎单、提货。于是，单据成为货物的代表；信用证或银行保函成了进口方或申请人付款的保证，银行加入进来并承担了一定风险。这些都使得国际贸易结算包含的内容更加广泛，手续更加复杂。

与贸易结算相比，非贸易结算虽然业务量大，但结算手续较为简单，通常它只涉及一部分结算方式和内容。掌握了国际贸易结算，其他贸易结算也就不难掌握了。因此，国际贸易结算是本书的写作重点，也是我们的学习重点。

二、国际结算的性质和特点

国际结算是一门以国际金融、国际贸易和商业银行学为基础而形成的交叉学科。

1. 国际结算是重要的商业银行中间业务

商业银行是国际结算业务的开办主体。在国际结算中，不同国家间的债权债务关系的清偿都是通过银行中介实现的。在清偿债权债务的活动中，商业银行提供服务、承担风险的根本目的是为了获得一定利润。银行在开展国际结算业务时，有权选择是否接受客户的委托和申请，有权采用某些保障措施以降低自身所承担的风险并决定收取一定的费用。总之，商业银行是按照安全性、流动性、收益性三项基本原则来办理国际结算业务的，有利可图是其基本目的。

2. 国际结算是国际金融的重要内容

在国际结算中总是要涉及外汇转移及外汇票据流动、货币兑换与汇率、外汇进出入管制、外汇风险等问题，而这些都是国际金融的实务问题。

3. 国际结算以国际贸易为基础

国际贸易实务是指包括国际货物买卖合同的洽谈、签订与履行在内的全过程，贸易货款收付是合同最重要的条款之一。货款收回是出口商的根本目的和最主要权利，货款支付是进口商的最主要义务。于是，出口商就成为债权方，进口商便是债务方，国际结算也就有了存在的基础。此外，国际结算还涉及货物运输、保险等环节，因为在凭单付款结算方式中，运输单据和保险单等都是重要的单据，是进口方及银行付款必不可少的条件。国际结算从产生之日起，就以服务于国际贸易为宗旨。可以说，没有国际贸易就没有国际结算，并且，在信用证方式下，国际结算几乎伴随了国际贸易的全过程。因此，国际结算与国际贸易是相互促进、共同发展的关系。

4. 国际结算以国际法律和规则为依据

在国际贸易和国际结算中存在着大量的国际法律、国际公约、国际规则和国际惯例，这些法律和规则是指导和规范国际结算的基础。要学好、用好国际结算，必须熟练掌握这些法律和规则。

因此，学习和掌握国际金融、国际贸易、商业银行学、国际法规以及外语等方面的知识，是学好国际结算的基础。

5. 国际结算比国内结算复杂

国际结算的复杂性主要表现在以下方面：

第一，活动范围大。国内结算的当事人都在一国之内，货币（本币）活动不出国界。国际结算是跨国进行的，这给各方在语言及文字沟通、资信了解、运输与保险的操作、外币使用等许多方面增加了困难。

第二，使用和涉及一种以上的货币。国内结算一般只使用本币一种货币，而国际结算通常涉及两种或多种货币，并且货币活动范围超出国界，这就产生并增加了汇率、外汇管制、外汇风险等问题。

第三，环境更复杂。国内结算是在统一的政治、经济、文化环境下进行的，所依据的是本国法律。国际结算是在不同的政治、经济、文化环境下进行的，没有统一的法律管辖。如果出现争议和纠纷，则须根据当事各方事先约定的标准来解决。

三、国际结算的基本内容

作为一门课程，国际结算主要包括国际结算工具、国际结算方式和国际结算单据等三方面内容。

（一）国际结算工具

以书面形式发行和流通、用以证明债权人权利和债务人义务的契约证书被称为信用工具。国际结算中使用的信用工具或金融工具主要是票据（Notes or Bills）。票据是以无条件支付一定金额为目的的特定证券，主要包括汇票（Bill of Exchange）、本票（Promissory Note）和支票（Check or Cheque）三种类型。

国际结算中使用的信用工具即票据就是国际结算工具，其主要功能是收付一定金额的货币。

（二）国际结算方式

国际结算方式是指国际间货币收付的途径、手段和渠道，它主要是解决外汇资金如何从进口地转移到出口地的问题。这是国际结算的最主要内容。

国内外常见的国际贸易结算方式主要包括汇款（Remittance）、托收（Collection）、信用证（Letter of Credit）、银行保函（Bank's Letter of Guarantee）和备用信用证（Stand-by Letter of Credit）、国际保理服务（International Factoring）和福费廷业务（Forfaiting）等。20世纪60、70年代曾广泛使用的协定贸易结算（Settlement Under Trade Agreement）现在已很少使用。

常见的非贸易结算方式主要包括信用卡（Credit Card）、侨汇（Overseas Remittance）、外币兑换（Foreign Currency Exchange）、买汇（Buying Exchange）和光票托收（Clean Bill for Collection）等。

（三）国际结算单据

国际结算单据简称单据或商业单据，它指的是国际结算中以反映和说明货物特征为目的的商业凭证，主要包括运输单据（Transport Documents）、保险单（Insurance Policy）、商业发票（Commercial Invoice）和跟单汇票（Documentary Bill of Exchange）等。其中海运提单（Marine Bill of Lading, B/L）和多式联运提单（Multimodal Transport Document, MTD）代表了货物所有权，是最重要的商业单据。除以上单据外，还有许多其他单据。

国际结算的基本内容见表1-2。

表1-2　　　　　　　　　　　　　**国际结算的基本内容**

国际结算工具	票据的性质与功能、票据权利与票据义务、票据法、票据的种类（汇票、本票、支票）、票据行为（狭义行为、其他行为）等		
国际结算方式	国际贸易结算方式	基本结算方式	汇款、托收、信用证
		附属结算方式	银行保函、国际保理服务、福费廷业务
	非贸易结算方式	侨汇、外币兑换、买汇与光票托收、信用卡、光票信用证等	
国际结算单据	基本单据	运输单据、保险单、商业发票、跟单汇票	
	附属单据	海关发票、领事发票、装箱单、重量单、商检证书、原产地证等	

第二节　国际结算的产生和发展

国际结算是随着国际贸易的产生而产生的，并随着国际贸易的发展壮大而不断发展完善。不同时期的国际结算具有不同的特点。同时，国际结算的发展又反过来促进了国际贸易的进一步扩大。

在不同时期，国际结算的特点也不同。

一、传统国际结算的特点

传统国际结算只是一个相对概念，总体上是指19世纪末期以前的国际结算。

（一）国际结算的产生

国际结算以国际贸易的产生和发展为前提，但它们并不是同时产生的。国际贸易的产生早于国际结算。

国际贸易产生和发展的基础是社会生产力的发展和社会分工的扩大。原始社会末期，随着生产力的不断发展，剩余产品的不断增加，产生了私有制、阶级和国家，商品流通超出国界便出现了国际贸易的萌芽。最初的国际贸易是以物物交换的形式进行的，随后又产生了充当一般等价物的实物货币。

但从严格意义上讲，在黄金、白银充当一般等价物之前，还不存在国际结算，只有在封建社会，金、银成为货币，充当统一的一般等价物，行使价值尺度、流通、支付和储藏手段职能，并充当世界货币后，国际结算才得以产生。

（二）传统国际结算的特点

在国际结算产生初期及此后相当长的时期里，国际结算都是以传统的方式在进行，这就是贸易商人之间直接以现金支付进行结算，买卖双方一手交钱，一手交货，银货当面两讫。

现金结算、直接结算和凭货付款是传统国际结算的三大特点。

二、现代国际结算的特点

随着国际贸易的发展和银行职能的变化，传统的国际结算不断发生着变化，并逐步向现代国际结算转变。19世纪末期，现代国际结算的框架基本形成，并在20世纪不断得到完善。现代国际结算有以下五个特点。

（一）现代国际结算是非现金结算

早期的国际结算主要以金银铸币作为结算手段。买方直接将金银货币交付卖方，以清偿债务。远途运送金银不仅风险大、费用高，而且难以清点和辨别真伪，这些都给国际贸易商人带来很多不便。当交易量较大、交易活动频繁、交易距离遥远时，这些不便就更为突出。因此，现金结算也就不能适应国际贸易大规模发展的需要了。

逐步取代现金结算的是票据结算，即非现金结算、转账结算，在此阶段，票据逐步取代现金而成为最主要的结算工具。票据制度的发展和完善有数百年的历史，大体上经过了三个阶段。

（1）汇兑票据时期。票据产生于公元11、12世纪的欧洲国际贸易中心即地中海沿岸城市。随着各城市国家之间的贸易往来发展，产生了大量的不同货币兑换的需要，并由此产生了专门从事货币兑换业务的兑换商。为避免直接运输现金可能发生的风险，减少运输费用，出现了代替现金运送，而由兑换商在本地收取现金，再向异地的兑换商发出书面证明，由异地的兑换商进行支付的办法。这种由兑换商签发的书面证明即是早期的票据。

（2）市场票据时期。到了公元13世纪前后，在欧洲的一些主要城市，定期的集市交易发达起来，票据开始了最初的交易。交易商可用由兑换商发出的、以市场交易日为到期日的票据代替现金来进行支付。不过，支付的票据必须是到期票据，且票据到期日必须是市场交易日。余额部分则以现金支付。

（3）流通票据时期。公元 16、17 世纪，欧洲的票据使用已相当普遍，票据制度也渐趋完善，特别是最初背书制度的出现，使票据能够以简便的方法实现转让，票据便从先前的证据性证券演变成流动性证券。18 世纪以后，票据就开始成为现代意义上的票据。

（二）现代国际结算是单据业务

随着国际贸易的迅速发展，国际贸易的分工开始出现。商人们已不再像以前那样亲自驾船出海，而是委托船运公司或承运人运送货物，船东们为了减少海运风险，又向保险商投保，这样，商业、航行业、保险业就分化成为三个独立的行业，并出现了提单、保险单。这些单据既是收据，又是物权凭证，可以转让他人，于是，单据成了买卖和抵押的对象。此后，单据的制作越来越规范和统一。

18 世纪，单据证券化的概念被普遍接受。19 世纪末 20 世纪初，凭单付款的结算方式已相当完善。国际结算基本上脱离了合同与货物，成为一种单纯的单据业务。

（三）现代国际结算是以银行为中介的间接结算

早期的银行是高利贷性质的银行（钱庄），发放高利贷是其主要业务，当时其尚未开展中介服务业务，也未能完全加入国际贸易和国际结算体系中。到了 18 世纪 60 年代，在最主要的资本主义国家相继完成产业革命的同时，银行业也发生了深刻的变化，即由高利贷性质的封建银行转变为担任信用和支付中介的资本主义银行。它们不仅从事国内的存放款业务，还开展了国际结算和国际借贷业务。贸易商人便可委托银行收付货款。

现代意义上的银行非常适合担任国际结算中介机构，其加入极大地促进了国际贸易和国际结算的发展。

（1）银行拥有高效率的资金转移网络。为了在国际范围内寻找赢利机会，一些大型商业银行纷纷在海外设立为数众多的分支机构；同时，为了国际结算的方便，这些银行还在全球范围内建立了广泛的代理关系包括账户关系，这样货币的收付就变成了银行内部或账户行之间的资金划拨或账务转换，而一般不发生实际的货币运行活动。资金的转移效率得到了极大的提高，既降低了成本，又节省了时间。

（2）银行有安全的保障系统。为保证货币的安全收付，银行之间形成了一套完善的用以识别真伪的印鉴、密押系统。通过这套保障系统，很容易辨别银行间往来凭证、函件的真假，银行和客户的利益都有了保障。

（3）银行资金雄厚、信用卓著。相对于工商企业而言，银行资金实力雄厚、信用等级较高，通常是比较稳定和安全的，是值得信任的。在贸易双方互不了解、互不信任的情况下，银行通过借出自己的信用而为双方或不被信任的一方作保，可以促进贸易活动的顺利进行。

(四) 国际结算与贸易融资的结合日益紧密

国际贸易融资 (Finance of Foreign Trade) 又叫国际结算融资,是指围绕国际贸易结算的各个环节发生的资金和信用融通活动。在贸易活动中,卖方总希望尽快收回货款和融通周转资金,而买方则希望迟付货款和从银行融资。由于银行具有资金和信用上的优势,它总是会满足进出口商的融资要求。

国际贸易融资是国际商业银行的一项重要业务,所有商业银行都把贸易融资放在重要地位,在有些银行,贸易融资甚至占其营业额的一半以上。

1. 国际贸易融资的意义

贸易融资之所以具有如此重要的地位,是因为它是最重要的银行中介业务,其发展不仅会影响到银行的收益,而且还会影响银行其他业务的发展。

(1) 贸易融资直接影响国际贸易结算业务的发展。在现代国际结算中,贸易融资与国际结算是不可分离的。一方面,贸易融资以国际结算为基础,并依附于国际结算。没有国际结算,就不可能有贸易融资的良好发展。另一方面,贸易融资又是国际贸易结算的生命力所在,融资越方便,对客户越有吸引力,国际结算业务也就会不断增加。反之,缺少融资渠道,就缺少对客户的吸引力,从而使国际结算业务流失。因此在实践中,各商业银行均把提供贸易融资作为争揽客户和业务、增强银行竞争力的重要手段。

(2) 有利于吸收存款,增强银行资金实力。贸易融资和国际结算业务的增加,必然会带来结算存款的增加,而且这部分存款的成本,比银行的储蓄存款和企业存款业务的成本低得多。

(3) 有利于改善银行资产质量。贸易融资大多以贸易单据和票据为抵押,具有时间短、风险小、收效快的特点,符合银行资产的流动性、安全性和收益性相结合的原则。

(4) 贸易融资和国际结算业务风险较小、收益率高。贸易融资和国际结算业务属于商业银行的中介业务,银行开展此项业务不需太多的成本和投入,只要有足够的业务空间,就可得到稳定、丰厚的业务收入。

在贷出信用或资金时,银行为降低自身面临的风险,通常要以信用证、跟单汇票或货权单据作抵押,或收取押金或取得质押等,所以,银行的业务风险较小。

由于贸易融资和国际结算在银行经营中具有多方面的积极作用,所以,成为国际商业银行重点经营的范围和支柱性业务。

2. 国际贸易融资的基本特点

与商业银行的一般贷款和其他融资授信业务相比,国际贸易融资业务具有下列特点:

(1) 业务具有双重性质。国际贸易融资是国际结算业务的延伸,兼具中间业务和资产业务 (融资授信) 特征。

(2) 以国际贸易为背景。融资针对特定贸易活动,通常以货权或应收账款为还款来源,融资对象为进出口企业。

(3) 融资偿还自偿性强。以特定贸易活动的现金流为还款来源,以结算中的商业单据、金融票据为进出口商还款履约的保证，强调对第一还款来源的审查和控制，强调产品的自偿性。

（4）以短期融资为主。贸易融资通常与出口收款期限匹配，融资期限一般不超过180天。

（5）国际贸易融资信用风险的核心问题是客户的短期偿债能力。

（6）风险较小、收益较丰。国际贸易融资以授信为基础，以单证作抵押，通常具有可追索性。

3. 当代国际贸易融资的特点

国际贸易融资是国际银行业务中的一项传统业务，在20世纪以前就有一定的发展。第二次世界大战以后，国际贸易融资又有了新的发展，除了融资规模不断扩大、与国际贸易和国际结算联系更加紧密以外，这种新发展还表现在：

（1）融资方式更加多样化。传统的贸易融资主要是对出口商的短期资金融通，如进出口押汇、票据贴现及打包放款等。现代贸易融资则更加灵活和多样：进口融资与出口融资并重，中长期贸易融资得到较快发展，信用融资与资金融资并举。

（2）融资方法简便、灵活。为适应国际贸易的迅速发展，满足客户的需求，国际商业银行在开展融资业务时，不断推出方便、快捷的服务手段。授信额度的采用和推广就是其突出表现。

授信额度（Credit Line）是银行根据客户的资信、偿还能力和经营状况而授予在本行内办理结算业务的信用融资的最高融资限额。客户在与银行签订授信额度协议后，就可以比较灵活地使用各种资金便利，包括银行提供的信用贷款、账户透支、信用卡透支、对外担保、票据承兑、进出口押汇、打包放款、开立信用证、开立信托收据等各种服务。

（3）银行信贷融资机构设置发生变化。由于贸易融资对国际贸易结算、国际贸易结算对银行整体业务而言越来越重要，为了增强在国际结算中的竞争力，国际商业银行在国际贸易结算业务中纷纷采取了适合发挥整体实力的运作方式，主要是调整内部机构的设置，使国际结算和信贷融资功能有机结合起来。

（4）国际贸易融资风险管理体制逐步完善。详见相关章节中的国际贸易融资方式及其风险管理。

此外，伴随着科学技术的进步，银行业务电脑化步伐的加快，国际结算和贸易融资业务更加快捷，这使结算业务过程中的资金占用最大限度减少，资金的使用效率大大提高。

（五）国际结算惯例规则的推广使用使得国际结算更加规范

国际结算惯例是指在长期的国际贸易和结算实践中逐渐形成的一些通用的习惯做法和普遍规则。国际惯例的形成必须具备这样一些条件：经过长期反复的实践而形成，内容比较明确和规范；与现行法律没有冲突；不违背公共秩序和良好风俗，有赖国际认可等。

早在公元13世纪，地中海沿岸地区各商人团体为维护自身利益就开始总结实践中的习惯做法，制定贸易规则。到目前为止，国际经济贸易领域已有很多惯例规则，这些惯例规则大多已成为指导国际贸易和国际结算的行动准则。

目前，为各国对外贸易、运输、保险、银行、仲裁等各界人士所熟知的、有代表性的国际贸易和结算惯例主要有：《联合国国际货物销售合同公约》（United Nations Convention on Contracts for the International Sale of Goods）、《国际贸易术语解释通则》（International Rules for Interpretation of Trade Terms）、《托收统一规则》（Uniform Rules for Collection）、《跟单信用证统一惯例》（Uniform Customs and Practice for Documentary Credits）、《跟单信用证电子交单统一惯例》（Uniform Customs and Practice for Documentary Credits for Electronic Presentation）、《跟单信用证项下银行间偿付统一规则》（Uniform Rules for Bank-to-Bank Reimbursements under Documentary Credits）、《关于审核跟单信用证项下单据的国际标准银行实务》（International Standard Banking Practice for the Examination of Documents under Documentary Credits，ISBP）、《见索即付保函统一规则》（Uniform Rules for Demand Guarantee）、《合约保函统一规则》（Uniform Rules for Contract Guarantee）、《国际保理服务惯例规则》（International Factoring Customs）、《国际保理服务公约》（The Unidroit Convention on International Factoring）、《IFA 国际福费廷规则》（IFA International Forfaiting Rules）、《海牙规则》（Hague Rules）、《汉堡规则》（Hamburg Rules）、《国际铁路货物运送公约》（International Convention Concerning the Transport of Goods by Rail）、《国际铁路货物联运协定》（Agreement on International Railroad through Transport of Goods）、《统一国际航空运输某些规则的公约》（Convention for the Unification of Certain Rules Relating to International Carriage by Air）、《联合运输单证统一规则》（Uniform Rules for a Combined Transport Documents）、《伦敦保险协会货物保险条款》（Institute Cargo Clauses，ICC）、《约克-安特卫普规则》（York-Antwerp Rules）、《联合国国际贸易法委员会仲裁规则》（UNCITRAL Arbitration Rules）、《承认和执行外国仲裁裁决的公约》（Convention on the Recognition and Enforcement of Foreign Arbitral Award）等。

国际惯例保证了一定时期内国际贸易方式和规则的相对稳定性，维护了当事人各方的权益；同时，运用国际惯例，有助于减少环节，提高效率。国际惯例的形成和发展还有助于在自由、公平、合理的基础上建立国际经济新秩序。

从国际结算的发展可以看出，19 世纪末期以后，国际结算进入现代阶段。其特点是以票据为基础，以单据为条件，以银行为中枢，结算与融资相结合且日益规范。

三、国际结算的发展趋势

快捷、安全地实现国际间的货币收付，为贸易商提供便利的服务，是国际结算的发展方向和需要研究的主要课题。国际结算的发展呈现出以下趋势：

（一）不断推广采用新技术

随着电子技术的日新月异，国际结算与银行清算正朝着电脑化、自动化的方向发展。

1. 环球银行金融电讯协会

在国际结算电脑化方面最成功、影响最大的是环银电协 SWIFT，即环球银行金融电讯协会（Society for Worldwide Interbank Financial Telecommunication）。SWIFT 是一个国际银行间的非盈利合作组织，实质上是世界各国银行间的高速电讯网络。

SWIFT 的筹建是伴随着欧洲经济与政治一体化而进行的。1950 年欧洲支付同盟成立；1957 年 3 月，"罗马条约"的签订大大推动了欧洲经济一体化的进程，欧洲经济共同体（EEC）应运而生。此后，欧洲各国经济、贸易的相互渗透，银行业的迅猛发展，使各国银行深感传统的通信手段速度慢、不方便，难以适应银行业务国际化的需要。于是，经过 20 世纪 60 年代的酝酿规划，1973 年初开始筹建，1977 年正式在布鲁塞尔成立了 SWIFT 机构。一个国际银行业专用的高速电讯系统从此应运而生。

SWIFT 由各个会员银行组成，入会银行应交纳入会费，提供通信设备装置费和有关费用。开始，参加的会员银行只限于欧洲及北美地区的 240 多家大银行，现在共有会员国（地区）208 个，银行、证券公司、客户成员超过 8 000 多家。SWIFT 具有日益广泛的国际影响。

SWIFT 不以谋利为主要目的，而是为了向会员银行提供专门的通信服务。它每周 7 天、每天 24 小时连续运行，具有自动储存信息、自动加押或核押、以密码处理电文、自动将文件分类等多种功能。它对收发电讯规定了一整套标准化统一格式，使用统一的货币符号。

SWIFT 本身不包括结算和清算，只是通信网络，但很多银行都将本行电脑与 SWIFT 联机，这样很多业务都可由 SWIFT 和电脑自动处理了。SWIFT 具有如下优点：

（1）直接、准确、快速、安全。SWIFT 对于其他结算方式中银行规定的模式做了简化，对用户而言结算变得直接方便。只要会员银行的 SWIFT 专用电脑及其终端设备都在正常运行，任何会员银行都可以在任何时候收发电讯。一般发出后 1~2 分钟以内就会有收电行的反应。

过去，结算以信函或电报等方式来传递信息，因为是按字数收费，用字经济、节省显得重要，而这会导致意思模糊的现象。SWIFT 收费以时间计算，使得用词节省不再那么重要。收发电讯的双方为了保密和安全，可以通过 SWIFT 自动编制和核对密押。

（2）使用统一的标准格式并具有严格的工作制度。以前，各国使用电传（Telex）都有自己的格式，而且相互间在文字或翻译上时常产生误解甚至发生差错。SWIFT 对收发电讯规定了一整套标准化统一格式。它为发报银行提供方便，对发出电文通讯建立了一套包括电文输入、复核、证实等严格的工作制度。使用者可以随时获取所发电讯情况的报告。而且有关的会员银行也可以随时向该机构索取它们所需要的电讯往来记录。

此外，在往来电讯中，规定使用联合国国际标准化组织所制定的一套世界各国货币符号：美元 USD，英镑 GBP，人民币 CNY 等。

（3）机构设置分区域，严密、合理，采用现代化电脑设备与网络。SWIFT 除了在布鲁塞尔设总部外，在荷兰、美国和比利时还分别设有操作中心，在会员银行所在国家与地区设有多个处理站。三个操作中心与地区处理站之间有国际高速数传通信线路相连。会员银行通过当地的电讯部门连接地区处理站，每个操作中心和地区处理站都有现代化、高效能的电脑，数传通信处理及中央处理等设备。会员银行也都有微机和若干终端设备，它们的电脑和终端设备由美国的"宝来电子计算机公司"负责维修、保养。

（4）多样化、大众化的服务。通过 SWIFT，各会员银行之间可以非常便利地实现多种资金的调拨，汇款、外汇买卖、托收、信用证、对账等业务都可提供。

2. 自动清算系统

清算（Clearing）是指不同银行之间因资金的代收、代付而引起的债权债务通过票据清算所或清算网络进行清偿的活动。其目的是通过两国银行在货币清偿地的往来账户的增减变化来结清每笔国际结算业务。

国际结算与国际清算是紧密联系和不可分割的，结算是清算的前提，清算是结算的继续和完成。结算主要是指债权人和债务人通过银行清偿债权债务关系，清算是指银行之间通过清算网络来结算债权债务关系，而银行之间的债权债务关系又主要是由结算引起的。

银行间债权债务的清算是通过票据清算所和自动清算系统完成的。

票据清算所（Clearing House）或清算网络是指由许多银行参加的、彼此进行资金清算的场所。加入票据清算所的银行叫清算银行。在票据清算所里，清算银行之间的债权债务大部分可以相互抵消，实际清算的只是彼此之间的差额。

清算系统（Clearing System）是指结算和清算过程中诸要素组成的有机整体。它包括一笔款项从付款人账上付出，中间经过清算，到收入收款人账户；或从收入收款人账户，中间经过清算，到付款人付账的全过程。

（1）主要清算货币及清算中心。在国际结算和清算中，一切货币的收付最终必须在该货币的清算中心进行结算。国际贸易和结算中，使用的主要是发达国家的可兑换货币，如美元（USD）、欧元（EUR）、英镑（GBP）、日元（JPY）、加元（CAD）、港元（HKD）等。这些货币均有相应的清算中心，美元清算中心在纽约，英镑清算中心在伦敦，欧元清算中心在法兰克福等地，日元清算中心在东京。

为了结算和清算的方便，从事国际业务的银行一般都要在主要货币的清算中心设立联行并在当地银行开立当地货币账户，以及加入该货币清算网络。

美元是最主要的结算货币，很多的外国银行都在纽约的银行开立美元账户，以利于美元结算。

美元账户可分为三类：

● 一级账户，指属于联邦储备系统成员的美籍银行在联邦储备银行（Federal Reserve System）开立的美元账户，它连通全美国各州金融网。凡是票据交换和跨州调拨，均须通过一级账户结算。

● 二级账户，指外国银行在美籍银行开立的美元账户。外国银行不能在联邦储备银行开立账户，只能在美籍银行开户，这样，美籍银行就会同时成为很多外国银行的账户行。如果在同一美籍银行如花旗银行开户的两家外国银行要转移资金，花旗银行只要进行内部转账即可，划拨十分方便和迅速。

● 三级账户，指外国银行在美国的外籍银行开立的美元账户。当美国某银行为偿付行时，委托外籍银行（账户行）索汇收款必须通过纽约的清算系统进行。显然，通过三级账户收汇不如二级账户方便。

（2）国际清算系统的电子化。银行运用计算机处理业务是从 20 世纪 50 年代开始的，最初主要进行工资、账目方面大量数据的成批处理。现在，银行已经能成功地利用电子计算机进行各种复杂的内部清算和银行间的资金划拨。随着国际贸易规模的日益增大，更快、更方便、更安全将是国际结算的发展方向，电子计算机技术和自动化技术已被广泛引入银行清算业务。目前，美元、英镑等主要货币都实行电脑自动清算，自动清算所使用的是电子货币或电子资金。

所谓电子货币，是指用电脑贮存和转移的资金，在清算时，电子计算机会将交易额自动地分别借记和贷记到双方在银行开立的账户上。电子资金转划系统具有迅速、节约、安全等优点，大大节省了银行处理现金、支票和凭证的时间，是向"三无"（Cashless、Checkless、Paperless，无现金、无支票、无凭证）社会迈进的重要步骤。

电子转账是一个庞大的有机系统，是许多不同要素的组合。电子转账系统（Electronic Fund Transfers Systems）一般由四个要素组成：

- 输入指令和接收信息的终端。早期的终端大多是卡片及纸带穿孔机。目前，所有的终端都是电子化的。终端分为输入设备和输出设备两部分。

- 执行指令、运行程序的计算机。银行业最早建立起计算机转账系统是在 20 世纪 60 年代。目前，随着科技的飞速发展，各种类型的计算机信息储存能力和运算能力大大提高，生产成本日益降低，广泛采用微机处理账务对银行而言更加经济。

- 连接终端与计算机的通信线路或网络。

- 指挥系统运行的软件与程序。

电子转账系统主要包括三个子系统。第一是银行传输系统，包括分支行联网系统（On-Line Branch System，OBS）；第二是客户直接传输系统，包括自动出纳机（Automated Teller Machine，ATM）、银行居家系统（Bank-at-home System）、零售点系统（Point-of-sale System）、企业电子转账服务（Corporate EFT Services，CEFTS）；第三是银行间传输系统，包括自动清算所（Automated Clearing House，ACS）和金融服务网络（Financial Service Network，FSN）。

这些系统的外在形式、服务对象和功能虽然各不相同，但都是采用电子通信线路或网络把众多的深入各个用户的终端同设在总行、电讯中心或者自动清算所的大型计算机连通，通过发挥计算机的存储和运算功能来处理各种业务。

（3）国际美元清算系统。尽管布雷顿森林体系已经崩溃，美元的地位已经大大下降，但美元至今仍然是世界上最重要的储备资本、外汇及清算货币，国际贸易中以美元为计价货币的仍占大部分。

①美元的主要清算系统。美元的清算中心在纽约。美元的清算网络主要有四个：1853 年成立的美国票据交换所、1918 年建立的联储电划算系统（Federal Reserves Wire Transfer System，FEDWIRE）、1970 年开始运行的交换银行相互收付系统（Clearing House Interbank Payment System，CHIPS）、1975 年开始运行的纽约自动清算所（New York Automated Clearing House）。

美国票据交换所和纽约自动清算所主要是清算美国境内的美元，清算境外美元的是CHIPS 和 FEDWIRE。CHIPS 是清算境外美元的最主要场所，主要处理在纽约的美元收付；FEDWIRE 在清算境内美元的同时，也清算境外美元，负责纽约以外的境外美元收付。

②CHIPS。CHIPS 是属于纽约清算所协会所有并由其经营的一个私营支付清算系统，主要由美国 12 家联邦储备银行和一系列数量众多的联系成员银行（Associate Member Bank）组成，有来自 40 多个国家的成员银行 150 多家，其中外国银行占 2/3，成员包括纽约清算所协会成员、国外银行在纽约的分支机构、纽约商业银行、美国银行在纽约的艾奇法公司以及纽约州银行法规定的投资公司。中国银行也是成员之一。在清算时，联系成员银行必须通过某一家联邦储备银行来进行。

CHIPS 系统是一个大规模的电脑网络，在每一个营业日，各个成员银行通过与 CHIPS 相连接的电脑终端接收、发出各种信息，并把相应的项目分别借记或贷记入自己客户的账户中。这样，发生在世界各地的使用美元结算的各种债权债务关系，就通过各地银行设在纽约的分支机构和 12 家联邦储备银行构成的 CHIPS 进行了转账；然后各家联系成员银行通过联邦储备银行相互之间进行最终清算。

例如，中国和加拿大的一笔贸易结算是以美元计价的，要在美国轧清。如果双方银行（中国银行和加拿大帝国银行）都在美国设有分行，且都是 CHIPS 成员，中国出口，加拿大进口，帝国银行纽约分行就可通过 CHIPS 付款给中国银行纽约分行。这样，帝国银行纽约分行的美元存款减少，中国银行纽约分行的美元存款增加。如果至少一个国家在纽约无分行，则可委托碰头行（共同账户行）或账户行的碰头行通过 CHIPS 收付款。

CHIPS 的每个营业日分为两段：从早上 7：00 至下午 4：30 进行初步清算（假日后第一个营业日为上午 5：00 至下午 5：00）；下午 6：00 开始同联储进行最后清算，即进行当天收付差额清算。

③FEDWIRE。FEDWIRE 是美联储利用其集中的存款准备金建立的跨地区票据托收服务系统。1980 年以前，FEDWIRE 只供联储成员使用，非成员只能作为客户间接使用；1980 年以后，放宽了使用限制，所有符合联储存款保险条例要求的存款机构均可以直接使用 FEDWIRE。随着银行业务对收付系统需求的不断扩大，以及电脑电讯技术的应用，FEDWIRE 的规模不断扩大，它现已成为拥有 1.1 万多家成员银行，7 000 家联机收付机构的全国电子收付系统。

（4）国际英镑清算系统。伦敦是最早的国际金融中心，也是英镑的清算中心。英镑的清算原来主要依靠两个系统：一是伦敦城内交换系统（Town Clearing），另一个是普通交换系统（General Clearing）。

伦敦城内交换系统是一个当天交换系统，它只清算以伦敦城内的银行为付款行和面额在 1 万英镑以上的票据。普通交换系统不是当天交换的系统，它办理以伦敦城内的交换银行为付款行、面额在 1 万英镑以下和伦敦城以外的票据交换。

随着银行收付业务的增加，票据交换的数量日益增多，"双重交换系统"的工作量日益增大，成本上升。为了降低成本，提高效率，加速资金周转，英国的交换银行在美国的 CHIPS 成立之后也从 1984 年初起，设立并开始使用电脑来办理票据交换工作。于是，在原有的"双重交换系统"的基础上建立了一个新系统：交换银行自动收付系统（Clearing House Automated Payment System，CHAPS）。

英国的 11 家清算银行加上英格兰银行共 12 家交换银行集中进行票据交换，其他商业银行则通过其往来的交换银行交换票据。非交换银行须在交换银行开立账户，以便划拨差额，而交换银行之间交换的最后差额则通过它们在英格兰银行的账户划拨。

在 CHAPS 下，12 家交换银行成为"结算银行"，由 8 条信息通道把它们和该系统的信息转换中心（Packet Switching Service）连接起来。其中 4 家结算银行分别单用一条通道，另外 8 家每两家合用一条通道。

CHAPS 的工作程序比过去的交换方式简便。在未使用电脑的过去，如果劳合银行的存户甲向米兰银行的存户乙通过支票付了一笔款，那么乙拿了支票后，把它存入米兰银行，再由米兰银行向劳合银行收款。如果使用 CHAPS，甲只需要用普通电传指示劳合银行通过 CHAPS 将自己账户上的存款付到乙在米兰银行的账户上即可。

参加这个系统的银行进出自动系统的付款电报都使用统一格式。它的 8 条信息通道分别都有对出入的收付电报自动加押和核押的软件装置以及信息储存装置。除此而外，每一条通道都有一个自动加数器，它可以把发给或来自其他通道的付款电报所涉及的金额根据不同的收款行（指其他交换银行）分别加以累计，以便每天营业结束时，交换银行之间进行双边对账和结算，其差额通过它们在英格兰银行的账户划拨来结清。

CHAPS 订有四条基本规定：该系统不设中央管理机构，各交换银行之间只在必要时才进行合作（指最低限度的合作）；付款电传一旦发出并经通道认收后，即使以后被证实这一付款指令是错误的，发报行也要在当天向对方交换银行付款；各交换银行在规定的营业时间内必须保证通道畅通，以便随时接收其他通道发来的电传；各交换银行必须按一致通过的协议办事。

CHAPS 使用的电脑设备对所有的软件都有备用件，一旦机器局部发生故障，备用件就能自动接替工作。此外，即使整个通道失灵，每家交换银行都有另一条完整的通道可供使用。

CHAPS 以高度自动电脑化的信息传递部分地取代了依靠票据交换的方式，它使以伦敦以外的交换银行为付款人的 1 万英镑以上的交换部分地实现了当天结算。

不过，近几十年来，随着英镑在国际结算中使用的减少，通过 CHAPS 的清算的数量已不太多。

3. 网络贸易和网上结算

随着互联网技术的飞速发展和日益成熟，通过网络进行的国际贸易和国际结算越来越多，据统计，目前 20% 以上的国际贸易是通过网络进行的。各银行也都通过网络提供国际结算服务。

（二）采用简便而可靠的支付方式

信用证结算虽然是全球使用最广泛的一种支付方式，但由于该方式比较复杂、结算速度较慢且费用较高，因而只是在出口商收款风险很大时采用。如果出口商觉得收款风险较小，则采用对进口商有利的非信用证方式结算，更能增强出口竞争力和扩大出口。

目前在一些发达国家之间，非信用证结算已成为国际结算的主要方式。欧盟成员国之间最为突出，非信用证结算比例高达80%，其中60%以上的结算业务采用赊账（Open Account，O/A）方式，因为以这种方式处理单据业务量比较小，结算效率较高。因此，较多地采用手续比较简单的O/A、D/P（Documents against Payment，付款交单托收）、D/A（Documents against Acceptance，承兑交单托收）等支付方式是国际结算发展的趋势。

不过，这些方式的基础是商业信用。出口商承担的风险较大，如果对进口商不了解或进口商资信欠佳或进口国存在经常项目下的外汇管制，出口商就必须以控制风险为前提，不采用或少采用这类方式，必要时辅之以其他方式，如要求进口商缴纳订金或提供银行保函等，以保障自身的收款权益。

四、我国国际结算的特点

我国的国际结算业务是随着对外贸易的发展而不断发展的，从总体上说，我国的国际结算是与国际接轨的。

（一）国际结算业务量不断扩大

1950年，我国的外贸出口仅为5亿美元，直到改革开放之前，出口规模一直很小，银行的结算量也非常有限。

改革开放以来，我国对外贸易得到了较快发展：1983年出口总额第一次超过200亿美元，达222亿美元；1988年进出口总额超过1 000亿美元；1994年进出口总额达2 367亿美元；1997年进出口总额上升到3 251亿美元，其中出口额为1 827亿美元，跃居世界第十大出口国。

进入新世纪和加入WTO以来，我国进出口贸易额更是每年上一个台阶，每年增加千亿美元以上。2000年进出口总额超过4 000亿美元；2001年超过5 000亿美元；2002年超过6 000亿美元；2003年达到8 512亿美元，成为全球第四大贸易国。2004年突破万亿美元，达到11 547万亿美元。此后每年增长3 000亿美元左右。2007年突破2万亿美元，达到21 738万亿美元，位居世界第三，其中出口12 180万亿美元，居世界第二，进口9 558万亿美元，居世界第三。2008年进出口总额为25 616万亿美元，出口仅次于德国，进口仅次于美国，进出口总额仅次于美国，均居世界第二位。

2009年受国际金融危机的影响，全球贸易大幅下降，而我国对外贸易降幅相对较小（下降13.9%）。但我国出口额超过德国，成为全球第一大出口国；进口额和进出口总额仅次于美国，居世界第二位。

贸易额的扩大直接推动了国际结算业务的发展。

我国进出口贸易增长情况见表1-3。

表 1-3 　　　　　　　　　　　　　　**我国进出口贸易额**　　　　　　　　　　单位：亿美元

	进出口总额	出口总额	进口总额
1952 年	19	8	11
1957 年	31	16	15
1962 年	27	15	12
1970 年	46	23	23
1975 年	148	73	75
1980 年	378	183	195
1985 年	696	274	422
1990 年	1 155	621	534
1995 年	2 809	1 488	1 321
2000 年	4 743	2 492	2 251
2001 年	5 097	2 661	2 436
2002 年	6 208	3 256	2 952
2003 年	8 512	4 384	4 128
2004 年	11 547	5 934	5 614
2005 年	14 221	7 620	6 601
2006 年	17 607	9 691	7 916
2007 年	21 738	12 180	9 558
2008 年	25 616	14 285	11 331
2009 年	22 073	12 017	10 056

资料来源：根据《中国统计年鉴》、《中国对外贸易年鉴》、中华人民共和国商务部网站（ht-tp：//www. mofcom. gov. cn）资料整理。

（二）办理国际结算业务的银行机构增加

过去，中国银行作为我国的外汇专业银行，是我国办理国际结算业务的唯一机构和国际结算中心。1986 年以后，除中国银行外，其他国有商业银行、股份制商业银行、地方商业银行以及外资银行等都先后开办了国际结算及外汇业务。

目前，中国银行仍然是我国银行国际结算的龙头，其市场份额超过 30%；外资银行已成为我国国际结算的一支重要力量，其国际结算市场份额达 40% 左右，其灵活、快捷的服务，促进了我国国际结算水平的提高；其他银行国际结算市场份额接近 30%。国内主要银行国际结算金额见表 1-4。

表 1-4	我国主要银行国际结算金额			单位：亿美元	
	中国银行	工商银行	建设银行	农业银行	交通银行
2004 年	7 656	2 112	1 076	1 421	
2005 年	8 082	2 928	1 409	1 956	925
2006 年	9 314	3 996	1 903	2 517	1 153
2007 年	14 002	5 933	2 854	3 256	1 591
2008 年	16 985	7 566	4 482	3 746	2 000
2009 年	14 300	7 386	4 651	3 491	2 040

资料来源：根据以上银行年报整理。

（三）结算货币多元化

1968 年以前，我国对外贸易全部使用外币结算。1968 年以后，开始部分采用"外汇人民币"计价结算。现在，我国对外贸易绝大部分使用美元、日元等自由可兑换外币结算。其中美元是最主要的结算货币，其次是欧元、日元、英镑和港币等。由于币值长期稳定和 2005 年以来的强势升值，人民币在我国同周边国家或地区的贸易中的使用逐步增多。

（四）结算方式以信用证为主

我国先后与 26 个发展中国家签有支付协定，协定记账结算曾在我国的国际结算中占很大比重，在 20 世纪 50 年代末和 60 年代初曾高达 70%。20 世纪 70 年代以后协定记账结算方式比重下降。虽然现在我国仍与巴基斯坦、斯里兰卡、尼泊尔、孟加拉、伊朗、埃及等国进行记账结算，但结算额占我国对外贸易总额的比例很小，不到 5%。

改革开放以来，随着对外贸易逐步与国际接轨，我国的国际结算也采取了世界通用的汇款、托收、信用证等方式，其中信用证结算是最主要的方式之一。

（五）国际结算涉及的地区广泛

目前，与我国开展贸易的国家和地区达 220 多个，贸易和结算涉及的国家和地区极为广泛，遍布全球各地。2009 年我国前十大贸易伙伴排序依次是欧盟、美国、日本、东盟、香港地区、韩国、台湾地区、澳大利亚、印度、巴西，详见表 1-5。

表 1-5   **2009 年我国前十大贸易伙伴**

	国别（地区）	贸易额（亿美元）	占比（%）
1	欧盟	3 641	16.49
2	美国	2 983	13.51
3	日本	2 289	10.37
4	东盟	2 130	9.65
5	香港地区	1 750	7.93
6	韩国	1 562	7.08
7	台湾地区	1 062	4.81
8	澳大利亚	601	2.72
9	印度	434	1.97
10	巴西	424	1.92

资料来源：中华人民共和国商务部网站。

（六）结算主体多样化

在传统的外贸体制下，经营外贸业务的主要是专业外贸公司，结算企业单一。随着外贸体制改革，特别是自 20 世纪 90 年代新的外贸体制实施以来，在专业外贸公司向实业化发展的同时，国家陆续赋予了许多其他生产企业和企业集团外贸独立、自主经营外贸的权利。"三资"企业、专业外贸公司和自营进出口企业就是银行的结算户。2004 年新对外贸易法取消了从事对外贸易的主体资格限制，只要达到规定标准，任何法人和自然人均可从事对外贸易。

我国加入世界贸易组织后，随着外贸体制逐步与国际接轨，外汇管制的放松及人民币自由兑换，商业银行真正实现商业化经营及国内金融国际化等方面的发展，国际结算的外部环境将进一步宽松，银行结算水平将不断提高，我国的国际结算业务将逐步缩小与世界先进国家的差距。

第三节 国际结算中的往来银行

银行开展国际结算业务，必须有海外分支机构和代理行的合作，否则，国际结算就不能顺利进行。

例如，中国 A 公司向日本 B 公司出口一批价值为 100 万美元的服装，合同规定货到后，由买方通过银行以汇款方式来支付货款。货到后，日本 B 公司委托其开户行日本瑞穗银行将 100 万美元汇往中国 A 公司。那么日本瑞穗银行怎样才能完成这 100 万美元的汇款业务呢？日本瑞穗银行不能把这笔钱亲自送到中国，也不可能让 A 公司去日本取款，因为这都不可行。

要完成这笔业务，日本瑞穗银行首先必须在中国，最好是 A 公司所在城市或地区找一家银行，如中国银行合作。先由日本瑞穗银行将款项汇给中国银行，然后由中国银行记入 A 公司的账户上，从而完成汇款业务。

在这里，中国银行就是日本瑞穗银行完成汇款业务不可缺少的合作行或往来银行。因此，在国际结算业务中，每笔业务都至少要涉及两家以上的银行机构。根据与本行的关系，可将往来银行分为联行和代理行两种类型。

一、联行

（一）联行的含义

联行（Sister Bank）关系指一家商业银行内部的总行、分行及支行（Subbranch）之间的关系。其中，分行之间的关系是联行的主体。

值得注意的是，分行不同于子银行。

1. 分行

分行是商业银行设立的营业性机构，无论是在法律上，还是在业务上，它都是母行的有机组成部分。它不是独立的法律实体，没有独立的法人地位，它要同时受到总行所在国与东道国双方的法律及规章的制约，其业务范围及经营政策要与总行保持完全一致，并且分行的业务活动限制以总行的资本、资产及负债为基础来衡量，与此相适应，总行对分行的活动负有完全的责任。一般来说，分行可以经营完全的银行业务，但不能经营非银行业务。

分行下设的营业机构即支行。支行的地位类似于分行，只是它直接属分行管辖，规模比分行小，层次比分行低。

2. 子银行

子银行（附属银行，Subsidiary）是商业银行设立的间接营业机构，是在东道国登记注册而成立的公司性质的银行机构，在法律上是一个完全独立的经营实体，它对自身的债务仅以其注册资本为限负有限责任。

子银行是属总行拥有的合法注册公司，其股权的全部或大部分为总行所控制。子银行的经营范围较广，通常它能从事东道国国内银行所能经营的全部银行业务活动，在某些情况下，还能经营东道国银行不能经营的某些银行业务。子银行除可经营银行业务外，还可经营非银行业务，如证券、投资、信托、保险业务等。

一家银行与其子银行之间的关系不属于联行关系。

分行与子银行的区别见表 1-6。

表 1-6　　　　　　　　　　　　　　分行与子银行特点比较

	分行	子银行
是否独立法人	否	是
机构性质	总行设立的直接营业机构	总行设立的间接营业机构
业务范围	以总行注册营业范围为限，业务不能超越总行经营范围	以本银行注册营业范围为准，可以超越总行经营范围
总行责任	以总行资本承担有限责任	以出资为限承担有限责任
与总行关系	联行	非联行、总行控股、可能的代理行

（二）联行的种类

根据设立的地点不同，联行可分为国内联行和海外联行。

1. 国内联行

国内联行（Domestic Sister Bank）是指设立在国内不同城市和地区的分、支行。国内联行往来是国际结算中不可缺少的组成部分。例如：总行在国外开立了账户，分、支行办理国际结算时即可通过国内联行与总行办理资金的划拨；异地办理国际结算需要在国内异地划拨资金时，也可通过国内联行在分、支行之间办理。

2. 海外联行

海外联行（Overseas Sister Bank）是指设置在海外的分、支行。设立海外联行的目的是为了开拓海外市场，方便国际结算，扩大银行业务范围。但设立海外联行必须具备一定条件。首先是拟设立联行的城市或地区要具备良好的自然、地理、政治、经济条件。其次关键是要看该地业务量的多寡，若业务量充足，其盈利足以维持分支机构的开支，则可设立分支机构；否则，则不需设立分支机构。

中国银行曾是我国的外汇专业银行，在海外联行的设立方面要领先于其他银行一步，中国银行先后在伦敦、纽约、巴黎、东京、开曼、卢森堡、法兰克福、新加坡、巴拿马、多伦多、大阪等地设立了分行和代表处，在港澳地区有中银集团。中国银行在海外 31 个国家和地区（含港澳）设置的分行、子公司和代表处累计达 900 家。[1]

工商银行在全球 22 个国家或地区设立境外机构 195 家。[2] 国内其他银行也开始国际化经营和在海外设立分支机构或收购海外银行。

在收购海外银行方面有以下案例：中国工商银行收购或参股香港友联银行、澳门澳华银行、南非标准银行、印尼 Halim 银行；中国建设银行收购或参股香港建新银行、嘉华银行；中国银行收购或参股南洋商业银行、集友银行；招商银行收购香港永隆银行等。被收购银行的牌照和分支机构网络是吸引国内银行收购的主要因素。

---

[1]　中国银行网站。
[2]　中国工商银行网站。

二、代理行

在办理国际结算业务时，银行除了在国外设置分支机构外，还需要外国银行的业务合作与支持。因为一家或一国的银行不可能在发生债权债务关系的所有国家或地区都建立分支机构，这样做既无必要，也无可能。

以中国银行为例，虽然它已在海外设立了数百家分支机构，但这些分支机构的数目与中国银行所肩负的国际结算任务相比，还是不相适应的。于是，中国银行根据业务发展的需要，与外国银行广泛建立了代理关系。目前，中国银行已与世界上约 200 个国家和地区的 1 500 多家银行的分支机构建立了代理关系。① 工商银行与全球 128 个国家和地区的 1 422 家银行建立了代理关系。②

（一）代理关系的建立

代理关系是指两家不同国籍的银行通过相互委托办理业务而建立往来关系，建立了代理关系的银行互为代理行（ Correspondent Bank or Correspondents，CORRES）。

代理关系即代理行关系，一般由双方银行的总行直接建立。分支行不能独立对外建立代理关系。

代理行关系的建立一般要经过三个步骤：

1. 考察了解对方银行的资信

代理行关系是建立在一定资信基础上的，因此，在建立代理关系前，应对对方银行的基本情况有所了解，以决定是否同对方银行建立代理关系。

一般而言，银行只同那些资信良好、经营作风正派的海外银行建立代理关系。

2. 签订代理协议并互换控制文件

如果双方银行同意相互建立代理关系，则应签订代理协议。代理协议一般包括双方银行名称、地址、代理范围、协议生效日期、代理期限、适用分支行等。

为使代理业务真实、准确、快捷、保密，代理行之间还要相互发送控制文件（Control Documents）。控制文件包括：

（1）密押。密押（Test Key）是银行之间事先约定的，在发送电报时，由发电行在电文中加注密码。密押具有很强的机密性，使用一段时间后，应予以更换。

（2）印鉴。印鉴（Specimen Signatures）是银行有权签字人的签字式样。银行之间的信函、凭证、票据等，经有权签字人签字后，寄至收件银行，由收件银行将签名与所留印鉴进行核对，如果相符，即可确认其真实性。代理行印鉴由总行互换，包括总行及所属建立了代理关系的分行的有权签字人的签字式样。

（3）费率表。费率表（Terms and Conditions）是银行在办理代理业务时收费的依据。一般由总行制订并对外发布，各分支行据此执行。对方银行委托我方银行办理业务，按照我方银行费率表收取费用；我方银行委托国外银行办理业务，则按对方银行费

---

① 中国银行网站。
② 中国工商银行网站。

率表收费。

费率表应定得适当、合理，过高会削弱我方竞争力，过低则影响经济效益。

3. 双方银行确认控制文件

收到对方银行发来的控制文件后，如无异议，即可确认，此后便照此执行。

（二）代理行的种类

代理行又可分为账户行和非账户行。

1. 账户行

账户行（Depository Bank）是指代理行之间单方或双方相互在对方银行开立了账户的银行。账户行是在建立代理行关系的基础上，为了解决双方在结算过程中的收付而建立的特殊关系。账户行间的支付，大都通过开立的账户进行结算。

（1）对账户行的要求。选择建立账户行，一般应是业务往来多、资金实力雄厚、支付能力强、经营作风好、信誉卓著、地理位置优越以及世界主要货币国家的银行。

具体而言，账户行应具备以下条件：

● 必须是国际公认的大银行。根据英国《银行家》（Banker）杂志排名，应在前1 000家之内，且资信可靠、经营业绩好。

● 能提供广泛、优质的业务合作，支付能力强，资金收付迅速，结算、清算效率高。

● 业务往来密切，业务量达到一定规模，相互间关系良好。

● 该行分支行较多，且在该行开户的其他银行也较多。

● 该行所在国的货币可自由兑换且国际通用。

● 开户条件合适。

账户行必须首先是代理行，而代理行并不一定是账户行。

（2）账户种类。账户行可以是单方开立账户，也可以是双方互开账户。根据开立的性质不同，账户可分为往户账、来户账、清算账户。

● 单方开立账户是指一方银行在对方银行开立的对方国家货币或第三国货币账户。如中国银行在美国纽约的若干家银行（美国或外国）开设有美元现汇账户。

● 双方互开账户是指代理行双方相互在对方国家开立对方国家货币账户。如中国银行在美国纽约花旗银行开立美元账户，花旗银行在北京中国银行开立人民币账户。

● 往户账（Nostro Account）指存放国外同业，即国内银行在国外同业开立的账户。如我国国际结算货币主要是美元，而美元清算中心在美国纽约，为便利结算，我国银行在纽约许多大银行都开立了美元账户，采取出口货款的收回请账户行贷记我账、进口货款的支付请账户行借记我账的方式。

● 来户账（Vostro Account）指国外同业存款，即外国银行将账户开在我国国内。如其他国家银行在我国开立外汇人民币账户。由于人民币尚不可自由兑换，我国的来户账还不普遍。

● 清算账户（Clearing Account）是两国政府间为办理进出口贸易和其他经济往来所发生债权债务清算而开设的不必使用现汇的记账账户。

2.非账户行

非账户行（Non-depository Correspondent）是指除账户行以外的其他代理银行，或者说是没有建立账户行关系的代理行。非账户行之间的货币收付需要通过第三家银行办理。

三、往来银行的选择

虽然联行与代理行、账户行与非账户行都可办理国际结算的有关业务，但它们对己方银行的影响是不同的。

联行是优先选择。本行与联行是一个不可分割的整体，它们同在一个总行的领导下，不仅相互之间非常熟悉和了解，而且从根本上说是利益共享、风险共担的。因此，让海外联行开展有关业务，海外联行必然会尽最大努力圆满地完成所委托的业务，保证服务质量，减少风险，而且能使肥水不流外人田，将业务留在本行系统。

但联行数量毕竟有限，因此在绝大多数没有联行的地区国际结算业务还得依靠代理行来进行。与建立联行关系相比，代理行关系的建立成本更低，更灵活，更普遍，在国际结算中具有相当重要的地位。

账户行选择的优先地位仅次于联行。与账户行之间的业务委托也十分方便，只要通过账务往来即可完成委托。在同一城市或地区有多个账户行的情况下，要选择资信最佳的银行办理业务。

在没有联行和账户行的少数地区，要开展业务只能委托非账户行的代理行。因为建立了代理关系的银行还是相互比较了解的，只不过资金的收付不太方便，需要通过其他银行办理，手续复杂些，所需时间也要相对延长。

第四节　国际贸易术语

一、国际商会的性质和职责

（一）国际商会的性质

国际商会（The International Chamber of Commerce，ICC）于1920年由美国发起成立，总部设在法国巴黎。它是为世界商业服务的非政府组织，是联合国等政府间组织的咨询机构。国际商会的基本目的：为开放的世界经济服务，坚信国际商业交流将导致更大的繁荣和国家间和平。

目前，国际商会由数万个具有国际影响的商业组织和企业组成，其会员已扩展到130多个国家，在84个国家成立了国家委员会或理事会①，负责组织、协调国家范围内的商业活动。它和世界贸易组织、联合国、八国集团等国际组织有广泛的合作关系。

ICC通过其下设的十几个专业委员会和数十个工作组，制定了许多国际商业领域的规则和惯例，如《国际贸易术语解释通则》、《国际贸易结算规则》等，为全世界广泛

---

① 国际商会网站，http：//www.iccwbo.org。

采用。国际商会的组织机构包括：理事会、执行局、财政委员会、会长、副会长及所属各专业委员会、国家特派员等。国际商会下属 24 个专业委员会及工作机构，其中一些主要委员会有国际商业惯例委员会、银行技术和惯例委员会、国际仲裁委员会、仲裁院、国际商业法律和实务学会等。

（二）国际商会的主要职能

国际商会主要职能包括：

（1）在国际范围内代表商业界，特别是对联合国和政府专门机构充当商业发言人；

（2）促进建立在自由和公正竞争基础上的世界贸易和投资；

（3）协调统一贸易惯例，并为进出口方制定贸易术语和各种指南；

（4）为商业提供实际服务，包括设立解决国际商事纠纷的仲裁院、协调和管理货物临时免税进口的国际局、国际商业法律和实务学会、反海事诈骗的国际海事局、反假冒商标和假冒产品的反假冒情报局、为世界航运创造市场条件的海事合作中心，组织举办专业讨论会，出版发行种类广泛的出版物等。

国际商会把国际贸易术语的解释、统一、规范、制定、普及作为自己的主要职能之一，它制定的《国际贸易术语解释通则》通行全世界，极大地促进了国际贸易的发展。

（三）国际商会中国国家委员会

1994 年 11 月 8 日，国际商会在巴黎举行的第 168 次理事会会议上通过决议，接纳中国加入国际商会并成立国际商会中国国家委员会（ICC China）。1995 年 1 月 1 日，由中国贸促会牵头组建的 ICC China 正式宣告成立。

ICC China 目前的会员单位兼顾了国有、集体、乡镇、私营、三资企业等多种性质，涉及制造、外贸、金融、运输、保险、轻纺、商业等领域，较广泛地代表了中国经济的各个部门、各种成分、各个层面。它代表中国企业界、金融界参与国际商务事务和各种国际经贸规则的制定等工作，同各国商界、企业、双边和多边国际组织以及包括中国政府在内的各国政府机构展开对话。

二、《国际贸易术语解释通则》

贸易术语（Trade Terms）又称价格术语，是规定价格的构成及买卖双方各自应承担的责任、费用、风险以及确定货物所有权转移时限的专门用语。

《国际贸易术语解释通则》(International Rules for the Interpretation of Trade Terms) 是国际商会为统一各种贸易术语的不同解释于 1936 年制定的（《国际贸易术语解释通则 1936》(《INCOTERMS 1936》)）。为适应国际贸易实践发展的需要，国际商会先后于 1953 年、1967 年、1976 年、1980 年和 1990 年对其进行过多次修订和补充，其中，1990 年国际商会为使贸易术语能适应日益广泛使用的电子数据交换（EDI）和不断革新的运输技术变化的需要，对该通则作了全面的修订。

为使贸易术语更进一步适应世界上无关税区的发展、交易中使用电子讯息的增多以及运输方式的变化，国际商会再次对《通则》进行修订，并于 1999 年 9 月公布《国际贸易术语解释通则 2000》（《INCOTERMS 2000》），并于 2000 年 1 月 1 日起生效。

《INCOTERMS 2000》将所有术语分为四组基本不同的类型。第一组为 "E" 组（EX Works），指卖方仅在自己的地点为买方备妥货物；第二组 "F" 组（FCA、FAS 和 FOB），指卖方需将货物交至买方指定的承运人；第三组 "C" 组（CFR、CIF、CPT 和 CIP），指卖方须订立运输合同，但对货物灭失或损坏的风险以及装船和启运后发生意外所发生的额外费用，卖方不承担责任；第四组 "D" 组（DAF、DES、DEQ、DDU 和 DDP），指卖方须承担把货物交至目的地国所需的全部费用和风险。

2010 年国际商会在多次讨论和征求意见的基础上对《INCOTERMS 2000》进行了修订，新规则（即《国际贸易术语解释通则 2010》或《INCOTERMS 2010》）于 2011 年 1 月 1 日在全球范围内实施。《INCOTERMS 2010》与《INCOTERMS 2000》相比，主要变化有：

（1）《INCOTERMS 2010》仍然将贸易术语分成 E、F、C、D 四组，贸易术语总数量由原来的 13 种减少为 11 种。

（2）E、F、C 三组的贸易术语数量和种类不变，仅对 D 组贸易术语进行了修订。

（3）删除了《INCOTERMS 2000》中 D 组的 DAF、DES、DEQ、DDU 等四个贸易术语，只保留了其中的 DDP。删除的四种贸易术语是：

- DAF（Delivered at Frontier，边境交货）；
- DES（Delivered Ex Ship，目的港船上交货）；
- DEQ（Delivered Ex Quay，目的港码头交货）；
- DDU（Delivered Duty Unpaid，未完税交货）。

（4）新增了两种 D 组贸易术语，即 DAT 与 DAP。

《INCOTERMS 2010》规定的 11 种贸易术语详见表 1-7。

表 1-7　　　　　　　　　**《INCOTERMS 2010》国际贸易术语一览表**

术语缩写与英文全称	中文名称	适用运输方式
E 组（发货）		
EXW（Ex Works）	工厂交货（指定地点）	所有运输
F 组（主要运费未付）		
FCA（Free Carrier）	货交承运人（指定地点）	所有运输
FAS（Free Alongside Ship）	船边交货（指定装运港）	水运
FOB（Free on Board）	船上交货（指定装运港）	水运
C 组（主要运费已付）		
CFR（Cost and Freight）	成本加运费（指定目的港）	水运
CIF（Cost, Insurance and Freight）	成本、保险费加运费（指定目的港）	水运
CPT（Carriage Paid to）	运费付至（指定目的地）	所有运输
CIP（Carriage Insurance Paid to）	运费、保险费付至（指定目的地）	所有运输
D 组（到达）		
DAT（Delivered at Terminal）	目的地集散站交货	所有运输
DAP（Delivered at Place）	目的地指定地点交货	所有运输
DDP（Delivered Duty Paid）	完税后交货（指定目的地）	所有运输

三、常见国际贸易术语

在国际贸易中采用最多的贸易术语是适用于海运和内河运输方式的 FOB、CFR、CIF 三种术语和适用于一切运输方式的 FCA、CPT、CIP 三种术语。

（一）FOB

Free on Board（named port of shipment），"船上交货（指定装运港）"：指卖方负责在合同规定的期限内，在指定的装运港将货物装到买方指定的船上，当货物越过船舷后，卖方即履行了交货义务。该术语仅仅适用于海运或内河运输，采用这一术语时，须在 FOB 后面注明装运港的名称。

1. 卖方义务

（1）在约定的装运期内和指定的装运港，按港口习惯方式将货物装到买方指定的船上，并向买方发出已装船通知。

（2）办理货物出口清关手续，承担货物在越过装运港船舷之前的一切费用和风险。

（3）向买方提交约定的各项单证或同等作用的电子讯息。

2. 买方义务

（1）按时自费租妥船舶，派往约定的装运港接运货物，并须给予卖方有关的船名、装船点和要求交货时间的充分通知。

（2）承担货物在越过装运港船舷之后的一切费用和风险，包括办理货物运输保险、进口报关等。

（3）按合同规定受领交货凭证并支付货款。

（二）CFR

Cost and Freight（named port of destination），"成本加运费（指定目的港）"：指卖方负责租船订舱，并支付将货物运至指定目的港所需要的运费和其他费用，承担货物在越过装运港船舷之前的一切费用和风险。该术语仅仅适用于海运和内河运输，采用 CFR 时其后应加注目的港的名称。

1. 卖方义务

（1）负责租船订舱和支付运费，在约定期限内在装运港装船，并及时向买方发出已装船通知。

（2）承担货物在越过装运港船舷之前的一切风险和费用，并办理货物出口清关手续。

（3）按合同规定向买方提供运输单据等有关单证或同等作用的电子讯息。

2. 买方义务

（1）承担货物在越过装运港船舷之后的一切费用和风险，包括办理货物运输保险等。

（2）在指定目的港接受承运人所交货物并办理进口清关手续和缴纳进口关税。

（3）接受卖方提供的各项单证，按合同规定支付货款。

（三）CIF

Cost, Insurance and Freight（named port of destination），"成本、保险费加运费（指

定目的港）"：指卖方负责租船订舱，办理货运保险，并支付货到目的港的运费、保险费，承担货物在越过船舷之前的一切费用和风险，在装运港当货物越过船舷时卖方即完成交货义务。CIF 术语仅适用于海运和内河运输，采用 CIF，其后应加目的港的名称。

1. 卖方义务

（1）负责租船订舱，在合同规定的装运港和期限内将货物装上船，并支付货物运至目的港的运费，货物装船后通知买方。

（2）承担货物在越过装运港船舷之前的一切费用和风险。

（3）办理货物保险，并支付保险费。

（4）办理货物出口清关手续，提供出口许可证或其他核准证书，支付出口关税。

（5）提供有关的装运单据，包括保险单正本或相等的电子讯息。

2. 买方义务

（1）承担货物在越过装运港船舷之后的一切费用和保险。

（2）办理货物进口清关手续和从他国过境的一切海关手续。

（3）接受卖方提供的符合合同规定的有关货运单据或同等作用的电子讯息，并按合同规定支付货款。

FOB、CFR、CIF 三种术语中买卖双方责任比较见表 1-8。

表 1-8　　　　　　　　　**部分价格术语买卖双方责任比较**

	FOB	CFR	CIF
交货地点	装运港	装运港	装运港
租船订舱与运费支付	买方	卖方	卖方
货物运输保险与保费支付	买方	买方	卖方
风险转移地点	装运港船舷	装运港船舷	装运港船舷
出口清关	卖方	卖方	卖方
进口清关	买方	买方	买方
适合的运输方式	海运、内河运输	海运、内河运输	海运、内河运输
拓展术语	FCA	CPT	CIP

（四）FCA

Free Carrier（named place），"货交承运人（指定地点）"：指卖方必须在约定的交货期内，在指定的地点将货物交给买方指定的承运人监管，自费取得出口许可证或其他官方许可，办理出口清关手续，即完成交货。

卖方负担货物被交由承运人监管为止的一切费用和货物灭失或损坏的风险。

买方必须自付费用订立从指定的地点发运货物的运输合同，并将有关承运人的名称、交货期和指定交货地点充分通知卖方。买方承担卖方将货交承运人后的一切费用和风险，并负责办理货物进口清关手续和从他国过境的一切海关手续。

FCA 术语使用范围最广，它可适用于各种运输方式，但无论采取哪种运输方式，买卖双方各自承担的风险均以货交承运人为界限。

（五）CPT

Carriage Paid to（named place of destination），"运费付至（指定目的地）"：指卖方必须自付费用订立将货物运至指定目的地的运输合同，并负责按合同规定的时间将货物交给承运人（若在多式联运方式下，则向第一承运人交货），即完成交货义务。

卖方承担货交第一承运人接收货物前的一切费用和风险，负责办理出口清关手续，向买方提供商业发票和约定的各项单证，并在交货后给予买方充分的通知。

买方则应在双方所约定的指定地点收领货物，承担货交承运人之后的一切风险和费用。买方须支付（除运费外）货物自交货地点直到运至目的地为止的各项费用以及卸货费和进口关税，并按合同规定领受单证和支付货款。

CPT 术语可适用于包括多式联运在内的各种运输方式。

（六）CIP

Carriage Insurance Paid to（named place of destination），"运费、保险费付至（指定目的地）"：指卖方除具有与 CPT 术语相同的义务外，还增加了为买方办理货运保险的义务，所以卖方应向买方提交的单据比 CPT 条件下增加了保险单据。在 CIP 条件下仅要求卖方投保最低限度的保险险别，若买方需要更高的保险险别，应与卖方事先商定并在合同中作出明确规定，或者买方自行投保额以外的保险。

CIP 条件下，卖方的交货地点、风险划分界限也都与 CPT 相同，并且要求卖方办理货物出口清关手续，支付有关费用。

CIP 术语可适用于包括多式联运在内的各种运输方式。

四、其他国际贸易术语

（一）EXW

Ex Works（named place），"工厂交货（指定地点）"：指卖方在其所在地或其指定的地点将货物交给买方处置时，即履行了交货义务。EXW 术语是卖方承担责任最小的术语。买方承担自卖方所在地接货后运至目的地的全部费用和风险，包括装运、出口报关、运输、货物保险等。

（二）FAS

Free Alongside Ship（named port of shipment），"船边交货（指定装运港）"：指卖方在指定的装运港将货物交到买方指定的船边，即履行了交货义务。卖方负责办理货物出口清关手续。买方必须承担自那时起所发生的货物灭失或损坏的一切风险。

FAS 术语仅适用于海运和内河运输。

（三）DDP

Delivered Duty Paid（named place of destination），"完税后交货（指定目的地）"：指卖方将货物运至进口国的指定目的地，并将运输工具上尚未卸下的货物交给买方，办妥进口清关手续，即完成交货义务。卖方必须承担将货物运至目的地的一切费用和风险。其中包括办理货物出口与进口以及从他国过境所需要的一切海关手续、在目的地应缴纳的所有进口税费。

DDP 术语适用于各种运输方式。

（四）DAT

Delivered at Terminal，"目的地集散站（港）交货"：指卖方在指定的目的地或目的港的集散站卸货后将货物交给买方处置即完成交货。

卖方应承担将货物运至指定的目的地或目的港的集散站的一切风险和费用。卖方负责目的港卸货。具体而言，卖方义务包括运输、保险、出口报关、卸货；风险承担到指定地点。

买方承担卸货后的一切费用与风险，包括进口通关事宜与费用。

DAT 术语适用于任何运输方式或多式联运。

（五）DAP

Delivered at Place，"目的地指定地点交货"：指卖方在指定的目的地交货，只需做好卸货准备无需卸货即完成交货。

卖方应承担将货物运至指定的目的地的一切风险和费用，包括运输、保险、出口报关等；风险承担到目的地卸货前。

买方负责卸货，包括卸货事宜、卸货费用、卸货风险；承担卸货以后的一切风险与费用，包括进口通关事宜与费用。

DAP 术语适用于任何运输方式、多式联运方式及海运。

本 章 小 结

本章主要从总体上介绍了国际结算的概况。

国际结算是商业银行的重要业务，它通过跨国收付货币（外汇资金）来为国际间的贸易和投资活动服务，其目的是清偿国际间的债权债务关系以及跨国转移资金，为国际经济发展服务。

国际结算分为国际贸易结算、非贸易结算（含金融交易结算）。

国际结算经过了从传统到现代两个发展阶段。传统国际结算的基本特点是现金结算、直接结算和凭货付款；现代国际结算的基本特点是票据结算、间接结算、凭单付款、结算与贸易融资相结合以及以国际惯例和规则为基础。

国际结算的发展目标是安全、快捷和便利。当前，国际结算的两大趋势是推广使用新技术（如 SWIFT、CHIPS）和采用简单结算方式。

我国的国际结算已基本与国际接轨。

办理国际结算业务的银行必须有较广泛的海外机构网络，包括联行和代理行。联行是基础，代理行是主体。代理行只能由总行建立，但协议包括的分行可以使用该关系。代理行又分为账户行和非账户行，只有账户行才能直接转账收付款（划款）。

国际贸易术语是规定商品价格构成及买卖双方责任、费用、风险以及确定货物所有权转移时限的专门用语，是国际贸易实务的基本内容，银行办理国际结算时常有涉及。FOB、CIF、CFR 三种最为常见。

复习思考题

一、名词解释

国际结算　　国际贸易结算　　国际非贸易结算　　非现金结算　　凭单付款
联行　　代理行　　账户行　　控制文件　　国际惯例　　贸易融资　　SWIFT
CHIPS　　CHAPS　　FOB　　CIF　　CFR

二、简答题

1. 国际结算的含义与种类。
2. 传统国际结算的特点。
3. 现代国际结算的特点。
4. 国际结算的目标和发展趋势。
5. 国际结算中的往来银行有哪些？
6. 如何建立代理行关系？
7. 账户行应具备哪些条件？
8. 当前国际贸易融资有何特点？
9. 什么是国际贸易术语？

本章推荐阅读资料

1. SWIFT 手册。
2. 国际商会：《国际贸易术语解释通则 2010》。
3. 世界贸易组织网站，http：//www.wto.org。
4. 国际商会网站，http：//www.iccwbo.org。
5. 中华人民共和国商务部网站，http：//www.mofcom.gov.cn。
6. 中国银行股份有限公司网站，http：//www.bank-of-china.com，以及其他有关银行网站。

第二章　票据的法律性质

◎ **本章学习目的**

在学习本章之后，应该掌握以下内容：

1. 票据的含义与基本特性。
2. 票据的基本功能。
3. 票据权利与票据义务的含义、种类与特点。
4. 票据法与票据制度不断完善之间的关系。

第一节　票据的性质

一、票据的基本特性

国际结算的基本方法是非现金结算，它所使用的主要是除货币以外的其他信用工具，这些信用工具的角色基本上是由票据来担任的。因此，票据便成为国际结算中普遍使用的信用工具，从这种意义上说，国际结算工具便是票据。

所谓票据（Bills），是出票人委托他人或承诺自己在特定时期向指定人或持票人无条件支付一定款项的书面证据，它是以支付金钱为目的的特定证券。"无条件支付"是票据的最基本内容。作为最主要的有价证券，票据被誉为"有价证券之父"。

票据作为一个整体，具有以下特性：

（一）设权性

票据发行的目的，主要不在于证明已经存在的债权债务关系，而是设定一种新的权利义务关系即票据权利义务关系。票据权利义务关系在票据做成之前并不存在，它是在票据做成的同时而产生的。作为一种信用工具或结算工具，票据的发行目的是为了更好地支付，以票据代替现金充当支付手段更加安全、方便、灵活。

票据权利义务关系不同于一般债权债务关系，其权利和义务更受法律的保障和约束。

（二）无因性

票据上权利的发生，当然有作为其原因的法律关系即原因关系。付款人代出票人付款不是没有缘故的，他们之间一般存在资金关系，要么付款人处有出票人的存款，要么付款人欠出票人款项，也可能是付款人愿意向出票人贷款；出票人让收款人去收款，也不会没有原因，他们之间通常存在对价关系，即出票人对收款人肯定负有债务，可能是购买了货物，也可能是以前的欠款。这些原因是票据当事人的权利义务的基础，因此也叫票据原因。

票据的无因性并非否认这种关系，而是指票据一旦做成，票据上权利即与其原因关系相分离，成为独立的票据权利义务关系，不再受先前的原因关系存在与否的影响。如果收款人将票据转让给他人，票据受让人无需调查票据原因，只要是合格票据，就能享受票据权利。票据上权利的内容，完全依票据上所记载的内容确定，不能进行任意解释或者根据票据以外的其他文件来确定。

（三）要式性

票据的存在不重视其原因，但却非常强调其形式和内容。所谓要式性是指票据的形式必须符合法律规定，票据上的必要记载项目必须齐全且符合规定。各国法律对票据必须具备的形式条件和内容都作了详细规定，各当事人必须严格遵守这些规定，不能随意更改。

只有形式和内容都符合法律规定的票据，才是合格的票据，才会受到法律的保护，持票人的票据权利才会得到保障。

如果票据的形式不统一，重要事项记载不全或不清，没有按照法律的严格规定来记载，那么票据就是不合格的和无效的，也就不会受到法律的保护。

（四）流通转让性

流通转让（Negotiation）是票据的基本特征。票据转让不同于一般债权和书面凭证的转让。流通转让具有如下特点：

1. 票据转让不必通知义务人

根据民法规定，一般债权的债权人在转让其债权时，必须及时通知债务人。如果债务人同意向新的债权人偿还债务，债权转让才能成功，否则，债务人仍可只向原债权人清偿债务，而不会向受让人付款。

如乙欠甲100元，丙又欠乙200元，乙即可将对丙的部分债权（100元）转让给甲（实际上是乙让丙代其向甲清偿100元债务），但乙必须事先通知丙，并且丙同意接受。否则，丙不会向甲付款，而只会向乙付款，债权转让也就不能顺利实现。

而票据和票据权利的转让，则仅凭交付或背书后交付即可完成，根本不需要通知义务人。票据义务人不得以不知晓为由拒绝承担票据义务而仍向原权利人清偿。就前例而言，如果乙向甲转让的是一张由丙签发的金额为100元的票据，那么丙就不会以未通知为由拒付。如果丙拒付，甲可以对丙提起诉讼。

2. 正当持票人的权利不受前手票据权利缺陷的影响

票据转让的原则是使票据受让人（Transferee）能得到十足的或完全的票据文义载明的权利，甚至是得到让与人（Transferor）没有的权利。

如果甲欠乙200元，丙欠甲200元，乙欠丙50元，甲便可将向丙收款200元的债权转让给乙，以清偿200元的债务。如乙向丙索款，丙就可以只付乙150元。即使乙不去亲自索款，而是将债权转让给其他人丁，丙也只会付款150元。因为根据民法规定，债务人（丙）得以对抗原债权人（乙）的事由均可对抗新债权人（丁）。

但如果甲是出立一张命令丙付款的票据给乙，乙去取款，丙仍可只付150元，如果乙将票据转让给丁，丙就必须向丁付款200元。因为，根据票据原则，义务人（丙）不得以对抗原债权人（乙）的理由来对抗新债权人（丁）。

不过，票据受让人拥有票据权利是有条件的，即要求票据受让人是正当持票人。

（1）受让人得到票据时必须付对价。受让人必须向让与人支付了一定对价。这些对价可以是一定价值的货物、服务及货币。受让人支付的对价可以是直接的，也可以是间接的；可以是全部对价，也可以是部分对价，并不一定要求是十足的对价。付对价后的受让人称为付对价持票人（Holder for Value）。

我国票据法规定，因税收、继承、赠与依法取得票据，不受给付对价的限制，但其票据权利不得优于前手。但是，以欺诈、偷盗、胁迫等手段取得票据的，或明知前列情形，出于恶意取得票据的，不得享有票据权利。

（2）受让人必须是善意取得票据。如果受让人在支付对价后取得了表面完整、合格并且未过期的票据，而且并未发现票据本身或票据转让人的权利有缺陷或有任何可疑之处，则该受让人为正当持票人（Holder in Due Course）。正当持票人的权利不受前手票据权利缺陷的影响。

如果A从B处偷来了票据，A就不是正当持票人，因而不能取得票据上的权利。但如果A将偷来的票据转让给了C，而C不知情且付了对价，C便成为正当持票人，只要票据是合格的，他就有权取得票据上的一切权利。即使B发现了此票据，也不能要求C归还，B只能依法要求A予以赔偿。

3. 票据受让人获得全部票据权利

票据受让人获得持票人享有的全部票据权利，包括通过行使提示权、追索权，以获得票据记载金额。并且能以自己的名义对票据义务人提出起诉①。

4. 票据让与人对票据付款承担责任

票据让与人出让票据后，不仅会失去票据和票据权利，而且还会成为票据义务人，对票据付款承担责任。

二、票据的经济功能

（一）汇兑功能

汇兑功能是票据的原始功能。由于商品交换活动的发展，商品交换规模和范围不断扩大，经常会产生在异地或不同国家之间的兑换和转移金钱的需要。直接携带或运送现金，往往很不方便。在这种情况下，通过在甲地将现金转化为票据，再在乙地将票据转化成现金或票款，通过票据的转移、汇兑实现资金的转移，不仅简单、方便、迅速，而且又很安全。

在票据产生的最初几个世纪里，票据几乎成了转移资金的专门工具。在现代经济

---

① 关于票据权利和票据义务，详见下节"票据权利与票据义务"。

中，票据的汇兑功能仍具有很重要的作用，它克服了金钱支付上的场所间隔。票据汇兑的过程见图 2-1。

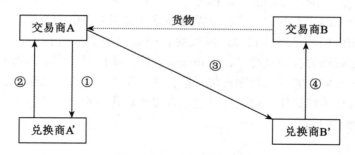

图 2-1　票据汇兑流程图

说明：

①交易商 A 将一定数量的现金在本地交兑换商 A'；

②兑换商 A' 签发一张委托兑换商 B' 支付相应金额的票据；

③交易商 A 在 B 地将票据兑换成现金；

④交易商 A 用所兑换的现金向交易商 B 支付货款。

（二）支付功能

支付功能是票据的基本功能。在现实经济生活中，随时都会发生支付的需要，如果都以现金支付，不仅费时、费力，而且成本高、效率低。如果以银行为中介，以票据为手段进行支付，只需办理银行转账即可，这种支付方式方便、准确、迅速、安全。

以票据作为支付手段，不仅可以进行一次性支付，还可通过背书或交付转让进行多次支付。在票据到期时，只需通过最后持票人同付款人进行清算，就可以使此前发生的所有各次交易同时结清。因此，票据被誉为"商人的货币"。票据支付流程见图 2-2。

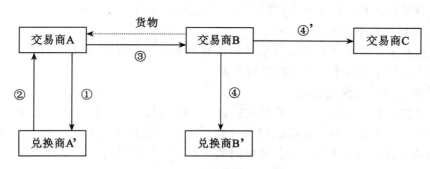

图 2-2　票据支付流程图

说明：

①②同图 2-1；

③交易商 A 将票据交付给交易商 B 以支付货款；

④交易商 B 向兑换商 B' 支取票款或将票据交付（转让）给交易商 C。

（三）信用功能

信用功能是票据的核心功能，被称为"票据的生命"。在现代商品交易活动中，信用交易是大量存在的。卖方常常因竞争需要等原因向买方提供商业信用。当这种商业信用只表现为挂账信用的一般债权时，债权的表现形式是不明确的，清偿时间是不确定的，保障程度是较低的，并且难以转让和提前收回，从而阻碍商业信用的发展。但如果使用票据，由买方向卖方开出约期支付票据，则可使债权表现形式明确，保障性强，清偿时间确定，转让手续简便，且还可通过贴现提前转化为现金。票据的信用功能克服了金钱支付上的时间间隔。

第二节　票据权利与票据义务

一、票据权利

（一）票据权利的含义和特征

票据权利是指依票据而行使的、以取得票据金额为直接目的的权利。票据权利是基于票据行为人的票据行为而发生的，是与票据义务相对存在的。票据行为人的票据行为（如出票）完成时，发生了行为人自己的票据义务，同时也发生了相对人（收款人）的票据权利。

相对于一般民事债权而言，票据权利是一种更高级的权利，票据权利具有以下特征：

1. 票据权利是证券性权利

票据权利是得到票据金额的权利和证券（票据）所有权的统一，是债权的物权化，它将无形的债权转化为有形的票据所有权，并通过票据所有权来实现票据上的债权。因此，要享有票据权利，必先取得票据；失去了票据，也就失去了票据权利。

2. 票据权利是单一性权利

票据权利不能共享，在特点时刻，票据权利所有者只能是一人。对于同一票据权利，不可能有两个或两个以上不同的所有者。

3. 票据权利是二次性权利

一般债权只有一个债务人，债权人只有一次请求权。票据债权可能有多个义务人，债权人可行使二次请求权。票据债权人（持票人）首先向主义务人（由付款人代为履行）行使请求权，如果未能满足，则可向从义务人（如背书人）行使请求权。

（二）票据权利的种类

票据权利依行使的顺序不同可分为三种类型：

1. 主票据权利

主票据权利是指持票人对票据付款人所享有的、依票据行使的要求其支付票据上所记载金额的权利。主票据权利一般包括对本票出票人、汇票付款人、支票付款行使的请求权。

虽然远期汇票付款人在承兑之前、支票付款行在保付之前并不构成主义务人，但持票人必须首先向汇票付款人和支票付款行行使请求权，因此，这一请求权也是要求主票据权利。

主票据权利是第一次请求权，持票人必须首先向主义务人行使第一次请求权，而不能越过它直接行使第二次请求权。

2. 副票据权利

副票据权利是指在主票据权利未能实现时，发生的由持票人对从义务人所享有的请求偿还票据金额及其他金额的权利。

副票据权利的要求对象是前手持票人，包括收款人和背书人。副票据权利的要求途径是追索，包括追索与再追索①。

副票据权利是持票人的第二次请求权，它以持票人第一次请求权未能实现为前提条件。

3. 辅助票据权利

辅助票据权利是指在主票据权利未能实现时，发生的由持票人对特定的从义务人所享有的请求支付票据金额及其他有关金额的权利。辅助票据权利一般包括持票人对参加承兑人和保证人的付款请求权。

三种票据权利的比较见表2-1。

表2-1　　　　　　　　　　　　　　　　**票据权利的比较**

	行使对象	行使途径	行使顺序	备注
主票据权利	付款人	提示	I	被拒付才能要求副票据权利
副票据权利	前手	追索	II	被拒付才能要求辅助票据权利
辅助票据权利	特定从义务人	追索	III	

（三）票据权利的取得与行使

1. 票据权利的取得

票据权利的取得主要有两种途径，即原始取得和继受取得。

票据权利的原始取得是指票据持票人不经由其他前手权利人，而最初取得票据权利。原始取得的基本方式是通过出票行为取得票据权利。出票行为是最初始的创设票据权利的行为，出票行为完成后，收款人实现票据的实际占有，从而原始取得票据权利。

票据权利的继受取得是指持票人自票据的前手权利人处受让票据，从而取得票据权

---

① 追索与再追索详见"票据行为"一章相关内容。

利，即通过背书转让和交付转让取得票据权利。

2. 票据权利的行使

票据权利的行使是指票据权利人请求票据义务人履行义务的行为。其方式是提示票据，即由持票人实际地向票据付款人出示票据。

提示包括承兑提示和付款提示①。

如果票据提示未能实现票据权利，持票人可以通过追索、向法院起诉等渠道要求取得票据权利。

票据权利与一般债权的主要区别见表 2-2。

表 2-2 　　　　　　　　　　　　　　**票据权利与一般债权的区别**

	票据权利	一般债权
内涵	取得票据金额	得到约定金额
表现形式	票据本身/证券性权利	不明确
所有者	正当持票人	约定债权人
偿付方式	金钱	金钱、有价证券、其他物品
清偿时间	非常明确	不确定
提前收回	转让与贴现	基本不能
权利转让	流通转让	以债务人同意为前提
权利转让之后果	权利人失去票据权利；背书人成为票据义务人	债权人失去权利
要求方式	提示、追索、起诉	等待、催收、起诉
义务人/债务人责任	双重义务（担保、付款）、全部责任、连带责任	独立责任为主
保障程度	较高	较低

二、票据义务

（一）票据义务的含义和特征

票据义务是指票据义务人依票据上所载文义支付票据金额及其他金额的义务。票据义务的性质是一种金钱付给的义务，因而，票据义务不可称为票据债务。票据义务是票据权利的相对物。

票据义务不同于一般金钱债务，它具有以下特征：

---

① 提示内容详见"票据行为"一章相关内容。

1. 票据义务是单向性义务

在票据权利义务关系中，票据义务人必须单独地承担无条件支付票款的义务，并不能以此为条件对票据权利人主张一定的权利。

2. 票据义务是连带义务

在通常情况下，票据权利人只能有一个，而票据义务人可能有多个。凡在票据上进行必要事项的记载并完成签名者，都是票据义务人。他们主要包括出票人、背书人、承兑人、保证人和参加承兑人等。

票据义务人之间对票据债务负有连带偿还的责任，在某一票据义务人无力偿还时，其他票据义务人都有代其偿还的责任。

3. 票据义务是双重性义务

票据义务带有金钱给付和担保双重义务性。付款义务是主要义务，担保义务是从属义务。

（二）票据义务的种类

票据义务的种类与票据权利的种类是相对应的。

1. 主票据义务

主票据义务是主义务人或其委托的付款人依票据记载所承担的付款义务。通常认为，本票出票人、汇票承兑人、支票保付行是主义务人，承担直接、绝对的付款责任；承兑之前的汇票付款人、未进行保付的支票付款行虽不是主义务人，但他们作为出票人的委托者应首先接受持票人提示，因此，也可认为他们所承担的是主票据义务，不过，他们所承担的并不是绝对的付款责任，也就是说他们可以拒付。

2. 副票据义务

副票据义务是指背书人作为被追索人所承担的付款义务。它具有担保责任的性质。在主票据义务未能履行时，副票据义务人应履行付款义务。

3. 辅助票据义务

辅助票据义务是指参加承兑人或保证人作为特定义务人所承担的付款义务。它具有代位责任的性质，即参加承兑人或保证人在特定情况下代替先前的被参加人或被保证人而履行相应的票据义务。

三种票据义务的特点比较见表 2-3。

表 2-3 票据义务的比较

	承担人	履行义务方式	履行义务顺序
主票据义务	付款人	承兑、付款	I
副票据义务	前手持票人	接受追索	II
辅助票据义务	特定从义务人	接受追索	III

票据义务与一般债务的主要区别见表2-4。

表2-4 **票据义务与一般债务的区别**

	票据义务	一般债务
内涵	支付票据金额或其他金额	承担约定债务
义务人/债务人	票据义务人/票据签章者	约定债务人
清偿时间	非常明确	不确定
当事人责任	双重义务（担保、付款）、全部义务、连带义务	独立责任为主，连带责任为辅
偿付方式	金钱	金钱、有价证券、其他物品
约束程度	较强	较弱

（三）票据抗辩

票据抗辩是指票据义务人提出相应的事实或理由，拒绝履行票据义务的行为。票据抗辩是票据义务人的自我保护方式，是票据义务人所拥有的权利。

1. 对物抗辩

票据抗辩主要是对物抗辩，即因票据本身所存在的事由而发生的抗辩。对物抗辩是一种效力较强的抗辩。

对物抗辩又可分为三类：

（1）有关票据记载的抗辩。指因票据上所存在的记载内容而发生的对物抗辩，包括票据要件记载欠缺抗辩、背书不连续抗辩、票据尚未到期抗辩、票据失效抗辩等。

（2）有关票据效力的抗辩。指因票据义务所赖以成立的实质性要件无相应效力而发生的对物抗辩，包括票据伪造、变造的抗辩，无行为能力人的抗辩，无代理权抗辩等。

（3）有关票据义务的抗辩。指因票据义务虽曾存在，但基于某种情况已归于消灭而发生的对物抗辩，包括票据义务因时效问题而消灭的抗辩、票据义务因保全手续欠缺（如持票人在被拒付时未按规定作成拒绝证书）而消灭的抗辩。

2. 对人抗辩

对人抗辩是指因票据义务人与特定票据权利人之间的法律关系而发生的抗辩。如票据义务人可对无权利人（如票据窃取者）主张抗辩等。

对物抗辩可以对所有的票据权利人主张，对人抗辩只能对相应的当事人主张。例如，对于窃取票据的善意持票人，票据义务人不能主张抗辩。

第三节　票　据　法

一、票据法的调整对象

（一）票据法的含义

票据法（Negotiable Instruments Law）是规定票据种类、票据形式及票据当事人权利义务关系的法律规范的总称。

票据法有广义和狭义之分。

广义的票据法，又称为实质意义上的票据法，包括以各种不同法律规范表现出来的有关票据的规定，既包括专门的票据法，也包括民法、刑法、诉讼法和破产法等法律规范中的有关票据的规定，如刑法中关于伪造有关有价证券罪的规定，民法中关于民事代理、票据资金、票据原因等的规定，破产法中关于票据出票人、背书人受破产宣告的规定等。

狭义的票据法，又称形式意义上的票据法，指的是关于票据的专门立法。票据是一种具有自身特点的有价证券，其法律关系有一定的特殊性，必须专门立法加以规定。在通常情况下，票据法是指狭义的票据法。

（二）票据法的调整对象

票据法的调整对象是因票据而发生的各种社会关系，即票据关系。虽然票据关系的实质是民事的债权债务关系，但它并不是特定人之间的、简单的债权债务关系，而是非特定人之间的、复杂的债权债务关系。

票据关系中的主要当事人有以下几种：

1. 出票人

出票人（Drawer）是做成票据、在票据上签名并发出票据的人。票据关系因出票人的出票而产生。汇票的出票人为进行委托支付或发出支付命令的人，本票的出票人为承担或承诺付款的人，支票的出票人为向银行发出支付命令的人。

2. 收款人、持票人、背书人和被背书人

持票人（Holder）是持有票据并享受票据权利的人。票据上载明的收款人（Payee）即为第一持票人或原始持票人，持票人可以通过转让票据从而转让票据权利。背书人（Endorser）或转让人（Transferor）为前手持票人，受让人（Transferee）为后手持票人或被背书人（Endorsee）。票据可以经过多次背书转让，因此，同一票据先后可能有多个持票人。

3. 付款人

付款人（Drawee）即受票人，是指票据上载明的承担付款责任的人。远期汇票的付款人在对汇票进行承兑后，即为承兑人；本票的付款人为出票人本人；支票的付款人为出票人指定的银行。

汇票中还可记载预备付款人（Referee in Case of Need）和担当付款人（Person Designated as Payer）。

4. 保证人

保证人（Guarantor）是为出票人、背书人等特定义务人向付款人以外的第三人担保支付全部或部分票据金额的人。

以上当事人可以组成不同的关系，其中出票人、收款人、付款人三者之间的关系是票据的基本关系，也是票据法调整的主要对象。调整票据基本关系的规定，构成了票据法的核心内容。

（三）票据法的产生和发展

票据法的产生经历了三个阶段。

1. 票据法的萌芽时期

11、12 世纪至 17 世纪中叶是票据法的萌芽时期。在这段时间内，票据关系的调整主要是依赖于商业习惯，它表现为商人法庭、市场法庭等的判例，及若干商人团体的规约。在这一阶段后期，各地开始独立制定地方性票据法。

2. 票据法的形成时期

17 世纪中后期至 19 世纪末叶是西方工业国国内统一票据法的形成时期。早在 17 世纪，法国就率先制定了票据法，到 19 世纪，德国、英国、美国及欧洲大陆的其他国家等相继颁布了票据法，先后形成了法国、德国、英国三大票据法体系。

3. 票据法走向国际统一时期

20 世纪初以后是票据法走向国际统一的时期，先后经过了三个阶段，取得了部分成功。

二、国外三大票据法体系

在票据法的形成阶段，根据各国票据法的特点及其影响不同，票据法大体可分为三个主要体系。

（一）法国票据法体系

法国票据法体系又称拉丁法系，是最早形成的票据法体系。

早在 1673 年，路易十四颁发的《商事敕令》就对汇票和本票的签发和流通作了规定。这是近代各国票据法的开端，也是法国票据法的基础。1807 年，《拿破仑商法典》在继承路易十四《商事敕令》的基础上对汇票和本票之规定作了若干修订。

1865 年，法国制定《支票法》。

法国票据法的特点是注重票据的原因关系和汇兑功能，较少考虑票据的要式性特点及票据的支付功能和信用功能。

当时法国法学界对票据的功能以"送金说"为基础，十分强调票据作为转移金钱的工具作用，要求票据当事人之间必须先有资金关系，把这种本属于原因关系的资金关系作为票据的必要条件加以规定，而对票据形式的要求并不很严格，若干记载事项的缺乏，并不影响票据的效力。这就是最早产生的原始的法国票据法体系。

该票据法过于强调票据的资金关系，强调票据权利和基础合约的联系，使得票据的有效性决定于基础合约的有效性，在一定程度上阻碍了票据的流通转让，限制了票据全部功能的发挥。于是，法国不得不于 20 世纪 30 年代修改票据法，抛弃了原体系中落后的规定。

法国票据法对欧洲大陆各国早期的票据立法影响较大，意大利、荷兰、西班牙、比利时、希腊、土耳其及拉美各国的早期票据法均是在仿效法国票据法的基础上而形成的。

（二）德国票据法体系

德国票据法体系又称日耳曼法系，是继法国票据法体系之后形成的有重要影响的票据法体系。德国票据法体系是在统一德国各邦的地方票据法的基础上经多次修订而形成的。1871 年正式定名为《德国票据法》，内容限于汇票和本票。1908 年单独制定《支票法》。

德国票据法的特点是较为注重票据的流通和信用功能。德国票据法将票据关系与作为其发生基础的原因关系相分离，不再强调当事人之间的资金关系，但却十分强调票据的形式，认为票据是一种文义、无因证券，如果缺乏若干记载事项，票据即丧失其效力。

德国票据法的形成推动了欧洲各国票据法的发展，奥地利、瑞士、瑞典、丹麦、葡萄牙、挪威及亚洲的日本等国，均仿效德国，制定了本国的票据法。先前仿效法国票据法的国家也都先后以德国票据法为蓝本修改了本国的票据法。这样，德国的票据法体系最终成为大陆法系票据法的代表。

（三）英国票据法体系

英国票据法体系又称英美票据法体系，是由英国票据法和美国票据法形成的票据法体系。

《英国票据法》是在其历来的习惯法及多年法院判例的基础上于 1882 年制定公布的。英国票据法不仅包括汇票和本票，还包括支票。1957 年，英国公布单独的《支票法》，作为 1882 年票据法的补充。

英国票据法的特点与德国票据法的特点基本相同，注重票据的流通性及信用功能的发挥。英国制定票据法时，票据已被广泛使用，票据作为流通手段和信用工具的作用已十分显著，因此，英国票据法对正当票据的持票人及其正常流通和信用作用给予充分保护。

英国票据法对美国、加拿大、印度、澳大利亚、新西兰等国影响很大。美国于 1897 年仿效英国票据法制定了统一的美国票据法——《统一流通证券法》，这一法律经多次修改后，被纳入美国《统一商法典》。

在以上三大票据法体系中，法国票据法后来经过修改已转向德国票据法体系，不再作为独立的票据法体系而存在。

目前国际上尚存的票据法体系只有两个，即德国票据法体系和英国票据法体系，这两大票据法体系在实质上并无大的不同。

三、国际票据法

19世纪末20世纪初，随着产业革命的完成，资本主义由自由竞争阶段向垄断竞争阶段过渡，国际贸易得到了极大发展，并形成了全球统一的世界市场。这使得票据的使用更加频繁，使用范围不断扩大，日益成为国际间重要的信用和结算工具。与此同时，三大票据法体系的存在以及同一法系中不同国家的规定不尽相同，都给票据在国际经济贸易中的流通和使用带来很多不便。因而，票据法的国际统一势在必行。进入20世纪后，票据法的国际统一被正式提上日程。

到目前为止，票据法的国际统一经过了三个阶段，并产生了三个国际票据法。

(一)《海牙统一票据法》

20世纪初至第一次世界大战之前为国际统一票据法的第一阶段。

1910年，在德国和意大利两国政府的提议下，国际法学会在荷兰海牙召开了第一次国际统一票据法会议。31个国家参加了这次会议，会议拟定了《统一汇票本票法》和《统一汇票本票法公约》两个草案。

1912年国际法学会在海牙召开了第二次会议，在以上两个草案的基础上，制定了《统一汇票本票法规则》和《统一汇票本票法公约》及《统一支票法规则》，这些规则和公约被称为《海牙统一票据法》。

当时有德国等27个国家签了字，英、美等国持保留态度。但在签字国尚未全部完成本国的批准手续时，就发生了第一次世界大战，《海牙统一票据法》在正式实施前即已夭折。

(二)《日内瓦统一票据法》

第一次世界大战后至第二次世界大战前为国际统一票据法的第二阶段。自1920年起，国际联盟即着手进行因战争而停止的国际票据法统一工作。

1930年，在日内瓦召开了统一票据法国际会议，有31个国家的代表参加了会议。在这次会议上，签署了《统一汇票本票法公约》、《解决汇票本票法律冲突公约》、《汇票本票印花税法公约》。这三个公约彼此独立，各国可分别加入。

1931年，国际联盟又在日内瓦召开统一票据法国际会议，有37个国家的代表参加了这次会议。这次会议签署了有关支票的三个公约，即《统一支票法公约》、《解决支票法律冲突公约》、《支票印花税法公约》。这三个公约也是相互独立的，各国可分别加入。

以1930年的《统一汇票本票法公约》和1931年的《统一支票法公约》为主体的各公约规定，通常被称为《日内瓦统一票据法》。

德国、法国、意大利、日本等国均签署并批准了《日内瓦统一票据法》的各公约，并以此为基础修改了本国原有的票据法。

英、美等国派代表参加了这次会议，但因对《日内瓦统一票据法》有不同看法而未签署公约，致使统一票据的立法又未取得完全成功。

（三）《国际汇票和本票公约》

20 世纪 70 年代以后，国际统一票据法进入了第三个阶段。第二次世界大战以后，票据在国际间的流通更加广泛，但日内瓦统一票据法体系和英美票据法体系的并存，使得在票据上发生的争议很难获得统一的解释。因此，迫切需要制定一个国际票据的统一法规。

自 1972 年起，联合国国际贸易法委员会即着手进行统一国际票据法的工作，并起草了《国际汇票和本票公约》、《国际支票公约》，经过十多年的讨论、修改，终于在 1987 年最后通过了公约草案。1988 年 12 月，联合国第 43 次大会正式通过了《国际汇票和本票公约》。

《国际汇票和本票公约》是在考虑日内瓦统一票据法体系与英美票据法体系之间差异的基础上制定的，但其目的并不在于直接调和两大票据法体系，而仅仅着眼于解决国际贸易中汇票和本票使用上的不便。因而，该公约的适用范围及法律效力，都不同于《日内瓦统一票据法》。

《国际汇票和本票公约》仅限于"国际票据"，即出票地、付款地不在同一个国家之间的票据，而不能适用于缔约国国内的票据法规范；而《日内瓦统一票据法》既适用于国际间的票据法规范，也适用于缔约国国内的票据法规范。

《国际汇票和本票公约》对缔约国的当事人不具有强制适用的效力，只有在有关当事人选择适用于该公约的规定时，该公约的规定才具有约束力；而《日内瓦统一票据法》对缔约国的当事人具有强制适用的效力，不管当事人是否愿意，有关规定均对其具有约束力。

四、我国票据法

我国关于票据的立法要远远落后于西方国家。直接原因是受票据发展的制约，根本原因是受社会经济发展的制约。

票据在我国的起源应该说是很早的，大约在唐宋时期就出现了"飞钱"、"便钱"等原始的票据形态。商人们将现款交付本地的官署或富商，取得由其发给的票券，即可到异地相应的官署或富商那里凭票券兑取现款。但这种早期的票据雏形，并未发展成为近现代票据，也没有形成相应的票据法。

到了清末，以汇票、本票和支票为主体的西方票据制度开始传入我国，与此同时，票据法的制定也提上了日程。当时票据法是聘请日本学者起草的，仅包括汇票和本票两种，且未完成立法工作。

北洋政府于 1925 年修改增加了对支票的规定，但都未正式通过和公布。国民党政府综合历次草案并加以修改后，于 1929 年 10 月正式颁布了《票据法》，内容包括汇票、本票和支票。

中华人民共和国成立后，废除了旧票据法。在此后三十余年的时间里，我国的票据使用一直处于只有支票，没有汇票和本票，且支票只能作为支付手段、不能流通转让的状态。在这种情况下，已没有必要制定专门的票据法。

进入 20 世纪 80 年代以后，为适应商品经济发展的需要，我国逐步恢复了票据的使用。1988 年，经国务院同意，中国人民银行制定了《银行结算办法》，规定可以使用汇票、本票和支票作为支付结算手段，以建立起以汇票、本票、支票和信用卡为核心的"三票一卡"新的银行结算制度。《银行结算办法》的制定及实施，标志着我国的结算制度开始从非票据结算向票据结算全面转变。

为规范票据行为，保障票据活动各当事人的合法利益，增强票据的流通性和可接受性，充分发挥票据的经济性功能，1990 年底，中国人民银行正式成立了票据法起草小组，研究制定我国统一的票据法。经过近五年的努力，于 1995 年 5 月 10 日颁布了《中华人民共和国票据法》。这是新中国第一部真正规范的票据法。至此，我国的票据法体系终于形成。

我国票据法从内容上看比较系统全面，共有 7 章 111 条。在适用范围上，既适用于国内票据，又适用于涉外票据——出票、背书、承兑、保证、付款等行为既发生在国内又发生在国外的票据。在形式上采取汇票、本票和支票统一立法的方式。

五、票据法的地位与特点

（一）票据法的地位变化

早期的票据只是通行于贸易商人之间，所以许多国家（如法、德、日等）就把票据法规定在商法里面，票据法成了商法的一部分。

现代票据虽然与企业关系密切，但并不是企业或商人才使用票据，票据也成为一般人经济生活中不可缺少的工具（在一些发达国家，私人支票的使用非常普遍）；20 世纪 30 年代《日内瓦统一票据法》公布以后，很多国家以此为蓝本，制定了票据法、支票法，使二者独立于商法之外。从整个法律体系来看，票据法正在逐步脱离商法而成为证券法的一个部分。

（二）票据法的特点

与民法（债权法）相比，票据法有以下特点：

1. 强制性

（1）票据种类有票据法规定，票据依法分为汇票、本票、支票三种类型，任何人不得任意创设其他种类；

（2）票据是要式证券，票据的内容和格式等必须符合法律规定。

2. 技术性

为便于票据当事人认识、接受、使用票据，票据法对票据上的行文都规定了一定格式。如远期汇票的承兑应记载在票据正面，背书应记载在票据背面等。

3. 国际统一性

为适应国际经济发展的需要，票据法在国际协调统一方面取得了一定成功，产生了《日内瓦统一票据法》、《国际汇票和本票公约》等国际性法律规则。

本 章 小 结

本章是票据部分的第一章，主要是从总体上介绍票据的性质、功能、票据权利、票据义务等。

票据是一种特定证券，它以收付金钱为目的，强调票据义务人（签名人）的无条件付款责任。

无因性、要式性、流通转让性是票据的三大基本特点。票据的效力取决于其内容和格式是否正确，而不是看其产生是否有原因和资金关系。

汇兑功能、支付功能、信用功能是票据的三大经济功能。支付功能是其基本功能。

票据权利义务关系不同于一般债权债务关系：权利表现形式、清偿时间、保障/约束程度、权利转让、权利提前收回、债务人责任、权利的取得、权利的行使途径等都不同。

票据权利具有证券性、单一性、二次性的特点。票据权利分为主票据权利、副票据权利和辅助票据权利。票据权利通过出票、继受取得，通过提示、追索要求得到。

票据义务具有单向性、连带性、双重性特点。票据义务分为主票据义务、副票据义务、辅助票据义务。票据上的签名人均为票据义务人。

票据的发展离不开票据法的推动。《日内瓦统一票据法》、《英国票据法》分别是大陆法系、英美法系的代表。

复习思考题

一、名词解释

票据　　无因性　　要式性　　流通转让性　　付对价　　善意持票　　设权性
票据权利　　票据义务　　票据抗辩

二、简答题

1. 票据的基本特性有哪些？
2. 什么是票据的流通性？
3. 什么是正当持票人？
4. 票据的基本功能有哪些？
5. 简述三大票据法体系。
6. 法国早期票据法为什么会被淘汰？

本章推荐阅读资料

1. 《中华人民共和国票据法》(1995 年)。
2. 中国人民银行《支付结算办法》(1997 年)。
3. 联合国《国际汇票和本票公约》(1998 年)。
4. 《统一汇票本票法公约》(1930 年,日内瓦)、《统一支票法公约》(1931 年,日内瓦),及其修订。
5. 英国《英国票据法》(1882 年)、《支票法》(1957 年),及其修订。

第三章　票据的种类

◎ **本章学习目的**

在学习本章之后，应该掌握以下内容：

1. 汇票的含义、内容与种类。
2. 本票的含义、内容与种类。
3. 支票的含义、内容与种类。
4. 汇票、本票、支票之间的联系与区别。

第一节　汇　　票

按照通常的划分，票据包括汇票、本票和支票三类。但在立法上，多数国家、地区或国际组织（以大陆法系为代表）把汇票和本票作为票据统一立法，把支票独立于票据之外单独立法。本书将按通常的标准对票据进行分类介绍。

一、汇票的含义

汇票（Bill，Bill of Exchange，B/E）是国际结算中使用最广泛的一种票据。

《中华人民共和国票据法》（1995 年，以下简称我国《票据法》）的解释：汇票是出票人签发的、委托付款人在见票时或者在指定日期无条件支付确定的金额给收款人或者持票人的票据。

《英国票据法》的定义：汇票是由一人向另一人签发的要求即期、定期或在可以确定的将来时间向指定人或根据其指令向来人无条件支付一定金额的书面命令。

定义中"一人"为出票人，"另一人"为付款人，"指定人"或"来人"为收款人。

以上两种定义的实质是相同的。

1. 汇票是出票人的书面命令

汇票的基本关系人有三个，即出票人（Drawer）、付款人（Drawee）和收款人（Payee）。汇票就是出票人签发的，命令付款人向收款人付款的书面指示。

汇票必须是书面的，而不是口头的，否则将无法签字；是命令（Order），而不是请求、商量、征求意见等。

2. 汇票的付款命令是无条件的

无条件意味着付款不能有限制或附带条件，即没有先决条件。

如"货物与合同相符即付款 10 万美元"、"从壹号账户付 1 万美元"等都是有条件的付款命令，因为如果货物与合同不符、壹号账户没有 1 万美元，就无法付款。

反之，"付购设备款 50 万美元"、"付 10 万美元再借记壹号账户"则都是无条件付款命令。"付购设备款"只是说明付款的原因和性质，"再借记壹号账户"则说明的是付款后的账务处理，它们都不构成付款的条件。当然最简明的方式是"付××元"。

如果汇票的付款命令附加了条件，则这张汇票就是无效汇票，因而不具备法律效力。

二、汇票的内容

汇票的内容是指汇票上记载的项目。根据其性质及重要性不同，这些项目可以分为三类：

（一）绝对必要记载项目

绝对必要记载项目是汇票必须记载的内容，必要项目记载的内容是否齐全，直接关系到汇票是否有效。

根据我国《票据法》规定，汇票应包括"汇票"字样、无条件付款命令、确定的金额、付款人名称、收款人名称、出票日期、出票人签章等内容。

1. "汇票"字样

主要目的是表明票据的性质和种类，以区别于其他票据。"汇票"一词在英文中有不同的表示方法，Bill of Exchange、Exchange、Draft 均可。

2. 无条件付款命令

无条件的书面付款命令或付款委托。

3. 确定的金额

票据上的权利必须以金钱表示，不能用货物数量等表示，并且金额必须确定，不能模棱两可，如"付大约 1 000 美元"、"付 2 000 欧元左右"、"付 100 万或 110 万港币"、"付 1 000 美元加利息"等都是不确定的。

在实际中，为防止涂改，票据的金额还必须同时用大、小写记载。

如果大小写不一致，《英国票据法》和《日内瓦统一票据法》都规定以大写为准；我国《票据法》则认定无效。

4. 付款人名称

付款人指汇票命令的接受者，亦即受票人。但受票人不一定付款，因为他可以拒付，也可以指定担当付款人。

汇票上付款人的记载要有一定的确定性，以便持票人能顺利找到。实务上一般都注明详细地址，特别是以在同一城市有许多机构的银行为付款人时，一定要仔细注明。

5. 收款人名称

汇票上关于收款人的记载又称为"抬头"。它应像付款人一样有一定的确定性。不过，实务中一般只写一个完整的名称，不强求写明地址。

汇票上的收款人的填写方法主要有三种：

（1）限制性抬头（Restrictive Order）。此种抬头的汇票只限于付给指定的收款人，即票据的义务人只对记明的收款人负责。限制性抬头的表示方法有：

- 仅付 A 公司（Pay to A Only）；
- 付给 B 公司，不能转让（Pay to B, Not Transferable）；
- 付给 C 公司（Pay to C），但在票据其他地方有"不可转让"（Not Transferable）的字样。

限制性抬头的票据不可流通转让。

由于限制性抬头汇票不能流通转让和流通，在一定程度上限制了汇票支付功能的发挥，所以，这种汇票在实务中的使用并不很普遍。

（2）指示性抬头（Demonstrative Order）。可以由收款人或其委托人、指定人提示取款的汇票。指示性抬头汇票并不强求一定要收款人本人亲自收款，收款人可以通过背书将汇票转让给他人，由受让人以持票人身份取款。实务中，指示性抬头的表示方法有：

- 付给 A 的指定人（Pay to the Order of A）；
- 付给 B 或其指定人（Pay to B or Order）；
- 付给 C（Pay to C），这种做法习惯上称记名抬头，虽然没有指定人（Order）字样，但收款人仍有权将票据背书转让。

这种汇票既实现了汇票流通转让的最基本性质，又可以通过背书而具有一定转让条件，使转让更可靠、更安全，因此在实务中使用最为广泛。

指示性抬头汇票并不是非转让不可，是否实际转让取决于收款人的意愿。

（3）来人抬头（Payable to Bearer）。又称持票人抬头，不管谁持有来人抬头票据，都有权要求付款人付款。该种抬头汇票无需背书即可转让，即只要通过简单交付就可实现转让。来人抬头汇票表示方法有：

- 付给来人（Pay Bearer）；
- 付给 A 或来人（Pay to A or Bearer）。

不过，由于来人抬头汇票容易因丢失而被他人冒领，收款人的权利缺乏保障，所以，有些票据法，如《日内瓦统一票据法》，不允许汇票采用来人抬头的方式。

6. 出票日期

出票日期（Date of Issue）指汇票签发的具体时间。出票日期有三个重要作用：

（1）决定汇票的有效期。持票人如不在规定时间内要求票据权利，票据权利自动消失。

- 《日内瓦统一票据法》规定，即期汇票的有效期是从出票日起的 1 年时间内；
- 我国《票据法》规定见票即付的汇票有效期为 2 年。

（2）决定到期日。远期汇票到期日的计算是以出票日为基础的，确定了出票日及相应期限，也就能确定到期日。

（3）决定出票人的行为效力。若出票时法人已宣告破产或清理，则汇票不能成立。

7. 出票人签章（Signature of the Drawer）

签章原则是票据法的最重要和最基本的原则之一，票据责任的承担以签章为条件，谁签章，谁负责，不签章就不负责。票据必须经出票人签章才能成立。出票人签章是出票人承认了自己的票据义务，收款人因此有了票据权利。如果汇票上没有出票人签章，或签章是伪造的，票据都不能成立。因此，出票人签章是汇票最重要的和绝对不可缺少的内容。

以上内容是我国《票据法》规定必须记载的事项，缺一不可，否则汇票无效。

其他国家票据法的规定也都大同小异。《日内瓦统一票据法》的规定同我国规定基本相同。

但《英国票据法》规定的必要记载项目只有五个，即无条件付款命令、确定的金额、付款人名称、收款人名称和出票人签章，而没有"汇票"字样和出票日期的要求。该法认为，没有"汇票"字样并不会影响汇票的效力；没有出票日期，票据仍然成立。如果出具的是远期汇票，善意持票人可以加上出票日期以确定到期日，使之成为完整汇票。

(二) 相对必要记载项目

除了以上必须记载的内容外，还有几个"相对必要记载项目"。这些项目十分重要，但如果不记载也不会影响汇票的法律效力，因为，这些内容可以间接确定。

1. 出票地点

出票地点（Place of Issue）指出票人签发汇票的地点，它对国际汇票具有重要意义，因为票据是否成立是以出票地法律来衡量的。但是票据不注明出票地并不会影响其生效。

我国《票据法》规定，汇票上未记载出票地点，则出票人的营业场所、住所或者经营居住地为出票地。

2. 付款地点

付款地点（Place of Payment）是指持票人提示票据请求付款的地点。根据国际私法的"行为地原则"，到期的计算、在付款地发生的"承兑"、"付款"等行为都要适用付款地法律。因此，付款地的记载是非常重要的。但是不注明付款地的票据仍然成立。

根据我国《票据法》规定，汇票上未记载付款地的，付款人的营业场所、住所或者经营居住地为付款地。

3. 付款日期

即付款到期日，是付款人履行付款义务的日期。汇票的付款期限有即期和远期之分。

（1）即期（At Sight or on Demand）付款。又叫见票即付，指出票完成后即可要求票据权利（票款）的票据。在持票人向付款人作付款提示时，付款人应马上付款。

（2）远期付款。指出票完成后不能马上要求，而只能在规定日期或以后要求票据权利的票据。远期汇票的到期日有三种确定方法。

● 定日（At a Fixed Date）付款。汇票上规定有确切的付款日，付款人到期付款。

● 出票后定期（At a Fixed Period after Date）付款。又称出票远期付款，此种汇票是以出票日为基础，一段时期后付款。

● 见票后定期（At a Fixed Period after Sight）付款。又称见票远期付款，须首先由持票人在规定时间内向付款人作承兑①提示，然后以承兑日为起点，推算到期日。

如果未注明付款期限，则为见票即付。各国票据法都是如此规定的。

（三）汇票的任意记载项目

任意记载项目是指除以上两类项目以外的项目，它是出票人等根据需要记载的限制或免除责任的内容。这些项目一旦被接受，即产生约束力。

1. 预备付款人和担当付款人

预备付款人（Referee in Case of Need）相当于汇票的第二付款人。在付款人拒绝承兑或拒绝付款时，持票人就可以向预备付款人请求承兑或付款。预备付款人参加承兑后成为票据义务人，到期要履行付款责任。

2. 担当付款人

担当付款人（Person Designated as Payer）是出票人根据与付款人的约定，在出票时注明或由付款人在承兑时指定的执行付款的人，其目的是为了方便票款的收付。

担当付款人只是推定的受委托付款人，不是票据的义务人，对票据不承担任何责任。因此，持票人在请求承兑时，应向付款人提示票据。

3. 必须提示承兑和不得提示承兑

远期汇票并不一定都要求承兑，但如果汇票上有"必须提示承兑"（Presentment for Acceptance Required）记载时，持票人就一定要作承兑提示。如果汇票上还记载了提示承兑的期限，则持票人的承兑提示还必须在此规定时间内作出。

如果汇票上记载有"不得提示承兑"（Acceptance Prohibited）的字样，持票人就不能作承兑提示。如果付款人对该汇票拒绝承兑，则不会构成拒付。

4. 免作拒绝证书和免作拒付通知

拒绝证书（Protest）是由付款人当地的公证机构等在汇票被拒付时制作的书面证明。在通常情况下，持票人追索时要持此证书。如果汇票载有"免作拒绝证书"（Protest Waived）的字样，则持票人在被拒付时无需申请此证书，追索时也不需出示此证书。

拒付通知（Notice of Dishonour）是持票人在汇票被拒付时，按规定制作的通知前手作偿还准备的书面文件。如果汇票载有"免作拒付通知"（Notice of Dishonour Excused）的文句，持票人在汇票被拒付时就不必作此通知。

5. 免于追索

《英国票据法》规定，出票人和背书人可以通过免于追索（Without Recourse）的条

---

① 承兑指远期汇票付款人在汇票上签章，同意按出票人指示到期付款的行为。详见第四章第二节中的"承兑"。

款免除在汇票被拒付时受追索的责任。

三、汇票的种类

（一）按出票人是否为银行划分

1. 银行汇票

银行汇票（Banker's Draft）指以银行为出票人的汇票，通常是一家银行向另一家银行签发的书面支付命令，所以其出票人和付款人都是银行。银行汇票由银行签发后交汇款人，由汇款人带往或寄往收款人，收款人持汇票向付款行请求付款，付款人在审核无误后即予付款。银行汇票的信用基础是银行信用。

根据英国的习惯，如果汇票上的出票人和付款人同属某一机构，则此汇票可视作本票。因此，付款人和出票人为同一银行的汇票可视作银行本票。

2. 商业汇票

商业汇票（Trade Bill）是由公司、企业或个人等非银行主体签发的汇票，其付款人可以是公司、企业、个人，也可以是银行。商业汇票的信用基础是商业信用，其收款人或持票人承担的风险较大。

商业汇票持票人可以通过付款人承兑或跟单收款在一定程度上降低收款风险。

（二）按承兑人是否为银行划分

承兑汇票（Acceptance Bill）主要是针对商业汇票而言的。

1. 银行承兑汇票

银行承兑汇票（Banker's Acceptance Bill）是指由公司、企业或个人开立的以银行为付款人并经付款银行承兑的远期汇票。银行对商业汇票加以承兑改变了汇票的信用基础，使商业信用转换为银行信用。汇票经过银行承兑后，持票人通常能按期得到票款，从而增强了汇票的可接受性和流通性。

2. 商业承兑汇票

商业承兑汇票（Trader's Acceptance Bill）是以公司、企业或个人为付款人，并由公司、企业或个人进行承兑的远期汇票。商业承兑并不能改变汇票的信用基础。

（三）按票据有无附属单据划分

1. 光票

光票（Clean Bill）是指无需附带任何单据即可收付票款的汇票。这类汇票全凭票面信用在市面上流通而无物资（货权单据）作保证。银行汇票多为光票。

2. 跟单汇票

跟单汇票（Documentary Bill）是指附带有关单据的汇票。跟单汇票一般为商业汇票。跟单汇票的流通转让及资金融通，除与当事人的信用有关外，更取决于附属单据所代表货物的价值及单据质量。

（四）按付款时间划分

1. 即期汇票

即期汇票（Sight Draft，Demand Draft）是注明付款人在见票或持票人提示时，立即付款的汇票。

未载明具体付款日期的汇票也是即期汇票。

2. 远期汇票

远期汇票（Time Bill，Usance Bill）是载明在一定期间或特定日期付款的汇票。根据付款期限的表示或确定方法的不同，远期汇票有定日付款、出票后定期、见票后定期三种形式。

（五）按其他标准划分

（1）按汇票基本关系人分为一般汇票和变式汇票。一般汇票是指出票人、付款人、收款人分别为不同的人的汇票。变式汇票是指基本当事人中有一人兼有两种或两种以上身份的汇票，包括：

- 已受汇票或指己汇票：出票人以自己为收款人的汇票；
- 已付汇票或对己汇票：出票人以自己为付款人的汇票；
- 收受汇票：以付款人为收款人的汇票。

（2）按货币种类可分为本币汇票（Home Money Bill）和外币汇票（Foreign Money Bill）。

（3）按出票地和付款地可分为国内汇票（Inland Bill）和国外汇票（Foreign Bill）。

商业汇票和银行汇票在实际中采用得较普遍，其格式分别见式样 3-1、式样 3-2。

式样 3-1　　　　　　　　　　　　　**商 业 汇 票**

```
                    BILL OF EXCHANGE

No. _____①_____
Exchange for ____②____     ____③____
     At ____④____ sight of this First of Exchange
(Second of the same tenor and date unpaid), Pay to the order of
____⑤____  the sum of
_____
                         ⑥
Drawn under _____⑦_____
_____
To: _____⑧_____
                                    _____⑨_____
_____
   说　明：①商业汇票编号；    ②汇票金额（小写）；    ③出票时间和地点；
         ④付款期限；        ⑤收款人名称；        ⑥汇票金额（大写）；
         ⑦取款依据；        ⑧付款人名称、地址；   ⑨出票人签名。
```

式样 3-2 　　　　　　　　　　**银 行 汇 票**

```
┌─────────────────────────────────────────────────────────────┐
│                    BANK OF CHINA                              │
│                                        No. _____ ①            │
│              This draft is valid for one                      │
│              year from the date of issue                      │
│                                        AMOUNT ____ ②          │
│ PAY TO _____ ③ _____              BEIJING ____ ④         │
│ THE SUM OF _____ ⑤ _____                                  │
│ TO：_____ ⑥ _____                                           │
│                                                               │
│                          BANK OF CHINA, HEAD OFFICE           │
│                          BANKING DEPARTMENT                   │
├─────────────────────────────────────────────────────────────┤
│ 说　明：①银行汇票编号；　②汇票金额（小写）；　③收款人名称；  │
│         ④出票日期；　　　⑤汇票金额（大写）；　⑥付款人名称的地址。│
└─────────────────────────────────────────────────────────────┘
```

第二节　本　票

一、本票的含义和特点

本票（Promissory Note）即期票。

根据《英国票据法》：本票是一人向另一人签发的，约定即期或定期或在可以确定的将来时间向指定人或根据其指示向来人无条件支付一定金额的书面付款承诺。

"一人"为出票人、付款人；"另一人"为收款人。

根据我国《票据法》：本票是出票人签发的，承诺自己在见票时无条件支付确定金额给收款人或者持票人的票据。

与汇票相比，本票具有以下特点：

1. 本票是无条件的支付承诺

本票的基本关系人只有两个，即出票人（Maker）和收款人（Payee），本票的付款人就是其出票人，本票是出票人承诺和保证自己付款的凭证。在任何时候，本票的出票人都是绝对的主债务人，一旦拒付，持票人即可立即要求法院裁定，只要本票合格，法院就要裁定出票人付款。

在实务中，银行一般是绝对不会拒付本票或出票人与付款人都是本行分支机构的汇票的，根据《英国票据法》，后者也可被作为本票处理。因为拒付本票，会直接影响银行的信誉。

2. 在名称和性质上不同

为强调本票是出票人或付款人的付款承诺这一特性，在英文名称上，本票称为

Note（付款承诺），而不是 Bill（债权凭证），后者是票据的统称。

3. 本票不必办理承兑

本票本来就是付款承诺和保证，因此，即使是远期本票也不必办理承兑。除承兑和参加承兑外，关于汇票的其他有关规定，如出票、背书、保证等均适用于本票。

4. 本票只有一张

汇票可以有一式几张，通常是两张，而债权债务只有一笔，因此要注明"付一不付二"或"付二不付一"的字样，对于远期汇票只承兑一张，以避免重复付款。本票如同承兑后的汇票，所以只有一张。

二、本票的必要记载内容

根据我国《票据法》规定，本票的绝对必要记载内容有六个方面：

- "本票"字样；
- 无条件支付承诺；
- 确定的金额；
- 收款人名称；
- 出票日期；
- 出票人签章。

以上条款，缺一不可，否则，本票无效。本票比汇票少了一个必要项目——付款人。

关于付款地、出票地等事项的记载也应清楚明确，不过没有记载也不影响本票的效力。根据我国《票据法》规定，本票上未记载付款地的，出票人的营业场所为付款地；未记载出票地的，出票人的营业场所为出票地。

《日内瓦统一票据法》规定，本票应包括："本票"字样、无条件支付一定金额的承诺、付款期限、付款地点、收款人、出票地点与日期、出票人签字。

本票的相对必要记载事项和任意记载事项可参见汇票的有关内容。

三、本票的种类

根据出票人是否为银行，本票可以分为商业本票和银行本票两种。不过，根据我国《票据法》规定，本票仅指银行本票。

（一）商业本票

商业本票（Trader's Promissory Note）又称一般本票，它是指公司、企业或个人签发的本票。国际结算中开立本票的目的是为了清偿国际贸易中产生的债权债务。

商业本票的信用基础是商业信用，出票人的付款缺乏保证，因此其使用范围渐趋缩小。中、小企业很少签发本票，一些大企业签发本票通常也限于出口买方信贷的使用。当出口国的银行把资金贷放给进口国的商人用以支付进口货款时，往往要求进口商开立分期付款的本票，并经进口国银行背书保证后交贷款银行收执，作为贷款凭证。因此，商业本票多为远期本票，即期商业本票的实用价值更小。

商业本票的格式见式样 3-3。

式样 3-3

商 业 本 票

PROMISSORY NOTE

01/06/2007

US $ 500. 00 HONGKONG, 5th March 2008, Ninety days after date, I promise to pay John Smith or order the sum of Five Hundred United States dollars.

Frank Scott

(二) 银行本票

银行本票（Banker's Promissory Note）是指银行签发的本票。它通常被用于代替现金支付或进行现金的转移。即期的银行本票习惯称为出纳发出的命令（Casher's Order），意即上柜即可取现。因此，银行本票多为即期本票，远期本票则严格限制其期限，如我国规定，本票自出票日起，付款期限最长不超过 2 个月。由于银行本票在很大程度上可以代替现金流通，各国为了加强对现金和货币金融市场的管理，往往对银行发行本票有一些限制。

第三节　支　　　票

一、支票的含义和特点

(一) 支票的含义

支票（Cheque or Check）是银行存款户根据协议向银行签发的无条件支付命令。

《英国票据法》的定义：支票是以银行为付款人的即期汇票。这个定义简单、明确。

我国《票据法》的定义：支票是出票人签发的，委托办理支票存款业务的银行或者其他金融机构在见票时无条件支付确定的金额给收款人或者持票人的票据。

(二) 支票的特点

支票是一种特殊的汇票，在许多方面与汇票类似。如无条件的付款命令、三个基本关系人等，主要条款规定也较类似等。

但支票又与汇票有重要差别：

（1）支票的出票人必须具备一定条件。

● 必须是银行的存款户，即在银行要有存款，在银行没有存款的人绝不可能成为支票的出票人。

- 要与存款银行订有使用支票的协定，即存款银行要同意存款人使用支票。
- 支票的出票人必须使用存款银行统一印制的支票。支票不能像汇票和本票一样由出票人自制。

（2）支票为见票即付。

支票都是即期付款，所以付款银行必须见票即付。由于支票没有远期，所以也不需办理承兑手续。

（3）支票的付款人仅限于银行，而汇票的付款人可以是银行、企业或个人。

（4）通常情况下，支票的出票人都是主义务人，但保付支票除外，后者主义务人为保付银行。

二、支票的必要记载内容

我国《票据法》规定，支票必须记载以下事项：

- "支票"字样；
- 无条件支付的委托；
- 确定的金额；
- 付款人名称；
- 出票日期；
- 出票人签章。

以上内容缺一不可，否则，支票无效。不过，支票上的金额可以由出票人授权补记（支票可以是空白抬头）。

除必要项目外，收款人、付款地、出票地都是支票的重要内容。支票上未记载收款人名称的，经出票人授权可以补记；未记载付款地的，付款人的营业场所为付款地；未记载出票地的，出票人的营业场所、住所或者经常居住地为出票地。

《日内瓦统一票据法》规定，支票应包括的条款有："支票"字样、无条件支付一定金额的命令、付款人、付款地、出票日期与地点、出票人签名。

三、支票主要当事人责任

（一）出票人责任

支票出票人必须对所出支票担保付款。具体包括：

1. 不得签发空头支票

空头支票是指出票人在付款行处没有存款或存款不足的情况下，签发的超过存款余额及银行透支允许范围的支票。

（1）出票人在银行没有足够存款。有足够存款是一个相对概念，它是指支票的出票人所签发的支票金额不能超过其付款时在付款人处实有的金额。

（2）出票人透支金额超过银行允许范围。为给支票存款户提供使用资金的方便，对于信誉较好的支票户，银行往往允许其在一定限度内透支。如果支票的出票人在存款不足时，签发的支票不超过银行允许的透支范围，也是可以的。不过应在规定的时间内偿还透支金额并承担相应的利息费用。但是，出票人签发的支票不能超过银行允许的透支金额。

各国法律均严格禁止签发空头支票。

2. 支票提示期限过后，出票人仍应对持票人承担票据责任

（1）《日内瓦统一票据法》规定支票的提示期限：

- 国内支票为出票日起 8 天；
- 出票和付款不在同一国家的为 20 天；
- 不同洲的为 70 天。

（2）我国《票据法》规定支票提示期限为 10 天。

如超过提示期限，支票过期作废，但出票人的责任并不因此消失，他们应对持票人承担票据责任。如我国规定，持票人对支票出票人的权利，自出票日起 6 个月内仍有效。如果过期仍不行使其权利，则票据权利自动消失。

3. 如果付款行拒付，支票签发人应负偿还之责

（二）付款行与收款人责任

付款行的责任是审查支票是否合格，特别是核对出票人签章的真实性。只有当支票上的出票人签章与支票开户人留在银行的印鉴相符时，付款行才付款。如果错付，银行应承担赔偿责任。此外，付款行在付款时还应要求持票人做收款背书。

收款人的主要责任是在有效期内提示支票。

四、支票的种类

（一）按收款人抬头是否记名划分

1. 记名支票

记名支票（Cheque Payable to sb. or Order）指注明收款人姓名的支票。除非记名支票有限制转让的文字，否则记名支票即为指示性抬头支票，可以背书转让。

记名支票在取款时，必须由收款人签章并经付款行验明其真实性。

2. 无记名支票

无记名支票（Cheque Payable to Bearer）又称空白支票或来人支票，它是没有记明收款人的支票。任何人只要持有此种支票，即可要求银行付款，且取款时不需要签章。银行对持票人获得支票是否合法不负责任。

从实质上讲，支票也可以分成限制性、指示性和来人抬头。

（二）按支票对付款有无特殊限制划分（国外）

按支票对付款有无特殊限制，国外将支票分为普通支票与划线支票。

1. 普通支票

普通支票（Open Cheques）也称非划线支票，即无两条平行线的支票或对付款无特殊限制或保障的一般支票。普通支票的持票人可以持票向付款银行提取现款，也可以通

过其往来银行代收转账。

2. 划线支票

与普通支票相对应的是划线支票。划线支票（Crossed Cheques）是指出票人或持票人在普通支票上划有两条平行线的支票。划线支票的持票人只能委托银行收款，不能直接提现。划线支票可以起到防止遗失后被人冒领，保障收款人利益的作用。

划线支票可分为普通划线支票和特殊划线支票。

（1）普通划线支票。普通划线支票即一般划线支票（Generally Crossed/General Crossing），指不注明收款银行的划线支票，收款人可以通过任何一家银行收款。

普通划线支票有四种形式：

• 在支票上划两条平行线，不进行任何记载。

• 在两条平行线间加上"and Company"的字样；"and Company"或"and Co."不表示任何含义。

• 在两条平行线之间加上"Not Negotiable"（不可议付）的字样。该种支票的出票人只对收款人负责，收款人仍可转让该支票，但受让人的权利不优于收款人。

• 在平行线间加上"A/C Payee"或"Accout Payee"（入收款人账）的字样。

（2）特殊划线支票。特殊划线支票（Specially Crossed/Special Crossing）是指在平行线中注明了收款银行的支票。对于特殊划线支票，付款行只能向划线中指定的银行付款，当付款行为指定银行时，则只能向自己的客户转账付款。

普通支票可以经划线而成为划线支票，一般划线支票可以经记载指定银行而成为特殊划线支票。但特殊划线支票不能恢复成一般划线支票，一般划线支票不能恢复成普通支票。

（三）按支票对付款有无特殊限制划分（我国）

按支票对付款有无特殊限制，可分为现金支票与转账支票。我国现金支票只能用于支取现金，转账支票相当于划线支票。

转账支票是由出票人或持票人在普通支票上载明"转账支付"的支票。在支票标有转账支付的记载时，付款银行只能通过银行转账收款，不能提取现金。

对于已有的转账支付记载，不能再行涂销，即使被涂销也视作未涂销，即不能改变转账支付的性质。如果付款银行未依上述规则进行支付，对于所发生的损失，应负赔偿之责。

（四）按支票出票人性质划分

一般而言，政府机关、企事业单位和个人均可签发支票。政府机关和企事业单位是支票的主要出票人，银行和个人也可以签发支票。

1. 银行支票

银行支票（Banker's Cheque）是以银行为出票人，并由银行任付款人的支票。如我国的定额支票就属于这一性质。定额支票是由有关单位将款项交存银行后，由银行开出的、统一载明确定金额的支票。这种支票通常用于农副产品收购的价款支付。

2. 私人支票

指自然人以个人名义作为出票人签发的支票。我国于2006年在全国推广使用私人支票。

（五）保兑支票

保兑支票（Certified Pay）是指由付款银行加注"保付"（Certified to Pay）字样的支票。由于普通支票仅仅是出票人向银行发出的支付命令，出票人是否在银行有足够的存款，银行是否能够承担付款责任，对于持票人来说，并无确实的保障。如果付款行对支票进行了保付，就是承担了绝对付款的责任，从而使持票人在任何情况下，都能保证获得支付。

式样3-4和式样3-5列示支票的常用式样。

式样3-4 　　　　　　　　　　　　　　**支　票**

BANK OF CHINA HUBEI PROVINCE BRANCH

A/C No. _____

Wuhan, Date _____

Pay to _____

Renminbi（in words）_____

in figures ￥ _____

Cheque No. _____

Signature _____

式样3-5 　　　　　　　　　　　　　　**支　票**
　　　　　　　　　　　　××结算中心现金支票　　　编号

收　款　单　位（或收款人）名称		签发单位科目账号									
人　民　币（大写）			百	十	万	千	百	十	元	角	分
用　途		会计分录　科目（借）_____　对方科目（借）_____									
上列款项请从　　账户内支付（出票人签章）（请收款单位或收款人在背面签章）		付讫日期：　　年　　月　　日出纳　　　复核　　　记账									

本支票有效期五天

第一联　支付凭证

出票日期（大写）　　年　　月　　日　　　原记账凭证号码 _____

第四节　票据间的区别

一、票据性质和内容区别

汇票、本票和支票之所以能成为不同的票据，是因为它们都有其独自的特点，彼此间存在差异。

1. 性质不同

汇票和支票都是无条件的支付命令；本票是无条件的支付承诺。前者是出票人命令他人付款，后者是出票人承诺自己付款。

2. 当事人及相互间的关系不同

汇票和支票各有三个基本当事人，即出票人、付款人和收款人。本票只有两个当事人，出票人和收款人，付款人就是出票人。

签发支票时，其出票人与付款人之间必须先有资金关系；汇票则没有要求；本票是自己付款，无所谓资金关系。

3. 主义务人不同

本票和支票的主义务人一直是出票人；汇票则有两种情况，即期汇票和承兑前的远期汇票的主义务人是出票人，承兑后的主义务人是承兑人。

4. 出票份数不同

汇票的出票一般是一式两份；本票和支票则是一式一份，没有副本。

5. 记载的必要项目不同

汇票的必要记载项目较全，包括汇票名称、无条件支付的委托、确定的金额、付款人、收款人、出票日期、出票签章七项；本票、支票的必要记载内容分别不包括付款人名称、收款人名称。

6. 付款人的性质不同

支票的付款人必须是银行；而汇票和本票的付款人可以是银行，也可以是企业或个人。

7. 付款期限种类不同

支票是见票即付，无到期日的记载；汇票和本票有即期和远期付款之分，一般应记载到期日。

8. 票据行为不同

本票无承兑、参加承兑行为；支票无承兑、参加承兑、参加付款行为；汇票则全有。

二、票据使用区别

（一）作用不同

汇票既是结算工具，又是信贷工具。汇票作为结算工具主要是用于国际汇款，即通过签发银行汇票来转移资金；作为信贷工具主要是指厂商以进出口贸易为背景而出具商业汇票，这种汇票经银行承兑后很容易贴现，是进出口融资的重要工具。

本票基本上是信贷工具。信誉较好的大企业可以通过发行商业本票筹措资金，银行也可以通过签发银行本票筹资或吸收存款。

支票基本上是结算工具。支票是理想的结算工具，资金收付很方便。出票人要付款只需签发支票，不必逐笔到银行去办理，收款人收款只需将支票交银行即可。

（二）使用范围不同

汇票是国际结算普遍使用的工具，这是因为：

1. 汇票是安全的结算工具

银行汇票的基础是银行信用，可靠性高，商业汇票多是跟单汇票，虽然付款人可能拒付，但收款人持有单据即拥有货物，拒付带来的损失可以降到最低限度。因此，使用汇票对收款人而言，风险较小。

2. 汇票是方便的融资工具

一般融资对筹资人而言都有严格的条件限制，融资难度较大，即便是银行贷款也不例外，而采用跟单汇票融资只要单据合格，银行即可提供融资。

支票主要用于国内结算。在西方国家的国内结算中，个人、厂商之间的收付，大多使用支票结算。但支票是见票即付，很难通过它融资，而且私人支票退票可能性较大，国外银行不会买汇，因而在很大程度上限制了支票在国际结算中的使用。

本票的使用无论是在国内还是国际的结算中都较少。因为商业本票经常会发生拒付案，人们一般不愿接受；而且，一般国家又不同程度地限制甚至禁止使用银行本票。

【资料】正确填写票据和结算凭证的基本规定①

填写票据和结算凭证，必须做到标准化、规范化，应要素齐全、数字正确、字迹清晰、不错漏、不潦草，防止涂改。

一、中文大写金额数字应用正楷或行书填写，如壹、贰、叁、肆、伍、陆、柒、捌、玖、拾、佰、仟、万、亿、元、角、分、零、整（正）等字样。不得用一、二（两）、三、四、五、六、七、八、九、十、毛、另（或0）填写，不得自造简化字。

二、中文大写金额数字到"元"为止的，在"元"之后，应写"整"（或"正"）字，在"角"之后可以不写"整"（或"正"）字。大写金额数字有"分"的，"分"后面不写"整"（或"正"）字。

三、中文大写金额数字前应标明"人民币"字样，大写金额数字应紧接"人民币"字样填写，不得留有空白。大写金额数字前未印"人民币"字样的，应加填"人民币"三字。在票据和结算凭证大写金额栏内不得预印固定的"仟、佰、拾、万、仟、佰、拾、元、角、分"字样。

四、阿拉伯小写金额数字中有"0"时，中文大写应按照汉语语言规律、金额数字

---

① 来源：中国人民银行网站，中国人民银行《支付结算办法》（2004）。

构成和防止涂改的要求进行书写。举例如下：

（一）阿拉伯数字中间有"0"时，中文大写金额要写"零"字。如￥1 409.50，应写成人民币壹仟肆佰零玖元伍角。

（二）阿拉伯数字中间连续有几个"0"时，中文大写金额中间可以只写一个"零"字。如￥6 007.14，应写成人民币陆仟零柒元壹角肆分。

（三）阿拉伯金额数字万位或元位是"0"，或者数字中间连续有几个"0"，万位、元位也是"0"，但千位、角位不是"0"时，中文大写金额中可以只写一个零字，也可以不写"零"字。如￥1 680.32，应写成人民币壹仟陆佰捌拾元零叁角贰分，或者写成人民币壹仟陆佰捌拾元叁角贰分；又如￥107 000.53，应写成人民币壹拾万柒仟元零伍角叁分，或者写成人民币壹拾万零柒仟元伍角叁分。

（四）阿拉伯金额数字角位是"0"，而分位不是"0"时，中文大写金额"元"后面应写"零"字。如￥16 409.02，应写成人民币壹万陆仟肆佰零玖元零贰分；又如￥325.04，应写成人民币叁佰贰拾伍元零肆分。

五、阿拉伯小写金额数字前面，均应填写人民币符号"￥"。阿拉伯小写金额数字要认真填写，不得连写分辨不清。

六、票据的出票日期必须使用中文大写。为防止变造票据的出票日期，在填写月、日时，月为壹、贰和壹拾的，日为壹至玖和壹拾、贰拾和叁拾的，应在其前加"零"；日为拾壹至拾玖的，应在其前加"壹"。如1月15日，应写成零壹月壹拾伍日。再如10月20日，应写成零壹拾月零贰拾日。

七、票据出票日期使用小写填写的，银行不予受理。大写日期未按要求规范填写的，银行可予受理，但由此造成损失的，由出票人自行承担。

本 章 小 结

本章具体介绍了汇票、本票、支票的基本内容。

汇票是出票人命令他人无条件付款的票据，其基本当事人有三人：出票人、收款人、付款人。支票是一种特殊汇票，其当事人也是三人，不过付款人为银行。本票是出票人的无条件付款承诺，基本当事人只有二人。

票据的内容分为绝对必要记载事项、相对必要记载事项和任意记载事项。绝对必要记载事项不可缺少，否则票据无效。根据我国《票据法》，票据名称、无条件支付（命令、承诺）、确定金额、收款人名称（支票可不记载）、付款人（本票为出票人）、出票日期、出票人签名必须记载。收款人抬头有限制性、指示性、来人三种类型，不同性质的抬头直接关系到票据能否转让及以何种方式转让。

汇票可按出票人、承兑人、付款期限、是否跟单进行分类。支票可按收款人名称、收款限制、有无保兑进行分类。本票主要是按出票人分类。

由于汇票是安全的国际结算工具和方便的贸易融资工具，所以，其在国际结算中使用最广。

复习思考题

一、名词解释

汇票　　本票　　支票　　商业汇票　　银行汇票　　银行承兑汇票　　即期汇票
远期汇票　　限制性抬头　　指示性抬头　　来人抬头　　银行本票　　商业本票
记名支票　　无记名支票　　现金支票　　转账支票　　普通支票　　划线支票
特殊划线支票　　保兑支票　　空头支票　　空白支票　　拒绝证书

二、简答题

1. 试举例说明汇票收款人抬头的类型。
2. 汇票的付款期限有哪几种？
3. 为什么说从某种意义上讲出票人签章是票据最重要的内容？
4. 简述支票出票人应具备的条件及其主要责任。
5. 为什么汇票能成为国际结算中使用最广泛的结算工具？

第四章 票据行为

◎**本章学习目的**

　　在学习本章之后，应该掌握以下内容：

　　1. 票据行为（狭义）的含义、种类与特点。

　　2. 票据行为（狭义）应具备的条件。

　　3. 出票、背书、承兑、参加承兑、保证、保付的含义与影响。

　　4. 提示、付款、拒付与追索的含义与要求。

　　5. 涂销、更改、伪造与变造的含义与后果。

第一节 票据行为的性质

一、票据行为的含义

　　票据行为有狭义和广义之分。

　　狭义票据行为是以行为人在票据上进行必要事项的记载，完成签名并予以交付为条件，以发生、转移或保障票据上的权利，负担票据上的债务为目的的要式法律行为。简言之，就是围绕票据所发生的，以确立、转移或保障票据权利义务关系为目的的法律行为。狭义票据行为可简称为票据行为。

　　狭义票据行为是基于当事人的意志表示而发生的相应法律效力的行为，被称为票据的法律行为，包括出票、背书、承兑、保证、保付、参加承兑六种行为。

　　狭义票据行为是票据行为的基础。

　　广义票据行为，统指一切能够引起票据法律关系的发生、变更、消灭的各种行为。广义票据行为除包括狭义票据行为外，还包括提示、付款、划线、涂销等行为。狭义票据行为以外的各种行为大多是基于法律的直接规定而发生相应法律效力的，被称为准法律行为或其他票据行为。

二、狭义票据行为应具备的条件

（一）行为人具备相应的票据能力

　　票据行为在本质上是一种民事行为，根据民事法律规定，行为人必须具备相应的民事能力。就票据行为而言，它要求行为人具备相应的票据能力，包括票据权利能力和行为能力。票据能力是票据成立的实质要件。

票据权利能力是指能够成为票据行为的主体，参加票据关系、享受票据权利与承担票据义务的资格。它是票据能力的静态表现。

票据行为能力是指具有票据权利能力的行为人，能够实际地以自己的行为取得票据权利、承担票据义务的能力。票据行为能力是票据能力的动态表现。

票据权利能力为进行有效的票据行为提供了可能性，票据行为能力则为其提供了现实性。

（二）有明确的意思表示

行为人要有以发生或转移票据权利、负担票据债务为目的的明确表示。如出票以发生票据权利为目的，背书以转移票据权利为目的，承兑以承担票据债务为目的。

（三）具备必要的行为形式

票据行为是一种要式行为，其行为形式包括以下三方面内容：

1. 进行必要事项的记载

票据行为的有效成立，必须具备符合法律规定的票据记载。必备事项的范围、记载方式均由票据法规定，如票据金额的记载等。

2. 行为人完成签名

票据签名是各种票据行为共同的形式要件。票据签名既是票据行为人确定参加票据关系、决定承担票据义务的主观意志的体现，又是确认实际的票据行为人与票据上所载的票据行为人为同一人的客观标准。

票据签名通常可采用手书签名、盖章、签名盖章、记名盖章、法人签名等形式。

- 手书签名是指由票据行为人自己亲手书写自己的姓名；
- 盖章是票据签名的变通形式，指票据行为人加盖自己的印章；
- 签名盖章是在进行手书签名的同时，再加盖印章的双重签名方式；
- 记名盖章是由行为人以手书签名以外的其他方法表明行为人名称，如打印，然后加盖行为人印章的特殊签名方式；
- 法人签名是指在法人代表签名或盖章的同时加盖该法人的印章。

3. 票据交付

票据交付是使票据行为最终能够有效成立的特殊形式要件。通过票据交付以实现票据占有的实际转移。

三、狭义票据行为的特征

票据是商事活动的重要工具，在社会经济生活中具有特殊的作用，为保障票据在使用上具有极大的流通性、安全性和可靠性，票据法赋予了票据行为不同于一般法律行为的特殊性，即票据行为的无因性、形式性与独立性。

（一）票据行为的无因性

票据行为的无因性，又称为票据行为的抽象性或无色性。它与票据特性中的无因性是一致的，即强调票据行为的效力同发生票据行为的原因关系相分离。对票据来说，票据上的法律关系仅指票据权利义务关系，票据原因关系被称为票据外法律关系。

票据行为的无因性，包含以下三方面内容：

1. 票据行为的效力独立存在

票据权利义务关系因某种原因关系一经形成，就与先前的原因关系相分离，不再受原因关系的影响而存在。当原因关系发生改变或消失时，票据权利义务关系并不因此发生任何变化。如因买卖关系而出票，出票完成后买卖双方一致同意撤销贸易合同，但出票行为并不因此而自动失效。

2. 持票人不必证明票据权利的取得原因

法律规定，持票人只要能证明票据义务的真实成立与存续，即可对票据义务人行使票据权利，而无须证明自己以及前手是以何种实际的经济关系取得票据权利的。

3. 票据义务人不得以原因关系对抗善意持票人

在通常情况下，作为票据义务人的付款人与受让取得票据的持票人之间是不存在直接原因关系的，因此票据义务人不能以原因关系对善意持票人提出抗辩。

（二）票据行为的形式性

票据行为的形式性又称为票据行为的要式性或定型性。它是指票据行为具有法律规定的行为方式及其效力解释，行为人不得自行选择行为方式，也不能对票据行为的效力任意解释。

票据行为的形式性，包括三方面内容：

1. 以证券书面方式进行

票据行为必须是严格的书面行为。在票据行为中，既不承认口头方式的效力，也不承认诸如信件、电报等准书面方式的效力，只承认证券书面的效力。

2. 以固定方式进行

票据法明确规定了票据行为的固定方式，包括应记载的固定内容、固定记载位置，如承兑只能在票据正面进行，背书只能在票据背面进行等。

3. 依票据所载文义解释

票据行为的内容必须完全依票据的书面记载确定，不能以票据记载以外的事实对所载文义进行补充或变更，甚至作出与票据所载文义相反的解释。

（三）票据行为的独立性

票据行为的独立性又称为票据义务独立原则或单独行为原则。它是指发生在同一票据上的若干票据行为均分别依其在票据上所记载的内容，独立地发生效力，各种行为互不牵连。

票据行为的独立性包括以下内容：

1. 各票据行为均独立发生

发生在同一票据上的各个票据行为，虽然有逻辑上的先后顺序，但并没有发生的必然性。各个行为人都是依自己的意志，独立地决定是否作相应的票据行为。如背书行为只能产生于出票之后，但出票并不能导致背书一定发生。

2. 某一票据行为无效，并不影响其他票据行为的效力

先前的票据行为无效，并不能免去后续票据行为人所承担的票据责任。例如，并不能因出票的无效而否定在此票据上背书、承兑行为的有效性，背书人、承兑人必须对其行为负责。

在运用票据独立性原则时，不能违背票据行为的形式性要求，即只有在确认某一票据行为在形式上为有效行为，而在实质上为无效行为的前提下，才能适用该原则。对于以形式上显然无效的票据行为为前提的票据行为，是不能依据票据行为的独立性原则确认其为有效票据行为的。

四、票据行为分类

（一）票据行为间的关系

票据行为有很多种，其关系如图 4-1 所示。

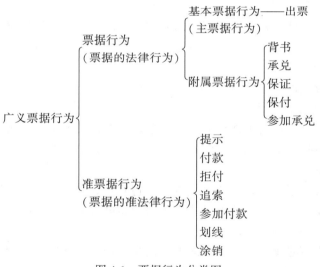

图 4-1　票据行为分类图

（二）主票据行为和附属票据行为

在狭义票据行为中，根据地位和作用不同，票据行为可分为主票据行为和附属票据行为两类，主票据行为即基本票据行为。

1. 主票据行为

主票据行为是使票据权利得以发生的最初始的行为。主票据行为只有一种，即出票。

2. 附属票据行为

附属票据行为是使票据权利得以转移或得到充分保障而发生的行为。附属票据行为有五种，即背书、承兑、保证、保付和参加承兑。

3. 二者的关系

（1）地位不同。主票据行为是附属票据行为及其他票据行为的基础，附属票据行为及其他票据行为以主票据行为为前提，只有在主票据行为完成以后，附属票据行为及其他票据行为才有可能发生。

（2）发生先后顺序不同。主票据行为发生在先，是全部票据活动的起点。附属票据行为发生在后，是主票据行为的后续行为。

（3）必要程度不同。主票据行为是票据使用中不可缺少的行为，附属票据行为并不是绝对必需的，在有些情况下，仅通过主票据行为即可完成票据使命。

第二节　狭义票据行为的种类

一、出票

（一）出票的含义和内容

出票（Issue）包括两个动作，一是开票（to Draw）或写成并签字，一是交付（Deliver）。交付是物权的自愿转移，是票据生效不可缺少的行为。在汇票、本票、支票的使用中，都存在出票行为。

本票和支票都是只开单张，汇票的开立可以是单张，也可以是两张或两张以上。英美国家的国内汇票多为单张汇票（Sola Bill）。国外跟单汇票一般可开成多份，每张汇票都具有同等的效力，其中一张付讫后，其余几张自动失效，所以每张上要注明是第几份，并说明"付一不付二"（First（Second being unpaid））或"付二不付一"（Second（First being unpaid））的字样。

如果汇票在背书转让或承兑时，背书人或承兑人误在同样两张汇票上签名，而这两张汇票分别落入不同的正当持票人之手，则背书人或承兑人应同时对两张汇票负责。

（二）出票的影响

1. 出票人成为主义务人

出票行为完成后，出票人便成了票据的主义务人，本票和支票的出票人对持票人要担保付款，汇票出票人除担保付款外，还要担保承兑。如果付款人到期不承兑或不付款，那么出票人就要自己清偿票据义务，即接受持票人追索。

2. 收款人成为主债权人

收款人获得票据后即成为持票人，从而得到了债权，亦即票据权利，包括付款请求权和追索权。前者指向付款人提示票据要求付款的权利；后者指在付款人拒付时，收款人可向出票人要求清偿的权利。

3. 付款人不是票据义务人

付款人是出票人指定的支付票据金额的人。但对汇票和支票的付款人而言，他没有义务必须接受支付票款的指令或委托，即他可以接受付款指令或委托，也可以拒付。这主要取决于出票人的信用、付款人与出票人之间的协议以及票据提示时他与出票人的资金关系。

如果汇票和支票的出票人信用有限，或双方事先没有达成协议或票据内容不符合协议，或票据提示时，出票人的资金不足，那么付款人可以拒付，并且不会因此而承担任何责任，因为他没有在票据上签字。

但本票付款人（出票人）有所不同，他作为出票人在出票时已保证付款，如果拒付，持票人可以直接对其起诉。

二、背书

（一）背书的含义和内容

背书（Endorsement/Indorsement）是指持票人在票据背面签名，并交付给受让人的行为。背书的基本目的是为了转让票据及票据权利。

背书行为的完成包括两个动作：

（1）在票据背面或者粘单上记载有关事项并签名。根据我国《票据法》规定，背书必须记载以下事项，即签章、背书日期、被背书人名称等。

（2）交付。背书日期、背书人可以不记载，未记载背书日期的，视为到期日前背书。

汇票、本票、支票都可以经过背书而转让，但并不是所有票据都能背书转让，对于限制性抬头或记载有"不得转让"字样的票据是不可以背书转让的，而对于来人抬头票据，不需背书即可转让。因此，背书转让的只是指示性抬头票据。

（二）背书的影响

背书行为一经完成，对背书双方即产生不同影响。

1. 对背书人的影响

（1）背书人（Endorser）失去票据及票据权利。票据权利转让给被背书人，背书人不再是持票人，失去了请求承兑和付款的权利。

（2）背书人要向后手证明前手签名的真实性和票据的有效性。即使前手的签字是无效的，或者票据不具备实质性条件，背书人一旦签字，就必须对票据债务负责。

（3）背书人担保承兑和付款。背书人必须保证被背书人能得到全部票据权利，如果被背书人持有的票据在向付款人提示时被拒付，那么他应当接受被背书人的追索。

2. 对被背书人的影响

被背书人（Endorsee）接受票据后即成为持票人，享有票据上的全部权利，包括承兑和付款请求权、追索权。对被背书人而言，背书前手越多，表明其债权的担保人越多。但回头背书的被背书人对原来的后手无追索权，他只能向原来的前手追索。

3. 对持票人的影响

背书人越多，持票人前手义务人就越多，持票人的票据权利就越有保障。

（三）背书的种类

1. 记名背书

记名背书（Special Endorsement）又称为特别背书、正式背书、完全背书。记名背书的特点是背书内容完整、全面，包括背书人签名、被背书人或其指定人。背书日期可有可无，如果没有记载背书日期，则视为在票据到期日前背书。经过记名背书的票据，被背书人可以再作背书转让给他人，这种背书可以是记名的，也可以是无记名的。

2. 无记名背书

无记名背书（Blank Endorsement）又称空白背书、略式背书。它是指仅在票据背面签名而不注明被背书人的背书。经过无记名背书的票据，受让人可以继续转让。转让方式有：

（1）继续作无记名背书转让。可分为两种情况：

● 不作背书，将受让票据直接交付他人。由于没有签名，也就没有被追索的可能。

● 在无记名背书票据上加上自己的名字后，再作无记名背书转让。

（2）转作记名背书转让。也有两种情况：

● 在无记名背书票据上加上自己的名字后，作记名背书转让。

● 直接在无记名背书票据上加上被背书人的名字后转让。这种转让也没有签名，从而可避免追索。

3. 限制背书

限制背书（Restrictive Endorsement）是指背书人在票据背面签字，指定某人为被背书人或记载有"不得转让"字样的背书。

对于限制背书的受让人能否将票据转让，各国票据法有不同规定。

根据《英国票据法》，限制背书的被背书人无权再转让票据权利。

《日内瓦统一票据法》和我国《票据法》承认不得转让的背书，规定限制背书的票据仍可由被背书人进一步转让，但原背书人即作限制背书的背书人只对直接后手负责，对其他后手不承担保证责任。

4. 有条件背书

有条件背书（Conditional Endorsement）是指对被背书人享受票据权利附加了前提条件的背书。包括我国在内的多数国家票据法规定，有条件背书的背书行为是有效的，但背书条件无效。

对有条件背书的受让人而言，在行使票据权利或再将票据背书转让时，他可以不理会前手附加的条件，因为这些条件不具有法律效力。

5. 委托收款背书

委托收款背书（Endorsement for Collection）是指记载有"委托收款"字样的背书。

背书人的背书目的不是转让票据权利，而是委托被背书人代为行使票据权利，即代为收款。委托收款背书的被背书人不得再以背书转让票据权利，因为票据的所有权仍属于背书人而不是被背书人。

6. 设定质押背书

设定质押背书是指记载有"质押"字样的背书，被背书人只有在依法实现其质押权时，才可行使汇票权利。在其他任何情况下，票据的所有权都属于背书人，被背书人不得侵犯背书人的票据权利。

7. 部分背书及分割背书

部分背书是指只转让部分票据金额的背书。分割背书是指将票据金额分割给几个人的背书。

我国《票据法》规定，将票据金额的一部分转让的背书或将票据金额分别转让给两人以上的背书无效，不仅背书内容无效，而且背书行为本身也无效。

8. 其他背书

包括加注"不得追索"（Without Recourse）字样的免责背书等。票据法一般都允许这种背书，但其效力只限于背书人与直接被背书人之间，被背书人的后手不受此类背书的影响。

三、承兑

（一）承兑的含义

承兑（Acceptance）是指远期汇票的付款人在汇票上注明"承兑"并签章，同意按出票人指示到期付款的行为。

承兑行为的完成包括两项内容：

（1）完成记载及行为人签名。承兑时，可以写明"已承兑"（Accepted）并签名，也可仅签名。承兑日期视情况而定，见票后定期付款汇票必须记载承兑日期。此外，还可以加上担当付款人或付款处所的记载。汇票一般是两张一套，付款人只需承兑一张。承兑应作于汇票正面。

（2）完成交付。承兑的交付有两种：一种是实际交付，即付款人在承兑后将汇票退还给持票人；另一种是推定交付，付款人在承兑后将所承兑的汇票留下，而以其他方式通知持票人汇票已承兑并告知承兑日期。通知一般以书面形式为主。

我国《票据法》对承兑日期作了如下规定：

- 定日付款或出票后定期付款的汇票，持票人应在汇票到期日前作承兑提示；
- 见票后定期付款的汇票，持票人应在出票后 1 个月内作承兑提示；
- 付款人应在收到提示承兑的汇票 3 日内承兑或者拒绝承兑。

（二）承兑的影响

1. 承兑人成为主义务人

付款人在作承兑后，便成为承兑人，他要对票据的文义负责，到期履行付款责任。并且汇票承兑以后，付款人（承兑人）便处于汇票主义务人的地位。

2. 出票人变为从义务人

出票人则由承兑前的主义务人变为从义务人，假如到期日承兑人拒付，持票人可以直接对承兑人起诉。

3. 持票人增强收款保障

对持票人而言，汇票承兑以后，其收款就有了保障，并且还有利于汇票的转让。因为，一般的受让人都不愿意接受未承兑的汇票。

（三）承兑票据的种类

承兑行为是针对汇票而言的，并且只是远期汇票才可能有承兑。本票、支票和即期汇票都不可发生承兑。

根据是否需要承兑，远期汇票可以分为三类：

1. 必须提示承兑的汇票

包括如下几种汇票：

（1）见票后定期汇票。只有在作承兑提示（见票）后，才可以确定见票日期，并以此为起点确定汇票到期日。

（2）由不在付款人同地的第三人付款的汇票。办理承兑便于承兑人安排外地付款人作好到期付款准备。

（3）有"必须提示承兑"字样的汇票。

（4）我国规定，定日付款汇票也必须作承兑提示。

2. 不必提示承兑的汇票

指注明"不得提示承兑"的汇票。该种汇票不必办理承兑，并且付款人的拒绝承兑不构成拒付。该汇票持票人只需到期作付款提示。

3. 其他远期汇票

指介于以上两者之间的汇票。持票人都可以作承兑提示，如果付款人予以承兑，则收款有了保障；如果付款人不予承兑，持票人就可立即追索。但这类汇票的持票人可以不作承兑提示，到期作付款提示即可。

（四）承兑的种类

汇票的承兑有两种：

1. 普通承兑

普通承兑（General Acceptance）即一般承兑，它是指付款人对出票人的指示不加保留地予以确认的承兑。

2. 保留承兑

保留承兑（Qualmed Acceptance）是指付款人在承兑时，对汇票的到期付款加上了某些保留条件或对票据文义的修改意见的承兑。

常见的保留承兑有以下几种：

- 有条件承兑；
- 部分承兑；
- 修改付款期限的承兑；
- 限制地点的承兑等。

我国《票据法》规定，付款人承兑汇票，不得附有条件。承兑附有条件的，视为拒绝承兑。但国外一些票据法规定，对于保留性承兑，持票人有权拒绝接受，也可以接受。如果持票人接受了保留性承兑，在付款人拒付的情况下，持票人不能向出票人或背书人追索。

四、参加承兑

（一）参加承兑的含义

参加是付款人以外的当事人在票据被拒付后、可能发生追索时，为保护特定义务人不受追索而介入票据关系的行为。参加可分为参加承兑和参加付款。

我国《票据法》暂时还没有关于参加方面的规定。

参加承兑（Acceptance for Honour）是指在汇票不获承兑、持票人尚未追索时，其他人要求承兑汇票的行为。只有在远期汇票中才可能有参加承兑行为。

参加承兑的目的是为了阻止持票人追索，维持特定义务人的信誉。

（二）参加承兑的当事人

参加承兑人（Acceptor for Honour）即作参加承兑的行为人。

1. 参加承兑人资格

根据《日内瓦统一票据法》，参加承兑人可以是除承兑人以外的任何人，包括出票人、背书人、保证人、预备付款人等。

《英国票据法》认为，参加承兑人应是票据义务人以外的其他当事人。

2. 参加承兑人责任

根据《日内瓦统一票据法》规定，参加承兑人必须在作参加承兑后的两个营业日内通知被参加承兑人，否则应赔偿被参加承兑人由此造成的损失。

作参加承兑后，参加承兑人要对被参加承兑人的后手，包括持票人负责。如果持票人到期向付款人或预备付款人作付款提示遭拒付，他便可在作拒绝证书后向参加承兑人请求付款。

3. 参加承兑人的权利

参加承兑人付款后，即取得向被参加承兑人及其前手追索的权利，汇票也不注销。

被参加承兑人是指由于参加承兑人的参加行为而免受追索的票据债务人。参加承兑人付款后，有权要求被参加承兑人偿还所付款项。

4. 参加承兑是否会被持票人接受

持票人有权决定是否接受参加承兑。但如果是预备付款人参加承兑，根据《日内瓦统一票据法》的规定，持票人非接受不可。

（三）参加承兑的做法

作参加承兑时，参加承兑人应在汇票正面记载被参加承兑人名称、参加承兑日期及参加承兑人签名。如果没有记明被参加承兑人是谁，则出票人为被参加承兑人。

五、保证

（一）保证的含义和作用

保证（Guarantee）通常是指非票据义务人为票据义务承担保证的行为。其目的是为了增强票据的可接受性，使之便于流通和融资。在汇票、本票和支票的使用中，都可以存在保证。

《日内瓦统一票据法》和我国《票据法》都允许这一行为，但《英国票据法》无此规定。

（二）保证的做法

作保证时，保证人应在票据或粘单上记载"保证"字样、保证人名称和住所、被保证人名称、保证日期，并签名。如果未记载被保证人，对于已承兑的汇票，应以承兑人为被保证人；对于其他票据，则以出票人为保证人。如果未记载保证日期，出票日期即为保证日期。

保证不得附带条件。附有保证条件的，不影响对票据的保证责任，但保证条件无效。

（三）保证人的责任和权利

保证人一般由票据义务人以外的其他人担当，我国的规定即是如此。但《日内瓦统一票据法》却允许任何人做保证人，包括本来已在票据上签过名的义务人。

汇票被保证后，保证人所负的票据责任与被保证人相同。但是被保证人的义务因票据记载事项欠缺而无效的例外。我国《票据法》规定，两个或两个以上的保证人之间，保证人与被保证人之间对持票人要承担连带责任。

保证人清偿票据义务后，取得持票人地位，有权对被保证人及其前手进行追索。

在实务中，对票据义务直接进行担保的保证行为很少发生。

六、保付

（一）保付的含义和内容

保付（Certified to Pay）是指作为支票付款人的付款银行表明保证支付票款的行为。保付行为的完成包括两项内容：进行保付文句及保付日期的记载，完成签名；将支票交付持票人。

保付可以由支票的持票人请求付款银行进行，也可以由支票的签发人请求付款银行进行。在通常情况下，支票的签发人在出票后，应随即请求付款银行进行保付，然后将已保付的支票交付持票人。

（二）保付行为的效力

支票中的保付如同汇票中的承兑，都是付款人表明保证支付票款意愿的行为。对经过保付后的支票，付款银行要承担绝对的付款责任，不得以任何理由拒付。

- 《美国统一商法典》规定，付款行一经保付，其他义务人一概免责。即使持票人在支票过期后提示，保付银行仍要付款。
- 《日本票据法》规定，保付银行只是在支票有效期内保证付款。
- 《英国票据法》、《日内瓦统一票据法》和我国《票据法》都没有支票保付的规定。

由于保付对付款银行来说，在资金安全性上有些不利，所以，实务中较少采用。

从行为时间来看，六种票据行为并不是同时发生的。基本票据行为即出票在先，附属票据行为发生在后，但在附属票据行为之间，没有绝对的先后顺序。

从行为主体来看，不是同一主体所为。在一般情况下，同一主体在同一票据上，不能同时发生两种或两种以上票据行为。

从存在的票据种类看，汇票、本票和支票可能涉及的票据行为并不完全相同。出票、背书、保证是三种票据都一定或可能发生的行为，除此以外，汇票还可能发生承兑、参加承兑行为，支票还可能发生保付行为。或者说，支票不可能发生承兑、参加承兑行为，本票不可能发生承兑、参加承兑、保付行为，汇票不可能发生保付行为。这些关系见表4-1。

表4-1　　　　　　　　　　　　票据行为适用表

行为性质	行为名称	适用票据		
		汇票	本票	支票
主票据行为	出票	√	√	√
附属票据行为	背书	√	√	√
	承兑	√		
	参加承兑	√		
	保证	√	√	√
	保付			√

第三节 其他票据行为

其他票据行为指票据狭义行为以外的其他票据行为，主要包括提示、付款、拒付、追索、涂销等行为。

一、提示

（一）提示的含义和种类

提示（Presentation）是指持票人向付款人出示票据，要求其履行票据义务的行为，是持票人要求票据权利的行为。

提示分为承兑提示和付款提示。

承兑提示是持票人在票据到期前向付款人出示票据，要求其承兑或承诺到期付款的行为。承兑提示只是针对远期汇票而言的，即期汇票、本票、支票不必作承兑提示。

付款提示是指持票人在即期或远期票据到期日向付款人出示票据，要求其付款的行为。

汇票、本票、支票均需作付款提示。

（二）有效提示的要求

根据票据法规定，提示必须在规定的时间及地点作出才有效。

1. 提示时间

关于提示时间，各国票据法的规定有较大不同（见表4-2）。

（1）《日内瓦统一票据法》规定：

- 即期票据必须在出票日后的1年内作付款提示；
- 见票后定期汇票在出票日后的1年内作承兑提示；
- 远期票据在到期日及以后2个营业日内作付款提示。

（2）《英国票据法》规定：

- 即期票据、本票须自出票日起1个月、支票（不含异地）10日内作付款提示；
- 见票后定期付款汇票，自出票日起1个月作承兑提示；
- 远期汇票、本票，自到期日起10日内作付款提示。

（3）我国《票据法》规定：

- 即期票据必须在出票日后的1个月内作付款提示；
- 定日付款、出票后定期付款、见票后定期付款汇票，自到期日起10日内向承兑人作付款提示；
- 支票（同城）提示期限为出票10日内作付款提示；
- 本票为出票后2个月内作付款提示。

表 4-2 不同票据提示时间

票据种类	票据法	时间
即期票据 付款提示	英　国	汇票、本票出票后 1 个月，支票（同地）10 日
	日内瓦	汇票出票日后 1 年
	中　国	出票后 1 个月支票（同地）10 日
见票远期 承兑提示	英　国	出票日起 1 个月
	日内瓦	出票日起 1 年
	中　国	出票日起 1 个月
远期票据 付款提示	英　国	到期日起 10 日（含本票）
	日内瓦	到期日及以后 2 日
	中　国	到期日起 10 日

在规定期限内未作提示的，持票人丧失对前手的追索权。但在一定期限内，持票人仍有权向出票人和承兑人要求票据权利。如我国规定，即期汇票、本票的持票人在自出票日起 2 年内，远期票据的持票人在自到期日起 2 年内有权对出票人和承兑人要求票据权利，支票持票人在出票后 6 个月内有权对出票人要求票据权利。过了此期限，持票人便丧失票据权利。

2. 提示地点

持票人应在票据指定的地点向付款人提示票据，如果票据上未指定地点，那么应在付款人营业地或住所提示。此外，持票人还可以通过银行票据交换场所向付款人提示票据。

二、付款

付款（Payment）是指在即期票据或到期的远期票据的持票人向付款人出示票据时，付款人支付票款的行为。付款是票据流通过程的终结，是票据权利义务的最后清偿。汇票、本票、支票都存在付款行为。

在付款时，付款人必须做到以下几点：

1. 对票据权利所有人付款

在付款时，付款人首先是必须出于善意，即不知道持票人权利的缺陷；其次是要鉴定背书的连续性。只有在符合以上两个要求的情况下，付款人的付款才被称为正当付款（Payment in Due Course），至此付款人才可以免除票据义务。

2. 立即付款

当持票人按规定向付款人作付款提示时，付款人应在 24 小时内付款。

3. 支付金钱

票据权利是一种金钱权利，付款人必须支付金钱。如果票据上规定了支付货币的种类，付款时应支付规定货币；如果没有规定支付货币的种类，一般应支付本国货币。如我国规定应以付款日的市场汇价按人民币支付。

4. 到期日付款

付款人只能在票据到期日向持票人支付票款，如果付款人在到期日前支付了票款，应承担由此产生的一切后果。

5. 足额付款

不同国家（地区）法律规定有所不同。

- 我国《票据法》规定，付款人必须足额支付票款，不能作部分付款。
- 《日内瓦统一票据法》规定，持票人不得拒绝部分付款。
- 《英国票据法》规定，持票人可以接受部分付款，也可以拒绝。在接受部分付款时，票据义务并不能完全了结，因此持票人仍需保留票据。

6. 注销票据

付款人作正当付款后，应要求收款人在票据背面签字作为收款证明并收回票据，注上"付讫"（Paid）字样，此时票据就注销（Discharge）了。票据注销后，不仅付款人的付款义务被解除，所有义务人的责任也因此消灭。

三、拒付

（一）拒付的含义

拒付（Dishonour）又叫退票，它是指付款人在持票人按票据法规定作提示时，拒绝承兑和拒绝付款的行为。汇票、本票和支票都有可能发生拒付。如果即期汇票和承兑前远期汇票和支票发生拒付，持票人可依法行使追索权；承兑后的远期汇票和本票发生拒付，持票人可分别对直接承兑人和出票人起诉。

（二）拒付的情形

（1）持票人到期不获承兑或付款。

持票人到期不获承兑或付款包括下面几种情形：

- 付款人明确表示拒付；
- 虽未明确拒付，但在规定时效内未予承兑或付款；
- 承兑人或付款人避而不见；
- 作部分承兑或付款。

（2）承兑人或付款人死亡、破产或因违法被责令终止业务活动。

（3）在非承兑票据的出票人破产时，付款人大多会拒付。

（三）拒绝证书

1. 拒绝证书的内容

拒绝证书通常包括拒绝者和被拒绝者双方名称、拒付原因、拒绝证书作成时间和地点、拒绝证书制作者签名等。

国内外拒绝证书的制作方式有所不同。

（1）国外的一般做法。国外的一般做法是在票据拒付时，持票人应立即将票交当地公证人，由其再向付款人提示。若付款人仍拒付，则公证人立即作成书面证明交持票人。在当地没有公证人时，可由银行、法院等有权公证的机构或者由两位有影响的人作成。

（2）国内的规定。一般有以下四种：

• 拒付时，由承兑人或付款人出具拒绝证明或退票理由书，未出具的应承担由此产生的民事责任；

• 如果因承兑人或者付款人死亡、逃匿或者其他原因，不能取得拒绝证明时，持票人可依法取得其他有关证明；

• 承兑人或付款人被依法宣告破产的，由法院出具的司法文书证明；

• 承兑人或付款人因违法被责令终止业务活动的，由有关行政主管部门的处罚决定证明。

2. 拒绝证书的制作时间

（1）拒绝证书只有在规定的时效内作成，持票人才能保证其利益。

• 《英国票据法》规定，拒绝证书必须在拒付日的第 2 天终了前作成；

• 《日内瓦统一票据法》关于远期汇票承兑与即期汇票的付款拒绝证书的制作时间规定与《英国票据法》规定相同，但远期汇票付款拒绝证书可在到期日以后 2 天内作成。

如果持票人没有或不能在规定时间内作成拒绝证书及有关证明文件，那么他将因此失去对前手的追索权。但承兑人或出票人仍应对持票人承担责任。

（2）作成拒绝证书后应及时通知前手。

• 我国《票据法》规定作成后 3 天内；

• 《日内瓦统一票据法》规定作成后 4 天内；

• 《英国票据法》规定作成后 2 天内通知前手，否则后果同上。

（四）拒付通知

（1）拒付通知通常由持票人或背书人制作，并在规定时间内通知前手。

• 《英国票据法》规定，如果前手在同地，持票人收到通知后必须在第 2 天通知到；如果前手在异地，持票人必须在第 2 天发出通知。

• 《日内瓦统一票据法》规定，必须在 2 天内通知前手。

• 我国《票据法》规定应在 3 天内通知前手，在规定期限内将通知按法定或约定地址邮寄的，视为已发出通知。

（2）如果未能及时通知前手，持票人或背书人的权利将受到影响。

• 《英国票据法》规定，持票人或背书人将丧失对前手的追索权；

• 《日内瓦统一票据法》和我国《票据法》规定，持票人或背书人仍有追索权，但应赔偿前手因此而发生的损失。我国还规定，赔偿金额以票据金额为限。

拒绝证书、拒付通知的制作及通知时间见表 4-3。

表 4-3　　　　　　　　　　拒绝证书、拒付通知的制作及通知时间

种类	行为	票据法	时间
拒绝证书	制作	英国	拒付日起 2 日
		日内瓦	拒付日起 2 日（即期汇票、远期承兑汇票付款提示） 到期日后 2 日（远期汇票付款提示）
		中国	拒付发生时
	通知	英国	作成后 2 日
		日内瓦	作成后 4 日
		中国	作成后 3 日
拒付通知	通知	英国	第 2 天收到（同地） 第 2 天发出（异地）
		日内瓦	2 日
		中国	3 日

四、追索

（一）追索的含义

追索（Recourse）是持票人在票据被拒付时，对背书人、出票人及其他义务人行使请求偿还的行为。它是持票人在特殊情况下要求票据权利的一种手段和方式。

持票人在追索时必须具备一定条件：

（1）持有合格票据。指票据的记载和背书的连续两方面合格。

（2）持票人尽责。指持票人已在规定的时间内作了提示，作成拒绝证书和拒付通知并通知前手。

（3）发生拒付。

（二）追索的顺序

1. 按顺序追索、不按顺序追索皆可

只要在票据上签了字，就应对票据债务承担全部责任，并且票据法规定，出票人、背书人、承兑人和保证人对持票人要承担连带责任。因此，持票人可以按顺序向自己的前手追索，也可以向任何一个背书人或出票人、承兑人追索；可以对任何一个票据义务人追索，也可同时对数个或全体义务人行使追索权。

以汇票为例，如果持票人按顺序追索，债务人的先后顺序如下：

未承兑汇票：持票人——持票人前手——第二背书人——收款人——出票人（主义务人）；

已承兑汇票：持票人——持票人前手——第二背书人——收款人——出票人——承

兑人（主义务人）。

2. 持票人通常是直接向出票人追索

在实务中，持票人一般都是向出票人追索。这是因为，出票人是票据的原始义务人和基本义务人，如果依次按顺序追索，最后一定是出票人付款。而且按顺序逐一追索不仅手续繁杂，相应费用也会增加。即使在承兑人是主义务人的情况下也是如此。因为承兑人付款的资金来源于出票人，实际上是出票人付款。只有在出票人破产或无力支付时，才由承兑人付款。

（三） 被追索者的权利

被追索者在清偿债务后，有权要求追索者交出汇票和拒绝证书，出示收据及费用表，涂销自己的背书；除出票人外，被追索者与持票人享有同一权利，有权对前手追索。

（四） 追索的金额

1. 追索金额

持票人行使追索权时，追索金额包括：

- 被拒付的票据金额；
- 票据金额自到期日或提示付款日起到清偿日止的利息；
- 取得有关拒绝证明和发出通知书的费用。

2. 被追索人的再追索金额

- 已清偿的全部金额；
- 前项金额自清偿日起至再追索清偿日止的利息；
- 发出通知书的费用。

如果出票时注明"免作拒绝证书"或"免作拒付通知"，那么出票人和所有背书人都对作拒绝证书和拒付通知的费用无责任；如果是某背书人注明的，那么仅此背书人无责任，持票人可向其他背书人或出票人收取此费用。

五、参加付款

（一） 参加付款的含义

参加付款（Payment for Honour）是指在票据不获付款、持票人尚未追索时，其他人要求付款的行为。参加付款与参加承兑的目的和作用相同。

（二） 参加付款的主要当事人责任

《日内瓦统一票据法》规定，参加付款人（Payer for Honour）可以是付款人与担当付款人以外的任何人。

《英国票据法》允许任何人作参加付款。

两者没有实质性差别，因为如果付款人与担当付款人拒付，一般情况下，他们是不会再要求作参加付款的。在两人或两人以上竞相参加付款时，能免除义务人最多者有优先权。

根据《日内瓦统一票据法》规定，参加付款人必须在 2 个营业日内，将参加付款的事实通知被参加付款人，否则须赔偿由此而造成的损失。

参加付款人付款后，即免除被参加付款人后手的义务，同时取得向被参加付款人及其前手追索的权利。

持票人必须接受参加付款，接受参加付款后应向参加付款人交出票据和拒绝证书，并出具收据。

（三） 参加付款的做法

参加付款时，参加付款人应在票据上记载被参加付款人、付款目的以及付款事实的说明，《英国票据法》规定还要由公证人作"参加付款公证"。如果没有记载谁是被参加付款人，则以出票人为被参加付款人。

六、涂销、更改、伪造和变造

（一） 涂销

票据涂销是指行为人以一定的方法，将票据上的自我签名或者自己记载的其他事项予以消除的行为。票据涂销通常为有相应权限的人所为，票据涂销仅限于对票据上记载内容的去除，不包括对票据上记载内容的增添。

票据的涂销可以分为法定涂销和任意涂销。

1. 法定涂销

法定涂销是指票据法明确规定了法律效力的涂销。在一般情况下，法定涂销不影响票据的效力，但依所涂销的具体内容不同，涂销本身可能发生不同的效力。

法定涂销主要有三类：

（1） 票据背书的涂销。票据背书的涂销，是指将票据上已进行记载的背书予以消除的行为。涂销人通常为背书人本人，也可以为其他票据权利人。

可能发生背书涂销的情况有：

- 持票人在将票据交付受让人之前，涂销自己先前拟背书转让的记载；
- 背书人在接受追索后取得票据，将自己的背书涂销；
- 贴现申请人向贴现银行买回贴现票据时，涂销自己先前的贴现背书；
- 涂销错误的背书；
- 背书人涂销后手的背书直接取得票据，以代替回头背书。

票据法通常规定，票据背书的涂销视为无记载，即该背书无效。但背书涂销不影响票据的效力，即票据上的其他记载仍然有效。

（2） 汇票承兑的涂销。汇票承兑的涂销，是指将汇票上已进行记载的承兑予以涂销的行为。其涂销人只能是接受持票人的承兑提示，并在票据上记载承兑文句的付款人或承兑人，涂销时间是在承兑记载之后，尚未将已经承兑的汇票交付提示人之前。如果已经将承兑票据交付提示人，承兑人则不能再将其承兑涂销。

汇票承兑的涂销，具有将该承兑记载完全去除，从而表明付款人撤销承兑的效力，但承兑涂销并不影响其他记载的效力。

（3）支票划线的涂销。支票划线的涂销是指将支票上已有的划线予以消除的行为。票据法不承认对划线支票的涂销，即使对划线支票进行了涂销，仍视为未涂销。也就是说，特别划线支票不能因涂销变成一般划线支票，一般划线支票不能因涂销变成普通支票。转账支票的涂销效果与此相同。

2. 任意涂销

任意涂销是指票据法未明确规定其法律效力，应依其他有关规定确定其效力的涂销。

（1）保持票据效力的涂销。如果所涂销的是非必要记载事项，则票据的涂销不影响票据自身的效力，持票人可依涂销后的票据文义主张权利，如果涂销的是必要记载事项，只要持票人能证明这种涂销并非由有涂销权限的人故意所为及能证明被涂销部分的实际内容，即可要求票据权利。

（2）丧失票据效力的涂销。如果涂销为票据权利人故意所为，则所涂销部分的票据权利消灭；如果所涂销的部分为必要记载事项，则票据权利全部消灭。

（二）更改

更改是指有权限的人对票据记载内容进行变更、订正的行为。更改不仅包括涂销原记载内容，而且包括增加新的内容。

票据是要式凭证，有严格的形式要求，因此票据法对票据更改也有严格规定。根据更改后票据的效力不同，更改可分为两种：

1. 丧失票据效力的更改

对于票据上的实质性内容，票据法一般不允许更改，否则票据无效。我国《票据法》规定，票据金额、日期、收款人名称不得更改，更改的票据无效。

2. 保持票据效力的更改

对于一些相对次要的内容，通常可以作更改。我国《票据法》规定，除票据金额、日期、收款人名称以外的其他记载事项，原记载人可以更改。不过，更改时原记载人应签章证明。在这种情况下，不仅票据仍然有效，而且更改后的内容也有效。

（三）伪造

伪造是指假借他人名义而出票的行为。票据伪造的行为人称为伪造人，其票据伪造行为包括模仿他人的手书签名，私刻他人印章，盗用他人印章等。被其假借名义的他人称为被伪造人，被伪造人通常是实际存在的人。

票据伪造对票据当事人的影响是不同的。

1. 对真实签名人的影响

伪造票据仅是签名的伪造，在票据形式上是完备的，因此，属于形式上有效的票据。根据票据行为独立原则，签名的伪造并不影响真实签名人的票据行为效力。真实签名人不得以票据上存在伪造签名为由，而主张免除自己的票据责任。

2. 对持票人的影响

如果被伪造人对票据伪造一事无重大过失，伪造票据的持票人就不能对被伪造人主张任何票据上的权利，而只能对伪造人提出赔偿请求；

如果被伪造人有重大过失，且持票人是善意取得票据的，那么持票人有权对被伪造人主张票据上的权利。

持票人负有证明票据签名为真实签名的责任，即证明该票据签名确为名义上的行为人自己的签名，或其印鉴确为名义上行为人自己的真实印鉴。

3. 对被伪造人的影响

由于伪造票据的签名不是依被伪造人自己的意志而完成的票据行为，所以，对被伪造人而言，不应因此而承担任何票据责任。不过，被伪造人要能证明其印鉴是被盗用的。但被伪造人本身对票据伪造一事有重大过失的例外。

被伪造人有重大过失主要是指在被伪造人与伪造人之间存在代理关系。在能够成立表见代理时，被伪造人因对伪造票据承担责任。包括以下四种情况：

• 被伪造人虽未向伪造人授予票据代理权，却向第三人宣称已向伪造人授予票据代理权，则被伪造人应在自己宣称授予票据代理权的范围内承担票据责任；

• 被伪造人虽未向伪造人授予票据代理权，但已授予其他代理权，对票据伪造人利用此机会伪造的票据，被伪造人应承担票据责任；

• 被伪造人曾经授予伪造人以票据代理权，在该代理权已被撤销后，被伪造人仍应对伪造票据承担责任；

• 在被伪造人同伪造人有雇佣关系时，被伪造人应对伪造票据承担责任。

4. 对伪造人的影响

票据伪造人应该对其票据伪造行为负责。

对于票据伪造人来说，由于其并未以自己的名义在票据上签名，根据票据法中"签名人承担责任"的原则，伪造人不承担票据责任。但根据民法规定，他应对受害人承担损害赔偿的责任。

此外，还要承担刑事责任。我国《票据法》规定，伪造票据或故意使用伪造票据都属于欺诈行为，要依法追究其行为人的民事责任和刑事责任。

（四）变造

1. 变造的含义

票据变造是指无票据记载事项变更权限的人，对票据上的记载事项加以变更的行为。票据变造有以下特点：

（1）票据变造是无变更权限的人所为。

（2）票据变造既包括对票据上记载内容的单纯去除，也包括对票据上记载内容的更改以及在原有记载上直接添加新的内容。

（3）票据变造的前提是，该票据在变造前须为形式上有效的票据，变造后仍为形式上有效的票据。

（4）票据变造行为对票据上的所有签名人都会产生影响。

2. 票据变造的影响

经过变造后的票据，由于其记载事项发生变更，票据的效力也随之发生变化。

（1）对签名人的影响。变造前的签名人与变造后的签名人所承担的票据责任是不同的。票据法通常规定，对于变造前的签名人，应依变造前的票据所载文义承担票据责任；对于票据变造后的签名人，应依变造后的票据所载文义承担票据责任。

（2）变造人的责任。变造人擅自变更票据记载事项，应承担由此产生的法律责任。如果变造人是票据上的签名人，就应依票据所载文义承担票据责任。其签名在变造前，依原来的文义负责，其签名在变造后，依新的文义负责。

如果变造人不是票据上的签名人，则他不承担任何票据责任，但应依民法承担不法行为责任。我国《票据法》规定，变造票据和故意使用变造票据属票据欺诈行为，应依法追究其行为人的刑事责任及民事责任。

3. 票据变造的举证责任

一般而言，票据变造的举证责任应由主张票据变造的人承担。实际中有两种情况：

（1）票据义务人负举证责任。如果从外观上不能发现票据有变造等异常状态，持票人即可依票据现有文义，请求票据权利；但如果票据义务人主张应免除依票据现有文义所承担的票据义务，则须提出在自己签名后票据记载事项被变造的证明。

（2）持票人负举证责任。如果从外观上已确认票据有变造，票据义务人可拒绝依票据现有文义履行票据义务；但如果持票人要求票据义务人按现有文义履行票据义务，则需提出票据义务人签名是发生在票据变造后的证明。

本 章 小 结

本章分析了导致票据权利和票据义务发生、变更和消灭的各种行为，介绍了票据产生及运行的各个环节。各行为人的义务或责任（要求）是重点。

出票、背书、承兑、参加承兑、保证、保付六种行为被称为狭义票据行为，应具备必要条件。其行为人为达到一定目的都要按规定进行必要事项的记载、完成签名并交付，一旦行为完成，其行为人就成为票据义务人。

提示、付款、拒付、追索等行为不必签名，其行为人不是票据义务人，他们主要是依法完成各自行为，否则丧失相关权利（主要是持票人）。

涂销、更改、伪造、变造是特殊情形下的票据行为。涂销、更改是有权限的人所为，行为人行为直接关系到票据是否有效；伪造、变造是无权限的人所为，但形式上合格，其行为人要承担票据欺诈责任。

复习思考题

一、名词解释

票据行为　　出票　　背书　　空白背书　　承兑　　保留承兑　　参加承兑保证　　保付　　提示　　付款　　拒付　　追索　　参加付款　　涂销　　更改伪造　　变造

二、简答题

1. 狭义票据行为应具备的条件有哪些？
2. 狭义票据行为有何特点？
3. 出票的影响如何？
4. 背书的影响如何？
5. 承兑票据的种类有哪些？
6. 什么是合格提示？
7. 什么是正当付款？
8. 追索的条件有哪些？
9. 被追索者的义务与权利各有哪些？
10. 伪造人应承担什么责任？
11. 变造人应承担什么责任？

三、论述题

1. 银行承兑汇票的风险及控制。
2. 票据制度与商业信用的发展。
3. 现代票据制度与市场经济的发展。
4. 私人支票在我国的应用难点与前景。

第五章　贸易汇款

◎**本章学习目的**

在学习本章之后，应该掌握以下内容：

1. 汇款的含义与种类。

2. 汇款结算程序。

3. 汇款贸易融资及其风险管理。

4. 汇款结算的特点与运用条件或背景。

第一节　汇款的种类

一、汇款的含义及其当事人

汇款（Remittance）又称汇付，是汇款人（进口商）主动将款项交给银行，委托其以一定方式将款项交付收款人（出口商）的结算方式。

汇款是唯一由债务人主动委托银行向债权人付款的国际结算方式。其他国际结算方式都是由债权人（出口商）向债务人（进口商、进口银行）催收货款。

汇款是一种古老的结算方式，其产生可以追溯到票据的萌芽时期，当时的票据兑换商就是银行的前身。在早期的国际结算中，汇款是最主要的结算方式；在现代国际结算中，汇款方式仍得到了广泛的使用，它既能适用于贸易结算，也可适用于非贸易结算，凡属外汇资金的调拨都可以采取这种方式。

（一）汇款结算的当事人

在汇款方式中，一般有四个当事人：

1. 汇款人

汇款人（Remitter）是拥有款项并申请汇出者。在国际贸易中，汇款人即债务人（Debtor）或进口商（Importer）或委托人（Principal）。其责任是填写汇款申请书，提供所要汇出的金额并承担有关费用。

2. 收款人

收款人（Payee）又叫受益人（Beneficiary），是汇款金额的最终接受者。收款人通常是出口商（Exporter）或债权人（Creditor），但也可以是汇款人本人。其权利是凭证取款。

3. 汇出行

汇出行（Remitting Bank）是受汇款人委托而汇出款项的银行。汇出行通常是汇款人所在地或进口地银行。其职责是按汇款人的要求将款项通过一定途径汇给收款人。

4. 汇入行

汇入行（Paying Bank）即解付行，它是接受汇出行委托协助办理汇款业务的银行。汇入行通常是收款人所在地或出口地银行，它必须是汇出行的联行或代理行。其职责是证实汇出行委托付款指示的真实性，通知收款人取款并付款。

（二）汇款结算业务流程图

汇款结算的业务流程如图 5-1 所示。

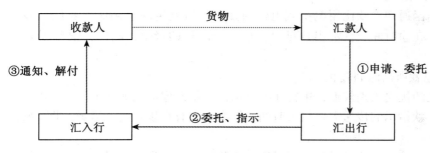

图 5-1　汇款结算业务流程图

二、汇款的种类

根据汇出行通知汇入行付款的方式，或汇款委托书传递方式的不同，汇款可以分为电汇、信汇和票汇三种。

（一）电汇

电汇（Telegraphic Transfer，T/T）是汇出行应汇款人的申请，通过 SWIFT、加密电报等电子信息指示汇入行解付一定金额给收款人的汇款方式。

电汇方式有以下特点：

1. 汇款迅速

在银行业务中，电汇的优先级较高，一般都是当天处理。汇出行当天发出委托付款指示，汇入行在当天或第 2 天通常能收到，并马上通知收款人，这样整个汇款业务的完成一般只需要 2~3 天时间，资金在途占用时间很短，有利于提高资金的利用效率。电汇是汇款中最快捷的一种方式。

2. 安全可靠

电汇大多是银行之间的直接通信，减少了中间环节，使得产生差错的可能性大大减小。因此使用电汇的越来越多。

3. 费用略高

电汇使用的是现代化的通信工具——电报和电传，电报按字收费，电传按时计价，其直接成本相对较高；并且采用电汇，资金在途时间很短，汇出行基本不能占用资金，因而银行的收费较其他方式要高。

目前，电汇主要是在汇款比较紧急或汇款金额较大时使用。在汇款金额较大时采用电汇能使单位成本降低，减少资金占用。

（二）信汇

信汇（Mail Transfer，M/T）是汇出行应汇款人的申请，用航空信函指示汇入行解付一定金额给收款人的汇款方式。信汇是一种传统的汇款方式。与电汇相比，信汇有这样一些特点：

1. 费用最省

用信函通知汇款比用电报或电传通知汇款所发生的直接成本要低得多。在用信汇时，资金在途时间长，汇出行可以占用一个邮程的资金，因此，银行收取的手续费较低。

2. 汇款所需时间较长

信汇的优先级别较低，银行在办理信汇时不会像电汇那样迅速。信汇较慢的关键在于委托付款指示的传递需要较长时间，汇入行只有在接到航空信函、收妥资金后才解付给收款人。

此外，信函在传递过程中还可能发生积压甚至丢失等情况，这些都会影响汇款的顺利进行。

信汇主要适用于小额货款、尾款的收付。

电汇和信汇业务流程见图 5-1。

（三）票汇

1. 票汇的含义和特点

票汇（Remittence by Banker's Demand Draft，D/D）是汇出行应汇款人的申请，开出银行即期汇票（Banker's Demand Draft）交汇款人，由其自行携带出国或寄送给收款人凭票取款的汇款方式。

票汇的特点是具有很大的灵活性：

• 只要抬头许可，汇款人可将汇票带到国外亲自去取款，也可以将汇票寄给国外债权人由他去取，还可以背书后转让。

• 票汇可以由汇票持有人向汇入行取款，也可将汇票卖给任何一家汇出行的联行或代理行，后者只要能核对汇票上签字的真伪，就会买入汇票。

此外，汇出行也可以不通知汇入行，汇入行不必通知收款人。而在做信汇和电汇时，往往会发生汇入行通知了收款人，但由于工作忙等原因，收款人迟迟不去取款的情形，或者汇款线路迂回曲折，收款人很迟才能收款。

票汇的结算时间可长可短，时间长短主要取决于持票人的意愿。

票汇业务流程如图 5-2 所示。

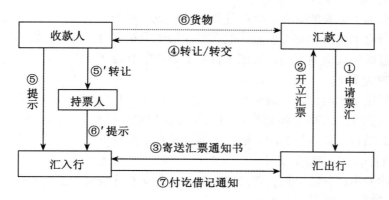

图 5-2 票汇业务流程图

2. 中心汇票

中心汇票是指以汇票所用货币的清算中心的银行为付款人的即期银行汇票。如以纽约某银行为美元汇票付款人的汇票、以东京某银行为日元汇票付款人的汇票、以伦敦某银行为英镑汇票付款人的汇票等，都是中心汇票。

中心汇票是一种比较理想的汇款方式。中心汇票的付款人总是出票银行在某货币清算中心的账户行。

对出票行来说，在开立汇票时已向汇款人收了款，直到付款行付款时才从账上付出，可以较长时间地占用资金，并且出票行不必调拨资金，手续简便。

对买入行而言，可以通过卖出中心汇票早收款。银行一般只愿购买中心汇票，买入中心汇票后，买入行只要将它寄到汇票所用货币的清算中心即可收回票款，手续简单，还可获得一定的利息收入。

第二节　汇款结算程序

一、汇出汇款结算程序

汇出汇款的办理，主要有四个环节。

1. 汇款人填写汇款申请书

无论是个人还是单位，在办理汇出汇款前必须向银行递交汇款申请书。它是汇出行和汇款人之间的一种书面契约，也是汇款人的委托指示。

汇款申请书主要包括以下内容：汇款种类的选择，收款人姓名、地址，开户行名称、地址、账户，汇款人姓名、地址，汇款金额及币别，汇款附言等。

2. 汇款人向汇出行交纳所要汇出的外币及汇款所需费用

在一般情况下，汇款人必须先向汇出行交纳申请汇出的货币与金额，另付汇款手续费。

3. 汇出行缮制汇款凭证并发出

汇出行根据汇款人的要求，缮制各种汇款凭证，并分别作出处理。委托付款电报、电传由汇出行电讯部门加密押后发往汇入行；信汇委托书由汇出行有权签字人两人审核签字后，通过邮局或快递部门寄交汇入行；汇票一般直接交给汇款人，同时可向汇入行寄送票汇通知或票根。

在办理汇出汇款时，正确地选择汇入行至关重要，它是保证收款人及时收到汇款的有力措施。在选择汇入行时要充分利用国际结算的账户网络，减少中间环节。如果可能，最好是汇出行与汇入行之间有账户关系，并且汇入行又是收款人的账户行。

4. 汇出行向汇入行拨交头寸

汇出行在发出付款指令后，应及时向汇入行拨交头寸或偿付汇款，这是汇出行的责任，也是衡量其信誉高低的重要标志。

头寸拨交一般有以下几种方法：

（1）账户行之间直接转账，包括：

• 汇出行主动贷记（Credit）汇入行账户。如果汇入行在汇出行开有账户，汇出行发出付款指令后，应主动将相应头寸贷记该账户，并向汇入行发送贷记报单。

• 汇出行授权汇入行借记（Be Authorized to Debit）汇出行账户。如果汇出行在汇入行开有账户，汇出行发出付款指令后，应授权汇入行借记其账户相应金额。汇入行在付款的同时，应向汇出行发送借记报单。

（2）非账户行之间通过直接或间接的共同账户行转账，包括：

• 通过碰头行（Intermediary Bank）拨交头寸。如果汇出行和汇入行之间没有账户关系或没有所汇货币账户关系，头寸可通过双方的共同账户行，即碰头行转账完成。

具体办法是，汇出行授权碰头行借记其账户，并指示其将相应资金贷记汇入行的账户。如图 5-3 所示。

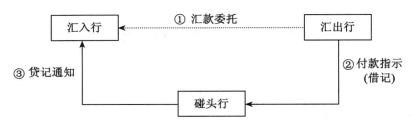

图 5-3 通过碰头行拨交头寸流程图

• 通过账户行的共同账户行转账。如果汇出行和汇入行之间没有碰头行，则需要通过它们账户行的共同账户行（碰头行）来拨交头寸。如图 5-4 所示。

这种拨交头寸的方法通知和传递环节多、时间长、费用高，资金转移的效率较低。因此，要尽量避免采用这种方法偿付。

较理想的头寸拨交方法是前三种方法，这就要求汇出行在国外有足够的账户行，特别是要在世界各主要货币清算中心的大银行开立账户。

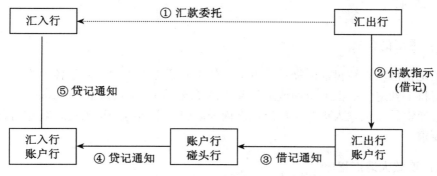

图 5-4 通过账户行的共同账户行转账流程图

二、汇入汇款结算程序

汇入汇款的办理主要有三个环节。

1. 审核付款指令

审核付款指令是汇入行履行付款责任的前提条件。审核付款指令就是要对付款电报、电传、信汇委托书和银行汇票等凭证进行审查。审查内容主要包括：

● 密押或印鉴是否由电讯部门或单证部门审核。只有经过核实才能证明其是真实凭证。

● 是否是付款指示并由本行付款。只有是以本行为付款行的指令，本行才能付款。如果把不是付款指令的凭证、电报等误认为付款指令办理，就会发生错付或重付，给银行造成损失。反之，将付款凭证、电报误认为不是付款指令，则会耽误付款，使受益人利益和银行信誉受到损害。

● 金额大小写是否相符。如果金额大小写不符，通常要尽快向汇出行查询，避免多付或少付。

● 头寸条款是否交代清楚。在付款指令中，汇出行一般要注明头寸的偿付方式，汇入行在付款前必须先落实头寸的拨交方法。

2. 索偿头寸

及时索偿头寸是汇入行付款的保证。在一般情况下，只要付款指令审核符合要求，汇入行即可付款。但对于不熟悉或信誉较差的汇出行发来的付款指令，汇入行通常要在头寸收妥后付款。汇入行应尽量避免无故垫付款项，如果在付款后未能及时收到头寸，汇入行应尽快与汇出行联系索偿头寸，必要时还要追索利息损失。

3. 执行付款

在付款指令审核完毕和头寸落实的情况下，付款行可执行付款指令，向受益人付款。通常付款可以直接记入收款人在汇入行开立的账户，也可以按规定和客户要求支付现金。如果收款人在异地，汇入行有责任将款项转汇他行解付。

三、退汇

(一) 退汇的含义

退汇是指汇款在解付前的撤销。电汇、信汇和票汇汇出后，由于各种原因，可以要求汇入行将汇款退回。汇款退回或退汇又叫撤销支付（Countermand Payment）。

退汇通常是由汇款人提出，如果汇款尚未解付，汇出行、汇入行一般应同意汇款人的退汇要求。

(二) 汇款人退汇程序

汇款人退汇的办理程序如下：

1. 向汇出行递交退汇申请书

汇款人在要求退汇时应首先以书面形式向汇出行提出退汇申请，说明退汇理由。如果是票汇退汇，汇款人应将汇票背书后交回汇出行。

2. 汇出行审查退汇申请

在接到汇款人的退汇申请后，汇出行应对申请书进行审查，如果必要，还可要求汇款人提供担保书，保证承担汇出行因退汇而可能受到的一切损失。在汇票遗失的情况下，通常要这么做。

3. 汇出行发出退汇通知

在确认退汇理由合理，取得汇款人的保证后，汇出行应立即通知汇入行停止付款，并要求其退回汇款时已拨交的头寸。

4. 汇入行退汇

接到退汇通知后，如果汇款尚未解付，汇入行应寄回汇款凭证及退汇通知，并退回汇款头寸。如果汇款已经解付，应将经收款人签署的汇款收条寄去，表示汇款已经解付，无法退回。

5. 汇出行退汇

在收到汇入行退回的头寸后，汇出行应将其退还给汇款人，并注销有关汇票。

如果在汇出行的退汇通知到达之前，汇入行已经解付汇款，那么汇入行不能向收款人追索，汇款人也不能要求退汇，只能由汇款人直接同收款人交涉，要求其退款。

在有些情况下，退汇也可以由收款人提出。收款人退汇比较简单、方便。在电汇、信汇时，只要他拒收汇款，通知汇入行，汇入行即可将汇款凭证退回，然后由汇出行通知汇款人前来办理退回；在票汇时，收款人退回，只需将汇票寄还给汇款人即可。

如果过了一定期限，收款人仍不来取款，汇入行也可主动办理退汇。

第三节　汇款贸易融资

汇款结算中的出口融资方式包括出口商业发票融资和出口信保融资，进口融资主要是 T/T 进口融资。

一、出口商业发票融资

1. 出口商业发票融资的含义

出口商业发票融资，也称为出口 T/T 融资，指在 T/T 结算方式下，采用赊销（O/A）方式向进口商销售货物时，出口商向银行转让出口应收账款债权，由银行按照出口商业发票金额的一定比例给予出口商有追索权的短期资金融通的融资服务方式。

2. 出口商业发票融资的特点

出口商业发票融资的特点如下：

（1）出口商业发票融资是基于赊销（O/A）贸易 T/T 结算方式项下的出口融资。

（2）以出口发票或单据做抵押（指 D/A 结算）。

（3）为客户提供的融资一般不超过出口商业发票金额的 80%。

（4）融资币种可为出口商业发票显示货币或等值的人民币，利率按同期限商业贷款利率执行。

（5）期限为自发放之日起至出口应收账款的付款到期日止。

（6）银行有追索权，如果进口商不付款，银行可以要求出口商偿还融资本息。

3. 商业银行出口商业发票融资风险管理

出口商业发票融资的风险表现为进口商不按时或不足额付款，出口商不接受或无力接受追索。银行可采取以下措施控制风险：

（1）要求出口商签定《出口发票融资业务协定》，提交《出口发票融资业务申请书》、进出口合同等。

（2）扣减出口商在本银行的授信额度。

（3）对于超过授信额度或在本行没有授信额度的，要求融资企业办理抵押、质押手续，或提供经银行认可的第三方担保。

二、出口信保融资

1. 出口信保融资的内容

信保融资是指银行根据客户申请，在出口货物发运后凭客户转让的出口信用保险公司保险保单赔款权益提供融资的业务。

对出口商的好处是，在应收账款买断的前提下能规避进口商信用风险，加强出口收汇保障；提前结汇，锁定汇率风险。在有追索权购买的前提下，能获得银行低成本资金融通。

2. 出口信保融资的程序

我国出口信用保险项下银行融资流程主要有：

（1）需要融资的出口企业在接到外贸订单后，同时向中国出口信用保险公司（简称中国信保）申请买方信用限额和向银行申请信保项下出口押汇额度。

（2）银行对出口企业进行贷前调查，并根据调查结果及中国信保给予的买方信用限额确定融资额度。

（3）出口企业、中国信保、银行三家签署《赔款转让协议》，将保单项下赔款转让给银行。

（4）出口企业在向买方发货后向中国信保申报投保，在获得信保确认后将获得中国信保保障的应收账款转让给银行而获得融资。应收账款转让可以是有追索权或无追索权的。

3. 商业银行融资风险管理

由于信保限额以内的融资风险转嫁给了中国信保，银行无需再采取其他措施控制融资风险。

对于超出信保险额的部分，银行可要求出口商对赔付金额与融资金额之间的差额提供担保、抵押、质押，或占用企业授信额度。

三、T/T 进口融资

T/T 进口融资指在货到付款 T/T 结算中，银行在进口货物到港后，应进口商申请而垫付货款给境外出口商，进口商在约定时间（一般是货物销售、货款回笼后）向银行归还垫款本息的融资方式。为控制融资风险，银行应审核进口商资信，占用其授信额度或要求提供担保、抵押或抵押等。

第四节　贸易汇款的运用

一、汇款的顺序

根据货款交付和货物运送的先后顺序不同，汇款可分为预付货款和货到付款两种类型。

（一）预付货款

预付货款（Payment in Advance）是指进口商先将货款的全部或一部分通过银行汇交出口商，出口商收到货款后在约定时间内将货物发运给进口商。预付货款是对进口商而言的，对出口商而言则是预收货款。

预付货款对出口方比较有利，对进口商较为不利。

1. 资金方面

出口方在发出货物以前即可收到一笔货款，可以说是得到了进口方的无息贷款，他不仅可以因此得到从收到货款之日起至发货日止的利息收入，还可以用它来进行周转；

进口商货物到手前付出货款，等于是向对方无偿提供了信贷，造成利息损失，影响自身资金周转。

2. 风险方面

出口商预收货款实际上是接受了进口商的购货担保，如果进口商违约，出口商即可没收预付款。这样，既降低了出口货物的风险，又掌握了货物进出口的主动权。

进口商承担了一定风险，即付款后可能不会按时、按量、按质收到合同规定的货物，使本来处于主动的地位变得比较被动。

因此，预付货款的方式通常只用于以下情况：

（1）进出口双方关系十分密切，特别是进出口两方属于一个系统内的分支机构；

（2）买卖的是紧俏商品，在货源有限时，买方为了保证购到货物而不得不答应卖方提出的预付货款的条件。

在预付货款后，进口方为了降低风险，通常会采取一定措施。如要求出口方提供银行保函，到期如不能按合同交货，要承担退回全部货款并偿付利息损失的责任；要求出口方书面保证按规定交货及交单等。

（二）货到付款

货到付款（Payment after Arrival of the Goods）是进口商在收到出口商发出的货物后才按规定支付货款的方式。这实际上是一种赊销交易（Open Account Transaction）或延期付款交易（Deferred Payment Transaction）。

1. 货到付款的影响

货到付款有利于买方而不利于卖方，主要表现在资金占用和风险承担两方面。

（1）资金方面。在货到付款方式下资金的承担者是卖方，其货款的收回通常是在买方收到货物后的一段时间，因此，卖方的资金占用时间既包括货物在途时间，也包括资金在途时间。如果买方不是在收到货物后立即付款，卖方的资金占用时间还会更长。而买方则无偿或只承担较低的利息费用即可占用卖方资金。

（2）风险方面。货到付款方式中，风险的承担者也是卖方，在发出货物后，卖方要承担买方不付款，或不按时付足货款的风险；而买方则较为主动，如果收到的货物不符合合同规定，买方可不付或少付货款。

2. 货到付款的种类

货到付款在国际贸易结算中有售定和寄售两种形式。

（1）售定。售定（Be Sold out/up）是买卖双方就交易条件达到一致，并在成交合同中明确规定了货物售价及买方付款时间等条款的贸易和结算方式。

我国对港澳地区鲜活商品的出口往往采用售定方式。具体做法是卖方先发货，出口单据随同货物带去直接交买方提货，买方根据实收货物数量，按规定的价格和付款期限，将货款通过银行汇交卖方。

售定结算有以下几个特点：鲜活商品的数量、质量不固定，难以采用信用证等其他结算方式；出口交单不是通过银行寄出而是随货带出；货物售价、买方付款时间是事先确定的，买方通常是货到立即付款或在货到后一个月付款。

（2）寄售。寄售（Consignment）是指出口方先将货物运往国外，委托国外商人（通常是中间商）按照双方事先商定的条件在当地市场上代为销售，待货物售出，国外商人才将扣除佣金和有关费用后的货款汇交出口方的贸易和结算方式。

寄售方式有以下特点：寄售双方之间是一种委托关系，不是买卖关系，国外代售人对代售货物可能产生的一切费用和风险不承担任何责任；寄售是先将货物出运，后售卖，待卖出后交付货款，货物的最终售价及货款的收回时间是不确定的；寄售的大多是些难以凭规格、样品成交或不看实物难以成交的商品。出口方采用寄售方式主要是为了推销滞销品或开拓新市场。

二、汇款结算方式的特点

1. 风险较大

汇款的结算基础是商业信用，卖方在发货后能否顺利收回货款，买方在预付货款后能否顺利收到符合合同规定的货物都分别取决于对方，即买方或卖方的信誉。

银行在汇款方式中处于简单受委托的地位，它只需按常规办理汇款业务即可，并且只对汇款的技术性问题负责，不对货物买卖和货款收付的风险承担任何责任。

2. 资金负担不平衡

如果是货到付款，则资金完全由出口商负担；如果是预付全部货款，则资金完全由进口商承担。并且在结算过程中，进出口商无法从银行得到贸易融资。

3. 结算简单、迅速，费用低

汇款结算手续简单，费用低廉，结算灵活、迅速。如果贸易双方相互比较信任，汇款结算是十分理想的支付或结算方式。

从总体上讲，汇款结算是一种有利于进口商而不利于出口商的结算方式。因为，当前的国际市场主要是买方市场，汇款结算一般是货到付款而不是预付货款，资金和风险都由卖方承担。

本 章 小 结

汇款是一种传统的国际结算方式，但在现代国际结算中仍有重要作用。结算简单、迅速、成本低使它很受某些贸易商人的喜爱。

根据汇出行的委托指令传递方式不同，汇款可分为信汇、电汇、票汇三种类型。不同方式具有不同的优缺点。电汇适用于大额、紧急货款的结算；信汇适用于小额、从属费用的结算。

汇入行的选择、汇款头寸的拨交是汇出行汇出汇款的重要程序。汇款头寸的拨交途径因银行之间是否具有账户关系而不同。在汇入行办理汇款业务时，审核付款指令、索偿头寸十分重要。

根据出口商发货、收款的顺序，汇款可分为货到付款、预付货款两类。交易商品处于买方市场则一般采用货到付款，交易商品处于卖方市场则一般采用预付货款。

风险问题是汇款结算面临的最大问题。汇款结算以商业信用为基础，银行对汇款结算中的风险不承担责任，一般也不提供结算融资。

汇款是一种有利于进口商而不利于出口商的结算方式。

复习思考题

一、名词解释

汇款   M/T   T/T   D/D   中心汇票   退汇

二、简答题

1. 汇款的类型及优缺点。
2. 汇款的偿付方式有哪几种？
3. 预付货款、货到付款对进出口商的影响。
4. 汇款贸易融资方式及其风险管理。
5. 汇款结算的优缺点分析。
6. 汇款的使用背景及方式。

本章推荐阅读资料

1. 重点了解中国银行股份有限公司汇款结算实务。
2. 一般了解其他银行汇款结算实务。

第六章 跟单托收

◎ **本章学习目的**

在学习本章之后，应该掌握以下内容：

1. 跟单托收结算程序。
2. 跟单托收交单方式。
3. 托收贸易融资及其风险管理。
4. 跟单托收结算特点与使用背景。
5. 出口上降低托收风险的基本措施。
6. 《托收统一规则》的性质与基本内容。

第一节 跟单托收的程序

一、托收的含义

托收（Collection）是出口商通过出具汇票，委托银行向进口商收取货款的方式。与汇款结算方式不同的是，托收不是进口商或债务人的主动付款，而是出口商或债权人的催收，并且收款对象是进口商而不是其他人。

托收也是一种传统的国际结算方式。

（一）托收业务的当事人

托收业务的当事人主要有四个：委托人、托收银行、代收银行和付款人。

- 委托人（Principal）：开立汇票委托银行代收货款的人，通常是出口商。
- 托收银行（Remitting Bank）：接受出口商委托代为收款的出口地银行。托收银行也叫委托银行。
- 代收银行（Collecting Bank）：接受托收银行的委托，向进口商或付款人收款的进口地银行。代收银行是托收银行的联行或代理行。
- 付款人（Drawee）：承担付款责任的人，即进口方或债务人。

（二）托收业务流程图

托收主要当事人的关系可参见图6-1。

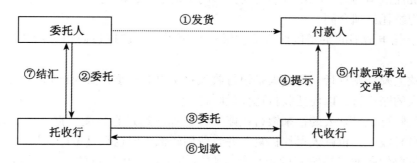

图 6-1 托收结算业务流程图

说明：

①委托人按合同要求发货、备齐单据；

②委托人开立汇票，连同单据交托收行委托其收款；

③托收行委托代收行收款；

④代收行到期提示跟单汇票，要求付款人履行票据义务；

⑤付款人履行票据义务后得到单据，凭单提货；

⑥代收行收款后根据托收行指示汇款，通常是贷记出口地银行账户后，向托收行发出贷记通知；

⑦托收行收到货款后向委托人结汇（付款）。

二、托收当事人责任

(一) 委托人

委托人的责任主要有两个方面：首先，作为出口商，应履行与进口商之间签订的贸易合同；其次，作为委托人，应履行与托收银行签订的委托代理合同。

1. 按合同规定发货

根据合同要求按时、按质、按量发运货物，这是出口商最主要、最基本的合同义务，是履行贸易合同的第一步，也是跟单托收的前提条件。

2. 提交合同要求的单据

跟单托收中，单据是进口商得以提货的必要条件。因此，出口商在发货后应缮制有关单据，如商业发票，并将其与履行合同后所得单据如运输单据、保险单（如 CIF）等一起交托收银行。这些单据不仅在种类和份数上要满足合同要求，而且单据的内容也应符合合同要求。

只有在发货后提交符合合同要求的单据，才能证明出口商已经履行了贸易合同的交货义务。

3. 填写托收申请书，开立汇票，并随有关单据一并交托收银行收款

在办理托收手续时，委托人应先填写委托申请书，在申请书上详细载明委托的内容

及双方的责任范围等。托收银行接受委托人的申请书后，即构成委托代理关系，委托申请书便成为委托代理合同。

（1）委托申请书的主要包括收款、银行费用承担、遭进口商拒付后货物的处置等内容。

①付款人及其账户行。付款人是银行收款和交单的对象，必须首先明确；同时还应写明付款人的账户行，以便托收行选择代收行。

如果代收行是付款人的往来银行或账户行，那么通过它转交单据，可以减少环节，使委托人早日收款，付款人尽快提货，并且费用较低。但这只是考虑选择代收行的标准之一。更重要的标准就是银行的资信及托收行与付款人账户行的关系。资信好的代收行，会根据委托人的指示要求付款人及时付款，并保管好单据；但资信差的银行会对委托人的指示不予理睬，甚至与进口商（付款人）相互勾结，拖延付款或拒付，使委托人蒙受损失。

②交单方式。即代收行将单据交付进口商或付款人的前提条件。交单方式有付款交单和承兑交单两种。交单方式对出口商能否顺利收款有很大影响，应慎重选择。

③收妥货款的处理方式。代收行收妥货款后，通常是贷记托收行账户，然后以信函通知托收行，托收行在收到代收行的贷记报单后，再对委托人结汇。如果委托人要尽早收款，就必须指示以电报划款及电传通知，不过委托人应负担电报费或电传费。

④银行费用的分摊。一般情况下，委托人和付款人应分别承担本国银行的费用，即委托人承担托收行费用，付款人承担代收行费用。

在付款人不愿支付时，代收行可将自己应收的银行费用从收妥的货款中扣除。

但根据惯例，如果委托书中规定代收行的费用必须由付款人承担时，代收行只能向付款人收取这些费用，代收行对因此而发生的付款延期或额外开支不承担任何责任。

⑤拒付处理。包括两方面内容：

第一，是否作拒绝证书。委托人可指示银行在付款人拒付时作拒绝证书，必要时向法院提起诉讼，状告其不履行合同。不过，在一般情况下，委托人不会轻易向法院提起诉讼。所以，根据惯例，在委托人没有明确指示时，银行不必去作拒绝证书。

第二，拒付货物处理。付款人拒付时，银行尚未交单，货物所有权仍属于委托人。委托人对货物的处理通常有以下几种方式：

- 委托人在进口当地找到新的买主，就地将货物处理掉，这是最理想的方式。
- 由委托人在进口地的可靠代理人付款提货。这一代理人即预备付款人，须首先在汇票上记载。
- 指示代收行凭单提货，办理存仓、保险手续，以便委托人再去寻找买主。
- 运回货物。不过，只是在没有可能出售货物时，委托人才会这么做，因为这样会损失运费。

（2）跟单汇票。在一般托收业务中，出口商开立的是以出口商自己为收款人、以进口商为付款人的汇票，经背书后委托银行收款。

跟单汇票的基本内容：

- 出票人：委托人。

- 收款人：委托人/托收行。
- 付款人：进口商。
- 汇票金额：实际交货金额。
- 票据种类及期限：与委托书一致。
- 其他：作委托收款背书。

4. 对意外情况及时指示。

在托收过程中，难免会发生一些意外情况，当银行将这些情况通知委托人时，委托人必须及时作出指示，不然因此而发生的损失均由委托人自己负责。

5. 承担收不到货款的损失

如果因付款人拒付而收不到货款，一切损失应由委托人自己承担。并且，委托人仍应支付代理人的手续费及代理人为执行委托而支出的各项费用，如电报费、邮费、公证费等。

（二）托收行和代收行

在托收业务中，托收行和代收行均完全处于代理人的地位，其职责主要是根据委托人的指示行事，按常规处理业务，并对自身的过失承担责任。

1. 托收行的具体职责

（1）核对单据。托收行应核对实收单据的种类与份数是否与委托人在申请书中填写的情况相同，但没有义务审核单据的内容。

（2）选择代收行。代收行应与进口商或付款人在同一国家（地区），最好是同城，尽可能是进口商或付款人的账户行。

（3）缮制托收委托书。托收行在接受委托后要打印托收委托书，其内容应与委托人的申请书严格一致，并将托收委托书与单据一起寄给代收行。

（4）按常规处理业务，并承担过失责任。凡委托人在申请书中没有提出要求，如选择代收行、航邮单据等，托收行都应按常规处理。对按常规处理业务所造成的损失，托收行无责。如代收行破产使委托人收款受到影响，托收行不承担责任。

银行必须谨慎从事，不然就要对其过失负责。根据英国商业法则，凡是该做的而未做，银行就有过失，有过失就应承担责任。如代收行通知付款人拒付，托收行却未立即通知委托人，结果因未及时指示如何处理货物而使委托人受到损失，则托收行对此有过失责任。

2. 代收行的具体职责

代收行与托收行一样处于代理人地位，其基本职责与托收行相同，即执行委托人指示并按常规处理业务。代收行具体职责如下：

（1）保管好单据。在托收中，交单即交货，而交货又以进口商付款或承兑为条件。因此，代收行在进口商付款或承兑以前绝不能将单据交给进口商。在付款人拒付时，代收行应立即通知托收行，如果发出通知90天后仍未收到指示，代收行可将单据退回托收行。

（2）及时反馈托收情况。代收行是委托人直接与付款人接触的代表，它应将各种异常情况及其原因立即用快捷的方式通过托收行通知委托人，便于委托人及时了解托收情况并采取必要措施。

（3）谨慎处理货物。代收行原则上无权处理货物，只有在付款人拒付时，可根据委托人指示办理提货、存仓、保险等手续。不过，在发生天灾人祸等紧急情况时，代收行可以不凭委托人指示处理货物，以使委托人避免或减少损失。

（三）付款人

付款人的基本职能是履行贸易合同的付款义务，不得无故延迟付款或拒付。但在实务中，进口商往往以各种理由拖延付款甚至拒付。

三、跟单托收的交单方式

根据是否附带商业单据，托收可以分为光票托收和跟单托收。

光票托收（Clean Collection）是指仅凭汇票而不附带有商业单据（Commercial Documents）的托收。光票托收又被称为资金单据、金融单据、票据托收、非货运单据托收。光票托收没有单据，不直接涉及货物的转移或处理，银行只需根据票据收款即可，业务处理比较简单。光票托收主要用于贸易从属费用以及非贸易款项的收取。光票托收的金额一般都不太大，通常用于收取货款的尾数及样品费、佣金、代垫费用、进口赔款等小额或从属费用，并且大多数是即期付款，远期付款较少。

跟单托收（Documentary Collection）是指附带有商业单据的托收。跟单托收可以带汇票托收，也可以不带汇票托收。不带汇票的托收并不影响跟单托收的效果。

近几十年来，欧洲大陆的部分国家，对于即期托收业务，已开始免除汇票的使用，从而减轻了商人在汇票上加贴印花的负担。

国际贸易中货款的托收大多采用跟单托收。根据交付单据的条件不同，跟单托收可分为付款交单和承兑交单两种。

（一）付款交单

付款交单（Documents against Payment，D/P）是指代收行以进口商的付款为条件向进口商交单。办理此类托收时，委托人（出口商）必须在托收委托书（申请书）中指示托收行，只有在进口商付清货款的条件下，才能向其交单。采用付款交单托收时，要在委托的汇票上注明"D/P"字样。

付款交单根据付款时间的不同又可分为即期付款交单和远期付款交单。

1. 即期付款交单

即期付款交单（D/P at Sight）指当代收行向进口商提示汇票和单据时，进口商立即付款，代收行在收到货款后将单据交付进口商的托收方式。在没有汇票的情况下，发票金额即是托收金额或付款金额。即期付款交单简称 D/P 即期。

采用这种托收方式，原则上是第一次提示单据时就要付款。按国际惯例，给进口商赎取单据的时间为 24 小时，以便进口商能在第一次提示单据后的下一个工作日内办理付款。

在实务中，有些进口商为减少风险，往往坚持在货物到达后才予付款。

2. 远期付款交单

远期付款交单（D/P at … Days after Sight, or after Date of Shipment, or after Date of Draft）是指出口商开具远期汇票，附带单据通过托收行一并寄代收行，代收行收到单据后，立即向进口商提示远期汇票和单据，进口商随即予以签字承兑，代收行收回汇票及单据，待汇票到期时再向进口商提示，要求其付款，代收行在收到货款后将单据交进口商。远期付款交单简称 D/P 远期。

与即期付款交单相比，远期付款交单有以下特点：

● 出口商开具的是远期汇票。即期付款交单中，出口商开具的是即期汇票，也可以不开汇票。远期付款交单中，出口商开具的是远期汇票，并且通常必须开立汇票。采用远期付款交单的目的是给进口商一段时间以准备或筹集资金。

● 进口商应先予承兑。在代收行提交远期汇票和单据时，进口商应先予承兑，承兑后的汇票及单据由代收行收回。即期付款交单无此环节。

● 到期付款赎单。在远期汇票到期时，代收行应向进口商作付款提示，进口商应予付款，代收行收到货款后即交单。

（二）承兑交单

承兑交单（Documents against Acceptance, D/A）是指代收行以进口商的承兑为条件向进口商交单。进口商承兑汇票后即可向代收行索取全部单据，而待汇票到期时再行付款。

承兑交单与远期付款交单都属于远期托收。出口商开具的是远期汇票，进口商在见票时并不是马上付款，而是应先予承兑，只有在汇票到期时，才予付款。所不同的是交单条件：远期付款交单中，进口商只有在汇票到期并支付货款后才能得到单据；承兑交单中，进口商只要承兑后便可得到单据，这时，汇票并未到期，进口商也未付款。

（三）不同交单方式对进出口商的影响

不同的交单方式对进出口双方的影响是不同的。对出口商而言，最理想的是即期付款交单，其次是远期付款交单，最后是承兑交单。

采用即期付款交单方式，出口商在进口商付款之前始终控制着单据，从而控制着货物，不会出现既收不到货款，又失去货物的情况，有利于降低风险，如果进口商付款，则出口商能迅速收到货款，避免资金积压，有利于提高资金的使用效率。

远期付款交单在风险控制方面与即期付款交单类似，但要等到汇票到期、进口商付款时，才能收回货款。因此，不同程度地存在资金积压的问题，不利于高效使用资金。

承兑交单在货款收回的时间、资金占用方面同远期付款交单方式类似，而且在交单后，进口商可能会破产或无力支付货款，或无理拒付、延迟付款等。因此，无论是在风险还是在资金使用方面，这种方式都不利于出口商。

第二节　跟单托收贸易融资

托收出口融资包括托收出口押汇、托收出口商业发票融资、托收信保融资等方式。托收进口融资主要包括凭信托收据借单提货和凭银行保函提货等方式。

一、托收出口押汇

出口押汇（Outward Bills）是指出口商将代表货权的提单及其他单据抵押给银行，并从银行得到扣除押汇利息及费用后的有追索权的垫款的方式，或者指银行有追索权地向出口商购买跟单汇票或全套货权单据的行为。

出口押汇是跟单托收和信用证方式下，出口商向银行融资的主要方式之一。

出口押汇的基本做法是：出口商将汇票及全套货权单据交托收行或开证行，请求其购买，银行审查同意，并扣除利息及手续费后，将净款付给出口商。

出口押汇具有这样的特点：

（1）出口押汇是一种融资活动。融资是出口押汇的直接目的，出口商可以通过向银行融入资金的方式尽快收回货款，银行可以通过融出资金而增加收入。做出口押汇的银行不仅可以得到手续费收入，还可以得到押汇利息——押汇日至预计收回款项之日期间的利息。

（2）出口押汇以购买或抵押全套货权单据为基础。出口押汇不同于其他融资方式，它以购买或抵押全套货权单据为基础。银行作出口押汇时，不仅要看有关当事人的资信，还应严格审查货权单据及相关单据。

（3）出口押汇是有追索权的。押汇银行的垫款一般是要向付款人收回的，但如果付款人拒付，那么押汇银行有权向出口商追索已垫款项。

（4）押汇金额为出口收款额扣减有关费用。贸易货款即为银行融资本息，所以，融资额应为收款额预先倒扣利息和费用后的净额。

（5）押汇期限与收款期基本相同。目的是银行向进口商收款后随即收回垫款。

由于跟单托收中的付款人是进口商，所以对押汇银行而言，其垫款能否收回取决于进口商的信誉，风险较大。因此，银行一般不太愿意做托收出口押汇，或对托收出口押汇的要求很严格，如要求进口商的资信良好，押汇单据必须是全套货权单据，必须取得出口保险等，此外还要收取较高的押汇利息和手续费用。

二、托收出口商业发票融资和托收出口信保融资

托收出口商业发票融资指出口商在采用 D/A 方式向进口商销售货物时，出口商向银行转让单据和出口收款权，由银行按照出口商业发票金额的一定比例给予出口商有追索权的短期资金融通的方式。

托收出口信保融资是指银行根据委托人的申请，在出口货物发运后凭客户转让的出口信用保险单赔款权益提供融资的业务。

托收出口商业发票融资和托收出口信保融资的基本内容和特点与汇款出口商业发票

融资和汇款出口信保融资基本相同。

以上三种融资方式的特点比较见表6-1。

表6-1   **托收出口融资方式特点比较**

	托收出口押汇	托收出口商业发票融资	托收出口信保融资
融资金额	出口收款金额减贴息、手续费后的净额	发票金额的80%以内	信保融资限额
融资金额占比	全部金额	部分金额	部分金额或全部金额
融资手段	有追索权购买	有追索权购买	有追索权或无追索权购买

三、凭信托收据借单提货

1. 信托收据的含义与内容

信托收据（Trust Receipt，T/R）是指在远期付款交单（D/P远期）的托收业务中，当货物、单据到达目的地，而付款期限未到时，进口商为尽早提货而向代收行借出单据而出具的书面凭证。

信托收据中一般记载有以下内容：

（1）在进口商付款赎回信托收据之前，单据、货物的所有权仍属于代收行。

（2）进口商只能以货主（出口商或代收行）的名义提货，将货物存仓；如果出售货物，所得货款应如数存入银行（代收行），以便汇票到期时支付货款。

（3）如果代收行因借出单据而受到损失，进口商应负责赔偿。

（4）代收行可随时取消信托收据，收回单据及货物。

可见，信托收据具有借据及保证书的双重性质。

2. 凭信托收据借单提货的银行风险控制

进口商出具信托收据的目的是在尚未付款时先向代收行借出单据并提货，这实际上是进口商向银行融资的一种方式。但并不是所有进口商都能通过出具信托收据得到融资。如前所述，代收行有保管好单据的责任，如果代收行借出了单据，付款人也因此提了货，那么代收行在到期日就非向委托人（出口商）付款不可，除非是出口商主动授权代收行通过信托收据放单。

代收行为了控制风险，一般只是在付款人（进口商）信誉较好时才愿借出单据，并且会占用代收行给付款人的授信额度。如果付款人没有获得代收行的授信额度或授信额度余额不足，代收行可要求付款人提供可靠担保或抵押等。

信托收据不仅适用于跟单托收，也可适用于信用证结算方式。

四、凭银行保函提货

1. 凭银行保函提货的含义与性质

凭银行保函提货即担保提货，是指在进口贸易结算中，货物到达目的地而单据未到时，进口商在征得承运人同意后，凭银行保证书提货的方式。这也是进口商向银行融资的一种方式，担保提货业务适用于跟单托收和信用证结算方式。

2. 凭银行保函提货的银行风险控制

（1）进口商保证。进口商向银行申请担保提货时，应向银行提交担保提货申请书，申请书的主要内容包括：货物名称、唛头、船名、发货人、装运地点及日期、合同号、金额、保证条款、进口商签字盖章等。其中，进口商向银行的保证条款是必不可少的内容。

进口商一般应保证：

- 不以任何理由拒付或延付货款；
- 单据到达后立即承兑/付款，以单据向运输公司换回提货担保书并退还给银行；
- 承担银行因出具提货担保书而遭受的任何损失。

（2）进口商应向银行提供轮船公司发出的货到通知书、商业发票、进口合同副本。

（3）银行收取保证金或落实反担保①。在接到担保提货的申请后，银行应在审查申请书及有关文件资料，并按实际货价收取全额保证金后，开具担保提货保证书，以免进口商提货后不付款或拖延付款，使银行处于被动的局面。

第三节　托收结算特点与出口风险控制

一、托收方式的特点

（一）出口商收款风险较大

跟单托收中出口商收款面临着一定风险。出口商能否按期收回货款，完全取决于进口商的资信，如果进口商不付款或不承兑，或承兑后破产或无力支付或故意拖延支付，则出口商就收不到货款，或不可能按期收到货款。

当然，进口商也面临着一定风险，即凭付款或承兑后得到的单据提取货物时，可能会出现货物与单据、合同不符的情况。

之所以存在以上风险，是因为跟单托收的信用基础仍是商业信用，进出口双方能否取得合同规定的货款或按期收到规定货物分别取决于对方的资信。托收中的银行只是一般的代理人，它们对托收过程中遇到的一切风险、费用和意外事故等不承担任何责任。

不过，与汇款结算相比，付款及交货方式的变化，使得托收中进出口双方的安全性提高。出口商可通过控制货权单据来控制货物，以交付货权单据代表交货，而交单又以进口商付款或承兑为条件，因此出口商一般不会受到"银货两空"的损失，比赊销安全。对进口商来说，只要付了款或进行了承兑，即可得到货权单据，从而得到货物，比预付货款安全。因此，无论是对进口商还是对出口商，跟单托收都要比汇款安全。

① 反担保指以担保人为受益人的担保。详见"银行保函"一章的内容。

（二）出口商资金负担较重

托收结算方式中，出口商的资金负担较重，在进口商付款之前，货物的占用资金主要由出口商来承担，进口商基本不负担资金。

但是，出口商有货权单据，他可以通过出口押汇从银行融通资金，因而可在一定程度上减轻资金负担的压力。不仅出口商可以从银行融资，而且进口商也可以通过信托收据和担保提货向银行融资。

（三）结算简单、迅速，费用较低

跟单托收与汇款结算都属于简单、迅速的结算方式。

从以上特点可以看出，跟单托收也是一种相对有利于进口商而不利于出口商的结算方式。

二、出口商降低托收风险的措施

由于托收方式是一种商业信用，出口商面临的收款风险较大，为确保收汇的安全，出口商可采取预防措施。

1. 加强对进口商资信的调查

采用托收方式是出口商出于对进口商的信任，带有对进口商融资的性质，因此在做出口托收时，出口商应事先详细调查进口商的资信。出口商一般只在进口商资信较好时才使用托收方式结算。

对资信不好的客户或新的客户最好不使用托收方式，否则，在进口商资信不好或对进口商资信不了解的情况下盲目签约，当进口商因种种原因拖延付款甚至发生倒闭时，出口商就会遭受损失。

在采用托收方式时，出口商应根据进口商的资信状况为其确定一个授信额度，并将托收金额控制在该额度内。

2. 掌握好交单条件

出口商应注意交单条件的确定，如果可能的话，应尽量采用即期付款交单方式。如果一定要采用远期付款交单和承兑交单，应对期限加以限制，付款期限不宜过长，一般掌握不超过从出口地到进口地的运输时间。

值得注意的是，目前，远期付款交单方式的具体掌握方法在国际上尚无明确规定，各国的处理方法不同。有些国家或地区的银行不接受远期付款交单的托收；而另一些国家或地区的银行则把远期付款交单方式视为承兑交单方式。因此，出口商在采用远期付款交单方式托收时，应注意合理使用。

3. 选择好价格条款

根据交货方式不同，《国际贸易术语解释通则 2010》中的 11 种价格术语可分为实际交货条件和推定交货条件。

实际交货条件以出口商向进口商实际交付货物的行为来履行其交货义务，进口商只有在收到货物后才有义务付款。EXW 等是实际交货条件，对于这类交货条件，不宜采用托收支付方式，因为出口商交货后不再拥有控制货物的货权单据。

推定交货条件是指出口商不是直接将货物交给进口商，而是只要将货物交承运人托运并向进口商出示货权单据，后者就必须付款。采用这种交货方式时，出口商交货与进口商付款（收货）不同时发生，转移货权以单据为媒介。CIF、CFR 就是这类交货条件，采用这类交易条件时，一般宜于采用托收方式。不过，其中有些价格术语，如 FOB、FCA，由于运输是由进口商安排的，也不太宜采用托收方式。

所以，最适合采用跟单托收的就是 CIF、CFR。

4. 注意选择代收行

托收虽属商业信用，货款的收回主要取决于进口商，但如果代收行选择得好，也能对出口货款起到促收作用。代收行大多由托收行选定，在选择时，一般应遵循以下原则：

- 付款地如有托收行的联行，应尽量委托联行办理。
- 如果在付款地没有联行，应委托关系密切、资信较好的账户行办理。
- 在选择代收行时，要避免出现付款人与代收行不在一个国家的情况。因为如果这样，代收行无法催付款项。

5. 了解进口国家的有关规定

出口商应了解进口国家的有关贸易法令、外汇管理条例等，如进口许可证、外汇支付限制等方面的内容。如果进口国贸易、金融管制严格，也会影响出口商收款。

6. 事先找好代理人

在跟单托收业务中，如果发生拒付，出口商可以指定一个在货物目的港的人办理存仓、保险、转售或运回等事宜，这个人称为需要时的代理人，他可以是与出口商关系较好的客户，也可以是代收行。代理人的名称和权限须在托收委托书中列明。

7. 注意办理保险

在采用托收方式时，出口商应争取以 CIF 价格条件成交，由出口商办理货物运输保险，万一货物在运输途中出险，可以从保险公司得到赔偿。

出口商还可以向中国人民保险公司投保"短期出口信用风险"，这项保险业务的范围适用于以付款交单和承兑交单为收汇方式的不超过 180 天的出口合同。投保该险后，如果进口商无力支付货款，不按期支付货款，违约拒收货物，或因进口国实行外汇和贸易管制、发生战争和骚乱而给出口商造成损失，保险公司将予以赔偿。

此外，跟单托收还可以与其他支付方式结合使用，如要求进口商缴纳定金等，以进一步降低出口商的收款风险。

三、《托收统一规则》

托收结算依据的国际规则和惯例主要是国际商会出版的《托收统一规则》。

（一）《托收统一规则》的产生

《托收统一规则》(Uniform Rules for Collection，URC) 是国际商会编写并出版的众多小册子或出版物之一，是国际贸易和国际结算方面的重要国际惯例。

早在 1958 年，国际商会为调解托收业务中各当事人之间的矛盾，促进贸易和金融活动的开展，就草拟了《商业单据托收统一规则》(Uniform Rules for Collection of Commercial Paper)（即 192 小册子），建议各国采用。

1967 年，国际商会重新订立和公布了这一规则（即 254 号出版物），使银行在办理托收业务时有了一套统一的术语、定义、程序和原则，也为出口商提供了一套在委托代收货款时得以遵循的统一规则。

1978 年，国际商会又对规则进行了修改和补充，并将其更名为《托收统一规则》(Uniform Rules for Collection, Publication No. 322)。

1995 年国际商会再次对规则进行了修订，新规则 URC522 于 1996 年 1 月 1 日正式生效。

《托收统一规则》自公布实施以来，对减少当事人之间在托收业务中的误解、争议和纠纷起了较大作用。我国银行在采用托收方式结算时，也参照这个规则的解释和原则办理。

（二）《托收统一规则》的主要内容

《托收统一规则》(URC522) 共 7 部分 26 条，包括总则及定义、托收的形式和结构，提示方式，义务与责任，付款，利息、手续费及其他费用，其他规定等。

主要内容如下：

1. 基本精神

根据《托收统一规则》规定，托收指银行根据所收的指示，处理金融单据和/或商业单据，目的在于取得付款和/或承兑，凭付款和/或承兑交单，或按其他条款及条件交单。

银行承办托收业务时，应完全按照委托人的指示行事，银行对在托收过程中遇到的一切风险、开支费用、意外事故等均不负责，这些责任均由委托人承担。

2. 银行的义务与责任

银行的责任就是按照托收委托书的指示行事，如果无法照办，应立即通知发出委托书的一方。在接受委托时，银行必须核实所收到的单据与托收委托书所列单据是否表面一致，如有不符或者遗漏，应立即通知委托人。银行没有审单的义务。

对于下列情况，银行不承担义务和责任：

（1）消息、信件或单据在寄送途中延误或失落；

（2）电报、电传、电子传送系统在传送中延误、残缺或发生其他错误；

（3）专门性术语在翻译上的错误及其所产生的一切后果；

（4）天灾、暴动、骚乱、叛乱、战争或银行本身所无法控制的其他任何原因；

（5）罢工或停工致使银行营业间断所造成的一切后果。

此外，除非事先征得银行同意，货物不应直接运交银行；如果货物直接运交银行或者以银行为收货人，银行无提货义务（此项货物仍由发货人承担风险与责任）。

3. 关于提示、付款、承兑等手续

（1）银行应按交来的单据原样向付款人发出提示；

（2）如果是即期付款的单据，银行必须毫不迟延地提示付款人付款；

（3）如果是远期付款的单据，银行必须毫不延误地提示承兑，当要求付款时，必须不迟于到期日提示付款；

（4）如果跟单托收中有远期付款的汇票，托收委托书中必须指明在承兑或付款后将单据交给付款人，如无此规定，单据在付款后交付。

4. 改变委托与拒付处理

（1）委托人在委托银行办理托收之后，可以通知银行改变托收金额和托收条件。

（2）如果托收遭拒付，代收行应立即通知托收行，后者接到拒付通知后，应及时给予进一步处理的指示。如代收行发出拒绝通知 60 天内未接到指示，可以将单据退回托收行。

（3）对代收行遭拒付时是否需作拒绝证书一事，托收指示书中应有明确指示。如无此项指示，银行无义务作拒绝证书。

本 章 小 结

托收是一种传统的结算方式，在现代国际结算中也时常使用。

托收中的银行处于受托人的地位，它们要按委托人的指示行事并按常规处理业务，对托收中的风险与费用不承担责任（除非有过失）。其中，对代收行而言，最重要的就是妥善保管好单据，在进口商按规定承兑或付款后才交单。

跟单托收结算中，国际贸易融资开始出现，托收出口押汇、凭信托收据借单提货、凭银行保函提货就是该方式下的三种融资方式。

托收结算的特点与汇款基本相同，结算简单、迅速、成本低，但出口商收款风险较大且资金负担较重。

《托收统一规则》（URC522）是托收结算方面的一项重要国际规则，但它不具有完全的强制性。

复习思考题

一、名词解释

跟单托收　　D/P　　D/A　　T/R　　出口押汇　　URC522

二、简答题

1. 简述银行在托收中的地位和作用。

2. 跟单托收中的交单方式有哪几种？各有何特点？

3. 托收贸易融资方式及其风险管理。

4. 出口商可以采取哪些措施控制收款风险？

本章推荐阅读资料

1. 国际商会《托收统一规则》(1996 年，URC522)。
2. 中国银行股份有限公司等主要银行的托收结算实务。

第七章　跟单信用证（上）

◎**本章学习目的**

在学习本章之后，应该掌握以下内容：

1. 信用证的含义与特点。
2. 信用证的基本内容与开立方式。
3. 信用证结算程序。
4. 信用证业务中银行的性质与职责。
5. 开证行的付款方式。
6. 受益人的收款方式。
7. 议付行、付款行对不同性质单据的处理方式。

第一节　信用证的基本概念

一、信用证的含义和特点

（一）信用证的含义

作为一份书面文件，信用证（Letter of Credit，L/C）实质上是银行作出的有条件付款承诺。

信用证是银行应开证申请人（Applicant）的要求，向受益人（Beneficiary）开立的在一定期限内凭规定的单据支付一定金额的书面承诺。开立信用证的银行被称为开证行（Issuing Bank），开证申请人即进口商，受益人即出口商。

国际商会《跟单信用证统一惯例》（Uniform Customs and Practice for Documentary Credits，2007 revision ICC，Publication No. 600，简称 UCP600）对信用证的定义是：信用证意指一项约定，无论其如何命名或描述，该约定不可撤销并因此构成开证行对于相符提示予以兑付（Honour）的确定承诺。

Credit means any arrangement, however named or described, that is irrevocable and thereby constitutes a definite undertaking of the issuing bank to honour a complying presentation.

在觉得收款风险较大时，出口商通常会要求进口商向银行申请开立信用证，由银行作出书面付款承诺，只要出口商能满足有关条件，银行（开证行或其委托的付款行）就应承担兑付责任。出口商的收款风险由此会大大降低。

UCP600 规定，银行也能以自己的名义开出信用证。

以信用证作为主要工具的结算即为信用证结算。信用证结算是在托收基础上演变出来的一种比较完善的结算方式。其主要作用是把托收方式下由进口商履行跟单汇票的付款责任转由银行履行，保证进出口双方的贷款或单据（货物）交收不致落空；同时，银行还能为进出口双方提供融通资金的便利，从而促进国际贸易的发展。

信用证结算是最重要的国际结算和贸易融资方式之一。

（二）信用证的特点

信用证和信用证结算具有三个重要特点：

1. 信用证是一种银行信用

（1）开证行承担第一性付款义务。在任何情况下，银行一旦开出信用证，就表明它以自己的信用作了付款保证，并因此处于第一性付款人的地位。只要受益人提交的单据与信用证的条款一致，银行（开证行）就必须承担首先付款的责任。也就是说，在贸易结算中，银行取代进口商而成为第一性付款人，进口商则成为第二性付款人，只是在银行无力支付时才对出口商付款。可见，信用证是一种银行信用，开证行对受益人的责任是一种独立的付款责任。

UCP600 引入了"Honour"（兑付）一词，强调开证行对其所开立的信用证应承担承兑与付款之责任。Honour 定义了开证行、保兑行、指定行在信用证项下，除议付以外的一切与支付相关的行为。Honour 不同于 Guarantee（担保）。Guarantee 的付款责任、付款条件等都有明显不同。关于两者的区别参见"银行保函"一章。

（2）开证行可自己付款或委托其他银行代付。信用证开证行的付款方式通常有三种：

● 开证行直接付款。包括向受益人或其指定人付款，或承兑及支付受益人出具的汇票。

● 开证行指定另一银行付款。包括指定另一银行付款，或承兑及支付受益人出具的汇票。

● 开证行授权其他银行议付（Negotiating）。即授权其他银行有追索权地买进受益人持有的跟单汇票或信用证规定的单据。不过，从严格意义上讲，这不是一种真正的付款方式，而是跟单汇票或单据的转让，受让人仍需向付款行寄单，要求其付款。

在委托其他银行付款或议付后，开证行应及时予以偿还。

（3）银行付款是有条件的。银行只是在符合条件的情况下才履行付款责任，这个条件就是受益人提供的单据符合信用证的规定，即单证相符；反之，开证行是有权拒付的。

2. 信用证是一种自足文件

信用证的开立以贸易合同为基础，但一经开出并被受益人接受，便成为独立于贸易合同以外的独立契约，不受贸易合同的约束。

UCP600 规定：信用证与可能作为其依据的销售合同或其他合同是相互独立的。即使信用证中提及该合同，银行亦与该合同完全无关，且不受其约束。因此，一家银行作出兑付、议付或履行信用证项下其他义务的承诺，并不受申请人与开证行之间或与受益人之间在已有关系下产生的索偿或抗辩的制约。

受益人在任何情况下，不得利用银行之间或申请人与开证行之间的契约关系。

可见，信用证是独立于贸易合同以外的另一契约，是一种自足文件。银行只对信用证负责，对贸易合同没有审查和监督执行的义务。贸易合同的修改、变更甚至失效都丝毫不影响信用证的效力。

信用证与贸易合同的关系可归纳为两个方面：贸易合同是信用证开立的基础；信用证被受益人接受后，其效力便独立于合同。

3. 信用证是一种纯粹的单据业务

UCP600 规定：在信用证业务中，银行处理的是单据，而不是单据所涉及的货物、服务或其他行为。按照指定行事的被指定银行、保兑行（如有）以及开证行必须对提示的单据进行审核，并仅以单据为基础，以决定单据在表面上看来是否构成相符提示。

在信用证方式下，实行的是"单据严格符合的原则"，即要求"单证一致"、"单单一致"。即使开证申请人发现单据是伪造的，即被欺诈，但只要单据表面上与信用证相符，开证申请人就必须向开证行付款。因为，其被欺诈与信用证及开证行没有任何关系，后者对此不承担任何责任。如果出现此类情况，开证申请人只能以进口商身份凭贸易合同与出口商交涉，或申请仲裁，甚至是提起诉讼。

二、信用证的形式和内容

（一）信用证的形式

根据信用证的开立方式及记载内容的不同，可将信用证分为信开本信用证和电开本信用证。

1. 信开本信用证

信开本信用证是指以信函（Letter）形式开立的信用证。其记载的内容比较全面。银行一般都有印就的信用证格式，开立时填入具体内容即可。信开本信用证一般是开立一式两份或两份以上，开立后以航空挂号寄出。这是一种传统的开立信用证的方式。

信开本信用证任何时候都是信用证的有效文本，是开证行与出口商之间的具有法律效力的合同。

2. 电开本信用证

电开本（Cable）信用证是指银行将信用证内容以 SWIFT、加密电报等形式开立的信用证。目前，SWIFT 信用证是信用证的主要形式。

电开本信用证又可分为简电本和全电本。

（1）简电本。简电本（Brief Cable）是指仅记载信用证金额、有效期等主要内容的电开本。简电本的内容比较简单，其目的是预先通知出口商，以便其早日备货。

简电本通常不是信用证的有效文本，因此，开立简电本时，一般要在电文中注明"随寄证实书"（Mail Confirmation to Follow）字样，并随即将信开本形式的证实书寄出。证实书是信用证的有效文本，可以作为交单议付的依据。

（2）全电本。全电本（Full Cable）是开证行以电文形式开出的内容完整的信用证。该信用证是否为有效文本要根据其条款来判断：

如果电文中注明"This is an operative instrument，No airmail confirmation to follow"（此为有效文本，不随寄证实书），则这样的电开本就是有效文本，可以作为交单议付的依据；

如果电文中注明"随寄证实书"，则以邮寄的证实书作为有效文本及交单议付的依据。为节省时间与费用，这种形式的信用证的使用越来越普遍。

（二）信用证的内容

1. 信开本信用证的内容

信开本信用证的内容比较完整，各银行开立信用证基本上遵循国际商会拟定的《开立跟单信用证标准格式》（国际商会第 416 号出版物，1986 年）规定。信开本信用证主要包括以下内容：

（1）开证行名称。一般在信用证中首先以醒目字体标出，应为全称加详细地址。

（2）信用证编号（L/C Number）。

（3）信用证形式（Form of Credit）。说明信用证是否可以由开证行单方面撤销。依据 UCP600 规定，现在信用证都是不可撤销的，即使信用证未作规定也是如此。

（4）开证日期（Date of Issue）。必须标明开证日期，这是信用证是否生效的基础。

（5）受益人。即出口商，是唯一享有利用信用证支取款项权利的人，因此，必须标明完整的名称和详细的地址。

（6）开证申请人。信用证为买卖合同签约双方约定的支付工具，信用证的申请人应是买卖合同中的买方（进口商），应标明完整的名称和详细地址。

（7）信用证金额（L/C Amount）。开证行付款责任的最高限额，应能满足买卖合同的支付。信用证金额要用大小写分别记载。

（8）有效期限（Terms of Validity 或 Expiry Date）。即受益人向银行交单取款的最后期限，超过这一期限，开证行就不再负付款责任。

UCP600 规定：信用证必须规定提示单据的有效期限。规定的用于兑付或者议付的有效期限将被认为是提示单据的有效期限。由受益人或代表受益人提示的单据必须在到期日当日或之前提交。

（9）生效地点、交单地点或提示地点（Place for Presentation）。

UCP600 规定：可以有效使用信用证的银行所在的地点是提示单据的地点。对任何银行均为有效的信用证项下单据提示的地点是任何银行所在的地点。

（10）汇票出票人（Drawer）。一般是信用证的受益人，只有可转让信用证经转让后，出票人才可能不是原证受益人。

（11）汇票付款人（Drawee）。信用证的付款人是开立汇票的重要依据，汇票付款人须根据信用证的规定来确定。

（12）汇票出票条款（Drawn Clause）。主要表明汇票是根据某号信用证开出的。

（13）单据要求（Documents Required）。信用证中一般列明需要的单据，分别说明单据的名称、份数和具体要求。

最为基本和重要的单据主要是商业发票（Commercial Invoice）、运输单据（Transport Documents）、保险单据（Insurance Policy）。此外，买方还往往要卖方提供产地证、品质证书等。

（14）货物描述（About Goods）。一般包括货名、数量、单价以及包装、唛头价格条件等最主要的内容和合同号码。

（15）装运地/目的地。一般情况下，信用证中关于运输的项目有装货港（Port of Loading/ Shipment）、卸货港或目的地（Port of Discharge or Destination）、装运期限（Latest Date of Shipment）等。

（16）分装/转运。信用证还必须说明可否分批装运（Partial Shipment Permitted/ not Permitted）和可否转运（Transhipment Allowed/not Allowed）。

（17）开证行对有关银行的指示条款。包括对议付行、通知行、付款行的指示条款（Instructions to Negotiating Bank/ Advising Bank/ Paying Bank）。这一条款常要求通知行在通知受益人时加注或不加注保兑；对于议付行或代付行，一般规定议付金额背书条款、索汇方法、寄单方法。

（18）开证行的保证条款。开证行通过保证条款（Engagement/ Undertaking Clause）来表明其付款责任。一般的保证文句是以"We here by engage"或"We here by undertaking"之类句式开头，表示开证行作出的单方面的承诺。

（19）开证行签章。即开证行代表签名（Opening Bank's Name and Signature），信开本信用证须有开证行有权签名人签字方能生效，一般情况下是采取双签，即两人签字的办法。

（20）其他特别条件（Other Special Conditions）。其他特别条款主要用以说明一些特别要求，如限制由某银行议付，限制某国籍船只装运，装运船只不允许在某港口停靠或不允许采取某航线，发票须加注信用证号码，受益人必须交纳一定的履约保证金后信用证方可生效等。

（21）根据UCP600开立信用证的文句。一般为：本证以国际商会《跟单信用证统一惯例》2007年修订本，600号出版物条款为准。

This L/C was issued subject to Uniform Customs and Practice for Documentary Credits, 2007 revision ICC, Publication No. 600.

只有这样，受益人和其他银行才愿意接受该信用证。

信开本信用证中英文式样见式样7-1、式样7-2。

2. 全电本的内容

随着通信技术的发展，申请全电开证的客户越来越多。现在，银行做全电开证时，多采用SWIFT。

SWIFT信用证就是依据国际商会所制定的电报信用证格式，利用SWIFT系统所设计的特殊格式来传递信用证的信息方式开立的信用证。它具有标准化的特征，传递速度较快，开证成本较低，各开证行及客户乐于使用。

式样 7-1　　　　　　　　　　　　**信开本信用证中文式样**

```
┌─────────────────────────────────────────────────────────────┐
│ 正本　　　　　　　　　　　_____银行                 ⑦│
│                                                                │
│        地址_____       日期_____                    │
│ 致                                                             │
│ 迳启者                                                         │
│ 兹开立不可撤销信用证        第_____号                     │
│ 受益人_____                                     │
│ 开证人_____   汇票金额不得超过_____             │
│                                                                │
│ 金额大写_____   按_____%装运下列出口货物之发票金额计算：│
│                                                                │
│ 自你地_____运至_____价格为_____                 │
│ 受益人签发_____日期汇票以我行为付款人并附具下列注有"×"标记之单据│
│                                                                │
│ □　签署发票一式两份                                           │
│                                                                │
│ □　保险单或保险凭证按发票金额加_____%保妥下列各险：      │
│     □　平安险/水渍险/一切险及战争险                          │
│     □　陆上运输险                                             │
│     □                                                         │
│                                                                │
│ □　全套清洁"已装运"海运提单作成我行抬头                      │
│     注明运费付讫通知开证人                                     │
│                                                                │
│ □　其他单据                                                   │
│     □　产地证明书                                             │
│     □　重量单                                                 │
│     □　装箱单                                                 │
│                                                                │
│ 准许/禁止分批装运　　　　　准许/禁止转运                       │
│ 装运日期不得迟于_____                         │
│ 本证有效期内不得撤销，其有效期在你地_____限至_____为止│
│ 凡凭本证所发出之汇票必须载明本证编号及开立日期                 │
│ 其他条款：_____                                          │
│ 根据本信用证并按其所列条款开具之汇票向我行提示并交出本证规定之单据者，我行同意对其出票│
│ 人、背书人及正当持票人履行承兑付款责任。                      │
│ 议付银行注意：凭本证议付汇票及单据请直接寄至我行              │
│ 开证行名称　　　　　　　　　　　　　通知行的通知               │
│                                     通知行名称_____      │
│ _____                                             │
│        签字_____             　　　　签字_____        │
└─────────────────────────────────────────────────────────────┘
```

注：⑦ 这个记号是经"银行关系合理化"的国际会议提议，通知行收到后应迅速处理的记号。

式样 7-2　　　　　　　　　　**信开本信用证英文式样**

ORIGINAL　　　　　　　　　_____**BANK**

　　　　Adress_____

　　　　　　　　　　　　　　　　　　　　　　　　Date_____

To

Dear Sirs,

　　We hereby open our Irrevocable Letter of Credit No_____ in favour of_____ for account of_____

____ up to an aggregate amount of_____

(say_____ for_____%of the invoice value relative to the shipment of:

From your port_____to_____

Draft (s) to be drawn at_____days_____on our bank & accompanied by the following docu-

ments, marked "✕":

☐　Signed Commercial Invoice in duplicate

☐　Insurance Policy or Certificate for full invoice plus_____% covering:

　　　☐　FPA/WA/All Risks and War Risks

　　　☐　Overland Transportation Risks All Risks & Breakage

　　　☐

☐　Full set of clean "On Board" Ocean Bills of Lading made out to our order marked freight prepaid notify

accountee

☐　Other Documents

　　　☐　Certificate of Origin

　　　☐　Weight List

　　　☐　Parking List

　　Partial shipments are permitted/prohibited

　　Transhipment is permitted/prohibited

Shipment (s) must be effected not later than_____

This L/C is irrevocable and valid in your port_____until_____inclusive

Draft (s) so drawn must be inscribed with the number and date of this L/C other condition:_____

We hereby agree with the drawers, endorsers and bona-fide holders of the draft (s) drawn under and in

compliance with the terms of this credit that such draft (s) shall be duly honoured on due presentation and

delivery of documents as herein specified. Instructions to Negotiation Bank: The draft (s) and documents

take up under this credit are to be forwarded direct to us by you.

Name and signature　　　　　　　　　　Advising bank's notification

　　Of　　　　　　　　　　　　　　　　Name and signature

The Issuing Bank　　　　　　　　　　　of the Advising Bank

SWIFT 系统设计的信用证格式代号为 MT700、MT701，修改信用证的格式代号为 MT707。与信开本相比，SWIFT 信用证将保证条款省略掉，但其必须加注密押，密押经核对正确无误后，SWIFT 信用证方能生效。虽然没有说明文句，但 SWIFT 信用证一律受 UCP600 约束，除非证中特别注明。

电开本信用证中英文式样分别见式样 7-3、式样 7-4。

式样 7-3　　　　　　　　　　　　**电开本信用证中文式样**

信　用　证

开证行：××银行，上海，中国

通知行：××银行，伦敦，英国

开证日：19××年 2 月 1 日

兹开立第 686 号不可撤销的信用证

受益人：伦敦 A 有限公司

开证申请人：中国××进出口公司

最高金额：USD50 000（亿万美元，允许短交金额以 5% 为限）。本信用证凭受益人开具以我行为付款人按发票金额 100% 计算的即期汇票付款，该汇票一式两份，并附有下列单据：

——全套清洁，"货已装船"，"运费预付"，空白抬头、空白背书的海运提单，并须注明"通知目的港口国对外贸易运输公司"。

——发票一式五份，注明合同号码和信用证号码，20 公吨（允许短交以 5% 为限），每公吨净重为 1 000 公斤的化学制品，纯度 90%~99%，净重每公斤价格 2.50 美元 CIF 上海，包装费在内。

——重量单：一式四份，载明每箱毛重和净重。

——制造商出具的品质证明书四份。

——保险单（或保险证明书）一式两份，按发票 CIF 价加 10% 投保（伦敦）协会货物（A）海运货物险。

——产地证：英国

——制造商证明：英国 A 有限公司

——装箱单：货物用适宜海运的新铁桶装

自英国口岸运往上海。不得分批装运。准许转船，但须交联运提单。装运日期不得晚于 19××年 3 月 15 日。

本证在伦敦议付有效期至 19××年 3 月 30 日截止。所有根据本证开具的汇票须证明；"根据中国××银行上海分行第 686 号信用证出具"。

所有根据本证议付的汇票金额必须在本证背面批注。

单据处理办法：本证条件之一是，所有单据应分两次连续，以航邮寄交本行。第一次邮寄包括所有各项单据，但如某预单项不止一份者，则留下一份由第二次邮寄。

特别指示：

本行向根据本证并按照本证内条款开出汇票的出票人、背书人和合法持有人保证，在单据提交本行时，本行即兑付该汇票。

本证以国际商会跟单信用证统一惯例（1993 年修订本）条款为准。

式样 7-4   **电开本信用证英文式样**

CREDIT

From: Bank of ×× Shanghai, China

To: Bank of ×× London, UK

Date: Feb. 1, 19××

We open an Irrevocable Credit No. 686 in favour of: A& Company, Limited, London for account of: China ×× 1/E Corporation, to the extent of: USD 50 000 (US dollar Fifty Thousand, 5% less is allowed). This Credit is available by beneficiary's drafts, drawn on us, in duplicate, at sight, for 100% of the invoice value, and accompanied by the following documents:

——Full set of clean "On Board". "Freight prepaid" Ocean Bill of Loading, made out of order and blank endorsed, marked: "Notify China Nation Foreign Trade Transportation Corporation, at the port of destination."

——Invoice in quintuplicate, contract No. & Credit No, 20 metric tons (5% less is allowed) of 1 000 kilos net each of chemicals, purity 90%~99%, USD 2.50 per kilo net CIF Shanghai including packing charges.

——Weight Memo indicating gross and net weight of each package in quadruplicate.

——Certificate of Qaulity in four copies issued by the manufactures.

——Insurance Policies (or Certificate) in duplicate covering Marine ICC (A) for full CIF invoice value plus 10%.

——Certificate of Origin: United Kingdom

——Manufacture's Certificate: A. &Company, Limited. UK.

——Packing List: Packed in seaworthy new steel drums.

Shipment from UK port to Shanghai. Partial Shipment is not allowed. Transhipment is allowed, through B/L required. Shipment to be made on or before March 15, 19××.

This Credit is valid in London on or before March 30, 19××, for negotiation and all drafts drawn hereunder must be marked "drawn under Bank of ×× Shanghai Credit No. 686".

Amount of drafts negotiated under this credit must be endorsed on the back hereof.

Disposal of Documents: It is a condition of this credit that the documents should be forwarded to us by two consecutive airmails, the first mail consisting of all documents except one of each items, of more than one, to be sent by second mail.

Special Conditions:

We hereby engage with the drawers, endorsers and bona-fide holders of bills drawn and presented in accordance with the terms of this credit that the bills shall be duly honoured on presentation.

This Credit is subject to ICC Uniform Customs and Practice for Documentary Credits (1993 revision).

SWIFT 信用证中英文式样分别见式样 7-5、式样 7-6。

式样 7-5　　　　　　　　　　　**SWIFT 信用证中文式样**

SWIFT 格式 700：信用证的开立
发信银行：××银行
信用证类别：不可撤销信用证
信用证编号：1234
开证日期：19××
有效期及地点：19××，中国
开证申请人：A 公司
受益人：B 公司
币别，金额：美元××
议付银行：任何银行
汇票期限：即期
付款人：××银行
分批装运：准许
转运：准许
装运货物：货物××从 A 运至 B
应附单据：商业发票和提单各一式三份
提示日期：于签发提单后 15 日内须提示单据
保兑指示：无

式样 7-6　　　　　　　　　　　**SWIFT 信用证英文式样**

SWIFT MT700：ISSUE OF A DOCUMENT CREDIT
From：××BANK
40 A FORM OF DC：IRREVOCABLE
20DCNO：1234
31C DATE OF ISSUE：19××
31D DATE AND PLACE OF EXPIRY：19××，CHINA
50 APPLICANT：A COMPANY
59 BENEFICIARY：B COMPANY
32B DC AMT：CURRENCY USD××
41A AVAILABLE WITH/BY：ANY BANK BY NEGOTIATIO
42C DRAFTS AT：SIGHT
42A DRAWEE：××BANK
43P PARTIAL SHIPMENT：ALWD
43T TRANSHIPMENT：ALWD
45A GOODS：××GOODS FR A TO B
46A DOCUMENTS REQUIRED：COML LNVO AND B/L IN TRIPLICATE
48 PERIOD FOR PRESENTATION：DOCS TO BE PRESENTED WI 15 DAS
49 CONFIRMATION INSTRUCTIONS：WITHOUT

第二节　信用证结算的基本程序

一笔以信用证结算的贸易业务从开始到结束大体上有 12 个环节，其流程图见图 7-1。

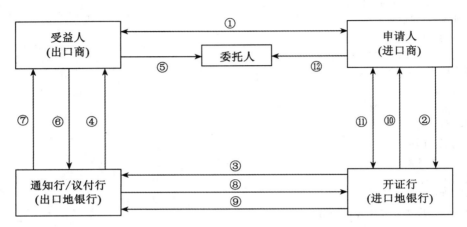

图 7-1　信用证结算业务流程图

图 7-1 说明：
①进出口商签订买卖合同，并约定以信用证进行结算。
②进口商向所在地银行申请开立信用证。
③开证行开出信用证。
④通知行将信用证通知给受益人（出口商）。
⑤出口商接受信用证后，将货物交与承运人，取得相关单据。
⑥出口商备齐信用证规定的单据和汇票向议付行提示，要求议付。
⑦议付行审单无误后，垫付货款给出口商。
⑧议付行议付后，将单据和汇票寄开证行索汇。
⑨开证行收到与信用证相符的单据后，即对议付行进行偿付。
⑩开证行通知进口商备款赎单。
⑪进口商审核单证相符后，付清所欠款项（申请开证时已交保证金），开证行将信用证下的单据交进口商，不再受开证申请书的约束。
⑫进口商凭单据向承运人提货。
其中与银行关系密切的环节有进口商申请开证、开证行对外开证、通知行通知信用证、受益人收款、进口商付款赎单等。

一、进口商申请开证

进出口双方在货物买卖合同中确定采用信用证结算方式后，进口商就应按合同规定向进口地银行申请开立信用证。申请开证的进口商或开证申请人应填写开证申请书，以作为银行开立信用证的依据。开证申请书有两个部分的内容。

（一）信用证实质性内容

它是银行凭信用证向出口商付款的依据。一般应明确以下内容：应被提示的单据、支付金额及方式、受益人名称及地址、信用证到期日或有效期、货物的描述、装运细节、是否需要保兑等。

（二）进口商的声明与保证

即进口商对开证行的声明与保证，用以明确双方责任。一般包括：

（1）进口商承认银行在进口商赎单以前，对单据及单据所代表的货物有所有权，必要时，银行可以处置货物，以抵付进口商的欠款。

（2）进口商承认银行有接受"表面上合格"的单据的权利，对于伪造的单据、货物与单据不符或货物中途遗失，银行概不负责。

（3）单据到达后，进口商有如期付款赎单的义务，单据到达前，银行可在货款范围内，随时要求追加押金（保证金）。

（4）进口商同意电报传递中如有错误、遗漏或单据邮递遗失等，银行不负责任。

（5）进口商承担该信用证所需的一切国内外银行费用。

对开证申请书中的有关指示，UCP600指出应完整和明确，不应加注过多细节。对开证申请人，除进口商以外，还允许开证行以其自身名义开证。对信用证开证范围的扩大，实际上是借鉴或适应了日益增长的备用信用证的习惯做法，为资金融通开辟了一条新的途径。

二、开证行对外开证

银行接到申请人的开证申请书以后，应首先审核开证申请书是否完整、准确；其次是根据申请人资信状况要求其交纳一定金额的开证押金，提供担保或抵押、质押；最后按指示开出信用证。

开立信用证的银行即为开证行。开证行一旦开出信用证，在法律上就与开证申请人构成了开立信用证的权利与义务的关系，开证申请书也就成了两者之间的契约。

开证行可以应申请人的要求信开（Open by Airmail）或电开（Open by SWIFT/Cable）。信开本信用证一般一式两份或两份以上，开证行以航函将其寄给出口商所在地的联行或代理行，要求该行通知（Advise）或转递（Transmit）给出口商。信开本信用证有时也可以由开证行直接寄给出口商，甚至交由进口商寄给出口商，但这两种方法很少使用。

为争取时间，开证行多采用电开形式开立信用证，即由开证行将信用证内容以SWIFT、加密押的电报或电传通知出口商所在地的联行或代理行，请其通知出口商。

开证行如委托第三国银行代为付款，须将信用证副本寄给付款行一份，以便付款行在接到单据后进行核对。

三、通知行通知信用证

出口银行收到开证行开来的信用证后，应根据信用证的要求，将信用证通知或转递给受益人（Beneficiary）。受益人是接受信用证并凭以发货、交单、取款的人，一般为出口商。

（一）信用证的通知与转递

1. 信用证的通知

信用证的通知，是针对电开本信用证而言的。电开本信用证是以通知行为收件人的，通知行收到信用证并核押无误后，即以自己的通知书格式照录全文，通知受益人，办理这种业务的银行就称为通知行（Advising Bank）。通知行在通知 SWIFT 信用证时，必须向受益人特别提及在信用证中加列了 UCP600。

2. 信用证的转递

信开本信用证在寄送到出口地银行后，由银行核对印鉴，若相符，银行只需将原证照转给受益人即可，办理这种业务的银行称为转递行（Transmitting Bank）。

（二）信用证的保兑

保兑指银行在开证行承诺之外做出的承付或议付相符交单的确定承诺。根据开证行的授权或要求对信用证加具保兑的银行叫保兑行（Confirming Bank），它通常为出口地的通知行或是其他信誉卓著的银行。

受益人接到信用证后，如果认为开证行资信不好或对其资信不甚了解，可要求开证行找一家受益人熟悉的银行对信用证加以保兑。

有时开证行在委托通知行通知信用证时，同时要求通知行为信用证加以保兑。如果事先两家银行有约定或通知行同意，通知行即为保兑行。

通知行或其他银行对信用证进行保兑后，便承担与开证行相同的责任。

（三）信用证的修改

信用证开立后，有时其条款需要修改。

若进口商提出修改，应经开证行同意后，由开证行以修改通知书或电报告知通知行并由其转告出口商，出口商接受后才有效。倘若出口商拒绝接受，则修改无效，信用证条款仍以原条款为准。如果修改通知涉及两个以上的条款，出口商只能全部接受或全部拒绝，不能接受一部分，拒绝另一部分。

如果是出口商提出修改请求，则应先征得进口商和开证行同意，并由进口商正式通过开证行办理修改手续后，方能生效。

保兑信用证的修改还必须经保兑行同意，否则，不能修改。

修改通知仍要经过通知行转送，不得直接通知出口商，也不得委托其他银行通知信用证的修改。

信用证的修改指示同样要明确完整，修改手续费由提出修改请求的一方负担。

四、受益人收款

出口商收到信用证后，若与买卖合同核对无误，即可交货，并备齐信用证规定的全部单据，签发汇票，连同信用证，在其有效期内向银行收款。信用证项下受益人的收款方式有：

（一）银行议付

UCP600 关于议付（Negotiation）的定义是：指定银行在相符交单下，在其应获偿付的银行工作日当天或之前向受益人预付或者同意预付款项，从而购买汇票（其付款人为指定银行以外的其他银行）及/或单据的行为。

接受出口商提交的单据、汇票和信用证，并在审单后购进汇票及所附单据并付出对价的银行叫议付行（Negotiating Bank），它可能是通知行、转递行、保兑行等，也可以是另外的银行。议付行持有汇票即成为正当持票人，对前手背书人和出票人拥有追索权。

议付的程序是议付行将出口商交来的全套单据与信用证内容进行核对，若单证、单单表面相符，议付行则将汇票金额扣除自议付日至估计收到票款日的利息和手续费后的余额付给出口商。议付后，议付行留下汇票及单据，在对信用证作批注后将其退还给出口商。

1. 不符单据的处理

（1）正常议付。若单证不符，议付行可以要求出口商修改单据，如果无法修改，议付行可以致电开证行征询意见。开证行接到此类电文后，一般是征求开证申请人的意见，如申请人同意接受不符单据，开证行则电复议付行同意议付，这时议付行就可以将不符单据作为正常议付处理。

（2）担保议付。在单据的不符点无法修改，但金额较小时，可以采取担保议付方式处理。当不符点为非实质性差错时，可以要求受益人承认不符点并出具保证书（Letter of Indemnity），作为议付行与受益人之间在单据遭开证行拒付时处理的依据，议付行则不对开证行说明不符点而正常议付；也可以是出口商事先与进口商联系通报不符点并获其同意议付后，出口商向议付行出具担保书，议付行凭担保书议付单据。寄单索汇时应说明是"凭保议付"（Documents negotiated aganist beneficiary's indemnity），并将不符点一一提出。这对开证行并无约束，性质上仍然是征求开证行意见。如果开证行拒付，出口商应接受议付行的追索并承担有关损失和费用。不过，如果进口商同意接受不符单据，开证行通常不会拒付。

（3）作托收寄单。如果不符点较多或是有实质性差错，议付行可考虑作托收寄单，并在寄单面函中说明单证不符点。单证不符使出口商的收款基础由银行信用变成了商业信用，出口商因此失掉了银行信用保证付款的作用。所以，为保障安全收汇，出口商应尽量提供正确的全套单据。

2. 付款、议付与承兑

根据开证申请书的约定，信用证下款项的支付方式可以是付款、议付或承兑。如果信用证规定汇票以银行为付款人，则该银行即为付款行（Paying Bank 或 Drawee Bank），远期汇票经付款行承兑后，付款行即成为承兑行（Accepting Bank）。开证行常常指定通知行为付款行。

付款指银行以汇票付款人的身份向受益人支付票款的行为。执行付款的银行即为付款行，它通常由开证行在信用证中指定。付款行付款后无追索权，它只能向开证行索偿。

议付指银行有追索权地购买跟单汇票的行为。开证行可以指定议付行，也可以不指定。

承兑是出口商发货后，签发远期汇票并连同信用证及单据交银行，由开证行或出口方银行承兑，并将已承兑的汇票退还出口商的行为。后者可将票据贴现融资。

3. 索汇

议付行议付单据后，应在信用证背面进行批注，防止重复议付。若是付款或承兑，同样要批注。批注后信用证退还给出口商，议付行复印信用证留底，然后按信用证要求将单据一次或分次寄开证行索汇。如果信用证规定汇票以开证行或进口商为付款人，同时又规定议付行向第三国银行索偿，则第三国银行就是偿付行（Reimbursing Bank）。这种情况下议付行议付后，应一方面把单据寄给开证行，另一方面，必须再开立以偿付行为付款人的汇票（to redraw a draft on … bank），并直接寄偿付行索汇。

开证行收到议付行的单据后，与信用证内容进行核对，如果单证相符，则将票款偿还议付行；如果单证不符，开证行可拒绝付款，但应以最迅速的方式立即通知议付行。

开证行可以在信用证中规定议付行的索汇方式，即偿付条款，一般有四类：单到付款、主动贷记、授权借记、向偿付行索汇。

（二）收妥结汇

信用证受益人收款与托收中委托人收款类似。出口银行受托收款时不预先垫款（议付）或付款，只是在收到付款行支付的款项后才向受益人支付或结汇。

（三）直接交单收款

当开证行指定一家位于出口商所在地的银行或开证行自身为信用证付款行时，信用证受益人应直接向付款行交单收款。直接信用证收款不得经过银行议付。

（四）无追索权出售收款权

指出口商向出口银行无追索权出售跟单汇票或全套货运单据的收款方式。即购买银行先向出口商购买收款权并付款，然后向付款行寄单收款。不过，银行通常只是对办理了出口信用保险的债权进行无追索权购买。

这种收款方式实际上是信用证项下的信保融资，也是信用证项下的福费廷。

五、进口商付款赎单

当规定的单据被提交至开证行或被指定付款银行并构成相符提示，开证行必须予以兑付，具体有以下情形：

- 由开证行即期付款、延期付款或者承兑；
- 由被指定银行即期付款而该被指定银行未予付款；
- 由被指定银行延期付款而该被指定银行未承担其延期付款承诺，或者虽已承担延期付款承诺但到期未予付款；
- 由被指定银行承兑而该被指定银行未予承兑以其为付款人的汇票，或者虽已承兑以其为付款人的汇票但到期未予付款；
- 由被指定银行议付而该被指定银行未予议付。

开证行付款或将票款拨还议付行后，应立即通知进口商备款赎单。如单证相符，进口商就应将开证行所垫票款付清，取得单据，这样开证行和进口商之间由于开立信用证所构成的权利义务关系即告结束。如果进口商发现单证不符也可以拒绝赎单，此时开证行就会遭受损失，它不能向议付行要求退款，即无追索权。

进口商付款赎单后，即可凭货运单据提货。若发现货物与合同不符，不能向开证行提出赔偿要求，只能向出口商索赔，甚至可以进行诉讼或仲裁。

第三节　信用证当事人的权利与义务

信用证业务最基本的当事人有开证申请人、开证行、通知行、受益人，在实际业务中往往还有议付行、付款行，在某些情况下还会有保兑行、承兑行、偿付行。各当事人分别享有不同的权利，并承担相应的责任和义务。

一、开证申请人

开证申请人一般是进口商。其双重身份决定了他必须同时受贸易合同和信用证业务代理合同约束，并享受相应权利。

（一）开证申请人的责任和义务

1. 根据合同申请开立信用证

进口商和出口商之间的权利义务通常是以签订的贸易合同为依据的。如果合同规定以信用证方式结算时，进口商应在合同规定的时间内，通过进口商银行开出信用证。在申请开证时，进口商应做到：

（1）在合理的时间内申请开证。如果合同规定有开证时间，则应在规定时间内开证；如果没有规定具体开证时间，进口商应在装船期到来之前使出口商收到信用证。总之，要让出口商有充足的时间备货、发货。

（2）开证申请书的内容应符合合同规定。贸易合同是开立信用证的基础，申请开证是进口商履行合同的开端，因此，申请书的内容不能违背合同的规定。

（3）开证指示应明确。在申请开证时，进口商处于委托人的地位，银行处于受委托的地位，其开证的依据是开证申请书，亦即委托人的指示，只有指示明确、清楚，银行才好操作、执行。

2. 缴纳开证押金

申请人应根据开证行的要求交付开证押金或作质押，保证在开证行付款后，及时偿还其款项。

3. 及时赎单付款

在接到开证行的单到通知后，申请人应立即向开证行付款以赎回单据。不过，在银行提供贸易融资时，申请人可以先借单提货，后按约定日期付款。

4. 作为第二性付款人向受益人付款

在开证行破产或无力支付时，开证申请人有义务向受益人付款。申请人承担的是第二性付款责任。

（二）开证申请人的权利

1. 有权取得与信用证相符的单据

如果开证行通知的单据不符合信用证的规定，进口商有权拒付或不赎单。

2. 有权得到合同规定的货物

进口商有权在支付货款后，凭单据提取合同规定的货物。如果货物与合同不符，他有权通过多种渠道要求出口商予以赔偿。

二、受益人

（一）受益人的责任和义务

受益人的行为要受贸易合同和信用证的约束。

1. 按合同发货并提交相符单据

作为出口商，其基本义务是按合同规定向进口商发货，并提交符合合同和信用证要求并与货物相符的单据，即必须做到货约一致，单货一致，单证一致，单单一致。

2. 接受议付行的追索

如果议付行议付单据后，向开证行索偿未能成功，那么他有权向受益人追索，这时受益人不得拒绝。

3. 赔偿进口商的损失

如果进口商提货后，发现货物与合同规定不符，则有权要求出口商予以赔偿。如果造成这种情况确属出口商的责任，那么出口商应予以赔偿。

（二）受益人的权利

收取货款是受益人的基本权利。在信用证下，这一权利包括：

1. 有权决定是否接受及要求修改信用证

在信用证下，通知行将信用证通知受益人后，受益人应审核信用证条款。如果信用证条款与合同不符，或信用证条款无法履行时，受益人有权要求进口商指示开证行修改信用证，或者拒绝接受信用证。因为信用证条款与合同不符或无法执行时，受益人就无法提供与信用证相符的单据，其收款也就失去了保证。

2. 有权向开证行及进口商收取货款

受益人接受信用证并如期交货及备齐单据后，可以向指定银行提交单据，要求付款、承兑或议付，从而获得货款。受益人交单后如遇开证行倒闭或无力付款，有权向进口商提出付款要求，进口商仍应负付款责任。如开证行属无理拒付，受益人应向开证行据理交涉，甚至诉诸法律，他也有权向进口商提出付款要求。

三、开证行与付款行

在接受申请人委托对外开出信用证以后，开证行的行为便要受到信用证约束。

（一）开证行的责任与义务

1. 根据申请人的指示开立信用证

开证行必须严格按申请人的指示行事，尽快开出信用证。开证时开证行应做到：

（1）开证行有义务向开证申请人提供建议和咨询服务，使信用证简明合理，能有效完成合同贷款的支付。

（2）有责任使信用证条款单据化。即将申请人的指示和要求单据化，使受益人能通过单据向申请人及开证行证明其履行了合同规定的义务。

（3）使信用证成为自足性文件。自足性文件是信用证的基本特点，银行开立信用证时应维持而不能在条款上改变这一特点。

2. 承担第一性付款责任

信用证开出后，即表明开证行对受益人作了付款承诺，只要单据与信用证规定相符，开证行就必须首先承担付款责任。即使开证申请人倒闭或无力付款，开证行的付款责任也不能改变。

UCP600 所称兑付指：

- 对于即期付款信用证即期付款。
- 对于延期付款信用证发出延期付款承诺并到期付款。
- 对于承兑信用证承兑由受益人出具的汇票并到期付款。

一般而言，开证行付款后是没有追索权的，但如果开证行在仅凭议付行索汇电报或偿付行凭汇票和议付行索汇证明书付款后，接到单据并发现不符，则开证行仍有权向议付行退还单据，追索票款。

(二) 开证行的权利

1. 有收取押金或取得质押的权利

即有权根据申请人的资信情况收取一定比例的开证押金或要求申请人作质押，以降低开证风险。

2. 有权审单及拒付

开证行的付款是有条件的，在付款前，开证行有权仔细审核单据。如果发现单证不符，有权在征询进口商意见后决定是否接受。

3. 控制单据及货物

如果在开证行作正常付款后，进口商破产或无力付款或拒付，那么，开证行还可以用控制单据的方式来处理货物以获得补偿。

(三) 付款行

开证行可以以自己为付款行，也可以指定其他银行为付款行。被指定的付款行应是开证行的联行或代理行。

开证行指定代理付款行时，一般将其指定为付款信用证的付款人或信用证项下汇票的付款人。

付款行一经接受开证行的代付委托，就有验单付款的责任，付款后无追索权，只能向开证行索偿。有时付款行也可根据开证行的指示不必验单，只凭议付行单证相符的证明付款，付款后对受益人也无追索权。

在开证行资信极差、付款后可能得不到偿付时，付款行有权拒付。

四 、通 知 行 与 保 兑 行

(一) 通知行

通知行应根据与开证行之间的代理合同来开展业务。根据 UCP600，在这种代理合同下，通知行的责任是：

1. 验明信用证的真实性

通知行只有在核对密押无误后才可通知受益人，以保护受益人的利益。如果无法确定信用证的真实性，通知行必须立即、毫不延迟地通知开证行，并说明这一情况；如果通知行决定将该信用证通知受益人，也必须说明这一事实。转递行在收到开证行开立的以受益人为收件人（Addresee）的信用证后，也必须核对其印鉴是否相符，以证明其真实性。

2. 及时澄清疑点

虽然 UCP600 规定了银行在单证传递及翻译中责任的免除，但是通知行及时澄清疑点是它的道义责任。现在许多银行都把这种代客户审核信用证的服务作为一种重要的非价格竞争手段。

3. 缮制通知书

在证实收到的信用证的真实性以后，通知行应缮制通知书，及时、正确地通知受益人；转递行则将信用证原件转交给受益人。

（二）保兑行

保兑行通常由通知行担任，但也可以是开证行委托的其他银行。

1. 保兑行的权利

（1）有权决定是否对信用证保兑。受益人有权要求开证行对其开立的信用证指定一家银行进行保兑，有时开证行也可以自己要求另一家银行对其信用证加具保兑，以增强接受性。被邀请保兑的银行有权不加保兑，如果其决定不按开证行指示对信用证加具保兑时，应立即毫不延迟地通知开证行。

（2）有权决定是否同意修改信用证及对信用证的修改部分加保。信用证保兑后，如果需要修改，必须征得保兑行的同意，否则，不得修改。即使保兑行同意修改信用证，也有权选择是否对修改部分加保。

（3）赔付后有权向开证行索偿。保兑行在开证行倒闭或无理拒付时，对受益人付款后，即取得向开证行索偿的权利。

2. 保兑行的责任

保兑行接受开证行邀请，在信用证上加注保兑注记后，即必须对信用证独立负责，承担必须付款或议付的责任，并与开证行的第二性付款责任相同。受益人可以将单据提交给保兑行或其他指定银行，只要单证相符，保兑行就应付款、承兑或议付。

UCP600规定：倘若规定的单据被提交至保兑行或者任何其他被指定银行并构成相符提示，保兑行必须：

（1）兑付，如果信用证适用于：

- 由保兑行即期付款、延期付款或者承兑；
- 由另一家被指定银行即期付款而该被指定银行未予付款；
- 由另一家被指定银行延期付款而该被指定银行未承担其延期付款承诺，或者虽已承担延期付款承诺但到期未予付款；
- 由另一家被指定银行承兑而该被指定银行未予承兑以其为付款人的汇票，或者虽已承兑以其为付款人的汇票但到期未予付款；
- 由另一家被指定银行议付而该被指定银行未予议付。

（2）若信用证由保兑行议付，无追索权地议付。

五、议付行

议付行与开证行之间，并非一定是代理关系，它只是按照信用证中开证行的付款承诺和邀请并根据受益人的要求对单据进行审核，然后议付，并有权向开证行凭正确单据要求偿付。对银行而言，议付是一项风险小而收益丰厚的业务。

议付风险较小的原因有：

（1）审核单据。对受益人交来的单据，议付行要先予以审核。对相符单据作正常议付，对不符单据则有条件议付或不议付。

（2）向指定银行收款。议付行的索偿对象是开证行或其指定的其他银行，只要单证相符，一般就能收回垫款。

（3）对受益人享有追索权。议付行议付单据时，有权要求受益人提交质押书，受益人要保证在开证行拒付时将议付行的垫款退还给议付行。

（4）有单据作抵押。如果以上两条都不能成功，那么议付行有权根据质押书处理单据及货物，以收回垫款。

议付实际上是银行向出口商提供融资的活动，议付行要向受益人收取融资利息与费用。

六、偿付行

偿付行是信用证中指定的对议付行或付款行进行偿付（清偿垫款）的银行。一般情况下，当开证行与议付行或付款行之间无账户关系，特别是信用证采用第三国货币结算时，为了便利结算，开证行委托另一家有账户关系的银行代向议付行或付款行偿付，被委托的银行就是偿付行，偿付行付款后应向开证行索偿。

如果开证行要指定偿付行，那么，开证行在开出信用证后，应立即向偿付行发出偿付授权书（Reimbursement Authorization），通知其授权付款的金额、有权索偿银行等内容。议付行或付款行在议付或付款后，一面把单据寄给开证行，一面向偿付行发出索偿书（Reimbursement Claim）。偿付行在收到索偿书后，应与授权偿付书核对，如果相符，即可向议付行或付款行付款。

开证行不应要求索偿行（议付行或付款行）向偿付行提供单据与信用证条款相符的证明，因此索偿书上也就不再需要附"明白声明书"。

偿付行不审核单据，其对议付行、付款行的偿付，就不能视为开证行的付款。开证行收到的单据若与信用证不符，则有权向议付行、付款行追回已付款项，但不得向偿付行追索，因为偿付行只管偿付，退款与它无关。

信用证结算业务中银行之间的关系见表 7-1。

表 7-1   **信用证结算业务中银行之间的关系**

	银行责任	与开证行关系	追索权	支付依据	支付金额	风险来源
开证行	开证、第一性付款		无	单据	单据金额	进口商
通知行	辨别信用证真伪	联行或代理行				
议付行	垫款融资	不要求是联行或代理行	有	单据	净额	付款行、受益人
付款行	付款	开证行或联行或代理行	无	单据	单据金额	开证行
保兑行	第一性付款	联行或代理行	无	单据	单据金额	开证行
偿付行	支付指定金额	账户行	无	偿付指令	指定金额	开证行

本 章 小 结

信用证是目前国际上使用最普遍的国际结算方式，由于银行承担了第一性付款责任，出口商收款风险较小，所以该方式深受出口商欢迎。

开证行承担第一性付款责任、信用证为自足性文件、信用证是单据业务乃信用证结算的三大基本特点。这些特点贯穿于信用证结算的始终。

信用证有信开本、简电本、全电本三种开立方式，不同形式的信用证具有不同的法律效力。简电本不是信用证的有效文本，受益人不能将其作为发货、收款的依据。

信用证是开证行与受益人之间的书面合同，其应记载的基本内容包括主要当事人、跟单汇票、所要求的单据、装运条款、保证条款及开证行签章等。

开证行与开证申请人之间的合同实际上是开证申请书。

进口商申请开证，开证行对外开证，信用证的通知、保兑与修改，出口商发货交单，出口行议付单据，议付行寄单索汇，开证行审单付款，进口商付款赎单等是信用证业务的基本环节。

复习思考题

一、名词解释

L/C 信开本 简电本 全电本 保兑 议付 付款 偿付 单证相符 单证不符

二、简答题

1. 信用证的含义与特点。
2. 信用证的开立方式。
3. 信用证应包括哪些基本内容？
4. 信用证结算的基本程序。
5. 开证行对相符单据、不符单据的处理方式。
6. 议付行对相符单据、不符单据的处理方式。
7. 受益人的收款方式有哪些？
8. 比较议付、付款、偿付的特点。
9. 议付业务的特点。

本章推荐阅读资料

1. 国际商会《跟单信用证统一惯例》(2007 年修订版，UCP600)。
2. 国际商会《关于审核跟单信用证项下单据的国际标准银行实务》(2007 年修订

版，ISBP）。

　　3. 国际商会《跟单信用证电子交单统一惯例》（2007 年修订版，eUCP）。

　　4. 国际商会《跟单信用证项下银行间偿付统一规则》（2008 年）。

第八章　跟单信用证（下）

◎ **本章学习目的**

在学习本章之后，应该掌握以下内容：

1. 信用证的主要类型。
2. 信用证贸易融资及其风险管理。
3. 信用证的优缺点与使用背景。
4. 信用证国际惯例规则的名称与基本精神。
5. 《跟单信用证统一惯例》（2007 年修订版，UCP600）的主要条款。

第一节　信用证的种类

根据不同的标准，可将信用证分成多种类型。

一、跟单信用证和光票信用证

根据信用证项下的汇票是否随附单据，可将信用证分为跟单信用证和光票信用证。

跟单信用证（Documentary L/C）是指凭规定的单据或跟单汇票付款的信用证。国际贸易结算中使用的信用证绝大部分是跟单信用证，受益人应提交的单据一般在信用证中应有明确指示。

光票信用证（Clean Credit）是不附单据，是受益人可以凭证开立收据（或汇票）分批或一次性在通知行领取款项的信用证。在贸易上它可以起到预先支取货款的作用，信用证中常见类似文句：Payment in advance against clean draft is allowed（可凭光票预支款项）。

贸易结算中的预支信用证和非贸易结算中的旅行信用证都属光票信用证。

二、保兑信用证

除开证行以外，如有另一银行保证对符合信用证条款规定的单据履行付款责任，则该信用证就是保兑信用证（Confirmed L/C），只有不可撤销的信用证才能加以保兑。保兑行对信用证加具保兑的具体做法是在信用证上批注或盖章（"我行保兑"），常见的批注文字有：

This credit is confirmed by us; We hereby added our confirmation to this credit；或

This credit bear our confirmation and we undertake that documents presented for payment

139

in conformity with the terms of this credit will be duly paid on presentation.

UCP600 指出保兑行与开证行都负第一性的付款责任，但只有当单据在到期日前向保兑行提示时，保兑行才履行第一性的付款责任。

相对保兑信用证而言，有不保兑信用证。对不保兑信用证，通知行常在信用证通知书中注明，"此系上述银行所开信用证的通知，我行不负任何责任"（This is merely an advice of credit issued by the above mentioned bank which conveys no engagement on the part of this bank），或者类似免责文句。

三、即期信用证和远期信用证

这是国际商会对跟单信用证按使用性质所作的分类。UCP600 明确指出，信用证必须规定它是否适用于即期付款、迟期付款、承兑或议付。即一切信用证都必须明确指出其使用方法，即是适用于即期付款、迟期付款、承兑还是议付，并且还必须授权指定银行（必须有指定银行）付款，承担迟期付款责任，承兑汇票或议付。

（一）即期付款信用证

如果信用证中规定其使用性质为即期付款，那么这种信用证就是即期付款信用证（Sight Payment L/C）。

常见的文句是：This credit is available by sight payment with … bank. "… bank" 即付款行，可以是出口地的银行，也可以是开证行。但从受益人角度看，付款行为出口地银行则对其更为有利，该行付款后无追索权，受益人提交相符单据后马上就可获得货款，有利于资金周转。

欧美国家开立的信用证中，这种形式的即期付款信用证相当普遍，被称为"付款交易"（Paying Transaction）。

由于欧洲大陆国家对汇票要征收印花税，所以这些国家的即期付款信用证只要求提交相符单据而无需提示汇票，这种信用证往往被称为凭单付款信用证（Payment against Documents Credit）。

（二）远期信用证

远期信用证即远期付款信用证（Usance Credit），指开证行或付款行在收到符合信用证条款的单据时不立即付款，而是等到汇票到期才履行付款义务的信用证。远期付款信用证包括承兑信用证与迟期付款信用证。

1. 承兑信用证

承兑信用证（Acceptance L/C）是指开证行或付款行在收到符合信用证条款的单据及远期汇票后予以承兑，凭汇票到期时再行付款的信用证。证中常见文句为：This Credit is available by acceptance with … bank. 承兑信用证指的是银行承兑信用证（Banker's Acceptance Credit），受益人按规定开立远期汇票连同单据一起提示给付款行，付款行承兑后收下单据，交还汇票。受益人取得银行承兑汇票后可向当地的贴现市场办理贴现收回货款；也可持承兑汇票等待到期收款。付款行承兑汇票后，应按票据法规定，对出票人、背书人、善意持票人承担到期付款责任。

银行承兑汇票对受益人比较有利，特别是受益人需用承兑汇票融资时，它更容易为贴现市场所接受。

根据贴现费用支付方式的不同，银行承兑信用证又可分为卖方远期信用证（Seller's Usance L/C）和买方远期信用证（Buyer's Usance L/C）。

买方远期信用证的背景是买卖合同为即期付款交易，但若进口商需要融通资金，他可要求银行开立承兑信用证，在取得银行承兑后，将汇票贴现。买卖合同是即期付款，进口方有即期付款的责任，所以银行承兑及贴现汇票的费用应该由进口商负担，因而称为买方远期信用证，又称"假远期信用证"。

这种信用证上一般都有"买方远期条款"（Buyer's Usance Clause），以此说明远期汇票即期付款，买方负担贴现费用。如：

The usance drafts are payable on a sight basis, discount charges and acceptance commission are for buyer's account.

2. 迟期付款信用证

迟期付款信用证（Deferred Payment Credit）是开证行在信用证中规定货物装船或受益人交单后若干天付款的信用证，这类信用证一般不要求出口商开立汇票。简言之，迟期付款信用证就是不要求开立汇票的远期付款信用证。

信用证中常见文句为：This Credit is avaliable by deferred payment with … bank（指定的付款行）。

迟期付款信用证对受益人具有不利影响。迟期付款信用证下，受益人能否获得付款完全取决于付款行的信用。若付款行是开证行或保兑行，则收款有保证；若未对信用证加具保兑的银行为付款行，它有权到期拒付。这时开证行就应承担到期付款的责任，若开证行无力支付，受益人就会遭受损失。因此，在延期付款信用证项下，受益人最好要求付款银行对信用证加具保兑，以确保到期收款。

由于迟期付款信用证不开立汇票，受益人无法在贴现市场上获取融通资金，只能自行垫款或向银行借贷，所以，拟迟期付款信用证成交的货价比以承兑信用证成交的货价要稍高一些。

四、议付信用证

议付信用证（Negotiation L/C）应由指定银行对受益人提交的相符单据进行议付。

1. 议付信用证的种类

UCP600 规定，除非信用证规定由开证行办理，议付信用证应指定一家银行并授权其议付，若信用证中没有表示限定某个特定银行议付，那么任何一家自动承担议付责任的银行就成为指定银行。由此可将议付信用证分为限制议付信用证（Restricted Negotiable L/C）和自由议付信用证（Freely Negotiable L/C）。

限制议付信用证只准许特定的银行进行议付，一般注明：Negotiation restricted to … bank. 限制议付信用证的有效地点即为议付行所在地，该信用证项下汇票付款人可以是开证行或其他行。

自由议付信用证没有明确规定由哪一家银行议付,信用证中有类似文句:We here byengage with drawers and/or bonafide holders …（兹与出票人及/或善意持票人约定）, 或注明 Avaliable with any bank 以及 by negotiation 等。

自由议付信用证的有效地点是出口地的国家或任何地点,这就给受益人提供了方便。

2. 不可议付信用证

如果一份信用证的保证文句为"We hereby engage with you（beneficiary）… 兹与你（受益人）约定……",就表明出口商应将单据直寄开证行,开证行只对受益人负责,这种信用证就是不可议付信用证（Straight L/C）,又叫直接信用证。有的不可议付信用证将受益人对开证行直接寄单十分清楚地加以表述。

不可议付信用证的有效地点是开证行所在地,所有的单据必须在有效期内全部到达开证行,开证行付款后,对出票人无追索权,这种信用证对受益人不利。

五、预支信用证

预支信用证（Anticipatory Credit）是允许出口商在装货交单前支取部分货款的信用证。

由于预支款是出口商收购及包装货物所用,所以预支信用证又叫打包放款信用证（Packing L/C）。

申请开立预支信用证的进口商往往需要开证行在信用证中加列预支条款,为醒目起见,往往用红色打印,所以预支信用证又称为红色条款信用证（Red Clause L/C）。预支条款通常包括以下几方面内容:

（1）允许受益人预支的最高额度（信用证金额的一定比例）。

（2）预支时受益人必须保证按时发货交单。

（3）受益人必须向预支的银行交单收款,预支行从中扣除预支款及利息。

（4）如在信用证有效期内受益人未能交单,预支行可向开证行索偿,开证行保证立即偿还预支行垫款本息及各项费用。

银行按信用证规定应受益人请求预支款项后,往往要求受益人把正本信用证交出,以控制受益人向该行交单。

如果受益人预支了款项却未发货交单,预支行可以要求开证行偿付。开证行偿付后再向开证申请人追索。由于有这种风险,所以进口商只有对出口商资信十分了解或认为出口商是可靠、稳定的贸易伙伴时才会向开证行提出开立预支信用证的要求。

六、可转让信用证

（一）关于是否可转让的规定

根据受益人使用信用证的权利能否转让来划分,信用证可分为可转让信用证（Transferable L/C）与不可转让信用证（Nontransferable L/C）。一般的信用证都是不可转让的,即受益人不能将信用证的权利转让给他人。

如果信用证为可转让信用证，必须在信用证中明确表示"可转让"；如果开证行在信用证中没有明确规定"可转让"，则为不可转让信用证。如果信用证中仅出现诸如"可分割"、"可分开"、"可过户"、"可转移"之类的词语，依据 UCP600，银行应将其视为不可转让。

（二）可转让信用证的含义与背景

可转让信用证是指受益人可以将信用证的权利即装运货物（交货）、交单取款的权利转让给其他人的信用证。办理转让的银行为转让行，可以是开证行、保兑行或指定银行。信用证一经转让，信用证上的原受益人便是第一受益人，受转让者是第二受益人或受让人（Transferee）。

信用证是否需要转让主要是由国际贸易方式决定的。在国际贸易中，代理商和中间商的大量存在是可转让信用证产生的直接原因。有时进口商委托出口地的代理商购进大批货物，同意代理人分批逐步购进，进口商为避免为每批货物开立一份信用证，就可以开立以代理人为受益人的包括全部货款金额的可转让、可分割的信用证，由代理人转让给实际供货人，货物由实际供货人自行装船。

就中间商或代理商而言，他们手中并无货物，只是利用广泛的关系与进口商打交道，一旦订立合同，则马上向实际供货人购买，由实际供货人负责装运出口。中间商对两边的成交条件大体相似，只是赚取价格差额。此时，中间商通常要求开立可转让信用证，由于这一原因而开立的可转让信用证最为普遍。进口商为开证申请人，中间商为第一受益人，实际供货人为第二受益人，信用证的转让由第一受益人安排，费用也由第一受益人承担，转让行在第一受益人没有付清费用之前没有办理转让的义务。

（三）可转让信用证的业务程序

1. 第一受益人申请转让

UCP600 规定，第一受益人应向信用证中指定的银行（转让行）申请办理转让。转让行一般要求第一受益人填写《转让申请书》（Request for Transfer of Credit），以发出明确转让指示。

一般而言，信用证的转让只能按原证规定的条款转让。新开立信用证的金额、单价、到期日、最后交单日、装运期限等内容可部分或全部减少或缩短，投保金额比例可以增加，以便于满足原证的保额。

如果转让行办理转让是以新开证的方式实现，第一受益人可以要求以自己的名称替代原证申请人的名称。但是如果原证中明确要求原申请人的名称应出现在发票以外的单据上时，第二受益人必须照办。第一受益人有权以自己的发票和汇票替代第二受益人提交的发票和汇票，其金额以原证金额为限。经过替换，第一受益人就可实现差价收益。

第一受益人申请转让且在信用证未转出之前，应作成声明交给转让行去通知第二受益人，说明第一受益人是否同意转让行自动和单方面通知任何修改给第二受益人的行为。转让行如同意第一受益人的申请条件，应照此办理，并将第一受益人关于修改事项的指示通知第二受益人。

2. 转让行办理转让手续

当第一受益人不申请转让时，可转让信用证就不必转让。只有第一受益人申请，且转让行明确同意其转让范围和方式，才开始办理转让。转让行一般是开出新证并及时通知第二受益人。新证中开证行应为原开证行，转让行开出新证后对新证所负责任与原证相同。

可转让信用证转让时，只能转让一次，第二受益人不得再度进行转让。但如果第二受益人不接受已转让的信用证并通知转让行，第一受益人有立即再使用它的权利。如果信用证允许分批装运，转让行可以应第一受益人的请求将可转让信用证分成几部分，分别转让给多个第二受益人，这种转让被视为一次性转让；若第一受益人要求转让出去一部分，另一部分自己使用，转让行也可以接受。在没有特殊规定时，还可进行跨国转让。

3. 第二受益人发货并提示单据

第二受益人接到转让行开来的新证后，若同意接受，则按时交货后备齐单据向出口地银行交单，同时通知第一受益人。第二受益人在货物装运后，应按新证条款规定开出汇票制作单据，连同新证一起交指定银行收取货款。指定银行（转让行）付款或承兑或议付后，通知第一受益人按照原证开发票、汇票。

如果可转让信用证同时转让给一个以上的第二受益人，第一受益人关于修改的指示通知被一个或多个第二受益人拒绝，并不意味着其他第二受益人的接受无效，对接受者而言，该信用证已作相应修改，而对拒绝接受修改的第二受益人而言，该信用证保持原样。

4. 第一受益人替换发票、汇票

第一受益人收到转让行通知后，应立即按照原证开出发票、汇票，交转让行以替换第二受益人开出的发票、汇票，转让行则将两张汇票的差额付给第一受益人，第一受益人由此而获利。

替换通知转让行只有通知一次的义务，在发出通知后，若第一受益人迟迟不去银行，转让行可将单据直接寄给开证行，不再对第一受益人负责。因此，第一受益人为保证及时收汇，往往在转让行通知之前就将其空白发票与汇票交给转让行，请转让行在第二受益人交单后代为填制发票与汇票。

5. 转让行寄单索偿

转让行审核第一受益人开具的汇票、发票及第二受益人提供的其他单据并支付票款后，就可一并将其寄交开证行向其索汇。开证行对单据进行审核并认为相符后，就将款项汇至转让行，并通知进口商付款赎单。因此，进口商收到的货物，往往不是与他签订买卖合同的第一受益人提供的，质量不一定能完全保证，因而可转让信用证对进口商而言，并不十分有利。

(四) 可转让信用证的业务流程图

可转让信用证的业务流程图如图 8-1 所示。

图 8-1 说明：

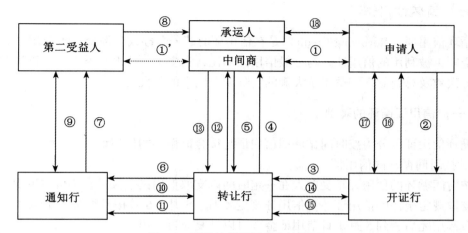

图 8-1　可转让信用证业务流程图

①第一受益人（中间商）与进口商签订贸易合同；

②进口商申请开立可转让信用证；

③开证行开出可转让信用证；

④转让行通知信用证给第一受益人；

⑤第一受益人申请转让信用证；

⑥转让行作转让通知（开立新证）；

⑦通知新证；

⑧第二受益人发货；

⑨第二受益人向转让行交单、议付；

⑩新证议付行寄单收款；

⑪转让行审单付款；

⑫转让行通知第一受益人换单据；

⑬第一受益人换发票和汇票；转让行向第一受益人支付发票或汇票差额（议付）；

⑭转让行向开证行寄单索汇；

⑮开证行审单付款；

⑯开证行通知进口商赎单；

⑰进口商付款赎单；

⑱申请人凭单提货。

其中：

②～④为转让证申请、开立与通知；

⑤～⑪为信用证转让及交单收款；

⑫～⑮为可转让信用证项下的寄单收款；

⑯～⑱为进口商付款提货。

七、循环信用证

循环信用证（Revolving Credit）是在信用证的部分金额或全部金额被使用之后能恢复原金额再被利用的信用证。与一般信用证相比，它多了一个循环条款，用以说明循环方法、次数及总金额。它适用于大额的、长期合同下的分批交货。

（一）信用证循环的基础

循环信用证可分为按时间循环的信用证与按金额循环的信用证。

1. 按时间循环的信用证

按时间循环的信用证是受益人在一定时间内支取信用证金额后，仍可在下次一定时间内支取规定金额的信用证。如信用证规定 4 月、5 月、6 月按月循环，那么 4 月份信用证金额用完后，到 5 月 1 日信用证金额可以被复原再利用。

2. 按金额循环的信用证

指在信用证规定的金额使用完之后，可以恢复使用的信用证。

（二）信用证余额的处理

在按时间循环的信用证中，根据每期信用证金额的余额处理方式不同，信用证可以分为累积循环信用证和非累积循环信用证。

1. 累积循环信用证

累积循环信用证（Accumulative Revolving L/C）指上一循环期未用完的金额余额可以在本循环期累加使用的信用证。因此，在累积循环信用证下，可使用的信用证金额可能超过每期信用证提供的金额。

2. 非累积循环信用证

非累积循环信用证（Non-accumulative L/C）指上一循环期未用完的信用证余额，本循环期不可累加使用的信用证，未用完部分过期作废。非累积循环信用证中，每期可使用的最高金额不超过当期信用证规定的金额。

（三）信用证循环的恢复

按金额循环信用证在信用证金额使用完后，其恢复生效、重新启用的方式有三种。

1. 自动循环

自动循环即每期用完一定金额后，不需要等开证行通知，信用证自动恢复到原金额。自动循环的条款文句如：

This credit shall be renewable automatically twice for a period of one month each for an amount of US ＄ 50 000.00 for each period making a total of US ＄ 150 000.00.

2. 半自动循环

半自动循环即每次支款后若干天内，开证行未提出停止循环使用的通知，自第×天（上述若干天的次日）起即可自动恢复至原金额。其条款文句如：

Should the Negotiating Bank not be advised of stopping renewed within 7 days, the unused balance of this credit shall be increased to the original amount on the 8th day after each negotiation.

3. 被动循环

被动循环即每期用完一定金额后，必须等开证行通知到达后，才能使信用证恢复到原金额。其条款文句如：

The amount shall be renewed after each negotiation only upon receipt of Issuing Bank's notice stating that the credit might be renewal.

八、其他信用证

（一）不可撤销信用证

不可撤销信用证（Irrevocable L/C）是指一经开出，在有效期内，未经信用证各有关当事人的同意，开证行不能片面修改或撤销的信用证。开证行的付款责任是第一性的，只要受益人提供相符单据，开证行就必须履行其付款义务。由于不可撤销信用证对受益人收取货款比较有保障，所以在国际贸易中使用得最多。当然，在信用证所有基本当事人都同意的时候，不可撤销信用证也可以撤销或修改。

信用证的不可撤销性质的形成经过了一个过程。

UCP400（1983 年）规定：信用证可以是可撤销或不可撤销的，但信用证中应明确表示是可撤销的还是不可撤销的，如果没有明确的表示，一律视为可撤销。

UCP500（1993 年）规定：信用证可以是可撤销或不可撤销的，但信用证中应明确表示是可撤销的还是不可撤销的，如果没有明确的表示，一律视为不可撤销。

UCP600（2007 年）则取消了可撤销信用证这一形式，信用证一律为不可撤销的信用证。

（二）对背信用证

对背信用证（Back to Back L/C）是指信用证的受益人以自己为申请人，以该证作为保证，要求一家银行以开证行身份开立的以实际供货人为受益人的信用证。

对背信用证的产生，同样是基于中间商的需要。当中间商向国外进口商售妥某种商品时，进口商向银行申请开立以中间商为受益人的不可转让信用证。由于中间商不是实际供货人，信用证又不可转让，所以，中间商请求该证通知行或其他银行以原证作为基础和保证，另开一张以实际供货人为受益人的新证，这张新证就是对背信用证。这样，进口商与实际供货人是相互隔绝的，从而使中间商保守住了商业秘密。

1. 对背信用证的内容

对背信用证应在原证的基础上开立，便于对背信用证受益人在规定期限内交来要求的单据后，中间商能在原证期限内更换发票，利用交来的其他单据实现其原证受益人的权利。对背证（新证）的条款与原证可略有变动：

（1）原证受益人是中间商，新证受益人是实际供货人；

（2）原证开证申请人是进口商，新证开证申请人是原证受益人（中间商）；

（3）原证的开证行是进口地一家银行，新证开证行是出口地的通知行或其他银行；

（4）新证较原证金额单价减少，装运期缩短。

除这几点外，其他方面新证与原证基本相同，因此对背信用证也称从属信用证（Subsidiary Credit）。

2. 对背信用证与可转让信用证的区别

虽然对背信用证与可转让信用证下新开证很相似，但两者有很大区别：

（1）信用证性质不同。可转让信用证下原证与新证的开证行都为同一家银行，转让行换开新证，但无保证付款的责任；对背信用证与其原证的开证行是两家银行，对背证与原证是互相独立的，两证的开证行都有第一性的付款责任。因此，可转让信用证第一受益人和第二受益人都获得同一开证行的付款保证，可以说地位平等；而对背证受益人与其原证受益人是得到不同开证行的付款保证，因而地位也就不可能平等。

（2）业务性质与当事人关系不同。可转让信用证下第二受益人与原证开证行和进口商可能发生关系。首先是开证行在信用证内明确了可转让的性质，则开证行、进口商、中间商均有可能知道新证受益人及新证业务；若第一受益人不能如期替换发票，转让行还可将第二受益人提供的单据寄给开证行索汇。对背信用证下，对背证受益人不可能和原证及原证申请人发生直接关系，对背证和原证是两笔独立的业务。对背证的原证是不可转让的，中间商申请开立对背信用证还须提供质押，对背证开证行不可能将对背证受益人提交的单据直寄原证开证行索汇（对背证开证行为原证付款议付行）。

3. 对背信用证业务流程

下面以议付方式且原证通知行、议付行及对背证开证行为同一家银行，对背证通知行、议付行为同一家银行来介绍对背信用证的业务流程（见图8-2）。其中，中间商既是原证基础的贸易合同下的出口方，又是对背证下买卖合同的进口方。

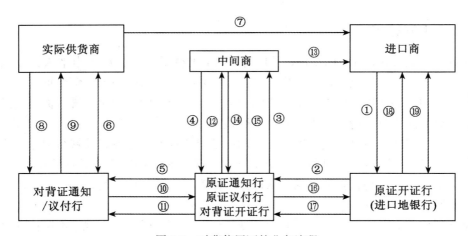

图 8-2　对背信用证的业务流程

图 8-2 说明：

①进口商申请开立不可转让信用证。

②进口地银行开证（以下简称原证）。

③原证通知。

④原证受益人（中间商）申请开立信用证（以下简称对背证）。

⑤原证通知行开立对背证。

⑥对背证通知。

⑦对背证受益人（实际供货商）发货。

⑧实际供货者交单申请议付。

⑨对背证议付行议付。

⑩对背证议付行寄单索汇。

⑪对背证开证行审单偿付。

⑫对背证开证行通知中间商单到。

⑬中间商重新发货，指在货物单据为记名抬头的情况下，中间商要先收货，再办理发货；如果货物单据是空白抬头，实际供货者可直接将货物发往中间商指定目的地（进口商所在地）。

⑭换单据议付。

⑮原证通知行（对背证开证行）支付汇票差额。

⑯向原开证行寄单索汇。

⑰原开证行审单偿付。

⑱原开证行通知进口商赎单。

⑲进口商付款赎单、提货。

（三）对开信用证

对开信用证（Reciprocal L/C）是用于易货交易、补偿交易和来料加工中的一种结算方式。在易货贸易中，要求进出口基本平衡，一方用其出口收入来支付从对方的进口，在双方互不了解或互不信任的情况下，采取相互开立信用证的做法，可以把出口和进口联系起来。甲开出以乙为受益人的信用证，同时乙开出以甲为受益人的信用证，后开的信用证（第二张信用证）称为回头证，与先开证金额大致相等。同时信用证一般加列表示对开证的条款：

This is a reciprocal credit against … Bank Credit No. … favoring … covering shipment of ….

对开信用证还应规定生效方法。主要有两种：

（1）同时生效。第一证开出后暂不生效，待对方开来回头证，经受益人接受后，通知对方银行，两证同时生效。

（2）分别生效。各证开出后没有时间和条件限制，立即生效。第一证开出后不以回头证的开出和接受为条件而立即生效，回头证一般另开，或是第一证的受益人在交单议付时，附一担保书，保证在若干时间以内开出以第一证开证申请人为受益人的回头证。但先开证一方存在风险，因此，只有在贸易双方相互信任的情况下才开立分别生效的对开信用证。

在补偿贸易、来料加工中，进口原材料和设备一般要求远期付款，出口成品则要求即期付款，可以采用对开信用证的结算方式，把进口开出的远期付款信用证和出口开出的即期付款信用证结合起来。

首先开出的对开信用证（进口）对对开条款的规定文句一般是：

This Credit is available by draft（s）drawn on us at 180 days after bill of lading date.

Payment will be effected by us on maturity of the draft against the above-mentioned documents and our receipt of the credit opener's advice stating that a reciprocal credit in favor of applicant issued by … bank for account of beneficiary available by sight draft has been received by and found acceptable to them.

（四）分期装运信用证

分期装运信用证（Shipment by Installment L/C）是指规定了货物依次出运的先后顺序的信用证。它与一般允许分批装运的信用证不同，在分期装运下，只要有一批货物未出运（包括只出运一部分），那么以后各批就都不能出运了，UCP600 对此特意作了规定，在其中一期未按期装运/支款下，信用证对该期及以后各期均告失效。

分期装运信用证一般与循环信用证结合使用。

第二节　信用证贸易融资

在信用证结算中，无论是出口银行还是进口银行，都能利用结算环节向客户提供贸易融资。

出口融资指出口银行对出口商（信用证受益人）的融资。进口融资是指银行对进口商的融资。信用证进出口融资主要方式如下。

一、信用证打包放款

1. 信用证打包放款的含义和特点

信用证打包放款简称打包放款（Packing Credit），是指出口方银行以出口商提供的进口方银行开来的信用证正本作抵押，向其发放贷款的融资行为。包括根据预支信用证提供的打包放款和以其他信用证为抵押发放的贷款。

打包放款是银行在信用证项下对出口商提供的短期融资，具有以下特点：

（1）打包放款的发放时间是出口商接受信用证之后，发货和交单之前。

（2）打包放款的目的是向出口商提供备货、发货的周转资金。

（3）打包放款的金额不是信用证的全部金额。

打包放款的金额只是信用证金额的一部分，融资的具体金额由打包放款银行根据出口商资信、存款数目、抵押品以及在本行的业务来确定。

（4）打包放款的期限不超过打包放款银行向开证行寄单收款之日。

银行提供打包放款是以抵押正本信用证为前提的，因此，提供贷款的银行承担了议付义务。议付行收到出口商交来的单据后应马上寄开证行，收到开证行支付的货款后即可扣除贷款本息，然后将余额付给出口商。打包放款的期限一般是自信用证抵押之日至收到开证行支付货款之日。

2. 打包放款协议

打包放款协议是出口方银行与出口商签订的确定打包放款中双方责任和义务的契约。签订协议是打包放款不可缺少的重要一环。打包放款协议包括的主要内容有：

（1）借款金额及支付方式。在申请贷款时，出口商应提交正本信用证及打包放款申请书，由银行逐笔审查批贷。

（2）借款用途。打包放款仅限于抵押信用证项下的出口商品的备货和出运，不得挪作他用。

（3）借款期限。由银行与出口商根据货款收回的时间来确定，通常不超过3个月。

（4）借款利率。由双方参照银行同期贷款利率协商确定。

（5）贷款货币。通常是信用证规定的结算货币。

（6）借款的偿还。一般由贷款银行直接从信用证项下货款中扣还，必要时可以从出口商在银行开立的账户中扣还。

（7）保证条款。出口商应作如下保证：

● 协议项下的全部出口商品必须向银行认可的保险公司投保，如有意外，保险赔偿金应优先用于支付贷款本息；

● 银行有权检查、监督出口商对贷款的使用；

● 出口商在协议条款等变更前应先征得银行同意。

如果违反有关规定，银行有权停止对出口商继续提供贷款，提前扣收已贷出的款项。

（8）违约责任。出口商如不按协议规定使用贷款及不按期归还贷款本息，银行有权从出口商任何银行的账户中扣收，并在原定利率基础上加收罚息。

3. 打包放款中的风险与银行应注意的问题

如果打包放款是根据预支信用证进行的，那么融资风险应由开证行承担。如果受益人不能按期提交与信用证规定相符的单据，以便融资银行从开证行处收款，那么融资银行可要求开证行偿还贷款本息，因为融资银行是根据开证行的指示发放贷款的。

如果是以其他信用证发放的贷款，那么，融资风险应由融资银行承担，与开证行无关。在这种融资方式中，出口银行不能仅凭国外信用证就给受益人贷款，因为信用证只是开证行的有条件付款承诺，如果受益人不能满足信用证规定的条件，开证行是不会付款的。因此，银行应加强对打包放款的审查。

银行对打包放款的审查分为总额度审查和对信用证的审查两项内容。

总额度审查是指银行在签订打包放款协议之前对出口商确定信用额时的审查，主要是审查出口商的资信状况，给受益人核定一个打包放款信用额度，该额度可循环使用。

对信用证的审查是指对某一打包放款业务中信用证条款、开证行资信和出口商品市场的审查。银行对于没有确定信用额度的客户，可凭担保逐笔发放贷款。

二、出口议付和福费廷

出口议付（Negotiation）指出口银行对出口商有追索权地购买货权单据的融资行为。这是银行在出口商发货后对其提供的短期融资。

银行办理出口押汇时，一般都要求出口商出具质押书（Letter of Hypothecation）。质押书是出口商提供给银行的书面保证，它表明了出口商应承担的义务：银行做出口押汇时，如因非银行原因，招致开证行或进口商拒付、迟付、少付，银行有权根据不同的情况向出口商追索垫款或短收货款、迟付利息及其他一切损失；出口押汇银行有权向出口商计收利息。如果是由于银行的直接过失造成开证行或进口商拒付、迟付或少付，出口押汇银行应自己承担责任。

由于信用证出口押汇银行的收款对象是开证行，收款风险小，只要单证相符，即可索回货款；而托收出口押汇银行的收款对象是进口商，风险较大，所以，银行更愿意做信用证项下的出口押汇。

对于与信用证规定相符、付款行和开证行资信良好或办理了出口信用保险的单据，银行还可以无追索权购买，即提供信用证项下的福费廷服务。

三、卖方远期信用证

卖方远期信用证又叫真远期信用证，它是付款期限与贸易合同规定一致的远期信用证。采用卖方远期信用证融资主要是指通过远期汇票的承兑与贴现来融资。

1. 银行承兑与票据贴现

银行承兑（Bank's Acceptance）是指银行在远期汇票上签署"承兑"字样，使持票人能够凭此在公开市场转让及贴现其票据的行为。银行承兑的主要是有贸易背景的汇票，承兑汇票的持有人通常是出口商。

银行承兑汇票时，不必立即垫付本行资金，而只是将自己的信用借出，增强汇票的流通性或可接受性，使持票人能在二级市场上取得短期融资的便利。

银行对汇票予以承兑后便成为汇票的主债务人，到期应承担付款责任，因此，承兑银行在承兑前应对债务人（进口商）的资信等进行审查，并采取相应措施，以降低自身风险。

票据贴现（Discounting）是指票据持有人在票据到期前为获取现款而向银行贴付一定利息所作的票据转让。贴现票据必须是已承兑的远期汇票，承兑人通常是开证行或其他付款行，票据持有人通常是出口商。票据贴现能使出口商立即取得现款，因此，它也是国际贸易融资的一种方式。适合于做贴现的票据（汇票）有信用证项下汇票、托收项下汇票和出口保险项下汇票。

在办理贴现时，银行通常要与出口商签订质权书，确定双方的责任和义务。如果到期银行不能通过票据付款人收回票款，则有权对出口商追索。此外，银行还应对贴现票据的付款人、承兑人的资信情况进行审查，只有在确认符合条件后才予以贴现。

2. 远期信用证融资程序

在出口商发运货物后，即可通过银行将全套单据交开证行，经该行承兑汇票并退还寄单行（通知行）后，寄单行就可以以贴现方式购买全套汇票并以此向出口商融资，出口商则以贴现所得款项偿还原打包放款的融资款项。寄单行因此成为承兑汇票的正当持票人，它既可保存汇票，于到期日向开证行（承兑人）索偿，也可将汇票转让，进行再贴现。远期（承兑）信用证的结算和融资过程如图 8-3 所示。

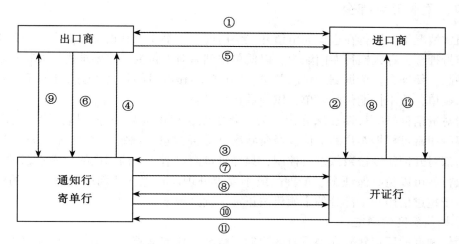

图 8-3　远期（承兑）信用证结算、融资流程图

图 8-3 说明：

①进出口双方签订贸易合同，确定以远期信用证方式结算；

②进口商申请开证；

③开立远期（承兑）信用证；

④通知及办理打包放款；

⑤发运货物；

⑥出口商向寄单行交单；

⑦寄单；

⑧开证行承兑汇票并将承兑汇票寄回寄单行，与此同时，开证行凭信托收据向进口商放单，进口商提货；

⑨寄单行贴现承兑汇票，出口商得到资金融通；

⑩寄单行到期提示承兑汇票；

⑪开证行（承兑人）付款；

⑫进口商到期付款赎回信托收据。

3. 远期信用证融资的风险

远期信用证融资方式，由于付款周期较长，合同金额较大，因而孕育着较大风险。

（1）进口商不仅要支付较高的代价，而且要冒进口货物与贸易合同及单证不符的风险。

（2）开证行承兑汇票后，面临进口商拒付的风险。

（3）寄单行面临贴入承兑汇票后开证行倒闭的风险。

（4）出口商面临着汇票承兑前开证行或进口商无理拒付的风险。

因此，有关当事人都必须对交易及融资对方的资信作详细的了解，并采取相应措施，以降低和防范风险。

四、免收开证押金

通常情况下，银行在进口商申请开立信用证时，都要求其提交开证申请书并提供保证金或抵押金，存入银行专门账户，以便单据到后对外付款，或要求进口商提供反担保及抵押品，保证合格单据到后付款赎单。银行这样做的目的是为了避免进口商破产或无力付款赎单，或不按期付款赎单，以降低自身风险。

但对资信良好的长期往来客户，为减化手续，提供优惠服务，增强吸引力和竞争力，银行通常可根据客户的资信、经营状况和业务数量，确定一个限额，即开证额度。银行内部对开证额度按余额进行控制，只要进口商申请开立信用证的金额不超过这一限额，银行就可以免收保证金、抵押品或不要求办理反担保，从而减轻进口商的资金压力。对于超过信用额度部分的金额仍按正常手续办理。

1. 授信额度的确定

授信额度的确定建立在银行对客户的了解和信任的基础上，银行一般从以下几个方面调查、了解客户情况：

（1）企业在银行的授信记录及信用水准。银行对于经常光临本行的客户，一般都要对其每笔业务做必要的授信记录，以确定其信用水准，为将来对其提供授信额度作准备。对于已经提供了授信额度的客户也应坚持做好授信记录，并以此来确定是否增加或减少对该企业的信用额度。如果一家企业由于内部原因，不能按期偿还银行贷款，或不注重维护与银行的良好信誉关系，其授信额度就会被银行注销。

（2）企业的财务状况。财务状况是一家企业能否顺利向前发展，并保证对银行履行其债务义务的重要指标之一。财务状况的审查主要是通过分析财务报表进行的。

（3）企业的管理水平。管理水平的高低是衡量一家企业能否适应激烈的市场竞争，更好地向前发展，进而能够在与银行的交往中确保银行权益的另一标准。

（4）企业发展的前景。银行已提供或拟提供授信额度的应该是那些有良好发展前景的企业，银行支持这些企业，不仅风险小，而且可以从中受益。

2. 开证授信额度的操作程序

开证授信额度操作的基本程序如下：

（1）进口商提出申请。需申请开证授信额度的进口商应按银行规定格式填写授信额度申请书，表明申请的授信额度金额、种类、期限等。

（2）银行审查。银行根据进口商的申请书，审查其资信情况、经营状况、内部管理、财务状况以及以往的有关业务记录，确定对该进口商的授信额度总额。

（3）签订授信额度协议书。银行应与进口商签订开证授信额度协议书，以确定双方的权利义务。

协议书的主要内容包括：银行开证义务、进口商义务和进口商的保证条款。

进口商的义务主要是按期付款。进口商在收到银行的付款通知书后，必须保证于付款日前将足够的款项拨入进口商在银行开立的账户，由银行对外付款，如发现单据明显不符，进口商可将拒付理由书面通知银行并退回全套单据。

如在付款日进口商的账户资金不足或无理拒付，进口商应保证承担银行为维护自身信誉所产生的责任和风险。

进口商保证不因贸易背景、汇率变化等因素影响对银行的付款义务。

此外，还包括抵押品及担保条款、费用条款、生效条款等。

（4）建立业务档案。协议签订后，客户可以使用开证授信额度；银行则应对客户建立业务档案，根据协议规定的总额度，对进口商的开证金额实行余额控制。当进口商使用授信额度开立信用证或信用证金额增加时，银行的授信额度自动作相应递减；当进口商使用授信额度开立信用证而单到付款或信用证注销或信用证减额时，授信额度便自动恢复或相应增加。

（5）增减授信额度总数。进口商在使用授信额度一段时间后，如果感到总额度不够使用，还可向银行提出增加授信额度的申请，批准与否由银行决定；反之，如果银行认为客户资信有所下降，可以减少甚至取消该客户的授信额度。

提供开证授信额度的银行可视情况向申请人或使用授信额度的客户按授信总额，每年收取一定比率的风险管理费。

五、进口押汇或信托收据贷款

1. 进口押汇的含义

进口押汇（Inward Bills）是指信用证开证行在收到出口商或其银行寄来的单据后先行付款，待进口商得到单据、凭单提货并销售后收回货款的融资活动。它是信用证开证行对开证申请人（进口商）的一种短期资金融通。进口押汇也被称为信托收据贷款。

在正常情况下，作为开证申请人的进口商，在得到开证行单到付款的通知后，应立即将款项交开证行赎单，并且在付款以前是得不到单据从而不能提货的。但是，如果进口商的资信较好，并且信用证项下单据所代表的货物市场销售行情好，能在短期内收回货款，那么银行可以根据有关协议代进口商先对外支付货款，并将单据提供给进口商以便其提货、销货，最后将贷款连同利息一并收回。

2. 进口押汇的步骤

（1）申请与审查。如果需办理进口押汇，进口商应首先向银行提出书面申请，银行要对进口押汇申请进行严格审查，并根据进口商的资信等情况确定押汇金额。

（2）签订进口押汇协议。进口押汇协议是开证行与进口商之间签订的确定双方权利义务的书面契约，其基本内容包括：

• 押汇金额及进口商的付款义务。进口商从银行得到的进口押汇资金应用于银行为其开立的信用证项下的对外付款，当信用证项下单到并经审查合格后，银行凭进口商的信托收据对外付款，待押汇期满后，进口商将押汇本息一并归还给银行。

• 押汇期限及利率。进口押汇的时间较短，一般为1~3个月。押汇利率由双方协商决定。

- 进口商的保证条款。进口商应保证在押汇到期日前归还银行押汇本息；否则，银行有权对其收取罚息，或处理押汇项下的货物。
- 货权及其转移条款。在进口商未能还清银行押汇本息之前，押汇项下的进口货物的货权属于银行。
- 违约条款。如进口商违约，银行有权对其提出法律诉讼，或冻结其在银行的其他账户，或停止进口商在银行办理的一切融资业务。

（3）开证行对外条款。开证行在收到出口方银行寄来的单据以后，应严格审单，如果单证相符，即可对外付款。

（4）凭信托收据向进口商交付单据。在进口押汇业务中，信托收据（T/R）是进口商在未付款之前向银行出具的领取货权单据的凭证。银行根据进口押汇协议，凭信托收据将货权单据交付给进口商，进口商因此处于代为保管和销售货物的地位。

（5）进口商凭单据提货及销售货物。进口商在向银行借出货权单据后，即可凭单据向承运人提货，并可销售货物或对货物作其他处理。

（6）进口商归还贷款本息，换回信托收据。在约定的还款期，进口商应向银行偿还贷款及利息，并于还清本息后收回信托收据，解除还款责任。

六、买方远期信用证

1. 假远期信用证的含义

买方远期信用证（Buyer's Usance L/C）即假远期信用证，它指信用证项下远期汇票付款按即期付款办理的信用证。它是相对于卖方远期信用证而言的。这是出口方银行（议付行）通过开证行向开证申请人（进口商）提供短期融资的一种方式。

2. 假远期信用证融资的程序

假远期信用证融资程序见图8-4。

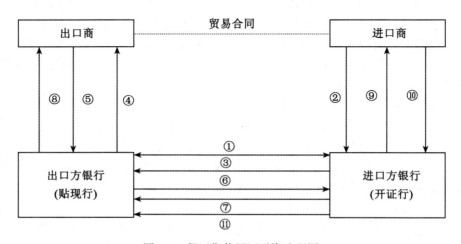

图8-4 假远期信用证融资流程图

图8-4说明：

①进出口双方银行签订由出口方银行以假远期信用证形式向进口商融资的协议，出口方银行根据协议开立专门账户。

②进口商申请开立远期付款、银行承兑信用证。

进口方银行（开证行）开立信用证时应注明：

● 本信用证项下汇票付款日为见票后若干天（以便开证行承兑）；

● 本信用证项下远期汇票付款按即期付款办理（出口方银行即期付款给受益人或出口商）；

● 本信用证限制在……银行（提供融资的出口方银行）议付。

③开证行开证。

④通知信用证。

⑤出口商交单申请议付。

⑥出口方银行寄单。

⑦开证行承兑汇票并授权出口方银行由专户内支付货款给出口商。

⑧出口方银行按面额支付票款。

⑨开证行凭信托收据向进口商放单。

⑩进口商于到期日还款，包括本金、利息。

⑪进口方银行偿还垫款。

3. 假远期信用证的意义

（1）对进口商的影响。假远期信用证使进口商得到了出口方银行的融资。不过他应支付从出口方银行支款日（议付日）至汇票到期日期间的利息给出口方银行，并承担有关费用。

（2）对出口商的影响。假远期信用证对出口商基本没有什么影响，他仍然是在发货后交单议付，收回货款。

（3）对进口方银行的影响。进口方银行承兑汇票后，必须到期付款，并且对出口方银行没有追索权。

（4）对出口方银行的影响。假远期信用证对出口方银行的影响如下：

● 可以获得利息收入。出口方银行可收取贷款日（议付日）至汇票到期日（开证行偿还日）间的利息。

● 可以带来出口结算业务。因为假远期信用证项下的议付银行必须是提供融资的出口方银行。

● 实际占用资金少。出口方银行对受益人付款后，可以将进口方银行承兑的远期汇票进行贴现，用所得票款冲抵垫付款项。

不过，利用假远期信用证融资时，出口方银行必须对进口方银行有很好的了解，否则会导致对出口商的垫款无法及时得到补偿而遭受损失。

4. 真假远期信用证融资的比较

真假远期信用证融资的相同点是其融资都是由远期信用证项下远期汇票的承兑与贴现实现的。不过，两者存在很大的差别：

（1）贸易合同规定的付款期限不同。一般而言，贸易合同是信用证开立的基础，真远期信用证符合这一条件，信用证与合同的付款期限相同，都是远期付款；但假远期信用证却不符合这一条件，信用证是远期付款，合同却是即期付款。对于与合同付款条款不一致的信用证，受益人通常是不会接受的，受益人接受假远期信用证是为了给进口商从银行融资提供方便。

（2）贴息支付者不同。真远期信用证的融资者是受益人，贴息支付者也是受益人；假远期信用证的融资者是开证申请人，融资成本也由其承担。

第三节　信用证结算分析

一、信用证结算的优缺点

（一）信用证结算的优点

1. 出口商收款风险较小

由于信用证结算的信用基础是银行信用，银行（开证行、保兑行）取代进口商成为第一性付款人，只要出口商能履行合同并提供与信用证规定相符的单据，那么开证行一般会付款，或者说出口商通常能收回货款。这是信用证结算被普遍采用的最主要原因。

2. 融资较方便

从前面的分析中可以看出，信用证结算与贸易融资的关系十分密切，贸易融资已成为信用证结算的重要组成部分，进出口商在与银行打交道时，每一个环节他们都可能从银行得到资金融资，并且融资手续比较简单。贸易融资在很大程度上解决了贸易双方的资金周转困难，对出口商的作用尤为明显。

（二）信用证结算的缺点

尽管信用证结算的优点十分突出，但信用证结算并不是一种完美的结算方式，其缺点也很明显。

1. 贸易风险依然存在

信用证结算中存在的贸易风险包括进口商的提货风险和出口商的收款风险两方面。

（1）进口商提货风险大。由于信用证结算是一种纯粹的单据买卖业务，只要单据相符，开证行就要对外付款，进口商也要付款赎单。进口商得到合格单据并不一定能得到单据记载的货物，因为出口商可能提供无货单据或与实际货物不一致的单据，如果是这样，那么进口商就受到了欺诈。虽然进口商可凭合同向出口商索赔，但蓄意行骗的出口商可能早已逃之夭夭。

（2）出口商收款风险仍然存在。这些风险有：

- 开证行无理拒付或无力支付；
- 出口商履行合同后，技术上的原因使得单据不符导致开证行拒付。

2. 进口商资金占用时间长

为降低开证风险，开证行通常要向进口商收取信用证金额一定比例的押金，由于信用证结算周期较长，那么该项资金将被银行较长时间地占用，增加进口商的资金负担。至于免收押金的客户则要占用银行提供的信用额度，减少贷款、提保金额。

3. 结算速度慢、费用高

信用证结算环节多、单据量大，使得货款收付所需时间较长，结算速度较慢，不利于贸易双方提高资金使用效益；由于银行承担了风险，所以它收取的费用也较高——这些费用大多由进口商承担。

可见，信用证结算并不完美，这是一种有利于出口商而不利于进口商的结算方式。

二、信用证结算的使用背景

信用证结算的最大优点是它能在很大程度上解决出口商的收款风险问题。换句话说，在收款风险较大时，采用信用证结算对出口商比较有利。

1. 进口商资信欠佳或对进口商不了解

进口商资信欠佳意味着其无理拒付、延付少付、无力支付的可能性较大，出口商不能按期收到全部货款的概率较大，对于不了解的进口商，收款的不确定性亦即风险性也较大。在这两种情况下，采用信用证结算很合适。

2. 进口国存在严格的外汇管制

严格的外汇管制在此主要指对经常项目特别是进口付汇的严格管制。如果进口国存在严格外汇管制，那么该国一切进口付汇都必须报请外汇管理部门批准。在这种情况下，即使是面对资信很好的进口商，出口商也面临着收款风险——进口商的付汇得不到本国外汇管理部门的批准。如果采用信用证结算，则可有效解决这一问题。因为在存在严格外汇管制的国家里，银行在对外开立信用证之前，必须首先向外汇管理部门报批，只有经过批准，银行才能对外开证和付汇，只要银行能开出信用证，就意味着其对外付汇的政策限制没有了。

第四节　跟单信用证国际惯例规则

一、《跟单信用证统一惯例》

（一）《跟单信用证统一惯例》的演进

《跟单信用证统一惯例》（UCP）是国际商会（ICC）制定并出版的关于跟单信用证的国际使用规则，是国际贸易和国际结算中最重要的国际惯例之一。

19世纪以来，随着国际贸易的发展，信用证逐步成为一种常用的支付方式，各国的习惯、法律各不相同，往往导取各当事人对信用证条款的解释也不同，争议、纠纷甚至诉讼不断发生，严重影响了跟单信用证的推广使用和国际贸易的发展。

为改变这种状况，使信用证成为国际间有效的支付工具，1926年3月，在国际商会第20次会议上，美国提出了统一商业信用证规则的建议，引起了国际商会的重视。

随后国际商会便开始了制定统一的信用证使用规则的工作，并于 1929 年 7 月在阿姆斯特丹大会上通过了由法国人执笔编写的《跟单信用证统一惯例》（以下简称《惯例》）第一版本（No. 74），建议从 1930 年 5 月开始实施。

最初的版本内容不完善，受到了英美等大国银行界的抵制，只有法国和比利时的银行界支持并予采用。

1933 年国际商会对《惯例》进行了第一次修订，修订本被国际商会编为第 82 号出版物。第一次修订后，支持和采用《惯例》的国家增加到 40 个。1938 年，美国银行界才在保留某些对美国适用的特殊规定后，采用了《惯例》。

1951 年进行了第二次修订，修订本（编号为第 151 号出版物）于 1952 年 1 月 1 日生效。第二次修订后采用《惯例》的国家达到近 80 个，美国也放弃了保留，但英国仍在继续抵制。

1962 年对《惯例》进行了第三次修订，1963 年 7 月 1 日实施，国际商会编号为第 222 号出版物。这次修订后，英国一反常态，积极参与并采用了新惯例。至此，采用《惯例》的国家达到 100 多个，可以说这是《惯例》初次获得全球性的承认。

1974 年对《惯例》进行了第四次修订，1974 年修订本（编号为第 290 号出版物）于 1975 年 10 月 1 日实施，其目的在于适应由于贸易的发展和海洋运输革命（集装箱和联合运输）而引起的单据工作和程序的变化。1974 年修订本的影响和适用范围进一步扩大，在随后的几年中，采用《惯例》的银行遍布世界 160 多个国家和地区，超出了当时联合国会员数。

1981 年国际商会开始着手对《惯例》进行第五次修订，这次修订于 1983 年完成，1984 年 10 月 1 日实施，国际商会编号为第 400 号出版物。UCP400 对信用证的形式和通知、银行的主要责任和义务、受益人应提交的单据、可转让信用证等进行了详细规定和说明，对推动信用证业务的发展起了重要作用。但是，随着通信工具的电子化、运输方式和工具的新发展以及新型单据和制单技术的进步、跟单信用证种类的增加等，UCP400 又有了修订的必要。为此，国际商会银行技术与实务委员会（简称银行委员会）多次召开会议，研究各银行对 UCP400 条款的质疑，并以出版物形式，将会议中提出的问题、讨论中提出的意见和银行委员会的决议公布于众。在国际银行界基本达成一致意见后，国际商会便根据形势的发展和各国银行委员会的要求，着手对 UCP400 进行了修订研究，经过仔细而慎重的努力，1993 年第六次修订本终于问世，国际商会编号为第 500 号出版物。第七次修订的时间是 2007 年，修订后的《跟单信用证统一惯例》（Uniform Customs and Practice for Documentary Credits, 2007 revision ICC, Publication No. 600）简称 UCP600。

（二）《跟单信用证统一惯例》的性质

《跟单信用证统一惯例》是国际商会推荐给银行界采用的一套业务惯例，它为各种跟单信用证交易提供了指南，也促进了国际贸易的发展。然而，该《惯例》并非建立在法律基础上，它不具有强制性，而只对采用该《惯例》的银行产生约束力，对不采用的银行没有强制作用和约束力；即使是采用《惯例》的银行，也有权在信用证中规定与《惯例》不同的条款。但信用证一旦注明根据 UCP600 开立，在处理跟单信用证纠纷中法院将会以 UCP600 为"法律准则"。在实际中若不注明"Subject to UCP，Publication No. 600 ICC"之类文句的话，信用证将难以被有关当事人接受。我国银行在开立信用证时也都加上了这一文句。

UCP600 内容共 39 条，其基本内容和观点可归纳如下：

（1）《惯例》虽然不具有完全的强制性，但目前已被世界绝大多数国家与地区的银行和贸易界所接受，国内外法院在审理有关信用证的案例中，都以该惯例为依据。

（2）《惯例》适用于一切跟单信用证及在其适用范围内的备用信用证。

（3）开证行在向受益人付款时可采用三种方式：开证行自己付款、开证行授权另一银行付款，开证行授权另一银行议付。

（4）银行可为自己开立信用证。

（5）在不同国家的银行分支机构视为另一家银行。

（6）信用证是独立于销售合同以外的另一文件，受益人不得利用银行间与申请人的合同关系。

（7）单据是信用证业务的标的。信用证中所有的当事人都以单据为标的，与实际货物、服务或其他行为无关。

（8）信用证是不可撤销的，不管信用证有无明确表示。

（9）通知行应合理谨慎地（Take Reasonable Care）审核所通知信用证的表面真实性。

（10）开证行承担第一性付款责任。

（11）保兑行的责任独立于开证行的责任以外。

（12）信用证项下汇票的付款人必须是银行。

• 如汇票付款人为开证行或保兑行，它应在单证相符时承兑汇票，并于到期日付款。

• 如汇票付款人为其他银行，当该其他银行虽承兑而到期不付款时，开证行或保兑行仍应承担付款责任。

• 如汇票付款人为其他银行，当该其他银行不予承兑时，受益人有权开立以开证行或保兑行为付款人的汇票，由开证行或保兑行承兑，并在到期日付款。

（13）信用证修改的规定

• 开证行发出修改通知后不得撤回。

• 接受部分修改是不允许的。

• 修改书的生效必须在明确表示接受以后，"沉默不等于接受"。受益人表示接受的方式有两种：向通知行作出明确的表示；在交单时，如所提出单据符合修改内容，视作修改已明确表示接受，受益人也有权在交单时表示拒绝修改。

（14）议付是由议付行对汇票和（或）单据付出对价，只审查单据而不支付对价不构成议付。

（15）如果银行利用另一银行的服务将信用证通告受益人，它也必须利用同一银行的服务通知修改。

（16）作出该预先通知的银行应承担不可撤销的责任，须不延误地开立在条款上与预先通知无矛盾的信用证。

（17）银行对不完整、不清楚的指示不负责任。

（18）银行只从"单据表面"审查。银行审单应该不违反"合理性"、"公平性"和"善意性"，但并非每个字母、每个标点符号都相符。

（19）银行审单不得超过 5 个营业日（从收单翌日起）。

（20）单证不符时，银行可与申请人联系放弃拒付权。

（21）在开证行或保兑行决定拒收单据后，可作如下处理：

- 必须在不迟于收到单据后的第 5 个银行营业日结束前，用电讯向寄单人发出拒受通知。

- 该通知必须说明银行拒收单据的所有不符点，并必须说明单据是否代为保存听候处理，或已退还交单人。

- 开证行或保兑行有权向寄单行索还已经给予的任何偿付款项。

（22）银行对任何信息、信函、单据在传递过程中发生的迟延、遗失，或电讯传递过程中发生的迟延、残缺或其他差错概不负责。银行对专门性术语在翻译中产生的误解不负责任，并保留传送信用证条款而不作翻译的权利。

（23）由不可抗力等非银行所能控制的原因造成的营业中断而产生的后果，银行不负义务或责任。

（24）银行一般会接受出具日期早于信用证开立日期的单据，如该单据在信用证和本惯例条文规定的期限内提交。

（25）只有真正具有承运人、船长或其代理人身份的人签署才有效。

（26）注明或表示货装集装箱、拖车、子母船及其他容器，表明货物使用原装容器运达最终目的地，只要同一运输单据包括全程运输，即使信用证禁止转运，银行也将接收转运已经发生的单据。

（27）租船提单签发人不需要证明承运人身份；即使信用证要求提示与租船合同提单有关的租船合同，银行也不审核租船合同。

（28）即使信用证禁止转运，银行也将接收表明可能转运或将转运的多式联运单据，但以同一多式联运单据必须包括全程运输为条件。

（29）只要在运输单据正面没有特别注明货物已装或将装舱面，银行将接收带有货物可装舱面条文的运输单据。

（30）银行不接收不清洁运输单据（Unclean/Foul Transport Document），这种运单的签发是由于发货人所交付的货物包装及外表状况有缺陷，如污染、潮损、破包、短少等，承运人为分清责任而在运单上作出批注。

（31）只有保险公司、保险人或其代理人签发的保险单据，银行才受理。银行不接受暂保单（Cover Note）——保险经纪人（Broker）签发的投保通知书，暂保单对保险公司没有约束力。

（32）保险单的出单日期不得迟于装运日期。

（33）发票必须由受益人开立，发票金额一般不应超过信用证金额。

（34）对于同一船只、同一航次的多次装运，即使运输单据注明不同的装运日期及表明不同的装运港口或起运地，亦不作为分批装运。它以到达目的地时有否分批为准。

在这种情况下，已签发了两套或两套以上的运输单据，以最晚签发的运输单据日期作为装运日期。

（35）银行将不接受迟于装运日次日起21天后提交的单据。但无论如何，提交单据不得迟于信用证到期日。

二、《跟单信用证下审核单据的国际标准银行实务》

针对各国对 UCP 的理解和各银行审单标准的不统一，以及由此导致的信用证项下大量交单被拒付、争议和诉讼层出不穷等问题，国际商会银行技术与惯例委员会（简称 ICC 银行委员会）于 2000 年 5 月设立了一个工作组，负责将适用 UCP500 第 13 条的跟单信用证项下审核单据的国际标准银行实务做法整理成文，该成果于 2002 年在意大利罗马年会上通过，并被命名为《关于审核跟单信用证项下单据的国际标准银行实务》（International Standard Banking Practice for the Examination of Documents under Documentary Credits，简称 ISBP），是国际商会出版物第 645 号。该出版物规定了信用证项下提交的各种单据应遵循的标准，这些标准是针对 UCP500 中未作出明确规定、实践中十分容易出现争议之处制定的。

为配合 UCP 600 的实施，ICC 银行委员会于 2007 年 4 月在新加坡批准通过《跟单信用证下审核单据的国际标准银行实务》（ISBP2007 年修订本，国际商会出版物第 681号）。该出版物是 ICC 645 号出版物的更新本，与 UCP 600 同时于 2007 年 7 月 1 日生效和配套使用，具体反映 UCP 600 第 14 条中所指的有关审核单据的国际标准银行实务。

ISBP2007 包括引言，先期问题，一般原则，汇票和到期日的计算，发票，至少包括两种运输方式的运输单据/多式联运单据，海运提单，租船合约提单，空运单据，公路、铁路或内河运输，保险单据，原产地证明等 12 个部分共 200 条。

ISBP 的大部分内容是 UCP 没有直接规定的，因而是对 UCP 的补充，而不是修订或单独规则。因此，当事人选择适用 UCP 就意味着选择适用 ISBP，而无需再作特别约定。ISBP 提供了一套审核适用 UCP 的信用证项下单据的国际惯例，它对于各国正确理解和使用 UCP、统一和规范各国信用证审单实务、减少拒付争议的发生具有重要的意义。

三、《跟单信用证电子交单统一惯例》

《跟单信用证电子交单统一惯例》或《UCP 电子交单增补》或 eUCP，其全称是 The Uniform Customs and Practice for Documentary Credits for Electronic Presentation，由国际商会编写出版，2002 年 4 月 1 日起生效。2007 年，eUCP 修订版出版。eUCP 不是新的国际惯例，它是对 UCP600 条款的新的补充本。它的主旨在于对电子交易单据处理方法有一个明晰的参照。《跟单信用证电子交单统一惯例》（以下简称 eUCP）全文共 12条，主要条款包括适用范围、eUCP 与 UCP 的关系、定义、格式、交单、审核、拒绝通知、正本与副本、出单日期、运输、交单后电子记录的损坏、eUCP 电子交单的额外免责。

1. eUCP 的适用范围

《跟单信用证电子交单统一惯例》补充了《跟单信用证统一惯例》只提交纸质单据的规定，从而既可以用电子记录单独提交，也可以与纸质单据联合提交。因此，当信用证表明受 eUCP 约束时，eUCP 作为 UCP 的补充适用，但应注明适用的版本。

2. eUCP 和 UCP 的关系

该规则明确规定，受 eUCP 约束的信用证（eUCP 信用证）也应受 UCP 的约束，而无需明确订入信用证中。但如果适用 eUCP 和 UCP 而产生不同的结果时，则优先适用 eUCP。

此外，如果 eUCP 信用证允许受益人在交单时选择纸质单据或电子记录，受益人选择仅提交纸质单据的，则该交单只适用 UCP。同样，如果 eUCP 信用证只允许提交纸质单据，则该交单只适用 UCP。

3. 具体内容

（1）定义。规则对在 UCP 中使用的"表面内容"、"单据"、"交单地点"、"签名"、"附加的"、"批注"或"签章的"等术语在适用于 eUCP 时扩充了含义；对仅在 eUCP 中使用的"电子记录"、"电子签名"、"格式"、"纸质单据"、"收到"等特定术语做了定义。

（2）格式。eUCP 信用证必须指定所提交的电子记录的格式，如未指定，则可提交任何格式的电子记录。

（3）交单。eUCP 信用证允许提交电子记录，也可以提交纸质单据，但后者必须注明纸质单据的交单地点；电子交单必须注明有关 eUCP 信用证，电子记录可以分别提交，但要通知银行。未注明的 eUCP 信用证或未通知的，将被视为未曾交单。此外，还规定了银行的系统不能接收电子记录情况的处理办法。

（4）审核。规则规定了银行审核电子记录的内容、职责及范围。

（5）拒绝通知。如果银行对包括电子记录的交单提出拒绝，在发出拒绝通知 30 天内未收到被拒绝方关于电子记录的处理指示，该银行应退还交单人以前尚未退还的所有纸质单据，但可以任何认为合适的方式自行处理该电子记录，而不承担任何责任。

（6）正本和副本。提交一份电子记录即满足了 UCP 和 eUCP 信用证对一份或多份正本或副本电子记录的要求。

（7）出单日期。出单人发送电子记录的日期即为电子记录的出单日期，收到日期将被视为发出日期，除非电子记录中另有明确规定。

（8）运输。电子记录的出具日期即为装运或发运日期，但如果电子记录注明装运或发运日期时，则该注明的日期被视为装运或发运日期。

（9）交单后电子记录的损坏。如果收到损坏的电子记录，银行可通知交单人 30 天内重新交单，但任何期限不得延展。如果交单者未能在规定的时间内重新提交，被视为没有交单。

（10）eUCP 电子交单的额外免责。银行在审核电子记录表面一致性时，对于发送者的身份、信息来源不承担责任，银行对电子记录是否完整及未经更改一般也不承担责任。

eUCP 的生效在信用证与电子商务之间架起了一座桥梁，把信用证带进了电子时代，适应了当代国际贸易发展的要求，填补了国际贸易规则上的一个空白。

但在实施过程中，eUCP 有三个对交单人和开证申请人不利的问题引起争议。

第一，将任何单据都称为"电子记录"，不再提"正本"单据，因为在电子交单中，每份单据都可以被无数次复制，而分不出"正本"或"副本"，加大了交单人的责任。

第二，如果电子数据因病毒、技术等原因而损坏，交单者很可能无法按期履行其他各项义务。

第三，减轻了银行审证的责任，而由开证申请人承担电子记录来源不明的风险。eUCP 把电子交单过程中的风险完全划给交单人和开证申请人，而银行几乎一点都不承担的规定，似乎有失公平，值得探讨，也应引起外贸企业在使用电子交单及使用 eUCP 时的注意。

eUCP 是一个实现金融、贸易等经济领域无纸化的指路灯。它解决了无纸化进程中的许多难题，使得世界范围内的无纸化有了游戏规则，加快了其发展进程。

四、《跟单信用证项下银行间偿付统一规则》

国际商会于 1996 年出版了《跟单信用证项下银行间偿付统一规则》（ICC Uniform Rules for Bank-to-Bank Reimbursements under Documentary Credits，Publication No. 525，URR525）（以下简称《偿付规则》或 URR），对银行间的偿付进行了规定，该规则从 1996 年 7 月 1 日起实施。

为了使《偿付规则》与 UCP600 的实施相适应，国际商会对 URR525 作了一些修订，2008 年 7 月公布了新版《跟单信用证项下银行间偿付统一规则》（国际商会第 725 号出版物，URR725），2008 年 10 月 1 日实施。

UCP600 列有偿付条款，即开证行一部分偿付业务通过第三家银行偿付，但相关规定非常简要。URR 的内容非常详尽，是与 UCP 配套的独立文件。

URR725 内容分为总则与定义，责任与义务，偿付授权、修改和索偿要求的形式和通知，其他条款等。其主要内容与观点如下：

1. 定义

● 偿付行（Reimbursement Bank）：按照开证行偿付授权的指示作出偿付的银行。

● 索偿行（Claiming Bank）：在信用证项下作出付款、迟期付款承诺、承兑汇票、议付并向偿付行提示索偿要求的银行。

● 偿付授权（Reimbursement Authorization）：开证行向偿付行作出的要求其向索偿行进行偿付（或应开证行的要求承兑并到期支付以偿付行为付款人的远期汇票）的指示或授权。

● 索偿要求（Reimbursement Claiming）：索偿行向偿付行提交的要求偿付的要求。

● 偿付承诺（Reimbursement Undertaking）：在开证行授权或请求下，偿付行向偿付授权指定的索偿行作出的在偿付承诺的条件得以满足的条件下，保证偿付该索偿要求的一种单独的不可撤销的承诺。

2. 主要观点

（1）偿付授权独立于信用证之外。

（2）一家银行在不同国家的分支机构被视为另一家银行。

（3）开证行有义务在偿付授权和信用证中提供所要求的信息。

（4）开证行在偿付授权中不应要求提交单证相符的证实书。

（5）偿付授权内容：信用证编号、币种和金额、索偿行、费用承担方、索偿要求的最迟提示日期等。偿付远期承兑汇票还应包括期限、出票人、承兑和贴现费用承担方。

（6）开证行不应要求以偿付行为付款人的即期汇票。

（7）未经偿付行同意，不得对不可撤销的偿付授权进行修改或撤销；如果不愿修改，偿付行必须毫不延迟地通知开证行。开证行自发出修改通知之时起，即受其约束。

（8）未经索偿行同意，不得对偿付承诺进行修改或撤销，索偿行必须通知偿付行是否接受偿付承诺修改。偿付行自发出修改通知之时起，即受其约束。

（9）索偿要求必须符合偿付承诺规定的条件。

（10）偿付行收到索偿要求后，应在不超过 3 个银行工作日的合理时间内，对索偿要求进行处理。

（11）索偿要求不得先于约定的偿付日期 10 个银行工作日之前提示给偿付行。

（12）偿付行对信息、信函、单据的传递差错不负责，对翻译错误也不负责。

（13）偿付行的银行费用一般由开证行承担，这时偿付金额不包括费用；如果由其他方承担，应作出明确说明，并在偿付时被扣除。

3. URR725 对 URR525 的修订

URR725 此次仅对涉及开证行与索偿行关系的条款进行部分修改，而开证行与索偿行按信用证规范行事的本质内容与偿付行是没有关系的，因此，偿付行在 URR 这次改版中的地位和业务处理做法几乎没有任何变化。但是在需要通过偿付行偿付的情况下，适用 URR 有利于减少不必要的纠纷。

URR725 对 URR525 文字的修订表现为对不符合 UCP600 表述的文字文句作了变动或增减。具体内容不在此赘述。

本 章 小 结

信用证分为跟单信用证与光票信用证、不可撤销信用证、保兑信用证、即期付款信用证与远期信用证（迟期信用证、承兑信用证）、承兑信用证、议付信用证、预支信用证、可转让信用证、对背信用证、对开信用证、循环信用证、分期装运/分期支取信用证等。

信用证结算中，贸易融资很便利。出口融资有打包放款、议付、远期信用证三种方式，进口融资有免收开证押金、进口押汇、假远期信用证三种方式。

在信用证业务中，开证行、保兑行、一般信用证的打包放款银行、承兑汇票的付款行、进口押汇银行面临的风险较大，因此应采取措施控制风险；通知行、议付行、偿付行等面临的风险相对较小。

出口商收款风险较小、融资便利是信用证结算的主要优点；进口商易受欺诈、资金负担较重、结算环节多、速度慢、费用高是信用证的主要缺点。

信用证是一种有利于出口商而不利于进口商的结算方式，通常是在进口商资信欠佳、进口国有严格外汇管制时使用。

《跟单信用证统一惯例》（UCP600）是信用证业务中最权威的国际惯例，实际上已成为信用证各当事人必须共同遵守的国际标准。

《跟单信用证电子交单统一惯例》补充了《跟单信用证统一惯例》只提交纸质单据的规定，单据既可以用电子记录单独提交也可以与纸质单据联合提交。

与 UCP 600 同时生效和配套使用的《跟单信用证下审核单据的国际标准银行实务》，具体规定了 UCP 600 第 14 条中所指的有关审核单据的国际标准银行实务。ISBP 是对 UCP 的补充，而不是修订或单独规则。因此，当事人选择适用 UCP 就意味着选择适用 ISBP，而无需再作特别约定。ISBP 提供了一套审核适用 UCP 的信用证项下单据的国际惯例。

《跟单信用证项下银行间偿付统一规则》（URR725）对银行间的偿付进行了规定。

复习思考题

一、名词解释

可撤销信用证　　不可撤销信用证　　保兑信用证　　预支信用证　　承兑信用证
可转让信用证　　循环信用证　　打包放款　　进口押汇　　UCP600　　URR725

二、简答题

1. 开证行的付款方式有哪些？
2. 可转让信用证有何特点？
3. 信用证项下的贸易融资方式及其风险管理。
4. 承兑信用证的融资原理。
5. 比较真、假远期信用证的异同。
6. 信用证结算的优缺点。
7. 为什么说进口商在信用证业务中易受欺诈？
8. 信用证结算中的国际惯例规则有哪些？

三、论述题

1. 信用证结算与银行风险控制。
2. 现代国际贸易融资方式与特点。

第九章　银 行 保 函

◎**本章学习目的**

　　在学习本章之后，应该掌握以下内容：

　　1. 银行保函的含义与特点。

　　2. 银行保函的基本内容和开立方式。

　　3. 银行开立保函和转开保函的主要环节。

　　4. 常见银行保函的种类及其基本内容。

　　5. 备用信用证的含义与特点。

第一节　银行保函概述

一、银行保函的含义和作用

　　银行保函（Letter of Guarantee，L/G）是商业银行应申请人的要求向受益人开出的担保申请人正常履行合同义务的书面保证。它是银行有条件承担一定经济责任的契约文件。当申请人未能履行其所承诺的义务时，银行负有向受益人赔偿经济损失的责任。

　　银行保函源于最初的口头信誉担保，在商品经济不发达、法制不健全的情况下，商品交易中采用第三者担保具有手续简便、降低成本、易于操作管理的优点。进入 20 世纪 60 年代以后，随着国际间经济交易的内容、形式及交易环境的新变化，交易结算日益频繁，金额越来越大，手续越来越繁琐和程序化、惯例化，银行担保适应了这一新形势的要求，其形式日益规范，并与银行信用相结合，形成了标准化的银行保函，逐渐发展成为一种简单灵活、用途广泛的结算方式。

　　银行保函作为经济交易的备用书面担保凭证，其主要作用是以银行信用为手段来保护受益人的经济利益，促使交易活动顺利进行。在一般的经济合同中，虽已规定了当事人各方的权利和义务，具有一定的约束力，当一方违约不履行义务时，另一方可要求其赔偿经济损失，但这种约束仅限于商业信用，即取决于交易对方的信誉，保障不够有力。尤其在复杂、繁琐的国际业务中，由于双方当事人身处异地，互不了解，互不信任，往往需要银行信用介入，由银行担保一方履约，取得对方信任，以促成交易的实现。因此，银行保函使交易各方履行义务受到了双重信用保障，其性质是一种备用的银行信用。

二、银行保函的特点

银行保函和信用证虽然都是银行应申请人的要求向受益人开出的文件，都属于银行信用，且都以单据而非货物作为付款依据，但银行保函却有自身的特点。

(一) 银行保函以促使申请人履行合同为目的

银行保函的目的是以银行信用作为担保，通过促使申请人履约而促成交易的实现，其侧重点在于担保而不在于付款，因而，保函只有在申请人违约或具备索偿条件的情况下才发生支付。

信用证则是一种国际结算工具，其主要目的在于由银行支付贷款，而并非信用保证，它在交易正常进行时发生支付。

(二) 国际银行保函主要是独立性保函

根据保函与基础业务合同的关系不同，可以分为从属性保函和独立性保函。

从属性保函是指保函是基础合同的一个附属性契约，其法律效力随基础合同的存在而存在，随基础合同的改变、灭失而发生相应变化。在保函产生初期，其性质基本如此。现在各国国内保函也基本上是从属性的。

独立性保函是指保函根据基础合同开立后，不依附于基础合同而存在，它是具有独立法律效力的文件。20 世纪 60、70 年代在国际结算中出现的大多是独立性保函。

独立性保函之所以出现并被广泛采用，主要有两个方面的原因。从受益人的角度来说，独立性保函能使其权益不至于因基础合同纠纷而遭受损失；从银行角度来说，独立性保函能使它不至于卷入复杂的商业纠纷中去。

信用证的性质类似于独立性保函，它是独立、自足的文件，不依附于合同而存在，合同发生变化并不影响信用证的内容和效力。

(三) 国际保函开立银行的责任是第一性的

银行的付款责任是与保函的性质相联系的。

在从属性保函中，银行的付款责任是第二性的，即当申请人违约后，担保银行才负责赔偿。也就是说，第一性责任是申请人履行合同，通常是支付货款或偿还借款等，只有在申请人不履行其责任的情况下，担保银行才履行责任，即赔偿。

因此，在从属性保函中，申请人不履约必然直接导致担保银行发生赔付；反之，申请人履约，担保银行就不会发生赔付。

在独立性保函中，银行的付款责任是第一性的，即只要受益人提出的索赔要求符合保函规定的条件，担保银行就必须付款，而不管申请人是否同意支付，也无须调查合同履行的事实。在这里，合同的履行情况与保函的赔付没有直接的、必然的因果联系。

在独立性保函下，即便申请人履行了合同，如果受益人仍能提出合理索赔，担保银行也应付款；反之，即便申请人没有履行合同，如果受益人提出的索赔要求不符合保函规定的条件，担保银行也不会付款。

信用证中开证行的付款责任是第一性的，只要受益人或出口方银行寄来的单据与信用证的规定相符，它就必须付款，而不管申请人（进口商）的付款意愿或支付能力如何。

（四）银行付款的依据是单据及其他证明文件

保函付款的依据是受益人提出的索偿条件，包括受益人证明、申请人违约的声明和有关单据的副件及其他证明文件。

信用证的付款依据通常是代表货权的单据。

（五）银行保函的适用范围十分广泛

保函的适用范围十分广泛，除用于贸易结算外，还可应用于投标、履约、预付款、维修、补偿贸易、来料加工、工程承包等各种国际经济交易的履约担保。

信用证一般只适用于货物贸易，用途比较单一。

三、银行保函的基本内容

目前各国银行开出的保函已逐渐形成了一个较为统一、完整的格式，其基本要素是相同的。

1. 各当事人的名称和地址

保函应写明申请人、受益人，尤其是担保银行的完整名称和详细地址，因为《合约保函统一规则》明确规定"担保书受担保人营业地所在国的法律约束，如果担保人有几个营业地，则受担保人签发担保书的那个营业地所在国的法律约束"，而各国法律差异很大。明确当事人各方尤其是担保人的全称和地址，不仅可以保证保函的完整、真实，而且对于明确保函的有关法律问题，各方当事人的权利、义务，处理纠纷都十分重要。

2. 合同的主要内容

写明交易合同、协议或标书的号码、签约日期、签约双方及其规定的主要内容，作为确定合同和判断交易双方是否违约的依据。

3. 保函的编号和开立保函的日期

为便于管理和查询，银行通常要对保函进行编号。注明保函开立的日期有利于确定担保银行的责任。

4. 保函的种类

对于不同性质和用途的保函，必须注明其种类，如投标保函、付款保函等。

5. 保函金额

它是担保人担保责任的最高限度，通常也是受益人的最高索偿金额。保函的金额可以是具体的金额，也可以用交易合同金额的一定百分比来表示，一般要写明货币种类。金额的大小写要完整、一致。

6. 保函的有效期

包括保函的生效日期和失效日期两方面内容。

根据保函的不同用途和避免无理索赔的需要，保函有着不同的生效办法。例如投标保函一般自开立之日起生效，预付款保函则在申请人收到款项之日起生效，以避免在申请人收到预付款之前被无理索赔的风险。

保函的失效日期是指担保人收到受益人索偿文件的最后期限。原则上应规定一个明确时间，期限一到，担保人应立刻要求受益人将保函退还注销，因为一些国家法律规定保函不得失效，收回保函可以避免一些不必要的纠纷。

7. 当事人的权利、义务

保函应明确申请人、受益人、担保人及涉及的其他各当事人的责任和权利，如规定担保人在受益人证明申请人违约并提出索偿时，有责任支付受益人的合理索赔，并且有权向申请人或反担保人索偿等。

8. 索偿条件

索偿条件，即判断是否违约和凭以索偿的证明。对此有几种不同的意见：

（1）以担保人的调查意见作为是否付款的依据。认为当索偿提出时，应由担保人对违约事实进行调查，以调查意见作为判断是否违约、是否付款的依据。

这种做法固然有利于担保人，但也易使其卷入无谓的合同纠纷中，而且对受益人不公平。

（2）凭申请人的违约证明付款。认为索偿条件不必与事实相联系，仅需凭申请人签发承认违约的证明作为索偿条件。这种做法对受益人非常不利，往往难以为其所接受。

（3）凭受益人提交的符合保函规定的单据或证明文件付款。认为索偿条件不必与事实相联系，但必须由受益人在有效期内提交保函规定的单据或书面文件，以证明申请人违约，且申请人提不出相反证据时，即可认定所规定的付款条件已经具备，索赔有效。

目前的保函多采取第三种意见为索偿条件。

9. 反担保条款

反担保（Counter Guarantee）是指由反担保人应申请人的要求向担保人开立书面反担保文件，承诺当担保人在申请人违约后作出赔偿，且申请人不能向担保人提供补偿时，由反担保人提供补偿，并赔偿担保人的一切损失。

在国际业务中，由于对外国银行不了解、不信任，以及各国法律差异较大，受益人往往只接受本国银行开立的保函，因而申请人只好委托其往来银行先给受益人当地代理行开立反担保，由该代理行向受益人开立保函，这是一种适用较为普遍的反担保形式。

在开立保函时应写明反担保人名称、地址、权利、责任以及反担保索偿条件、金额等要素。

10. 其他条款

包括与保函有关的转让、保兑、修改、撤销及仲裁等内容。

在实际业务中，保函一般是不可转让的，因为保函转让后，担保人的责任将会复杂化，风险将加大。因此，银行在开立保函时都尽量避免转让条款，而采用其他措施加以协调。

若申请人因交易需要坚持要开立可转让保函，担保人则需在保函上写明受让人，规定不得无记名自由转让，且应注明由申请人承担转让风险，并及时将转让情况通知担保人。

保函的修改、撤销等应在各当事人一致同意的前提下进行。

四、银行保函的国际规则

为明确保函的性质和保函各当事人的责任，规范保函的格式，以及适应并推动保函在国际结算中的应用，有关保函的规则的制定也被提上了议事日程，并取得初步成果。

1978年，国际商会出版了《合约保函统一规则》（第325号出版物，即ICC Uniform Rules for Contract Guarantee，No. 325），并根据该规则于1982年出版了《合约保函标准格式》（第406号出版物，即Model Forms for Issuing Contract Guarantee，No. 406）。不过，这两个出版物并未被广泛采用，加之保函业务的飞速发展，"325"、"406"已不能适应指导保函业务的需要。

为适应国际结算中银行保函的信用证化、单据化的发展趋势，保护银行的正当权益，国际商会于1991年制定了《见索即付保函统一规则》（Uniform Rules for Demand Guarantee，URDG458），URDG458适用于凭索赔书和保函中规定的单据或文件向担保银行索赔的保函，即银行保函的赔付仅凭保函中规定的单据见索即付，而不顾申请人是否违约的事实。

URDG生效后逐渐被全球银行家、贸易家、行业协会及众多国际组织认可和使用，并成为见索即付保函业务（Demand Guarantee）的国际性权威实务操作标准。

借鉴近年来保函及相关业务实践发展经验，在全球范围内四次大规模意见征集的基础上，国际商会银行技术与惯例委员会在2009年秋季全球会议上通过了修订后的《见索即付保函统一规则》（URDG758）。URDG758不仅是对原有规则的完善，更是适应新形势下保函业务发展趋势和需求的一套更清晰简洁、更系统科学的业务规则。引入全新的术语体系后的URDG758将成为见索即付保函业务的权威业务指南。

URDG758于2010年7月1日开始实施。

第二节　银行保函业务的办理程序

一、银行保函的开立方式

根据银行保函的用途和实际交易的需要，银行保函的开立方式主要有以下三种：

（一）直接开给受益人

即担保银行应申请人的要求直接将保函开给受益人，中间不经过其他当事人环节，这是保函开立方式中最简单、最直接的一种。

1. 程序

其主要业务流程如图9-1所示。

图9-1说明：

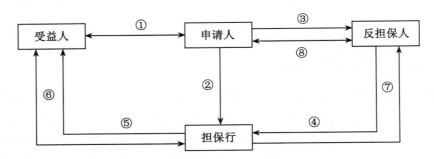

图 9-1　直接对受益人开立保函流程图

①申请人和受益人之间签订合同或协议；

②申请人向担保行提出开立保函的申请；

③申请人向反担保人提出申请开立反担保函；

④反担保人向担保行开立不可撤销反担保函；

⑤担保行向受益人直接开出保函；

⑥受益人在发现申请人违约后，向担保行提出索赔，担保行赔付；

⑦担保行在赔付后向申请人或反担保人索偿，申请人或反担保人赔偿担保人损失；

⑧担保行向反担保人索偿，反担保人赔付后，反担保人向申请人索赔，申请人赔付。

2. 特点

在实际业务中，很少用这种方式开立保函，受益人一般不愿接受这种形式的保函，因为：

（1）受益人接到担保银行开来的保函后，无法辨别保函的真伪，因此无法保障自身的权利。

（2）索偿不方便。即使申请人（委托人）违约，受益人具备索偿条件，但他要求国外担保行进行赔偿却不太方便，如文件的起草和翻译、依据的标准和法律规定的了解、赔款的支付等都有一定困难。

（二）通过通知行通知

担保行应申请人要求开出保函后，将保函交给受益人所在地通知行（或转递行），由该行将保函通知或转递给受益人。

1. 程序

其业务流程如图 9-2 所示。

图 9-2 说明：

①申请人与受益人签订合同或协议；

②申请人向担保行提出开立保函的申请；

③申请人向反担保人申请开立反担保函；

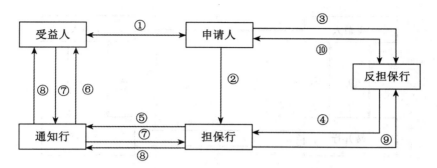

图 9-2　通过通知行开立保函流程图

④反担保人向担保行开立不可撤销反担保函；

⑤担保行开出保函后，将保函交给通知行（转递行）通知受益人；

⑥通知行（转递行）将保函通知给受益人；

⑦受益人在申请人违约后通过通知转递行向担保行索偿；

⑧担保行赔付；

⑨担保行赔付后向申请人或反担保人索偿，申请人或反担保人赔偿担保行的损失；

⑩担保行向反担保人索赔，反担保人赔付后，反担保人向申请人索赔，申请人赔付。

2. 特点

（1）易辨真假。这种开立保函的方式较为普遍，因为受益人接到的保函是经过通知行或转递行验明真伪后的保函，他不必担心保函是伪造的。

（2）索赔不便。但在该方式下，受益人索偿不方便的问题仍然存在。受益人只能通过通知行或转递行向担保行索偿，而通知行或转递行只有转达的义务，它们本身不承担任何责任。因此，实际上还是受益人向国外担保行索赔。

（三）通过转开行转开

当受益人只接受本地银行为担保人时，原担保人要求受益人所在地的一家银行为转开行，转开保函给受益人。这样，原担保人就变成了反担保人，而转开行则变成了担保人。

1. 程序

其业务流程如图 9-3 所示。

图 9-3 说明：

①申请人与受益人签订合同或协议；

②申请人向担保行（指示行）提出开立保函的申请；

③担保行开立反担保函并要求转开行转开；

④转开行转开保函给受益人；

⑤受益人在申请人违约后向转开行索偿，转开行赔付；

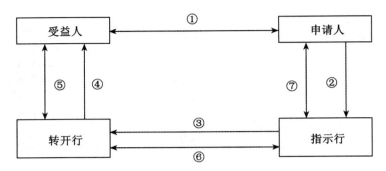

图 9-3　通过转开行开立保函流程图

⑥转开行根据反担保函向担保行（指示行）索赔，担保行赔付；

⑦担保行向申请人索赔，申请人赔付。

2. 特点

以该方式开立保函在现实中很普遍，其优点有三个方面：

（1）解决了受益人对国外担保行不了解，从而不信任的问题。转开行是本地的银行，受益人比较了解和信任。

（2）易辨真伪，并且容易查询。

（3）索赔方便。两者处于同一国家，并且通常是同一城市或地区，不存在语言、风俗习惯、制度和法律方面的差异，一般是互相比较了解的。

以这种方式开立保函，对受益人最为有利。

以上只介绍了三种开立方式的基本流程，在实际业务中，可能没有反担保人，也可能还有保兑行等其他当事人，流程不尽相同。

二、银行保函当事人责任

1. 申请人

申请人（Applicant）亦称委托人（Principal），是向银行提出申请要求开立保函者，一般为经济交易中的债务人，如进口商、借款人等。

申请人的主要责任是按照已签订的合同或协议的规定履行各项义务，在违约后补偿担保行（或反担保人）为承担担保责任而向受益人（或担保人）作出的赔偿，并支付有关费用。

2. 受益人

受益人（Beneficiary）是接受保函，并有权在申请人违约后向担保人提出索偿并获取赔偿者，一般为经济交易中的债权人，如出口商、贷款银行等。受益人有权索偿，但须履行合同规定的各项义务，在索偿时还必须提供保函所规定的索偿文件。

3. 担保行

担保行（Guarantor）是接受申请人要求，向受益人开立保函的银行。担保行的责任是促使申请人履行合同的各项义务，并在申请人违约时，根据受益人提出的索偿文件和保函的规定向受益人作出赔偿，并有权在赔偿后向申请人或反担保人索偿。

4. 通知行

通知行（Advising Bank）是接受担保人的委托将保函通知给受益人的银行。一般是受益人所在地并与担保行有业务往来的银行，通常是担保行的联行或代理行。

通知行只对保函的真实性负责，即核对担保行的印鉴和密押，确认保函是由担保行发出的，而不保证保函实质上的真实与正确，因此，通知行对索偿不负任何责任。通知行在完成通知后可按保函金额的一定比例收取手续费。

5. 转开行和指示行

转开行（Reissuing Bank）是指接受原担保行的要求，向受益人开立以原担保行为申请人及反担保行，以自身为担保行的保函的银行。

转开行一般是指示行（反担保行）的联行或代理行。

转开行转开保函后，成为新的担保行，原担保行便成为保函的指示行（Instructing Bank）。转开行一般为受益人所在地银行，而指示行一般为申请人所在地的银行。

在跨国交易中，受益人出于对申请人所在国银行的不了解、不信任，以及保函受签发地所在国法律约束等原因，往往只接受以本国银行为担保行的保函。因此，原担保行不得不在受益人国内寻找转开行转开保函，以保证交易正常进行。转开行转开保函后，自身成了担保行，因而对受益人的索偿负有赔偿责任，在赔偿后有权向指示行凭反担保函索偿。

6. 反担保行

反担保行（Counter Guarantee Bank）即接受申请人的委托向担保行出具不可撤销反担保，承诺在申请人违约且无法付款时，负责赔偿担保行所作出的全部支付者。反担保行是与申请人有经济业务往来的其他银行。反担保行负有向担保人（转开行）赔偿的责任，同时也有权向申请人索偿。

7. 保兑行

保兑行（Confirming Bank）是根据担保行的要求，在保函上加具保兑，承诺当担保行无力赔偿时，代其履行付款责任的银行，亦称第二担保行。

当受益人认为担保银行的资信状况不足以信任时，可要求担保行寻找一家国际知名的大银行作为保兑行对保函进行保兑，实际上相当于双重担保。保兑行在替担保行赔偿后，有权向担保行索偿。

三、对外开出银行保函

银行保函的开立是一项手续复杂、政策性强的工作。下面是我国银行关于保函的操作实务。

（一）申请人向银行申请开立保函

申请人在与受益人签订合同或协议以后，根据合同或协议规定的条件和期限向银行申请开函。

1. 递交保函申请书

保函申请书是申请人表示请求担保行为其开立保函的意愿的文件，是担保行凭以开出保函并澄清申请人法律义务的依据。其主要内容包括：

- 担保行名称。
- 申请人名称、地址。
- 受益人名称、地址。
- 合同、标书或协议的名称、号码及日期。
- 合同或协议下商品或项目名称、数量。
- 保函的币种、金额（大、小写）。
- 保函的种类，用以标明保函的性质、用途。
- 保函的效期，包括生效日期和失效日期。
- 保函的发送方式，即保函是电开还是信开。
- 保函的其他当事人情况。即保函是直接开给受益人，还是通过通知行通知，转开行转开，保兑行保兑。若是后者，还须写明通知行、转开行或保兑行的全称及详细地址。
- 申请人的保证。即当受益人按照保函索偿条件提示所需文件，并提出索赔时，申请人将承担全部责任，保证补偿担保人因承担担保责任对受益人所作出的支付，且付款后无追索权。
- 申请人声明同意按照国际惯例、有关法规和担保行内部规定处理保函业务的一切事宜，明确双方各自的责任，并由申请人承担由此产生的一切责任。
- 申请人的开户银行名称、账号及联系电话。
- 申请人单位公章，法人签章及申请日期。

2. 提交交易合同或协议或标书的副本

为便于担保行了解交易的有关内容，申请人应提交有关合同的副本，若合同或协议中规定了保函的格式，则应提供该保函的格式。

3. 提交财务报表以及与交易有关的资料

申请人应向银行提交出口许可证、项目可行性研究报告等有关资料及财务报表，以供银行审查。

4. 落实反担保

提交反担保文件，落实反担保措施，或缴存保证金，提供抵押物。

（二）担保银行审查

担保行在接到申请书以后，要对是否接受开立保函申请进行审查，其主要内容包括：

1. 对担保范围的审查

根据我国《境内机构对外提供外汇担保管理办法》（中国人民银行，1996年）的规定，担保的范围限制如下：

（1）担保人不得为经营亏损企业提供对外担保。

（2）担保人不得为外商投资企业注册资本提供担保。

（3）被担保人的对外借款投向须符合国家产业政策。

（4）除外商投资企业外，担保人不得为外商投资企业中的外方投资部分的对外债务提供担保。

申请开立的保函必须在担保法规规定的担保业务范围内。只有经批准有权经营对外担保业务的金融机构（不含外资金融机构）才能对外担保，且外汇保函担保金额与银行外债余额之和不得超过担保行自有外汇资金的法定比例（20 倍）。担保人不得以留置或者定金形式出具对外担保。违反上述条件均不能担保。

对境内外资金融机构出具的担保视同对外担保。

2. 对申请手续的审查

（1）审查申请书内容是否填写清楚、准确、完整，申请人的法人签章和公章是否齐全、正确。

（2）审查申请人应提交的其他文件，如合同副本、反担保文件、企业财务报表是否真实、准确、齐全。

对于外资企业，在第一次申请开函时，还需提交全套的审批文件、合资合同、章程、验资报告、营业证书、营业执照、董事会决议等一系列资料。

3. 对交易项目的审查

担保行对保函所涉及项目的合法性、可行性、效益情况要作出判断，即项目合同的内容是否符合我国的有关政策和平等互利的原则，贸易合同是否符合国家进出口许可证制度；借款项目是否已纳入国家利用外资的计划，是否报经国家外汇管理部门批准；项目的配套资金、原材料是否落实，产品市场前景如何；项目的经济效益、借款人的偿债能力如何等。

4. 审查反担保及抵押情况

（1）审查反担保人资格。按照我国担保法规规定，允许提供外汇反担保的机构仅限于经批准有权经营外汇担保业务的金融机构和有外汇收入来源的非金融性企业法人，政府部门和事业单位不得对外提供外汇担保。

对人民币保函进行反担保的单位也必须是资信较好、有偿债能力的金融机构和企业法人。

不满足上述条件的反担保人开立的反担保函银行应不予接受。

（2）审查保证金情况。对于外汇保函，根据不同的需要，申请人或缴存 100% 的现汇保证金，或只提交由合法反担保人出具的人民币反担保。以上情况银行可视同保证金到位，予以开函，但申请人必须保证在汇率发生变化，原保证金不足以对外支付时，及时补足差额部分。

对于人民币保函，申请人缴存 100% 的人民币保证金或提交合法反担保人出具的人民币反担保，银行都可以开函。

（3）审查反担保文件。反担保人出具的反担保函必须是不可撤销的，其责任条款也应与银行对外出具的保函责任条款一致。

反担保函内容必须准确、清楚、完整，并且明确说明当反担保人在收到担保人书面索偿通知后若干天内必须无条件支付所有款项。到期未付，担保行有权从反担保人账户上自动划款，反担保人不得以任何理由拒付，并放弃一切抗辩和追索的权利。

另外，反担保函的生效日期应早于保函生效日期，而失效日期则应迟于保函。

（4）审查抵押物情况。审查抵押物是否合法，申请抵押时是否履行必要的审批登记程序，在申请人无力偿债时，担保行是否能依法对抵押物取得无可争辩的置留权；抵押物的品质、价格情况如何，是否易于保管，变现能力怎样等。

（5）担保人提供对外担保。应当与债权人、被担保人订立书面合同，约定担保人、债权人、被担保人各方的权利和义务。如担保人有权对被担保人的资金和财产情况进行监督；担保人提供对外担保后，债权人与被担保人如果需要修改所担保的合同，必须取得担保人的同意，并由担保人报外汇局审批；未经担保人同意和外汇局批准的，担保人的担保义务自行解除；担保人提供对外担保后，在其所担保的合同有效期内，担保人应当按照担保合同履行担保义务。担保人履行担保义务后，有权向被担保人追偿；担保人提供担保后，在担保合同的有效期内债权人未按照债务合同履行义务的，担保人的担保义务自行解除；担保人有权要求被担保人落实反担保措施或者提供相应的抵押物；担保人有权收取约定的担保费等。

（三）开立保函

担保行对申请人提供的上述资料审查无误后，可以开函。

1. 编号登记

为了便于内部管理和事后查阅，担保行在每笔保函开出之前都应编号，并按顺序登记，注明有关保函的主要内容，如保函号码、开立日期、种类、金额、有效期、申请人、受益人或其他当事人的全称，以及保函的电开、信开等。

2. 缮打保函

编号登记完毕以后，银行根据申请书的有关内容（有时还有申请人提供的保函格式），缮打保函一式五联，要求外观整洁、整齐、要素齐全，不得涂改。保函五联中，一联退回申请人留存，一联由担保行归档、留底，一联作为担保行记账传票附件，另外两联在信开方式中直接寄给受益人，在电开方式中则应交有关部门加押后作为发电依据。

在电开方式中还应注意，由于担保行与受益人之间没有密押关系，受益人无法核实保函，所以，电开保函一般先开给与之有密押关系的通知行，由通知行核对无误后，通知受益人。若电开保函直接开给受益人，担保行还须向受益人补寄电传证实书，以便受益人证实、查收保函。

3. 审查保函

在保函发出之前，担保行应对保函的条款及文字表述作严格审查，看保函是否合法，是否与合同一致。保函一般不应该有不确定金额，有效期或"无条件见索即付"、"可自由转让"等字样。对此，审查人员应严格把关，避免不利条款或文字表述不当造成不必要的纠纷。

（四）保函的审批、登记

1. 行内审批登记

保函在对外发出以前，经办人只需填写保函审批表，写明保函主要内容，报科、处、行领导审批，并同时填写保函管理表，写明保函收费、修改和保函副件情况，以备日后收具、修改、查询之需。

2. 报请上级管理机关审批和登记

中国人民银行授权国家外汇管理局及其分、支局为对外担保的管理机关，负责对外担保的审批、管理和登记。

经外汇局批准后，担保人方能提供对外担保；未经批准擅自出具对外担保，担保人对外出具的担保合同无效。

（五）保函的修改

不可撤销保函的修改必须经当事人各方一致同意后方可进行，任何一方单独对保函条款进行修改都应视作无效。当申请人与受益人就保函修改取得一致后，由申请人向担保行提出书面申请并加盖公章，注明原保函的编号、开立日期、金额等内容以及要求修改的详细条款和由此而产生的责任条款，同时应出具受益人要求修改或同意修改保函的书面材料。担保行在审查申请并同意修改以后，向受益人缮打修改函电，由主管负责人签字后发出。

若修改为增加保函金额，则应视作重开一份新的保函，一切手续与前述手续相同；若修改为减少保函金额，担保行只须填制有关传票冲销减少金额即可。

（六）保函的管理

担保行在开出保函后，须对保函进行严格的后期管理，以保证项目的顺利进行，确保银行资产安全。

1. 保函的档案管理

担保行每办理一笔保函业务，都要将其归档留底，以备事后监督、查询、分析风险、处理债权债务关系以及法律诉讼之需，因此保函的档案必须完整、系统，便于查找。

（1）要对保函进行立卷，每笔保函立一个卷宗，其基本内容应包括保函副本、申请书、申请人证明文件、合同或协议副本、保函审批文件等；

（2）对保函卷宗进行分类，按照币种、保函性质及开立年份对保函进行三级分类，在同一性质保函中，按时间顺序编号；

（3）设立档案目录，以方便档案的查阅和管理。

2. 担保项目的管理

担保行除了对保函的相关文件进行档案管理外，还应对保函涉及的项目进行监督管理，其主要内容包括以下几个方面：

（1）担保人应经常检查项目的执行情况，督促申请人严格履约，必要时，还需调解双方的纠纷和争议。

（2）对项目贷款进行监管，要求申请人将项目的贷款转入担保行账户，严格按照预先确定的项目资金使用计划使用贷款，并及时还本付息。

（3）担保人在每年年初，应及时向申请人计收当年的担保费，并登记保函管理表，防止迟收、少收或漏收。

（七）保函的索偿与赔付

当申请人违约、受益人提示符合保函要求的全套正确的单据或文件时，担保人即可认定索偿有效，立即予以赔付，而不得以任何理由拖延。

在划款之前，担保人还应要求受益人或由受益人通过其往来银行确认，在收到赔付款项之后，担保人在保函项下的责任将随着赔付而减少，直至全部款项清偿完毕而自动解除，并要求受益人在收到全部赔款后，将失效保函退回担保行注销。

（八）保函的撤销

保函在到期后或在担保人赔付保函项下全部款项后失效。保函失效以后，担保行应向受益人发出函电，要求其退还保函正本，并将保函留底从档案卷中调出，用红笔注明"注销"字样，连同退回的保函正本一同归于清讫卷（已注销保函的档案）备查。另外，担保行还须视情况对账面作出相应调整。

四、外来银行保函的处理

银行除了开出保函以外，也可能收到国外银行开来要求处理的保函，外来银行保函根据对方不同的要求可分作要求通知函和要求转开函。

（一）收到要求通知函

收到此函，银行只是作为通知行（转递行）起中介作用，因此，它只需核对保函的印鉴和密押与担保函是否相符，相符则将保函转呈受益人，并收取0.1%的手续费。此时银行对受益人的索偿不负任何责任。

（二）收到要求转开函

收到此函，银行作为转开行，要开立一份以原担保函（反担保函）为反担保函，以真实受益人为抬头的新保函。此时银行对受益人的索偿负有经济责任，因而要对反担保函进行审查和登记，然后才能开函。

1. 对反担保函进行审查

其内容主要包括：

（1）审查原担保人的国籍或所在地区是否属于我国不与之往来的国家或地区。若是，则应退回保函，拒绝受理。

（2）审查保函的印鉴和密押与原担保行是否相符。若不符则应退回保函，并告之受益人。

（3）审查原担保银行的资信状况和偿债能力。若发现对方银行资信不好，担保金额与其实力不相适应或该银行属于实行外汇管制的国家，转开行应考虑请原担保行在保函结算地寻找一家国际知名的大银行。

（4）保函的内容是否正确。包括保函的内容是否合法，是否违背我国有关政策和公平贸易原则；反担保函与要求开给受益人的保函内容是否矛盾，保函的要素是否齐全，书写是否正确。

（5）反担保函的生效日期和失效日期

反担保函的生效日期应早于转开函的生效日期，其失效日期应晚于转开函的失效日期。

2. 登记

审查无误以后，转开行应逐笔对保函进行登记，并注明保函的主要内容，如受益人、反担保行、金额、期限、保函编号等情况以及收到保函的日期。

3. 开函

在审查、登记工作完成以后，转开行可根据反担保函提供的保函格式和内容向受益人开函，其程序与前述对外开出保函相似。转开保函后，转开行应及时向原担保行收取转开手续费。

4. 保函的管理、赔付与撤销

转开保函后，转开行承担了担保行的一切责任。故它需对保函进行管理，在遇到索偿时赔付，直至最终撤销保函。

第三节 银行保函的种类

银行保函由于形式灵活、简便可靠而被广泛运用于国际经济交易的各个领域，不同领域的不同用途造就了保函不同的特点和形式。

一、银行保函的划分标准

关于银行保函，至今尚未形成统一的分类标准，目前较为常见的划分方法主要有两种。

（一）根据银行保函的作用不同划分

1. 信用保函

信用保函是指银行利用自己的信用为申请人担保，其目的是促使商业活动的顺利进行。信用保函主要包括借款保函、投标保函、履约保函、预付款保函、租赁保函、付款保函、来料加工保函、工程质量保函、质量维修保函、留置金保函、提货保函等。

2. 融资保函

融资保函是指银行利用自己的信用为申请人担保，其目的是为申请人取得融通资金的便利或避免其垫付资金。融资保函主要包括海关保函、保释金保函、透支保函等。

（二） 根据银行保函的性质不同划分

1. 付款保函

付款保函是指银行利用自己的信用为申请人担保，保证其按合同规定付款。付款保函主要有借款保函、透支保函、进口付款保函、租赁保函、保释金保函等。

2. 信用保函

信用保函是指除上述付款保函以外的其他履约保函。信用保函主要包括投标保函、履约保函、预付款保函、质量保函、维修保函、补偿贸易保函、易货保函、对销保函等。

其实，这两种划分标准都不太科学，因为银行开立保函的根本目的是利用自己良好的信用来弥补商业信用的不足，促使申请人履行合同，从这种意义上讲，信用担保是银行保函的共性，任何保函都不例外。而以上两种划分中分别将融资、付款保函从信用保函中分离出来而与信用保函并列是欠妥当的。因此，银行保函的分类标准值得进一步研究和探讨。

二、工程承包业务中的银行保函

1. 投标保函

投标保函（Tender Guarantee）是指担保银行应投标人（申请人）的委托向招标人（受益人）开出的书面保证文件，保证投标人在开标前不中途撤标、不片面修改投标条件，中标后不拒绝交付履约保证金、不拒绝签约，并承诺当投标人出现上述违约行为时，由担保人赔偿招标人的全部损失。提交投标保函是投标人参加投标的必要条件之一。

投标保函金额一般为投标报价的2%~5%，不同报价有着不同的比例。因此，投标保函上不应写明担保的具体金额或"代表投标金额×%"字样，以免被推算出投标报价而过早暴露标底，失去中标机会。

在实际操作中，投标人往往采用要求银行开出略高于招标文件规定比例保函的方法来解决这一问题。

投标保函一般自开立之日起生效，在开标后一定时期内，若投标人未收到中标通知，则保函失效；若收到中标通知，则保函自动延续到投标人与中标人签订合同并提交规定的履约保函时失效。

2. 履约保函

履约保函（Performance Guarantee）是担保银行应申请人的要求向受益人开出的保证申请人按合同条款履行各项义务，否则由担保人赔偿受益人一定金额损失的保证文件。

履约保函的应用范围比较广，在进出口贸易、来料加工、工程承包、补偿贸易、融资租赁以及质量维修等方面都可以使用。

由于履约保函的涵盖面比较广，而担保金额又相对较高（一般为合同总金额的

10%左右），所以，许多担保银行都尽量将履约保函下的一些担保行为分离出来，成为一种独立的保函，以这种担保金额较少、风险较小的保函去替代履约保函执行某一专门领域的担保任务。

例如，在承包工程项下，承包方的履约保函一般只开到工程完工时为止，而对工程质量和维修方面的责任则通过另开一份质量、维修保函（担保金额只占工程总价的5%左右）来承担，而不必将履约保函开至质量、维修责任期，以降低成本，减少风险。

履约保函的有效期一般自相关合同生效之日起，至合同失效之日或双方协商确定的具体期限止。

3. 预付款保函

预付款保函（Advanced Payment Guarantee）又称还款保函（Repayment Guarantee），是担保银行应申请人（预付款收取者）要求向受益人（预付款支付者）开出的担保文件，保证在申请人不按合同规定履行义务，也未将受益人预付给申请人的任何金额以其他方式偿还时，由担保行向受益人赔付一定金额款项。

预付款保函适用于进出口贸易、工程承包和技术贸易中一切预付款和带有预付款性质的分期付款业务。

例如，在船舶出口业务中，出口方为了确保进口方购买自己的船舶，往往要求进口方预付一定金额的保证金，而进口方为了确保在预付保证金后能够按时收到合格的船舶，在预付款项的同时就会要求出口商提交一份预付款保函，保证当出口商未能按时按质提交船舶时，出口商或担保银行将如数退还进口方预付款项及相应利息。

预付款保函的担保金额视预付款金额而定，一般为合同金额的10%左右，保函自申请人收到预付款之日起生效，以免在此之前遭到无理索赔，在申请人履行了合同规定的义务或预付金全部扣减完毕时失效。

4. 透支保函

透支保函（Overdraft Guarantee）实质上是借款保函的一种特殊形式。在西方国家里，许多情况下的短期流动资金贷款是通过透支实现的，即要求透支人向银行提交申请，经银行审批同意后签订透支协议，规定申请人在银行开立透支账户，由银行在一定期限、一定透支额度内给予融通资金，到期由申请人偿还透支金额及相应利息。

透支保函是担保银行应申请人的要求向被透支行开出的，保证借款人到期如数偿还透支金额及相应利息，否则由担保行赔付的保证文件。保函金额一般为透支协议规定的金额和利息，期限由双方约定或至透支偿清时时失效。

5. 维修保函

维修保函（Maintenance Guarantee）和质量保函是同一性质的保函，后者多用于货物贸易，而前者则适用于工程项目或大型成套设备的进出口业务。

维修保函保证工程或设备在保用期或保修期内出现质量问题，由承包人或出口商负责维修并承担维修费用，否则，将由担保行对其进行赔偿。维修保函一般为合同金额的5%，它自工程完工或设备启用之日起生效，至保修期或保用期期满时失效。

6. 关税保函

关税保函（Guarantee for the Customs Duties）又叫海关保函，适用于国际承包工程入境机械设备的关税免征。在国际承包中，工程所在国海关往往要对因施工、安装需要而入关的机械设备征收关税作为押金，待工程完工、设备出关时退还。承包人为了加速资金周转，往往请担保行开立关税保函，保证在施工结束后，将机械设备运回本国，否则由担保行支付这笔税金，借以免缴押金。关税保函以海关规定的税额为担保金额，有效期一般自机械设备入关之日起生效，至出关时失效。

7. 留置金保函

在国际承包以及大型成套设备进出口业务中，业主或进口商为了确保工程质量和保证设备安装调试后能正常运转，达到设计生产能力，在支付工程价款或设备货款时，往往留置一定比例（一般在5%～10%之间）款项作保留金不付给承包商或出口商，待工程和设备验收合格后再付。

由于上述项目所涉及的金额都很大，扣收留置金对承包商或出口商来说非常不利，所以，他们往往采用开立留置金保函（Retention Money Guarantee）的办法，以保证若发现承包工程或设备达不到合同规定的质量要求，承包商或出口商将把提前收回的留置金退回工程业主或进口商，否则由担保银行进行赔偿。

留置金保函的金额与留置金相等，保函一般于支付工程进度款或支付货款时生效，至工程或设备的保用期或保修期期满时失效。

三、其他贸易保函

1. 付款保函

付款保函（Payment Guarantee）是担保银行应申请人（进口商）要求向受益人（出口商）开出的保证进口方在收到符合合同规定的货物后向出口方支付全部货款，否则由担保人赔偿出口方损失的书面保证文件。

付款保函适用于进出口贸易，其担保金额一般为货物价款及相应利息。有效期从保函开立之日起至出口方收到货款或双方约定的具体时间止。

付款保函根据付款时间不同可分作即期付款保函和远期付款保函。即期付款保函中担保行的责任是保证进口方对主要货款凭出口方交来的货运单据立即付款，而远期付款保函中担保行的责任是保证进口方对自己开出的远期汇票加以承兑。

2. 来料加工保函

来料加工是指由出口方提供技术、生产设备和必要的原材料及零部件，由进口方提供厂房和劳动力，按照出口方要求的质量、规格和款式进行加工装配，生产出成品交给对方销售，进口方收取加工费的贸易方式。

为了防止进口方不能按时加工装配成品偿还设备及零部件价款，出口方往往要求对方提交银行开具来料加工保函（Guarantee for Processing of Imported Material），保证进口方在收到符合合同规定的生产设备、原材料及相关技术和资料后，在合同规定的期限内，按质按量地将产品交出口方或其指定的第三者，否则将由担保人负责赔偿。

来料加工保函的担保金额根据生产设备和原材料的价格而定，一般自进口方收到设备、零部件之日起生效，至设备、零部件价款清偿完毕之日失效。

3. 补偿贸易保函

补偿贸易是指贸易双方就某个项目达成协议后，由出口方提供该项目生产所需的设备和技术，由进口方提供厂房、劳动力进行生产，产成品以返销的形式来补偿出口方的设备款、技术转让费及相应的利息。

在补偿贸易中，出口方为了避免因进口方违约而不能按时补偿设备价款、技术费用而使自己遭受损失的风险，往往要求进口方提交补偿贸易保函（Guarantee under Compensation Trade），保证在合同规定的期限内补偿设备款及相应利息，否则，由担保人负责赔付。

保函金额由出口方提供的设备、技术价款确定；有效期从进口方收到设备，并安装调试完毕，进行试生产时开始，至保函项下全部价款清偿完毕或双方约定的具体日期止。保函必须注明担保银行的付款责任随着申请人或担保人向受益人所作的补偿而递减，以避免不必要的纠纷。

4. 租赁保函

租赁是指资本设备的所有人把自己的资本设备在一定的期限内出租给承租人使用，由承租人支付一定租金的业务。租赁保函（Leasing Guarantee）是担保银行应承租人的要求向出租人开立的保证承租人按照合同的规定支付租金，否则将由担保行进行赔付的保证文件。

租赁业务涉及复杂的商业性和技术性问题，而且租期一般都比较长，这就对担保银行的保函管理提出了较高的要求。为此，担保行应事先参与租赁合同的制定，确保合同条款公平、合理，并据此开出保函，明确各当事人的权利、义务和索偿条件，使自己不至于卷入一些不必要的纠纷中去。另外，担保行还应随时了解租赁项目的进展情况，了解从原材料到生产、销售等诸环节存在的问题，了解承租人的财务状况和租金支付情况，做到心中有数而不至于遭到无理索赔的损失。

租赁保函的金额应与租金及其相应利息相等，一般自承租人收到租赁设备并验收合格起生效，至承租人支付完全部的租金时或双方约定的时间失效。

5. 易货保函

易货保函（Barter Guarantee）适用于易货贸易中的担保，它是由担保行应申请人的要求向受益人开出的保证申请人按期按质提交合同规定的货物，否则由担保行赔付的保证书。担保金额以货物价格为准，效期由双方协商确定。

6. 质量保函

在进出口贸易中，进口商为了确保货物品质符合要求，往往要求出口方提交质量保函（Quality Guarantee），即保证按照合同规定的质量标准交货，若发现货物品质不符合规定，由出口方负责退换或补偿损失，否则，由担保行进行赔付。质量保函的担保金额一般为合同金额的 5%～10%，其效期由双方根据交易需要协商确定。

7. 提货保函

提货保函（Shipping Guarantee）又称承运货物收据保证书（L/G for Production of

B/L)。在货物进出口贸易中，当货物先于提单到达目的港时，进口方为了防止货物因压仓、变质或遭遇市场价格波动而受到损失，在提单到来之前可要求担保银行出具提货保函，凭保函向运输公司提前提货、报关并销售。提货保函保证进口方在收到提单后立即交还运输公司，并承担因提前提货而可能给运输公司造成的损失。

另外，保函还必须保证日后无论是否发生信用证项下的单证不符或其他情况，均应到期付款。保函金额由双方协商确定，自开立之日起生效，至交还提单或保函项下付款责任结算之日失效。

8. 议付保函

在信用证结算方式中，受益人向议付行提交跟单汇票时，若单证不符，议付行拒付，则受益人可要求担保银行开立议付保函（Negotiating Guarantee）给议付行，请求议付行议付，并保证当开证行拒付时，由受益人或担保行赔偿议付行的全部损失。议付行保函的金额一般以信用证金额为准，自开立之日起生效，至开证行付款或保函责任清偿完毕时失效。

四、非贸易保函

1. 借款保函

借款保函（Bank Guarantee for Loan）是担保银行应借款人要求向放款人开立的保证借款人到期归还贷款本息，否则由担保人进行赔付的书面担保文件。

随着国际信贷业务的不断发展和国际金融市场的日益繁荣，国际间拆放款业务（例如向欧洲货币市场借款、跨国银团贷款等）越来越频繁，金额也越来越大，贷款人出于安全考虑，往往将要求借款人提交借款保函视作放款的必要条件之一，把它作为审查决定是否放款的重要依据。

借款保函的担保金额一般为贷款总额及其利息之和，保函自开立之日起生效，至借款人偿清全部本利总和之日失效。保函的担保责任随借款人的偿还而自动递减。

2. 海事保函

海事保函（Guarantee for Maritime Accident）又叫保释金保函，是担保银行应因海上事故而被扣留的船只的要求向事故地法院或港务当局开立的保证船方将按照法庭判决赔偿损失，否则将由担保银行支付这笔赔偿金的保证书。船方凭此保证书可向事故地法院或港务当局申请放行船只，以免遭受船只扣留的经济损失。海事保函的金额由当地法院或港务当局确定，自开立之日起生效，至船方按照判决赔偿时失效。

3. 票据保函

票据担保（Avalizaxon）是银行保函的一种特殊形式，是指担保银行在商业票据上加签银行担保，保证债务人按期足额偿债，否则由担保银行进行赔付。

票据担保类似于银行承兑汇票，担保人风险较大，因此担保人在签发担保时要强化审查，持谨慎态度。

第四节　备用信用证

一、备用信用证的含义

备用信用证（Standby Letter of Credit，SL/C）又称商业票据信用证（Commercial Paper L/C）、担保信用证（Guarantee L/C），是一种特殊形式的光票信用证。

根据美国联储监理官的解释，备用信用证是"代表开证行对受益人承担一项义务的凭证。在此凭证中，开证行承诺偿还开证申请人的借款或对开证申请人的放款，或在开证申请人未能履约时保证为其支付"。

根据美国联邦储备银行管理委员会的定义，备用信用证是一种能为受益人提供下列担保的信用证或类似安排：

- 偿还债务人的借款或预支给债务人的款项；
- 支付由债务人所承担的负债；
- 为债务人不履行契约而付款。

从以上定义可以看出，备用信用证只在申请人违约时才使用，起支援、补充作用，其实质是一种银行保函。

备用信用证起源于19世纪中叶的美国。当时，美国的联邦法律只允许担保公司开立保函，而禁止商业银行为客户提供担保或保证书服务。为了拓展业务和适应对外经济往来的需要，美国商业银行创立了备用信用证，用以代替保函，逃避法规的管制。日本的立法也是禁止银行从事担保业务的。因此，备用信用证在美日两国使用较广。

备用信用证的用途几乎与银行保函相同，既可用于成套设备、大型机械、运输工具的分期付款、延期付款和租金支付，又可用于一般进出口贸易、国际投标、国际融资、加工装配、补偿贸易及技术贸易的履约保证。总之，只要在一笔国际经济业务往来中，甲方对乙方承担了义务，而乙方认为甲方的承诺尚不够安全时，都可以通过由甲方请开证行为乙方开出备用信用证的方式对履约、付款的承诺加以确证。

因此，备用信用证是一种介入商业信用中的银行信用，当申请人违约时，受益人有权根据备用信用证的规定向开证银行索偿。

根据美国《货币审计官法》的规定，备用信用证的特点如下：

- 银行必须从它所提供的担保中收取费用和其他合法的业务对价。
- 银行的担保必须有明确的效期。
- 银行的担保必须有明确的并受限制的金额。
- 银行的支付责任必须只凭出示特定的证据，且银行不许参与确定事实上或法律上有争议的问题。
- 一旦银行付款，申请人对补偿银行的损失必须负有绝对责任。
- 备用信用证遵循《跟单信用证统一惯例》。

只有符合上述特点的备用信用证才会被认为是合法的，有效的。

这里需要特别指出的是，虽然备用信用证实质上是银行保函，但它的索偿却是根据《跟单信用证统一惯例》的规定而并非根据《合约保函统一规则》和《见索即付保函统一规则》。当申请人违约后，受益人可凭备用信用证向开证行开出汇票，并附上申请人未履约的证明。开证行只是凭单付款，不管合同和货物，也没有辨识受益人提供证明的真伪的义务。

二、备用信用证的特点

（一）备用信用证与银行保函比较

备用信用证实质上是一种银行保函，它与银行保函都是以银行信用来弥补商业信用的不足，由担保行应申请人的要求向受益人开立的书面保证文件。但它们也有着显著的不同。

1. 遵循的规则不同

根据《跟单信用证统一惯例》第一条的规定，一切跟单信用证包括在其适用范围内的备用信用证都必须遵循此统一惯例。因此，在备用信用证和银行保函的业务处理和对有关权利、责任、条款及术语的解释上，两者都有一定的差异，例如，按照信用证惯例，信用证必须明确规定到期日期，因而备用信用证未写明到期日应被认为是无效的。

银行保函则只能参照《合约保函统一规则》进行解释，且该规则至今还未被世界各国所认可而成为通行的惯例。保函按照规则可不必规定具体的到期日。

2. 要求的单据不同

备用信用证一般要求受益人在索赔时提交即期汇票和证明申请人违约的书面文件。

银行保函则不要求受益人提交汇票，但对于表明申请人违约的证明单据的要求要略微复杂些。例如，受益人除了提交证明申请人违约的文件外，还需提交证明自己履约的文件，否则，担保行有权拒付。

3. 付款依据不同

保函与履约相联系，其付款依据是有关合同或某项承诺是否被履行，因此，保函赔付的审查较为复杂，往往易使担保人牵扯到申请人与受益人的纠纷中去。

备用信用证与单据相联系，只要受益人能够提供符合信用证规定的文件或单据，开证行即验单付款，而不去理会合同情况。

正因为如此，保函担保人的风险较大且不易控制，而备用信用证开证人的风险较小且易于控制。

（二）备用信用证与跟单信用证比较

备用信用证与跟单信用证都是介入商业信用的银行信用，都属于信用证范畴，在业务处理上都遵循《跟单信用证统一惯例》，凭有关单据而不是货物进行付款且银行付款责任基本相同。

在跟单信用证业务中，开证行的付款责任是第一性的，只要受益人提示信用证中规定的单据，开证行就必须立即付款，而不管此时申请人是否或能否付款。备用信用证实质上是一种独立银行保函，开证行一般处于第一性付款人的地位。但两者仍有一些区别：

1. 单据作用不同

跟单信用证一般都要凭符合信用证规定的代表货权的单据付款，而备用信用证则要凭受益人证明申请人违约的声明或单据付款。

2. 适用范围不同

跟单信用证一般只适用于货物贸易结算，而备用信用证则可适用于诸多经济活动中的履约担保，其用途与银行保函几乎相同，运用得十分广泛。

本 章 小 结

银行保函不同于汇款、托收、信用证等结算方式，其主要作用不是直接收付货币资金，而是银行通过借出自己的信用来为商业活动中不被信任的一方担保，从而使交易活动顺利进行。

银行保函分为从属性保函和独立性保函。从属性保函中担保行承担第二性付款责任，独立性保函中银行承担第一性付款责任。

银行保函的开立主要是通过通知行通知及通过转开行转开。

担保行通常要求申请人提供反担保来降低担保风险，有时也采用收取押金、抵押物等措施。

银行从事担保业务要经过申请人申请、银行审查、银行开立保函、保函修改、保函管理、保函索偿与赔付、保函撤销等环节。

如果是接到国外银行的转开委托，应对反担保函、反担保行进行详细审查。

银行保函目前尚无权威、统一的分类，本书根据其使用领域，将其分为三类，即工程承包业务中的银行保函、其他贸易保函、非贸易保函。

备用信用证是一种信用证形式的银行保函。

复习思考题

一、名词解释

银行保函 SL/C　　独立性保函　　从属性保函　　反担保行　　反担保函
指示行　　转开行　　备用信用证

二、简答题

1. 银行保函的含义与特点。
2. 银行保函的开立方式。

3. 银行保函应如何分类？

4. 备用信用证的含义与特点。

5. 银行保函国际惯例规则的类型与主要观点。

第十章　国际保理服务

◎ **本章学习目的**

在学习本章之后，应该掌握以下内容：

1. 国际保理服务的含义与内容。
2. 国际双保理服务的结算程序。
3. 国际保理协议的主要条款。
4. 国际保理服务的特点与使用背景。
5. 国际保理服务国际规则的名称与基本内容。

第一节　国际保理服务的基本内容

一、国际保理服务的含义

国际保理服务（International Factoring）又叫国际付款保理或保付代理、承购出口应收账款业务等。它是商业银行或其附属机构通过收购消费品出口债权而向出口商提供坏账担保、应收账款管理、贸易融资等服务的综合性金融业务。

其核心内容是以收购出口债权的方式提供出口融资和风险担保。

提供保理服务的公司即保理公司或保理商，它们通常是国际上一些资信良好、实力雄厚的跨国银行的全资附属公司。这些公司虽然是独立于银行的法人，但它又依托于银行，并以银行为后盾，银行的地位、声誉、网络信息和资金等都可以为其所用。

二、国际保理服务的内容

1. 提供风险担保

保理公司通过无追索权地购买出口商所拥有的出口债权而进行风险担保。如果进口商在付款到期日拒付货款，则出口保理商在付款到期后 90 天内无条件地向出口商支付所购买的价款。

保理商购买的出口债权可以是全部，也可以是部分。如果保理商认为购买全部债权风险太大，可只在所核准的信用额度内购买，对已核准应收账款提供 100％的坏账担保（Full Protection against Bad Debts），对超过核准信用额度的货款则不承担责任。

信用额度经批准后，有效期一般为 1 年，1 年之后再根据客户的资信变化情况、收汇考核实绩、自身的业务经验和出口商的业务需求调整信用销售额度。当然，如在 1 年之内进口商资信情况有明显变化，保理商可随时通知减少或取消其信用额度。不过，对于他与出口商已签订的尚未付款的合同，保理公司仍需承担信用额度内的风险。

对于由贸易纠纷引起的呆账和坏账，保理商不承担信用风险。这样做的目的是使出口商必须交付合格的货物，严格履行合同义务，不可借保理公司的风险担保而交付质量低劣、短斤少两的货物。保理公司为保证自己不受不法出口商的欺骗，通常要求出口商提供货物检验和运输等方面的保证。因此，在通常情况下，只要出口商将每个客户的销售量控制在保理商核定的信用额度以内，就能有效地降低因买方信用造成的坏账风险。

2. 提供贸易融资

保理业务根据提供融资与否，分为到期保付代理（Maturity Factoring）和融资保付代理（Financed Factoring）。

在到期保付代理业务中，出口商将出口单据卖给保理机构，该机构承诺并同意于到期日将应收账款即单据的票面金额的收购价款无追索权地付给出口商。至于能否按期收回债款，则是保理商的事情。到期保理业务是一种比较原始的保理业务。

现在，标准的保理业务是融资保理业务（Trade Financing）或预支保理业务（Advance Factoring）。出口商在发货或提供技术服务后，将代表应收账款的销售发票交给保理商，就可以立即获得不超过 80% 发票净额的有追索权预付款融资，余下的 20% 的收购价款于货款收妥后再进行清算，这样就基本上解决了在途和信用销售的资金占用问题。

贸易融资可通过有追索权购买提供，也可通过无追索权购买提供。有追索权购买的主要功能是提供融资，欧洲大陆国家的保理商主要是采用该购买方式；无追索权购买时，只要保理商预先垫付资金，就意味着同时提供了风险担保和贸易融资的双重服务，欧洲大陆以外的其他国家或地区以该购买方式为主。

保理业务最大的优点就是可以提供风险担保以及有追索权或无追索权的短期贸易融资，而且手续方便，简单易行。它既不像抵押放款那样需要办理抵押品的移交和过户手续，也不像信用放款那样需要办理复杂的审批手续，而且在融资保理中出口商可以将这种预付款作为正常的销售收入对待，而不用像银行贷款那样必须显示在平衡表的负债方，因此改善了代表公司清偿能力的资产负债比例，有助于提高出口商的资信等级和清偿能力。

3. 核定进口商信用额度

保理商除在购买出口债权时为自己核准进口商的信用额度外，还可以专门为出口商提供该项服务，使出口商通过控制出口金额而控制收款风险。

保理商一方面可以利用保理商联合会广泛的代理网络和官方及民间的商情咨询机构，另一方面也可以利用其母银行广泛的分支机构和代理网络，通过多种渠道和手段获取有关进口商资信变化的最新动态资料，以及对进口商资信有直接影响的外汇管制、外贸体系、金融政策、国家政局等方面的变化，帮助出口商制定相应的经营策略，并对诸如进口商被迫清盘、破产倒闭等突发事件作出迅速的应变反应，核定并随时修改出口商的每个客户的信用销售额度（Credit Control），从而将坏账风险降低到最低限度。

4. 提供销售账户管理服务

保理商作为大商业银行的附属机构，具备母公司在账务管理方面的各种有利条件，拥有完善的账务管理制度、先进的管理技术和丰富的管理经验，因此完全有能力向客户提供优质高效的账务管理服务。

保理商收到出口商交来的销售发票后，在电脑中设立有关分户账，并输入必要的信息和参考数据，如债务人名称、金额、支付方式、付款期限等，以便实行电脑化管理。专用电脑可自动进行诸如记账、催收、清算、计息、收费、统计报表打印等工作，并可根据客户的要求，随时或定期提供按产品、客户、国家和地区等分别统计的各种数字和资料。保理商高效率的社会化服务，节约了出口商相应的财务费用。

5. 提供债款催收服务

债款催收（Collection from Debtors），特别是跨国度收债，是一门专门的学问和技术。但许多出口商由于缺乏这种技术和知识，对海外的买主往往感到鞭长莫及、力不从心。保理商拥有专门的收债技术和丰富的收债经验，并可运用其母公司资本雄厚的大银行的威慑力量，催促进口商遵守信用按时付款。而且，在通行的双保理机制中，出口地的保理商与进口地的保理商往往签订有相互合作的协定，这使跨国度收债转变为境内收债，减小了催款的难度，增大了债务按期偿还的可能性。

一旦以正常途径无法收取债款，出口商就不得不在对法律条文不太熟悉的情况下请律师打官司，开始旷日持久的诉讼程序，支付高昂的律师费用，这将给企业带来难以承受的额外负担。而保理商一般都设有专门的部门处理法律事务，并可随时提供一流的律师服务，因此对这类事情处理起来较为得心应手，而且为收回已核准应收账款而产生的一切诉讼费和律师费用也将由保理商负担。

因此，销售与收债两个环节的分离，既节省了出口商的营运资金，又免除了其对跨国度收债存在的顾虑。

国际保理服务的费率一般为业务量的 0.75%~2.5%。

第二节　国际保理服务的种类

在保理业务的发展过程中，产生了多种不同的保理方式，根据涉及的当事人及其权利和义务的不同，可将这些保理方式分成五种类型。

一、双保理服务

(一) 双保理的当事人及其相互关系

在双保理机制（The Two Factor System）中，参加国际保付代理业务的有关当事人主要有：出口商、进口商、出口保理商和进口保理商。四个当事人之间均是单线联系：

出口保理商受出口商委托而向出口商提供包括预付款融资在内的全部保理服务，出口商仅与出口保理商一方打交道。

进口保理商受出口保理商委托，直接向债务人（进口商）收款，并在核准的信用限额内提供坏账担保，进口保理商不直接接受出口商的委托。进口保理商在提供服务时，应被认为是按照签订的代理协议代表出口保理商行事，并不对出口商承担任何责任，与出口商没有直接契约关系（见图 10-1）。

图 10-1　双保理业务主要当事人关系图

　　在出口保理商与进口保理商签订的代理协议中，出口保理商必须将出口商出售给自己的所有应收账款毫无保留地提供给进口保理商，包括已获进口保理核准和未获核准两种情况。当进口保理商不准备对其他单笔交易核准信用风险或当进口保理商决定取消信用限额时，出口保理商的有关责任继续存在，直至它的所有已核准应收账款全部收回，即直至出口保理商"脱离风险"。

　　由于每笔应收账款的全部所有权已转让给进口保理商，所以进口保理商有权以自己的名义或与出口保理商及出口商联名采取诉讼和其他方式强行收款。进口保理商还享有留置权、停运权，以及未收货款时出口商对债务人可能拒收或退还货物所拥有的所有其他权益。

　　出口保理商应特别注意，其分别与出口商及进口保理商签订的保理协议相应规定要保持一致，以避免单方面承担任何敞口风险。除此之外，出口保理商还应在协议中详细规定对进口保理商提供服务的具体要求。

（二）双保理的利弊分析

1. 双保理机制的主要优点

（1）出口商收款方便、安全。出口商只需同本国的出口保理商一家打交道就可获得全部的保理服务，不仅使出口商节约了大量的人力、物力、财力，消除了在语言、法律、贸易习惯等方面存在的障碍，而且还大大降低了经营风险。

（2）出口保理商委托进口保理商收款效果良好。对于出口保理商来说，它只需与进口保理商打交道就可获得保理服务，由进口保理商负责对债务人核定信用额度，催收债款，而不必深入细致地研究各个债务人所在国的有关法律、贸易习惯、经济政策，也不必从事对债务人资信状况进行评价等专门性工作。

　　对于完成催收债款的工作，进口保理商也有得天独厚的优势，尤其是在协助出口保理商处理因贸易纠纷导致的诉讼以及对进口商被迫清盘、破产、倒闭等突发事件作出迅速的应变反应，以减少损失等方面，由进口保理商介入往往要安全、划算得多。

（3）出口商融资方便。对于出口商而言，获得贸易融资的环境有所改善。在双保理机制下，出口商不仅可获得出口保理商的融资，而且还可以向进口保理商申请融资。在进口保理商的贴现率低于出口保理商时，出口商可要求进口保理商以预付款方式或贴现方式提供融资，进口保理商在出口保理商同意为此提供担保，保证对发生纠纷或有违约行为的应收账款退还相应融资款项的前提下，可按照优惠利率将款项付给出口保理商，并由其转交出口商。这样，出口商可在出口保理商和进口保理商之间选择较优惠的利率进行融资，以降低成本。

另外，若此时进口保理商提供的融资是以进口商所在国货币进行支付的话，那么以即期销售收入代替远期应收账款还可有效地避免远期汇价变动所带来的风险。

2. 双保理机制的主要缺点

（1）费用较高。双保理机制涉及两个国家的保理商，两方都要收费。对一些服务项目，例如提供销售账务管理服务，就不可避免地因两方面的重复劳动而重复收费，增加了出口商的负担。

（2）资金划拨速度较慢。在双保理机制中，由于有进口保理商这个中间环节的存在，资金划拨速度会打一些折扣，而且在双保理机制下，进口保理商分到的业务量往往比较少，在资金划拨时，进口保理商不愿逐步划付，而愿采用定期将期限内的资金划出的办法，此时的划款速度将更慢。

二、其他保理服务

（一）单保理服务

1. 单保理的特点

在单保理机制（Single Factor System）中，参加业务的主要当事人与双保理机制相同，包括出口商、进口商、出口保理商和进口保理商。

出口商、进口商与出口保理商和双保理机制相同，只是对进口保理商的某些服务功能在一定程度上加以限制，进口保理商仍需负责提供坏账担保，催收严重逾期账款，并协助出口商和出口保理商处理因贸易纠纷而导致的诉讼。但在正常情况下的收款和划款责任则被免去，这样做的主要目的在于弥补双保理机制中的某些不足，减少重复劳动和重复收费，提高划款速度。

单保理机制适用于进、出口商之间彼此较为了解，有经常性业务往来，进口商资信较好，收款不复杂的情况。它是在双保理机制上派生出来的一种变形，由于并未取消进口保理商的服务，因而单保理机制也被更形象地称为一个半保理机制（One-and-a-half Factor System）。

单保理与双保理的区别：

（1）债权的转让不同。进口保理商只负责提供坏账担保而免除了正常情况下的收取债款和划款的责任。在出口商发货、向出口保理商转让债权后，出口保理商并不对进口保理商进行债权的再转让，而是由出口保理商直接向债务人收款。

（2）进口保理商的责任不同。进口保理商只负责催收逾期账款，并对严重逾期款项按照所提供的坏账担保承担付款责任。

当应收账款逾期达 60 天时，出口保理商可将此逾期账款的债权转让给进口保理商，由进口保理商负责向债务人催收，进口保理商必须负责收取已核准的应收账款和尽最大努力协助收取未核准的应收账款。

当应收账款逾期时间超过 90 天仍未催收到时，进口保理商必须按照所提供的坏账担保向出口保理商支付，除非这些应收账款的逾期是由于贸易纠纷和供应商违约造成的。

2. 单保理的利弊分析

（1）单保理机制的优点。第一，避免了重复劳动，收费相对较低。免去了进口保理商的收款责任，收款、划款和提供销售账务管理服务等工作由出口保理商一方来完成，避免了双保理机制中存在的重复劳动、重复收费问题，减轻了出口商的负担。第二，加快了划款速度，有助于加速出口商的资金周转。由出口保理商负责收、划款，减少了进口保理商这一环节，划款速度可以大大加快。

（2）单保理机制的缺陷。第一，收款难度加大。由于出口保理商对债务人和债务人所在国的有关法律、政策、贸易习惯及其语言等毕竟不如进口保理商那么熟悉，账款收取存在一些障碍，效果可能不是很理想。所以，它主要适用于进、出口方有经常性业务往来，收款并不复杂，进口方资信较好的结算业务。第二，融资渠道减少。应收账款的债权只转让给了出口保理商而没有转让给进口保理商，因而对进口保理商可能提供优惠利率的融资出口商就无法享受到，也就不可能得到融资方便。第三，债权转让易出现混乱。出口商在发货后寄给债务人的发票上载有过户通知文句，声明出口保理商已成为该账款的债权人，而账款一旦逾期达一定时间，出口保理商则又须将该账款的债权转让给进口保理商，由此要产生有一定时间间隔的两份转让通知，很可能造成债务人的误解和混乱。因此，为确定进口保理商债权人的地位还需补办一些手续。

在单保理机制中进口保理商处于相对不利的地位，因而进口保理商对债务人信用额度或应收账款的核准方面要求更为严格、苛刻。那些针对同一地区的大批量或大范围的出口业务在单保理机制下很难开展。

（二）直接进口保理服务

直接进口保理机制（Direct Impon Factoring System）只涉及三方当事人，即出口商、进口商和进口保理商。由出口商和进口保理商签订保理协议，在出口商发货后，将发票直接寄给进口保理商，由进口保理商负责收取债款和提供坏账担保。

与双保理和单保理相比，直接进口保理免去了出口保理商这一环节，具有操作简捷、效率提高、收费较低等优点。但也有一些条件上的约束：

（1）进、出口商所在国语言、法律制度等相近。进、出口商所在国的法律、政策及有关商业习惯等方面不应有重大的差异，且出口商与进口保理商之间没有语言障碍，能保证正常的业务联系和通信往来。

（2）进口保理商对出口商比较了解。由于没有出口保理商对出口商的经营和资信情况进行监督，进口保理商对接受应收账款债权和提供贸易融资往往会持非常谨慎的态度，以避免无效债权转让或出口商被迫清盘破产所造成的风险。

直接进口保理适用于进口商相对集中于同一国家，且进、出口商之间有经常性业务往来的贸易结算。

（三）直接出口保理服务

直接出口保理机制涉及三方当事人，即出口商、进口商和出口保理商。出口商在发货后，将发票寄与出口保理商，由出口保理商负责向债务人收取债款并提供坏账担保。

直接出口保理机制（Direct Expon Factoring System）起源较早，最初源于国内保理业务，后逐渐发展到用于国际结算，并得到了广泛的运用。双保理机制出现以后，该机制受到了很大的冲击，至今只有少部分保理商保留了这种方式。

与双保理机制相比，它可有效地消除付款速度慢、重复劳动、重复收费等弊端；与直接进口保理机制相比，它又克服了出口商与保理商之间存在的语言、法律、贸易习惯等方面的障碍，其优点是显而易见的。

但直接出口保理也存在一些缺陷，其中最主要的是出口保理的风险大大增加了。

（1）债权转让的难度加大。出口保理商必须持非常谨慎的态度对待债权的转让，以保证转让符合本国及债务人所在国的法律，使债权不至于与法律相冲突或受第三者权益阻碍。在进口商分属于不同的国家和地区的情况下，出口保理商更必须对各国的政策、法律和商业惯例进行逐一研究并作出判断，这是一项艰巨的工作。即使完成上述工作，也无法做到完全规避此类风险。

（2）信用风险增加。出口保理商无法有效地了解和监控国外债务人的资信情况和经营状况，一旦债务人发生信用危机，出口保理商就必须跨国催债，其收款能力比进口国保理商要差得多。为降低信用风险，出口保理商往往采用以自己的名义购买信用保险单的方法，对因债务人偿债能力不足而造成的呆账、坏账进行保险。这样做在一定程度上减少了信用风险，但却增加了保理商的工作量和保理成本。

（3）存在收汇的风险。对于实行外汇管制的国家，外汇管制条例往往会成为出口保理商即时收回债款的障碍；由于出口保理商购买债权是即期付款，债务人偿清债务还需要一定时间，所以，出口保理商就得承担在此期间内因汇率波动可能产生的风险。

（4）对处理贸易纠纷不利。由于没有进口商所在国保理机构的协助，出口保理商在处理贸易纠纷以及由此而产生的法律诉讼等问题上处于更加不利的地位。

正是由于上述缺陷的存在，在双保理机制产生以后，直接出口保理机制逐渐为其所代替。

（四）背对背保理服务

背对背保理机制（Back-to-back Factoring System）涉及五方当事人，即出口商、出口保理商、进口保理商、经销商和债务人。

经销商是指作为出口商设在进口国的附属或代理机构，负责进口货物并在进口国进行销售。债务人是在进口国国内向经销商购买、使用货物者。各当事人依次发生联系，如图10-2所示。

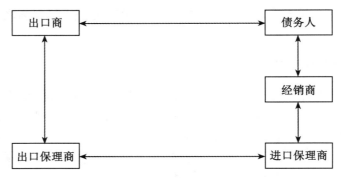

图 10-2　背对背保理服务主要当事人关系图

经销商一方面要筹集资金组织进口，一方面又要进行国内销售，资金压力较大。在银行信用贷款满足不了资金需求的情况下，经销商往往会与进口保理商签订保理协议，将其销售债权作为抵押，获取一定比例的融资以维持正常运转。

在这种机制下，出口商与出口保理商之间的债务转让与双保理机制相同，只是在整个业务中，出口商并不直接与债务人发生业务往来，而由经销商充当中介，故称背对背保理机制。

在背对背保理中，要注意以下问题：

1. 进口保理商与经销商签订的国内保理协议不同于一般保理协议

（1）融资比例较低。进口保理商不是给予经销商全部或大部分应收账款的融资，而是只给一个很小比例的款项，只用于维持经销商的正常费用开支。

（2）进口保理商可随时行使抵消权。即由出口保理商转让而来的对经销商的应收账款与国内保理协议下进口保理商对经销商的应收账款相抵消，以降低进口保理商的风险，缓解其资金压力。

2. 进口保理商在核定经销商信用限额方面的方法

（1）根据为经销商开立的往来账户余额核定信用限额。

（2）根据为国内各个债务人核定的信用额度以及经销商在此额度内收到的订单总额来确定经销商的信用限额。相比较而言，该种方法更为稳妥可靠。

（3）若进口保理商认为核定经销商的信用限额没有把握，也可不核定限额，而采取有追索权地接受出口保理商转让的所有债权的方法，以确保债款安全。但在此方法下，进口保理商必须承诺在可以行使抵消权的情况下不得行使追索权。在针对某一经销商的头几笔业务发生时，进口保理商由于很难正确核定经销商信用限额，往往也采用该办法来加以解决。

第三节　双保理服务结算程序

在国际保理服务的运作机制中，双保理机制是最重要，也是运用最为广泛的一种。

出口商申请保理服务可在发货之后，但最好是签订贸易合同之前，这样能使出口商有机会根据保理商核准的信用额度来调整合同金额，以控制出口收款风险，或保证将出口债权全部出售。

以 O/A 为基础的双保理机制的业务流程如图 10-3 所示。

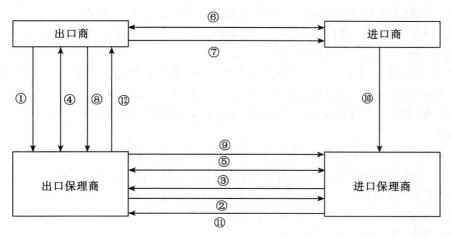

图 10-3　双保理机制业务流程图

图 10-3 说明：

①出口商申请与询价；

②出口保理商选择进口保理商；

③进口保理商核定进口商的信用额度并报价；

④出口保理商报价并与出口商签订保理协议；

⑤出口保理商与进口保理商签订保理协议；

⑥出口商和进口商签订贸易合同；

⑦出口商寄单；

⑧委托出口保理商收款；

⑨进口保理商收款；

⑩进口商付款；

⑪进口保理商划款；

⑫出口保理商支付余款。

一、双保理结算程序

1. 出口商申请与询价

出口商应在签订贸易合同之前向出口保理商提出申请，并提供一份所有客户（进口商）的清单，列明每个进口商的名称、地址及出口商所掌握的客户资信和经营情况，并据此为每个进口商申请一个信用额度，作为进口保理商为进口商核定信用限额的参考。

2. 出口保理商选择进口保理商

出口保理商根据进口商的分布情况选择进口保理商，并将进口商的名称、地址、资信状况、经营情况以及有关信用额度的申请告知进口保理商，并请其报价。

3. 进口保理商核定进口商的信用额度并报价

进口保理商对进口商的资信、经营情况进行调查、分析，并根据出口保理商所提供的资料，批出每个进口商的信用额度。随后根据出口保理商所提供的情况确定自己的条件和报价，并将批准和报价情况通知出口保理商。

核定信用限额的目的是为了明确保理商对因债务人清偿能力不足而形成的呆账、坏账所承担的风险责任。对限额内的应收账款，保理商没有追索权。

（1）核定信用额度的依据。进口保理商核定进口商信用限额主要有以下三个方面的依据：

● 通过各种渠道对进口商的资信、经营状况进行调查而获取的商情资料。

● 出口商所提供的与进口商的业务往来报告及根据出口商所掌握的情况为进口商申请信用限额的报告。

● 出口商对进口商的应收账款余额情况。

（2）信用限额的核定方式。

● 为每一个进口商核定一个相对稳定的信用限额。限额内的任何应收账款都是已核准的应收账款，对于暂时超出信用限额部分的未核准应收账款，可随着进口商的付款和应收账款余额的下降而自动转为限额内的已核准应收账款。这种方法灵活简便，保理商的工作量较小，适用于经常性、不规则的贸易结算。

● 为每份交易合同逐一核定信用限额。该合同项下产生的在限额之内的应收账款均为已核准应收账款。这种方法有利于出口商及进口保理商掌握交易执行情况，控制业务风险，但增加了保理商核定信用限额的工作量，同时也加重了各方账务管理的负担。该方法较适用于非经常性贸易。

● 对每一个债务人核定日销售信用限额。当日在信用限额之内的应收账款为已核准应收账款。这种方法管理简单，但灵活性太差，不便于各方根据生产和市场状况及时调整销售。

上述三种核定信用限额的方式由进口保理商根据不同进口商的情况和交易的实际需要选择使用。

4. 出口保理商报价并与出口商签订保理协议

在收到所有进口保理商批准信用限额及报价的通知后，出口保理商在此基础上决定自己的条件和报价，并将选择结果通知出口商，出口商在接受条件与报价后与出口保理商签订保理协议。

5. 出口保理商与进口保理商签订保理协议

通过协议，出口保理商将债权转让给进口保理商，由后者负责向进口商收款并承担相应责任。

6. 出口商和进口商签订贸易合同

在签订保理协议后，出口商即可以 O/A 方式同进口商签订贸易合同，并根据合同发货。

7. 出口商寄单

出口商在汇票或发票及装运单据正本上加注经保理商认可的过户通知文句，通知债务人（也可不通知）有关债权已直接出售和转让给了进口保理商，有关应收账款应于到期日直接付给进口保理商。然后将有关票据正本寄给进口商。

8. 委托出口保理商收款

出口商向出口保理商提供上述票据的副本两套，一套交出口保理商，一套由出口保理商转交进口保理商，作为出售和转让债权的依据。此时出口商还可立即从出口保理商处获得一部分垫付的货款。

9. 进口保理商收款

出口保理商在作出相关账务处理后，将一套票据副本转寄进口保理商。进口保理商要作相关账务处理，并监督、提醒进口商付款。

10. 进口商付款

进口商到期向进口保理商付款。

11. 进口保理商划款

进口保理商将收到的全部发票金额立即发付出口保理商，后者扣除垫付款项后，将剩余部分转付出口商，整个过程完毕。

12. 出口保理商支付余款

以上是债务人正常付款的业务流程。

若进口商到期未能履约付款，则又会出现以下情况：

（1）如果应收账款的逾期原因是贸易纠纷，或是债务人提出反索，或是出口商违约，进口保理商不承担付款责任，但须应出口保理商的要求协助处理纠纷。

（2）若债款逾期是由债务人信用危机引起的，那么，应按下列方式处理：

● 在进口保理商提供无追索权服务的情况下，他必须于账款逾期一定期限内（一般为到期日后 90 天）支付已核准的应收账款。

● 在进口保理商提供有追索权服务的情况下，他可向出口保理商及出口商行使追索权。在这种业务中，进口保理商不负责为进口商核定信用额度和提供坏账担保，而是仅提供包括融资在内的其他服务，因此进口保理商主要是对出口商的融资行使追索权。

在以 D/A 为基础的双保理业务中，出口商发货后，单据正本不直接交给进口商，而是经出口保理商转交进口保理商，在进口商承兑票据后向其交单，进口保理商则收回承兑票据并于到期作付款提示。

二、保理协议的主要条款

指出口商与出口保理商之间的保理协议，其主要条款包括：

1. 收购应收账款条款

出口商承诺将协议生效时已存在和协议有效期内发生的、通过向国外客户提供服务或出售商品而产生的所有合格应收账款出售给保理商，并使其不受留置权和抵押权的影响。

2. 核准应收账款和未核准应收账款的条款

协议应确定核准应收账款的办法。一般地，出口商可随时要求保理商核准因出售商品或提供服务而产生的应收账款或为自己的客户核定一个信用销售额度。保理商以书面形式通知核准的应收账款和信用销售额度内的应收账款均为已核准应收账款，如有特殊情况的，应在协议中另外写明。

对已核准的应收账款，保理商可以提供无追索权的贸易融资和坏账担保。对未经核准的或超过核准额度的应收账款，保理商只提供有追索权的融资，不提供坏账担保。

3. 收购价款计算

协议应写明保理商收购应收账款的价格及相关规定。一般来说，收购价格应是发票金额扣除下列款项后的净额：

- 出口商按合同规定给予进口商的回扣、佣金和折让；
- 根据贴现率计算的贴现金额；
- 保理商的管理费用。

对于收购价格，保理商有权按照协议规定行使冲账权和抵消权，即将因贸易纠纷而产生的，或因客户信用危机而使未核准应收账款部分产生的呆账和坏账从收购价款中扣减或冲销。协议中还应规定收购价款的支付时间和方式。

4. 权益转让条款

出口商将应收账款的债权转让给保理商后，必须亲自或委托保理商将转让以书面形式通知债务人，要求债务人向保理商付款，并在协议中写明。出口商所拥有的其他相关权益也被认为随债权转移而转移，以避免不必要的纠纷。

但根据《国际保理服务公约》，出口商向保理商转让债权时，不必通知债务人。

5. 出口商的履约保证

出口商必须在协议中作出如下保证：

- 出售的应收账款的债权为合法债权；
- 出口方已全部履行了合同项下的责任和义务；
- 按照合同规定向客户（债务人）提供了商品和服务；
- 对方（债务人）不会因异议而导致纠纷；
- 客户不是出口商的附属机构、控股公司或集团成员等，以保证债权为保理商所接受。

6. 限制条款

协议中应对出口商的某些行为加以限制，例如：

- 出口商不得将已进行抵押的应收账款转让给保理商；
- 债权转让后，出口商不得以任何方式将其抵押给第三者；
- 签订协议后，未经保理商批准，出口商及其附属机构不得再与任何第三者签订类似协议；
- 未经保理商书面认可同意，保理协议不得转让。

若出口商违反上述条款，保理商有权中止协议。

7. 期限条款

保理协议自签字之日起生效，有效期一般为一年，到期若不续签转期，协议将自动失效。但到期后有效期内的业务尚未结清的，可继续执行协议，直至全部结清为止。

8. 协议终止条款

在协议有效期内，若出口商清盘破产或出现违约情况，保理商有权立即终止协议，并可保留或行使对应收账款的追索权。

第四节　国际保理服务的应用

一、国际保理服务的使用背景与要求

国际保理服务是在国际贸易和国际结算不断变化的基础上发展起来的一种别具特色的综合性金融服务业务，其特殊性质和功能反过来又限定了其使用范围，或者说采用国际保理服务必须具备一定的条件。

（一）对结算方式的要求

国际保理服务的发展是伴随着国际贸易结算方式非信用证化的趋势而进行的，在一定程度上，可以说贸易结算方式的非信用证化过程就是国际保理服务大发展的过程，没有贸易结算的非信用证化，就不可能有国际保理服务的迅速发展。

如前所述，信用证结算方式是国际贸易中最主要的支付和结算方式，但信用证并不是最完美的结算方式。随着国际贸易的发展，其手续复杂、费用较高、占用资金时间较长的弊病暴露得日益明显，因而使得信用证在国际结算中的地位出现下降趋势。如在欧洲联盟成员之间的贸易中，80%以上是采用非信用证方式结算，其中大部分（约60%左右）是通过赊销方式结算的。

赊销（O/A）和跟单托收是主要的非信用证结算方式。其中，O/A和承兑交单（D/A）托收方式有一个共同点，即出口商是出于对进口商的信任才允许进口商在付款前取得货权单据，从而控制货物的。只有在这种情况下，出口商才需要银行或其他金融机构为其提供贸易融资和坏账担保等服务，以解决应收账款的占用和风险控制问题，而国际保理服务则是解决这类问题的最有效办法之一。因此，国际保理服务的业务范围仅限于出口商以信用方式（O/A，D/A）向债务人销售货物或提供服务所产生的应收账款。

信用证（L/C）、付款交单（D/P）或任何以现金交易为基础的货款收付不适用于保理服务。这三种方式本身对出口商很有利，采用这些方式结算，出口商既没有或基本上没有占用资金，又没有多大的收款风险。总之，出口商没有向进口商提供信用，因此，完全没有必要再申请保理服务。

但是，在当今国际市场处于买方市场的前提下，卖方一味要求采用L/C、D/P以及现金交易方式是不现实的，因为买方也有选择对自己有利的支付方式的权利。正因为如此，才有国际保理服务的发展。

具体而言，在下列情况下选用国际保理服务比较合适：

（1）国际市场明显处于买方市场，或某种商品供大于求。在买方市场上，出口商相对处于较为不利的地位。出口商为了扩大商品销售，不仅要考虑货物的质量、价格，还要选用恰当的支付方式。进口商在同种商品的多个卖方市场上，更侧重于选择以灵活、有利的支付方式如 D/A、O/A 成交。

（2）出口商为获取新的海外客户。出口商在与进口商的最初交易中，很难充分了解其资信状况，对出口货款能否按期收回心中无数，为了转嫁或降低出口风险，出口商可以申请保理服务。

（3）出口商希望对其出口应收账款加强管理。由于买卖双方存在时间、商务法律、社会习惯和语言等方面的差异或障碍，出口商要管理其应收账款存在许多困难，为解决这些困难，出口商需要借助保理商的服务。

（4）出口商定期批量发货给进口商，力求简化结算手续。在特定时期和特定市场，出口商可能存在众多客户，要同时和每位客户发生贸易往来，或定期、定量对长期客户发货。如果每笔交易都要求通过 L/C 或 D/P 方式交付，不仅费时、费力，而且还可能耽误货物的发运或失去这些客户，在此情况下，出口商可利用保理服务。

（二）对出口商的要求

提供风险担保是保理商的主要业务之一。这种风险来自进口商，保理商可以通过信用额度加以控制，但并不能消除全部风险。保理商在经营中还面临着来自出口商的风险，如资信差不利于业务顺利开展，风险和收益不对称等。因此，保理商对出口商也有一定要求。

（1）出口商必须是经营正当业务的合格法人。出口商必须是根据其所在国有关法律注册成立的公司，是独立法人，并享有在许可范围内正当经营的权力。这对于保理商确认应收账款的合法性以及顺利通过法律和诉讼程序解决贸易纠纷具有重要意义。

（2）出口商的经营必须具有一定规模。保理商接受保理业务意味着要承担较大的风险，但出于竞争的需要又不能过高地收取手续费和服务费。若保理业务量过小，保理商的风险将无法有效分散，形成风险与收益不对称的局面。因此，保理商只愿接受年销售额在一定金额（一般为 10 万美元）以上的出口商作为客户。

（3）出口商的经验资历要求。许多保理商要求出口商必须至少成立一年以上，并有至少一份经过稽核的年度财务报告且经营状况良好。这样要求的主要目的是保证出口商经营的连贯性，以便于保理商对出口商的资信情况、偿债能力等作出准确、真实的判断。

此外，出口商还应严格按贸易合同发货，如果因商品质量、运输等原因造成拒付，保理商不承担责任。

（三）对贸易和商品的要求

（1）客户经营的必须是批发业务。该项贸易经营的必须是批发业务而不是零售业务，只有从事批发业务才能使出口债权达到一定规模。而且出口商的客户（债务人）

应是少数确定的进口商，从而便于保理商开展业务。

（2）贸易商品是消费品。保理业务一般只提供不超过 180 天的短期贸易融资，对结算方式的要求较为简单。消费品贸易符合这一特点。资本性物资价格昂贵且采用分期付款方式支付货款，资金回收时间过长，且与项目相联系，往往会涉及一些复杂的贸易融资和结算方式，这是保理商所不能接受的。

（3）客户分布较为合理。不同国家或地区的客户（进口商）的经营习惯和经营作风、经营实力以及宏观环境等是有差别的，客户过分集中，会加大保理商面临的风险，如果客户相对分散，则有利于保理商分散和降低风险。

二、国际保理服务的国际规则

（一）国际保理商组织与国际保理商联合会

国际保理商组织（International Factors Group，IFG）于 1963 年成立，总部设在比利时布鲁塞尔，主要致力于帮助全球保理商更好地发展业务，现在 IFG 已在 50 个国家拥有 150 个成员，这些成员基本上都是大型跨国公司，具有优良的商业信誉。IFG 创立了国际保理服务双保理体系（Two Factors System），并于 1979 年开发了电子数据交换系统（IF exchange），用于各计算机之间的数据交换以支持业务系统的运行。

随着国际保理业务的发展，各国保理商包括承办保理服务的专门保理公司、财务公司和商业银行联合成立了国际保理商联合会（Factors Chain International，FCI）。

国际保理商组织制定了系统的法律规则和文件，适用于所有组织成员及与成员进行保理交易的其他人，用以规范和保证保理服务的标准化高质量，同时也明确和简化了成员从事保理业务时涉及的相关法律文件及法律程序。当保理交易发生争议时，组织依据这些法律规则和文件进行仲裁。这些法律文件中最重要的是《国际保理服务通则》（General Rules For International Factoring，GRIF）。GRIF 由国际保理商组织与国际保理商联合会共同制定，是当今全球通用的国际保理服务基本规则。

目前国际保理商组织已不仅仅局限于为会员提供国际保理的交易及数据平台、法律规则、文件及仲裁服务，其范围扩大到诸如：

（1）培训与教育，包括基础教育、审计培训、GRIF 及 IF exchange 操作研讨等。

（2）会议及其他交流平台，例如总裁俱乐部、销售主管俱乐部、国际部主管俱乐部等。

（3）提供产业信息及游说服务。

（4）服务品质监控程序。

（5）15 个处于行业翘楚地位的公司加入组织成为提供专业服务的会员，它们来自 IT、法律、风险管理、教育等诸多行业；IFG 与各国的保理协会，例如美国 CFA、英国 FDA 建立合作伙伴关系。

（6）在不同地区成立分会以强化地区保理业的发展，主要有东欧分会、亚洲分会、中东及非洲分会等，一般由当地比较有实力的保理商担任分会主席职务。

组织的目标是以内部互助性为基础理念在国际商务领域内建立起一个保理网络体

系。组织遵循的原则为：持续发展原则，高标准原则，协作原则，改革与发展原则。

分布在世界各地的数千名人才是 IFG 的最宝贵的财富。通过他们的努力，使分布全球的保理公司之间形成一种协同增效和紧密合作的组织文化，从而能够提供高质量的服务以满足客户的各种需求。

组织的核心管理架构主要由以下部分组成，如图 10-4 所示：

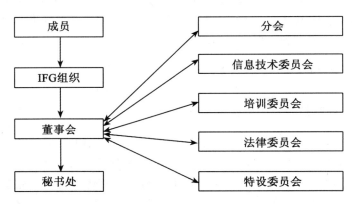

图 10-4　国际保理商组织架构图

由董事会全面负责管理 IFG 的各项工作，董事会每年至少举行 6 次会议。全部委员会定期向成员汇报工作。

每年国际保理商组织都将组织各种会议讨论各种题目。最重要的是年度大会，基本在每年 5 月至 10 月举行，为期 4 天，所有成员和合伙人都将参加，共同探讨行业、产品和服务，所有建设性提案的处理和讨论都必须遵循特定程序。针对具体课题也会同时召开成员工作会议。年度大会有很强的社会效应，成员和合伙人都可通过这个机会充分探讨国际商业领域的最新问题，了解国际经济的最新动态。

组织成立之初每个国家仅限 1 名成员，在 1987 年协会决定吸收更多成员参与。

(二)《国际保理服务通则》

《国际保理服务通则》(1990 年修订本)(以下简称《通则》) 共 11 部分，分别为总则，信用风险的承担，付款责任，出口保理商和进口保理商的代理，保证及其他责任，转让的合法性，补偿，预付款，账务、报告和酬金，违犯规则，规则修改等，共 28 条。其主要内容包括：

1. 适用范围

(1) 适用的当事人。进出口保理商均为 FCI 会员；或一方为会员，另一方虽不是 FCI 会员但同意采用此规则。

(2) 包括的业务范围。仅限于与出口保理商签有协议的供应商以信用方式向债务人销售货物或提供服务所产生的应收账款，且该债务人所在国有进口保理商提供保理服务。不包括任何以信用证、D/P 或现金交易为基础的销售。

2. 《通则》的效力

（1）FCI 根据《通则》进行的裁决是终局性和有约束力的。

（2）如果进出口保理商之间的书面协议和《通则》的条款发生抵触、不符或超出范围，优先采用协议条款，但所有其他条款仍应从属于《通则》的论述。

3. 进口保理商的责任

（1）进口保理商必须在收到申请后的 14 天内将其是否接受保理申请的情况决定毫无延误地通知出口保理商。

（2）进口保理商在核准限额内对转让给它的应收账款的信用风险承担责任。如果进口保理商在发货前获得不利的资信报告，有权撤销已核准的限额。

（3）进口商在收妥债务人的应收账款支付后，应迅速将等值货款付给出口保理商。

（4）如果已核准的应收货款于到期日后第 90 天仍未由债务人偿付，那么，进口保理商应于第 90 天对出口保理商付款。

（5）进口保理商在提供服务时，应被认为是代表出口保理商行事，并不对出口保理商的供应商承担任何责任。

（6）对于核准限额以外的应收账款仅应采取托收方式，但进口保理商应尽最大努力收取。

4. 出口保理商的责任

（1）出口保理商应将供应商出售给自己的所有应收账款提供给进口保理商。

（2）当进口保理商不准备对单笔交易核准信用风险或取消信用限额时，出口保理商的有关责任继续存在，直到收回全部已核准应收款。

（3）出口保理商应代表自己和其供应商保证每笔应收账款均代表一笔在正常业务过程中产生的并符合供应商经营范围和付款条件的实际正当销售或服务。

（4）出口保理商应尽其所能协助进口保理商收款并提供进口保理商要求的单据。

（5）出口保理商应支付有关费用。

（三）《国际保理服务公约》

在 20 世纪 70 年代以前，关于国际保理服务尚未形成统一的国际法律制度和权威国际规则，各国保理当事人都是以本国法律来解释和运用保理服务的，这样难免带来争议纠纷及法律阻碍。为了促进国际保理服务在国际贸易和结算中的有效运用，保障各国当事人的合法权益，国际统一私法协会（The International Institute for the Unification of Private Law）于 1974 年决定将普通债权转让和保理合同列入工作计划并成立研究小组。

考虑到各国法律体系的巨大差异，研究小组认为应首先致力于国际保理服务的规则制定与颁布，并通过各国政府对国际保理服务规则的承认和采用，进一步影响国内保理业务。其次是必须制定标准保理合同供当事人采用。

在此思想的指导下，研究小组起草了《国际保理服务公约》（以下简称《公约》）（The Unidroit Convention on International Factoring），并于 1981 年至 1987 年期间对其进行了三次讨论修改。公约草本最终于 1988 年 5 月提交加拿大渥太华召开的由 55 国代表参加的外交会议审议，会议对公约草本作了进一步修改后予以通过。我国也派代表参加了审议，并签署了最后文件。

《公约》为使用国际保理服务提供了统一的法律依据和业务标准，明确了各当事人的权利和义务。

《公约》共有 4 章，分别为适用范围和一般条款、当事人的权利和义务、其后的转让、最后条款，共 23 条。

1. 适用范围

《公约》规定：适用国际保理服务合同和应收账款的转让。保理服务合同是指一方当事人（供应商）与另一方当事人（保理商）之间缔结的合同。并且，由销售或服务合同产生的不属于个人消费或使用性质的债款必须转让给保理商。

2. 保理商的职责

保理商必须至少履行下述职能中的两项：

- 向供应商融资，包括贷款和预付货款，即以贷款和预付货款方式提供融资；
- 保存与应收账款有关账户（分类账），即提供售后账务服务；
- 代收应收账款，即收取债款；
- 防止债务人拖欠付款，即提供坏账担保。

3. 应收账款的转让

"供应商应将其与客户（债务人）订立的货物销售合同的应收账款转让给保理商"，而不管供应商与债务人之间有无禁止转让应收账款的规定。只要在销售合同中列明采用 D/A 或 O/A 方式，并规定"发票日期后____天付款"，出口商（供应商）在发货后，即可转让债权而不必通知客户，也不必征得其同意。

但是，不管怎样，保理商应向债务人以书面形式通知应收账款的转让。

4. 债务人的权利与义务

《公约》规定：债务人有义务向保理商付款。

但如果供应商不履行或不完全履行或延期履行合同，债务人有权从保理商那里收回已付货款。

只有在下列两种条件下，有关保理业务才受《公约》的管辖：

- 双方（供应商，保理商）的国家均为《公约》签字国；
- 销售合同和保理合同均受《公约》签字国法律管辖。

但是，《公约》不是强制性的法律文件，即使是《公约》签字国的供应商和保理商，如果双方同意，也可以用书面协议的形式排除《公约》的管辖。

目前，绝大多数开办保理业务的国家都是《公约》的签字国，这些国家的国际保理服务大多接受《公约》的管辖。《公约》已成为国际保理服务中有广泛代表性和权威性的法律文件。

本 章 小 结

国际保理服务是 20 世纪 60、70 年代在国际上得到迅速发展的一种国际结算方式。它因解决了 O/A、D/A 方式下的出口商收款风险和贸易融资问题而深受贸易商人的喜爱，保理商（主要是银行）也拓展了业务空间。

目前的国际保理服务有五种方式：双保理、单保理、直接出口保理、直接进口保理、背对背保理。其中，双保理是最常见的。

保理商对出口债权的购买可以是有追索权的，也可以是无追索权的。如果是无追索权购买，它只对核准的信用额度负责。

出口商转让给保理商的债权应是合格债权，出口商要保证完全履行合同义务。

国际保理服务适用于以 O/A、D/A 为基础的结算，转让的应是消费品出口债权（保理商只提供短期融资），并且出口商从事的一般是批发业务（只有这样出口债权金额才能达到一定规模）。

国际保理商联合会是最重要的国际保理组织机构。《国际保理服务公约》、《国际保理服务通则》是办理国际保理服务的主要依据。

复习思考题

一、名词解释

FCI   保理商

二、简答题

1. 国际保理服务的内容有哪些？
2. 国际保理服务方式有哪几种？
3. 双保理服务的运行程序。
4. 国际保理服务的使用背景。
5. 简要归纳国际保理服务中出口商的义务。

三、论述题

试述国际保理服务在我国的应用前景。

第十一章　福费廷业务

◎**本章学习目的**

在学习本章之后，应该掌握以下内容：

1. 福费廷业务的含义与特点。
2. 国际福费廷业务的结算程序。
3. 福费廷业务中的有关费用。
4. 福费廷业务中银行面临的风险及其管理。
5. 国际福费廷规则的基本内容。

第一节　福费廷业务的性质

一、福费廷业务的含义

福费廷业务（Forfaiting）是指商业银行对出口商持有并经银行担保的债权凭证无追索权购买的业务活动。

福费廷源于法语 Aforfait，意即放弃权利，在此是买断或无追索权购买之意。

福费廷业务中最常见的债权凭证是汇票和本票，它们代表着出口收款权。汇票由出口商出具，由作为汇票付款人的进口商以承兑方式确认其债务责任；本票由进口商出具，出口商为本票收款人。在通常情况下，汇票或本票应由进口商邀请当地知名银行担保。

无追索权购买债权凭证的是出口地的商业银行或作为银行附属机构的专门包买公司，被称为包买商（Forfaiter）。

无追索权地购买意味着包买商买入票据时，放弃了对出口商追索的权利，并因此承担了到期索偿的全部责任和风险，而免去了出口商远期收款的风险。这是包买商提供服务的手段，目的是向出口商提供贸易融资和风险担保。

福费廷业务是一种独具特色的金融服务业务和重要的中长期贸易融资方式，它主要适用于资本货物的出口。

二、福费廷业务的特点

福费廷业务适用于以分期付款方式收付货款的资本品进出口，或者说适用于对资本品出口债权的购买。与之相适应，福费廷业务具有以下特点：

212

1. 融资金额一般较大

成套设备等资本品出口金额一般较大，与此相对应，票据包买金额也较大。包买商购买的票据金额一般应在 100 万美元以上，金额越大越好。如果金额过小，不仅会增加客户的融资成本，而且会抵消包买业务的长处，使之失去竞争力和吸引力。反之，金额较大，就会降低客户的融资负担（成本），充分发挥福费廷业务的优势。大银行通常只愿意做 500 万美元以上的交易，但当金额超过 5 000 万美元时，则肯定要由包买辛迪加来联合融资。

2. 提供中长期贸易融资

福费廷的融资期限一般是 3~7 年，以 5 年居多，但最短可以只有 6 个月，最长可达 10 年。福费廷业务的融资期限与资本性物资交易的付款期限是基本一致的。

3. 按规定的时间间隔出具债权凭证

贸易合同规定，进口商应以分期付款方式支付货款，通常是每半年还款一次。在出票时也应以此为基础，按融资期限分成金额相等的若干张票据，每半年有一张到期。

4. 债权凭证应由进口方银行担保

除非进口商是信誉卓著的政府机构或跨国公司，债权凭证必须要由能使包买商接受的银行或其他机构无条件地、不可撤销地进行保付或提供独立的担保。

5. 债权凭证的购买无追索权

包买商到期不能从进口商或担保银行收回票款，也不能要求出口商退还所付款项，收不到票款的损失由包买商自己承担。

6. 使用最通用的货币

原则上讲，凡是以货币市场上可自由交易或兑换的货币计价的商品交易均可叫作福费廷业务，如美元、日元、欧元、英镑等。但在实际中，大部分福费廷业务的交易都是以美元、欧元以及英镑作为计价货币，这主要是因为这几种货币是欧洲金融市场上最通用的货币，其交易量大，有利于包买商匹配资金，消除利率和汇率风险。

7. 以正常贸易为背景

一般不涉及军事产品等。

三、福费廷业务的起源及发展

福费廷业务起源于第二次世界大战后的东西方贸易。当时饱受战火摧残的东欧各国需要向因战争而成为暴发户的美国购买大量谷物，但又因外汇短缺而需向对方融通资金。在这种情况下，富有长期贸易融资经验的瑞士苏黎世银行协会便以美国向东欧国家出口谷物为背景率先开办了以融资为目的的福费廷业务。

随后，人们发现福费廷业务具有付款期限较长、金额较大等特点，更适合于资本性物资商品贸易。

从 20 世纪 50、60 年代开始，福费廷的业务重点开始转向资本品的进出口贸易。当时，西方工业国家对前苏联、东欧以及发展中国家和地区出口资本货物如成套设备等不少是通过票据包买方式进行的。

进入 20 世纪 70 年代以后，由于国际债务危机的加深，使许多买主出现资金违约问题，从而导致保险单和保函项下的索赔案增加，于是，许多出口信贷保险公司不得不缩小承保险别和赔付范围，同时增加保险费，使得保险和担保业务减少，为福费廷业务的发展提供了空间。

20 世纪 80 年代发展中国家大多受到债务危机的困扰，这又进一步促进了福费廷业务的发展。

福费廷业务发展最快的是西欧。西欧国家普遍开办了该项业务，并形成了伦敦、苏黎世、法兰克福三个福费廷市场，其中，伦敦是全球规模最大的福费廷市场。除西欧外，亚太地区的部分经济发达国家也开展了福费廷业务，一些发展中国家或地区，也在进行该项业务的尝试。

目前，几乎世界上所有的国际知名商业银行都在积极介入福费廷业务。特别是自 20 世纪 60 年代中期瑞士信贷银行附属公司苏黎世融资公司正式经营福费廷业务以来，许多著名大银行都先后成立了专门的包买公司或福费廷业务部。在伦敦有巴克莱银行、劳合士银行、米特兰银行、国民西敏寺银行等，在纽约有大通曼哈顿银行、太平洋安全银行、花旗银行、欧文信托银行、芝加哥银行等。目前，中国银行等国内银行也在着手开办该项业务。

在福费廷业务迅速推广的同时，福费廷业务技术和市场机制也在不断改进：

（1）形成了福费廷的二级市场。包买商在向出口商购买作为债权凭证的远期票据后，如果由于某些原因，不愿将自己的资金束缚在这种投资上，可将所持有的一期或几期或全套远期票据出售给二级包买商，二级包买商还可再转让远期票据的一期或几期或全套。每期票据都是一份独立、完整的债权凭证，持有它即享有全部票据权利。目前伦敦的福费廷二级市场最为活跃。

不过，出口商出于保守商业秘密的考虑，有时会要求初级包买商保证其得到的票据不在二级市场上转让，或在包买协议中加列限制条款而使包买票据难以转让。

（2）出现了包买辛迪加。由于包买协议涉及的交易金额较大，包买商出于资金和信用额度的限制或出于分散风险的考虑，往往联合其他包买商组成辛迪加（银团），共同对某笔大额（5 000 万美元以上）交易提供福费廷服务。

（3）提供可变利率融资。采用可变利率的福费廷业务仅限于二级市场。即初级包买商在二级市场上以当时的贴现率出售票据，并规定在将来约定时间不断加以调整。但由于这种做法背离了福费廷业务提供固定利率的宗旨，所以，包买商一般不愿以可变利率方式进行大量交易。

（4）银行提供风险担保。为彻底清除业务风险，初级包买商有时会邀请当地的一家或几家银行对自己打算做或已经在做的福费廷业务提供风险担保。这种担保是独立于进口方银行担保之外的完整法律文件，担保银行（又叫风险参与银行）对由进口商、担保银行的信用风险和债务人所在国的国家风险造成的票款迟付或拒付，负有不可撤销的和无条件的赔付责任。风险担保或风险参与的作用相当于提供出口信用保险。

214

第二节　福费廷业务程序

一、福费廷业务的操作程序

福费廷业务的详细程序见流程图 11-1。

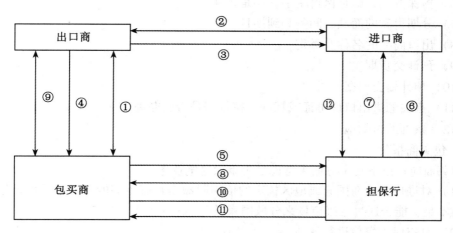

图 11-1　福费廷业务流程图

图 11-1 说明：

①询价、报价与签订包买合同；

②签订贸易合同；

③发货、签发汇票；

④交割规定单据；

⑤寄单；

⑥申请银行担保；

⑦借出单据；

⑧寄交担保债权凭证；

⑨无追索权贴现付款；

⑩提示到期票据；

⑪支付票款；

⑫偿还垫付票款。

福费廷业务的主要环节详解如下：

1. 出口商询价

出口商在与进口商进行贸易洽谈的早期阶段，就应主动向包买商联系询价，了解包买商是否愿意就该笔交易进行洽谈，以及它对银行担保等方面的要求。在得到包买商的肯定答复后，出口商即可正式提出申请。

(1) 需要融资的金额、货币和期限。

(2) 出口商的详细情况。包括名称、注册地点、经营状况、资信状况等。

(3) 进口商的详细情况。包括名称、注册地点和营业地点、资信状况等。

(4) 将要提交的票据种类，即是汇票还是本票。

(5) 担保行的名称及其所在国家。

(6) 担保方式，即是保付签字，还是担保函。

(7) 分期付款的面额、间隔和到期日。

(8) 出口商品的名称及类别。

(9) 预计交货期。

(10) 预计提交票据的时间。

(11) 有关的进出口许可证或特许、授权书是否已办妥。

(12) 票据的付款地。

2. 包买商报价

包买商应从以下几个方面来考虑是否承做这笔业务：

(1) 对进口商所在国家或地区核定的信用限额是否有足够的余额来承做该笔业务。如余额不足，能否通过二级市场来分散国家风险。

(2) 对担保人资信进行评估。

(3) 商品交易本身是否属正常的国际贸易。

(4) 有无对买卖双方资信状况产生不利影响的记载及报告。

(5) 必要时，能否以有利可图的价格在二级市场上转卖票据。

弄清以上问题后，包买商即可表明自己的态度，并提出希望采用的贴现率。

3. 签订福费廷合同

当包买商的报价被出口商接受后，双方即可正式签订福费廷合同。主要内容包括项目概况、债权凭证、贴现金额、货币和期限、贴现率与费用、当事人责任与义务等。

订立福费廷合同意味着包买商承担了将来按某种价格向出口商购买某种票据的责任和义务。

4. 签订贸易合同

出口商将已确定的融资费用打入成本，向进口商报价，只要报价被对方接受，即可正式签订贸易合同。

5. 出口商发货、寄单和出具汇票

贸易合同签订后，出口商即可发运货物，备齐单据，并将单据通过当地银行寄交进口方银行。如果合同规定债权凭证为汇票，那么，出口商还应签发汇票并寄与进口商。

6. 进口商申请银行担保

进口商收到出口商寄来的汇票后应予以承兑并申请银行担保。如果合同规定债权凭证为本票，则出口商不必签发汇票而应由进口商签发本票并申请银行担保。

7. 进口商借单提货

接到出口银行寄来的单据后，进口方银行可在一定条件下，如通过 T/R 将单据借给进口商。进口商即可凭单提货。

8. 包买商购进债权凭证

出口商收到经银行担保的债权凭证后，即可按包买协议规定出售给包买商，一次性提前收回货款。包买商购进债权凭证后应持有票据，按不同到期日依次向进口商或担保银行索偿，或在二级市场上售出。

二、福费廷业务的成本和费用

福费廷业务的成本和费用主要有贴息、选期费、承担费、担保费和宽限期贴息等。

1. 贴现率与贴息

贴息是根据融资金额和贴现率（Discount Rate）计算出来的融资成本。

贴现率一般是固定的，其高低由进口国的综合风险数、融资期限长短、融资货币的筹资成本等决定。具体而言，贴现率通常是按包买合同签订日或交割日的 LIBOR（伦敦银行同业拆借利率）计算，并加计利差（Margin）。利差是包买商根据融资成本、所承担的风险和所希望得到的利润来确定的。

2. 选择期与选期费

选期费是指包买商收取的选择期（Option Period）补偿费用。选择期是指包买商给予出口商根据商业谈判的结果来决定是否要求包买商提供贸易融资的一段时间（从签订福费廷合同至签订贸易合同）。

选择期根据交易商品的类别、金额大小长短不一。在正常情况下通常为几天。如果选择期不超过 48 小时，包买商一般不收费；如果超过 48 小时，则需要收取一定的风险承担费用，即选期费。

3. 承担期与承担费

承担费是指包买商收取的承担期（Commitment Period）补偿费用。承担期是指从包买双方达成交易到实际交付债权凭证进行贴现这段时期（签订包买合同至交付债权凭证）。在这段时期内，包买商因对该项交易承担了融资责任而相应限制了它承做其他交易的能力，以及承担了利率和汇价风险，所以要收取一定的费用，即承担费（Commitment Free）。

承担期不是事先固定的，但一般不超过 6 个月。银行一旦承诺为出口商贴现票据，从签订福费廷合同起的任何一天，都有可能实际贴现付款，如中途出口商因某种原因未能履约，包买商要蒙受一定的资金损失，因此，收取相应的费用是合理的，承担费率一般为年率 0.5%~2%。

计算公式为：

$$承担费 = 票据面值 \times 年承担费率 \times 承诺天数 / 360$$

4. 担保费

担保费是指进口方银行因出具保函或对票据加保而向进口商收取的风险费和手续费。

5. 宽限期贴息

宽限期又叫多收期（Grace Days），指从票据到期日至实际收款日的估计延期天数。由于各国法律规定的不同和各个银行工作效率的差异以及其他因素，可能造成票款的迟付，增加收款人成本，所以包买行为弥补可能发生的损失，通常要在报价时加算几日（一般为 3~7 天）的贴现息，即宽限期贴息。

除担保费外，以上费用表面上都是由出口商承担的，但出口商早已将这些费用通过加价转嫁给了进口商，因此，实际上是进口商承担了主要成本和费用。

第三节 福费廷业务的影响及风险防范

一、福费廷业务的影响

福费廷业务是一种快捷方便、简便灵活的出口贸易融资方式。它对各当事人的影响有所不同。

（一）对出口商的影响

福费廷业务对出口商比较有利。

（1）能立即得到现金付款，避免资金被长期占用，有利于改善资金流动状况。

（2）不再承担应收账款（销货款）回收的工作与费用。

（3）不承担融资期间利率风险、汇价风险、信用风险和国家风险。

（4）融资简单、方便、效率高。

（5）出口商的资产负债表不会受到影响。无追索权融资能使其资金营运能力和信用水平得到提高。

（6）出口商能够向进口商提供 100% 的融资，有利于增强出口竞争能力。

缺点是增加出口成本，提高出口价格，影响出口竞争力。

（二）对进口商的影响

进口商的主要益处是能得到出口商提供的 100% 合同价款的贸易融资，并且融资方式简单、灵活。

但进口商必须支付较高的融资费用，而且还要在一定程度上长期占用授信额度或提供抵押品。另外，还不能因为任何贸易纠纷拒绝或延迟付款。

（三）对包买商的影响

办理福费廷业务，包买商首先能获取较高的收益率；其次是融资文件简单，制作方便，省时省力。此外，还可将债权凭证在二级市场上出售，收回融出资金。

不利之处是包买商在融资中承担了所有的汇价风险、利率风险、信用风险和国家风险，并且没有追索权。

（四）对担保行的影响

担保行通过对票据加保或出具保函能使其获得相当可观的保费收入，并且融资文件简单、省时省力。

不利之处是它承担着一定的业务风险，如果进口商破产或无力支付，其对外的付款可能无法收回。

二、福费廷业务的风险与防范

在福费廷业务中，有关当事人都存在着不同程度的风险，其中有些风险是可以采取措施进行防范的，而另一些风险则缺乏有效的防范措施。

（一）出口商面临的风险

出口商面临的风险主要是在向包买商出售债权凭证之前这段时间的利率风险、履约风险、币别风险和汇价风险。

1. 利率风险

利率风险是指出口商在签订福费廷合同至签订贸易合同这一期间内所面临的交易计价货币利率下调的风险。利率下调将加大出口商的融资成本，而对进口商的报价又早已确定无法更改。

利率风险较易防范，只要出口商在签订贸易合同前及时与包买商联系洽谈，并取得其报价和包买承诺，即可将融资成本打入商品价格，利率风险便可有效消除。

2. 履约风险

履约风险是指在承担期内，由于种种主客观因素，贸易合同无法继续履行，出口商无法向包买商提供有效票据的风险。即由于贸易合同不能履行而导致福费廷合同不能履行，而给包买商造成损失。如果出现履约风险，出口商有责任对包买商因此而产生的费用和遭受的损失予以补偿。

在实务中，出于维护与客户的长远关系考虑，包买商一般都以宽容的态度对待此事，通常仅是象征性收费或不收费。

3. 币别风险、汇价风险

币别风险是指出口商在承担期内收到进口商交来票据的币别不是原来合同中规定的货币。出口商将面临因此产生的汇价风险。汇价风险是指计价货币贬值的风险。

币别风险或汇价风险可以通过在贸易合同中增加特殊条款来消除，如商品价格随有关货币的汇率变化而变化，必要时还可购买有关货币的远期外汇买卖合同。

（二）进口商面临的风险

进口商面临的主要是汇价风险，即如果交易计价货币是外币，进口商就面临着本币贬值或外币升值而多支付本币的风险。

这种风险通常可以通过远期外汇买卖合同加以消除，不过，如果进口商所在国的法定货币是不可自由兑换货币，这种汇价风险就无法消除。

（三） 担保行面临的风险与防范措施

担保行的主要风险是进口商的违约风险，即由于进口商违约、破产等原因，担保行的对外垫款得不到偿还。

对这种风险的有效控制办法是核定信用额度，要求进口商提供抵押品或反担保函。

如果进口商与担保行不在同一国家，担保行还要承担国家信用风险。防范办法是核定该国信用额度。

（四） 包买商的业务风险与防范措施

在提供选择期至票款到期收回的整个期间，包买商一直承担着各种风险。

1. 利率风险

利率风险主要指在选择期和承担期中，由于利率上升导致包买商融资成本上升的风险。控制和消除利率风险的主要手段是应尽量做到资金完全匹配。

2. 担保行的信用风险

指担保行在票据到期日履行付款责任时由于某些原因造成迟付，一般不存在无力支付的情况。对该风险的防范办法是对担保行核定相应的信用额度。

值得注意的是，包买商通常仅是银行的一个部门，不能独立考虑其信用额度问题，而应将整个银行对该担保行所发生的业务作通盘考虑。

3. 国家风险

通常指担保行所在国的国家风险。控制和防范国家风险的办法主要是核定信用额度及投保国家信用险，此外，还可邀请有关银行进行风险担保。

4. 单据和票据缺陷风险

单据和票据在有效性方面存在的任何缺陷都可能会给包买商带来风险，因此，包买商应严格审查有关单据、票据，并做好记载。

此外，单据保管不善，如发生丢失，被火烧，被水渍等也会影响包买商的权益。包买商应加强对单据的保管。

5. 托收与清偿风险

指由于人为的疏忽和失误，致使票据未能在到期日前及时寄出而造成的迟收货款风险。防范措施是严格加强内部管理，由专人负责保管单据及寄单。

保理服务与福费廷业务的比较见表 11-1。

表 11-1　　　　　　　　　　　保理服务与福费廷业务的比较

	比较项目	保理服务	福费廷业务
相同点	性　质	新的综合性结算方式	
	基本内容	风险担保、贸易融资	
	服务手段	出口债权的购买	

续表

	比较项目	保理服务	福费廷业务
不同点	购买对象	消费品出口债权	资本品出口债权
	购买比例	全部或部分债权	全部债权
	债权性质	一般债权	票据权利/债权凭证
	银行担保	无	进口银行担保
	购买性质	有追索权或无追索权	无追索权
	其他服务	有	无
	基本方式	O/A、D/A	光票托收
	使用货币	可自由兑换货币	最通用货币
	风险转移或控制方式	核准信用额度	参与辛迪加 二级市场转让

三、福费廷国际惯例规则

国际福费廷协会（IFA）是福费廷业务领域最大的国际组织，其宗旨是促进福费廷业务在全球的发展，制定福费廷业务的惯例规则，便利成员间的业务合作。

国际福费廷协会市场惯例委员会于 2004 年通过了《IFA 国际福费廷规则》和《IFA 国际福费廷规则用户指南》。以上规则旨在适用于由 IFA 成员选择使用的全球范围内的任何交易。

《IFA 国际福费廷规则》从 11 个方面作了规定，主要观点归纳如下：

（1）《IFA 国际福费廷规则》（以下简称《规则》）的使用不是强制性的，交易的当事各方将其订入合同中，《规则》才能对交易生效。

（2）《规则》的法律效力将由适用的法律来确定。为了避免不利或"择地行诉"，在福费廷协议及其他相关文件中约定司法管辖和法律适用极为重要。

（3）出卖人和买受人应在规定时间内签署交易确认书。确认书应注明第一付款人和其他付款人的名称，确认书应对口头商定条款包括对初始包买商身份或者其机构性质的任何描述予以确认。如果一方未在规定时间内签署确认书，另一方有权解除交易，并有权要求对方承担责任。

（4）交易条件。交易各方应尽一切合理努力，以在相关的交付日之前按照确认书完全满足所有的交易条件。如果在交付日或之前交易条件未得到满足，而当事各方未能就修改交付日达成一致，交易可由该交易条件的受益方解除，解除自另一方收到解除通知时生效。

（5）保留付款。如果当事各方同意在议定条款中加入买受人带保留的付款的条款，则确认书中应规定：保留事项；出卖人应无条件地满足保留事项的日期、回购条款等。如果一方在保留日前未能无条件地满足保留事项，则另一方有权要求对方按回购条款履行义务。

(6) 交易文件与结算日

• 确认书内容：出卖人或代卖人应交付给买受人的交易文件、交付日、预计的结算日，以及如果议定条款包含多个交付日或结算日，每个交付日应交付的具体文件，每个结算日应办理的具体付款。

• 买受人可在收到确认书后的 5 个工作日的审核期内审核交易文件，以确定：交易文件的真实性在交易背景下的合理程度内有足够的证据支持；交易文件符合确认书；付款请求所指向的是付款人的一项合法、有效、可执行的，在到期日以付款请求的货币全额支付付款请求金额的义务，该义务不得受到任何抵消权、反请求或其他税款扣缴扣减的影响，并且该付款请求可以按照交易文件在交易背景下合理程度内自由转让。但条件是审核期不得超过交付日后的第 5 个工作日。

• 如果交易文件不合格或者买受人认为需要额外的交易文件，买受人应在审核期内将其认定通知卖出人。如果未能在规定时间内就交易文件的修改达成一致，则买受人有权解除交易，解除自卖出人收到解除通知时生效。

• 如果买受人没有按照规定在审核期内作出通知，则视为买受人已收到合格的交易文件。

• 买受人在相关的结算日后无权声称收到的交易文件不合格。

• 交易文件不合格、买受人有权要求额外交易文件的情形：

a. 交易文件在交易背景下的合理程度内其真实性没有足够的证据的支持；

b. 交易文件与确认书不符；

c. 付款请求不是付款人的一项合法、有效、有约束力、可执行、在到期日以付款请求的货币全额付款的义务（不受抵消、反请求或任何其他款项的扣缴或扣减的影响），或者不可按交易文件自由转让（除非确认书中另有规定）；

d. 当要求额外交易文件时，该额外交易文件是买受人认可以证明、支持或澄清前述任何一项情况的文件。

• 结算日应为（除非另有规定）买受人确认收到了或者视为收到了合格的交易文件之日后的第 3 个工作日。

(7) 无追索。出卖人应在相关的结算日向买受人售让付款请求，买受人无追索权，即不得向出卖人或其前手或初始包买商追讨付款请求项下任何未获支付的款项。

(8) 关于陈述与保证的具体规定包括：

• 双方的陈述与保证：

a. 是合法设立并存在的公司；

b. 有权签订、交付并履行交易文件和确认书下的义务；

c. 其与交易有关以及在确认书项下的义务为其合法、有效、有约束力并可按其条款执行的义务。

• 出卖人关于交易和议定条款向买受人的陈述和保证；其为付款请求的唯一合法的受益人；付款请求不受或将不会受到第三方的负担，或者第三方的抵消权、反请求或其他优先权益的影响；付款请求是或将成为可按照交易文件自由转让的权利（除非确认书中另有规定）；其已履行和/或没有违反其付款请求或交易文件项下的义务；当出卖人为初始包买商时，其已采取所有合理步骤确认交易文件真实，付款请求是对付款人合法、有效、有拘束力并可执行的债权，可按交易文件自由转让（除非确认书中另有规定）；当出卖人为初始包买商时，其已采取在基础交易情形下所有合理的步骤，确信交易文件反映基础交易的性质。

- 出卖人可按确认书的规定或应受买人的要求作出额外陈述和保证。
- 除确认书中排除或修改的外，任何陈述与保证应在交易日作出，并视为在相关的确认日、第一交付日、第一结算日以及保留日被重新作出。在任何情况下，陈述与保证的有效期都应在确认书签订日或结算日之后。如果初始包买商书面允许的话，初始包买商按规定作出的陈述与保证应当可以被买受人传递给将来的买受人，因此，初始包买商在此声明并接受，其作出的陈述与保证在被传递的范围内可为每个将来的买受人所依赖。

（9）代理人与经纪人。如果任何一方当事人系作为代理人或经纪人行事，须在口头商定条款中加以声明。

（10）通知。任何交付的与交易有关的通知、文件或其他通信，包括确认书，应当以书面形式（SWIFT、传真、信函或者电子邮件（如果各方同意的话））发送，并被视为在以下时间收到：SWIFT发送，次日收到；有发送记录的传真机发送，当日收到；专人递送的信函，递交时收到；普通邮寄，第10个工作日收到；空邮，第5个工作日收到，以投邮的次日起算；通过电子邮件发送，以约定的时间，如无约定，则以收到的时间。如果在接收地的非工作日或正常工作时间以外收到，则视为在下一个工作日收到。

（11）解约补偿。当交易按照规定解除时，双方不负赔偿责任，但任何规定均不影响一方当事人向另一方当事人追究违反确认书或口头商定条款的责任。

《规则》为特定行为或事件规定了时间期限，具体见表11-2。

表11-2 **福费廷交易的时间表**

时间（日期）	行为或事件	条文
D	交易日	2
D+1	出卖人交付确认书，或者未能交付确认书	3.1
D+2（最少）	出卖人交付确认书的宽限期	3.1
如果确认书被交付		
D+3	买受人签署确认书	3.3
D+3（交付确认书后的2个工作日内）	买受人通知确认书不符合口头商定条款	3.4
D+5（买受人通知后2个工作日内）	同意修改确认书	3.4
如果买受人既不签署确认书，也不提出异议		

续表

时间（日期）	行为或事件	条文
D+5（最少）	买受人交付确认书的宽限期	3.5
交付日	满足交易条件，交付交易文件	4.2 6.2
如果约定带保留的付款		
保留日	满足保留事项	5.2
如果保留事项未被满足		
在保留日或之前	要求延展保留期限	5.2
如果不同意延展		
按第5.2条要求延展后5个工作日内	退回交易文件，付款请求回转	5.3
审核交易文件		
交付交易文件后5个工作日(不晚于6.2条日期后的5个工作日结束)	审核交易文件	6.3

注：每次交付交易文件都会开始一个新的5个工作日的期限，最后一个期限不得晚于交付日后的第5个工作日。

如果交易文件不合格		
在审核期内	买受人通知出卖人交易文件不合格	6.4
通知后3个工作日内	同意修改或交付额外文件	6.4
交付合格文件后3个工作日	结算日，买受人向出卖人付款	6.8

资料来源：转引自国际福费廷协会市场惯例委员会，《IFA福费廷国际规则用户指南》。

本 章 小 结

福费廷业务是20世纪60年代以后，在国际上得到迅速发展的一种国际结算方式。

与保理服务相近的是，福费廷业务也是通过购买出口债权提供风险担保和贸易融资。不同的是前者购买的是消费品出口债权，后者购买的是资本品出口债权。债权的性质不同导致债权形式、融资金额、融资期限、使用货币、风险控制与转移手段都不同。

福费廷业务中的费用有贴息、选期费、承担费、担保费等。这些费用直接或间接由进口商承担。

福费廷的风险主要有利率风险、汇率风险、信用风险等。风险承担者主要是包买商、担保银行。

《IFA国际福费廷规则》及其用户指南（2004年）是办理国际福费廷业务应遵循的

基本规则。

复习思考题

一、名词解释

Factoring　　选期费　　承担费

二、简答题

1. 福费廷业务的含义与特点。
2. 福费廷业务流程。
3. 包买商面临的风险及其防范措施。
4. 福费廷国际组织。
5. 福费廷国际规则。

第十二章　国际非贸易结算

◎ **本章学习目的**

　　在学习本章之后，应该掌握以下内容：

　　1. 国际非贸易结算的特点。

　　2. 国际服务贸易发展的特点与趋势。

　　3. 信用卡结算的基本内容。

　　4. 其他非贸易结算方式的基本特点。

第一节　国际非贸易结算的内容

一、国际非贸易结算的范围

　　国际非贸易结算（International Non-trade Settlement）是指无形贸易（Invisible Trade）引起的国际间货币收付的活动。非贸易结算又称无形贸易结算。国际非贸易结算是国际结算的重要组成部分。随着我国经济国际化程度不断加深，各种无形贸易特别是服务贸易进出口的增长速度也非常迅速。

　　非贸易结算内容包括贸易交往中的各项从属费用，如运输、保险、银行手续费等，以及其他与贸易无关的属于劳务性质的非实物收支，如出国旅游费用、侨民汇款、外币收兑、国外投资和贷款的利润、利息收益、驻外使领馆和其他机构企业的经费、专利权收入、馈赠等。

　　非贸易可分为国际服务贸易和单方面转移两大类。根据我国的分类方法，非贸易结算的范围包括以下几个方面：

　　（1）海外私人汇款。海外私人汇款主要指华侨、港澳同胞、中国血统外籍人、外国人汇入或携带或邮寄，包括电汇、信汇、票汇入境的外币票据。

　　（2）铁路运输收支。铁路收入是指我国铁路运输（货运、客运）的国际营业收入，以及广九线上的铁路运输收入。铁路支出是指我国列车办理国际联运的外汇支出、铁路员工的外汇借支等。

　　（3）海运收支。海运收入是指我国自有船只办理对外运输业务的客货运费和出售物料等的外汇收入。海运支出是指租赁船只所支付的租金、修理费，船只在外国港口所支出的使用费，船方购买食品、物料、燃料等所支出的外汇。

　　（4）航空运输收支。航空运输收入是指国际航空运输的营业收入（包括运费、杂

226

费），以及国内航空公司向国外航空公司结算的业务收入（包括提供外国飞机各项地面服务收入、手续费收入）。航空运输支出是指国内航空公司向国外航空公司、企业结算的业务与服务费用，以及对旅客和托运人的外汇赔款等支出。

（5）邮电服务收支。邮电服务收支是指邮电部门的外汇收支，包括国际邮政、电信业务结算收支，国际通信卫星组织的红利收入，国内邮电业务的外汇收入。

（6）保险服务收支。保险服务收入是指保险公司进行保险业务的外汇收入，包括保费、分保费、佣金，以及海外分支机构上缴的利润和经费等。保险服务支出是指保险公司经营各项业务的外汇支出，包括应付的保险佣金、保险赔款等。

（7）银行业务收支。银行业务收入是指我国银行经营各项业务的外汇收入，包括手续费、邮电费、利息，以及海外分支机构上缴的利润和经费等。银行业务支出是指银行经办有关业务的外汇支出，包括对外应支付的手续费、邮电费，以及对外借款应支付的利息等。

（8）图片、影片、邮票收支。收入指出口图书、影片、邮票等的外汇收入。支出指进口图书、期刊及科技文献、资料，以及进口国外影片、电视片等的外汇支出。

（9）外轮代理与服务收支。它是指外国轮船在我国港口所支付的一切外汇费用（包括外轮停泊、分水、装卸、港监、海事处理等），我国外轮供应公司对远洋货轮、外国轮船及海员供应物资和提供服务的外汇收入，以及国外海员在港口的银行兑换外币收入。

（10）外币兑换收支。它是指我国边境和内地银行收兑入境旅客的外币、现钞、旅行支票、旅行信用证和汇票等汇兑收入。

（11）兑换国内居民外汇。它是指兑换国内居民，包括归侨、侨眷、港澳同胞家属，委托银行在海外收取遗产，出售房地产，取得股票红利，调回国外存款、利息等外汇收入。

（12）旅游业收支。它是指我国各类旅行社和其他旅游经营部门服务业务收入的外汇。

（13）私人用汇支出。它是指国内公民个人因私用汇的外汇支出。包括批给我国居民及外国侨民的旅杂费、退职金、退休金、赡家费，移民出境汇款，外商、侨商企业红利及资产汇出，各国驻我国的使领馆在我国收入的签证费、认证费的汇出和其他一切私人外汇支出。

（14）机关、企业、事业团体经费外汇支出。

（15）驻外企业汇回款项收入。

（16）外资企业汇入经费收入。

（17）外国使馆团体费用收入。

（18）其他外汇收支。

其中，国际服务贸易外汇收支是非贸易结算的主体。

服务贸易包括以下内容：商业性服务、通信服务、建筑服务、销售服务、教育、金融服务、保健服务、旅馆和饭店服务、保险服务、个人服务、文化和娱乐服务、动产的销售、交通运输服务、其他服务。

二、国际非贸易结算的特点

相对于国际贸易结算而言，国际非贸易结算的特点是：

（1）以提供劳务服务为基础，不必组织商品进出口。

（2）范围广泛，内容庞杂，项目繁多，金额较低。

（3）结算方式多样、灵活。非贸易外汇的收支主要是通过外汇汇款、外汇兑换（外币兑换、旅行支票、旅行信用证、信用卡等）、买汇和光票托收等方式进行结算的。

三、国际服务贸易的发展特点与趋势

从 20 世纪初开始，大量劳动和资本流向商业和服务业。发达经济体于 20 世纪 60 年代实现了向服务经济的转型，到 1990 年服务业增加值占世界 GDP 的比重突破 60%。在经济全球化的推动下，服务业的国际化和跨国转移成为世界经济贸易发展的重要特征。从全球范围来看，服务贸易增长快于货物贸易增长，服务贸易额占全球贸易总额的比重已接近 1/5，服务业跨国投资已接近全球跨国投资的 2/3。国际金融危机只是暂时减缓了服务贸易的发展速度，全球服务贸易蓬勃发展的趋势不会改变。

服务贸易是货物贸易进一步发展的重要条件。生产性服务业有利于促进制造业的高端化，延伸制造业的产业链条，进而优化货物贸易的质量和结构，提高货物贸易的附加值；消费性服务业和公共服务业有利于提高人类自身发展水平和社会管理服务水平，优化人力资源和社会环境，进而有利于货物贸易的发展。

服务业和服务贸易符合经济可持续发展的方向。服务业具有消耗资源少、环境污染小、就业容量大等特点，发展服务业和服务贸易能够有效缓解经济发展与资源、环境的矛盾，实现经济可持续发展。在世界经济艰难曲折的复苏中，服务业和服务贸易更是拉动增长的产业新亮点①。

近年来国际服务贸易的发展呈现出许多新的特点。

（一）服务贸易进入快速发展期

从 1980 年到 2008 年，世界服务贸易呈现出快速发展的趋势。服务贸易的出口额从 3 650 亿美元扩大到了 37 313 亿美元，28 年增长了 10 倍以上，年均增长近 9%，高于同期货物贸易的出口增速。服务出口占全球出口的比重从 15.5% 增长到了约 20%。特别是 2003 年以来，全球服务贸易呈现加速增长态势，出口年均增长率已经超过两位数。但 2008 年，世界服务贸易未能延续 2007 年的快速增长态势，增速低于货物贸易。据 WTO 统计数据，2008 年世界服务贸易出口额为 37 313 亿美元，比上年增长 14.56%；进口 34 690 亿美元，同比增长 13.40%。世界服务贸易和中国服务贸易进出口额详见表 12-1。

---

① 以上内容参见商务部部长陈德铭在第二届中国服务贸易大会开幕式上的讲话（2009 年 11 月 24 日）。

表 12-1　　　　　　　　　　世界服务贸易和中国服务贸易进出口额　　　　　　单位：亿美元

年份	中国出口额	中国出口占世界比重（%）	世界出口额	中国进口额	中国进口占世界比重（%）	世界进口额	中国进出口额	中国进出口占世界比重（%）	世界进出口额
1982	25	0.7	3 646	19	0.5	4 028	44	0.6	7 674
1983	25	0.7	3 543	18	0.5	3 829	43	0.6	7 372
1984	28	0.8	3 656	26	0.7	3 963	54	0.7	7 619
1985	29	0.8	3 816	23	0.6	4 011	52	0.7	7 827
1986	36	0.8	4 478	20	0.4	4 580	56	0.6	9 058
1987	42	0.8	5 314	23	0.4	5 439	65	0.6	10 753
1988	47	0.8	6 003	33	0.5	6 257	80	0.7	12 260
1989	45	0.7	6 566	36	0.5	6 855	81	0.6	13 421
1990	57	0.7	7 805	41	0.5	8 206	98	0.6	16 011
1991	69	0.8	8 244	39	0.5	8 510	108	0.6	16 754
1992	91	1.0	9 238	92	1.0	9 471	183	1.0	18 709
1993	110	1.2	9 413	116	1.2	9 596	226	1.2	19 009
1994	164	1.6	10 332	158	1.5	10 438	322	1.6	20 770
1995	184	1.6	11 849	246	2.0	12 015	430	1.8	23 864
1996	206	1.6	12 710	224	1.8	12 697	430	1.7	25 407
1997	245	1.9	13 203	277	2.1	13 056	522	2.0	26 259
1998	239	1.8	13 503	265	2.0	13 350	504	1.9	26 853
1999	262	1.9	14 056	310	2.2	13 883	572	2.0	27 939
2000	301	2.0	14 922	359	2.4	14 796	660	2.2	29 718
2001	329	2.2	14 945	390	2.6	14 941	719	2.4	29 886
2002	394	2.5	16 014	461	2.9	15 793	855	2.7	31 807
2003	464	2.5	18 340	549	3.0	18 023	1 013	2.8	36 363
2004	621	2.8	21 795	716	3.4	21 328	1 337	3.1	43 123
2005	739	3.1	24 147	832	3.5	23 613	1 571	3.3	47 760
2006	914	3.4	27 108	1 003	3.8	26 196	1 917	3.6	53 304
2007	1 216	3.7	32 572	1 293	4.2	30 591	2 509	4.0	63 163
2008	1 465	3.9	37 313	1 580	4.6	34 690	3 045	4.2	72 003

　　注：遵循 WTO 有关服务贸易的定义，中国服务贸易数据不含政府服务。

　　数据来源：WTO 国际贸易统计数据库（International Trade Statistics Database），中国商务部服务贸易统计。

2008 年，运输、旅游和其他商业服务三大类别占世界服务出口总额的比重分别为 23.4%、25.4%和 51.2%，服务贸易结构向知识、技术密集化方向发展的趋势明显。世界服务贸易出口结构见图 12-1。

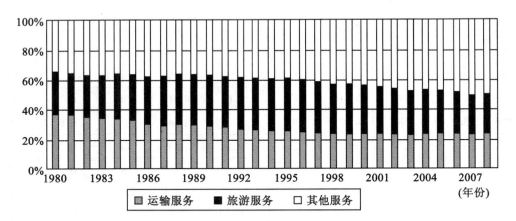

图 12-1　世界服务贸易出口结构

资料来源：WTO 网站，http：//stat. wto. org/StatisticalProgram。

（二）　新兴服务贸易比重在上升

全球运输、旅游等传统服务或劳动密集型服务出口比重大幅下降，而金融、保险、信息等新兴知识或资本密集型的服务出口比重则从 1980 年的 34.8%上升到 2008 年的 51.2%，新兴商业服务出口超过运输和旅游服务出口的总和。世界服务贸易出口分布见表 12-2。

表 12-2　　　　　　　　　　　世界服务贸易出口分布

	2008 年金额	2000—2008 年增长率	2006 年增长率	2007 年增长率	2008 年增长率
总额	37 300	12	13	19	11
运输	8 750	12	10	20	15
旅游	9 450	9	10	15	10
其他商业服务	19 100	14	16	22	10

资料来源：WTO 秘书处。

（三）　以商业存在为形式的服务贸易发展迅速

20 世纪 90 年代以来，国际产业转移的重心从制造业开始向服务业转移，带动了以商业存在为形式实现的服务贸易规模迅速扩大，全球对外直接投资总额的一半以上流向服务业。根据 WTO 估算，全球商业存在实现的服务收入已经占到了全部服务出口总额的 50%。

（四）服务外包成为重要发展形势

随着互联网技术的迅速发展和普及，全球服务外包进入了快速发展期，软件外包、生产性服务贸易等活动空前活跃。据麦肯锡公司估计，2006 年全球服务外包市场规模为 4 650 亿美元，其中离岸外包约为 400 亿美元，年均增速为 20%~30%，服务外包还有相当大的发展空间。

（五）服务贸易发展不平衡

发达国家的服务贸易占到了全球服务贸易总额的 75% 以上。其中美国、英国、德国三个国家约占 30%。与发达国家相比，发展中国家还有很大的差距。2008 年，国际服务贸易排名前十名的国家中，只有中国和印度是发展中国家。在 WTO 多哈回合谈判和其他各种多双边的谈判中，服务贸易越来越成为大国关注的焦点。表 12-3 为 2008 年世界服务贸易进出口排序。

表 12-3　　　　　　　**2008 年世界服务贸易进出口排序**

排序	国别	出口额	占比	排序	国别	进口额	占比
1	美国	5 219.70	13.99	1	美国	3 643.17	10.50
2	英国	2 834.97	7.60	2	德国	2 845.69	8.20
3	德国	2 349.90	6.30	3	英国	1 988.56	5.73
4	法国	1 534.70	4.11	4	日本	1 655.92	4.77
5	中国	1 464.50	3.92	5	中国	1 580.00	4.55
6	日本	1 437.04	3.85	6	法国	1 369.99	3.95
7	西班牙	1 425.98	3.82	7	意大利	1 323.74	3.82
8	意大利	1 233.86	3.31	8	西班牙	1 079.39	3.11
9	印度	1 060	2.84	9	爱尔兰	1 028.61	2.97
10	荷兰	1 020.67	2.74	10	韩国	927.90	2.67

资料来源：商务部网站、WTO 网站。

第二节　外币信用卡

一、信用卡的含义和种类

信用卡（Credit Card）是指具有一定规模的银行或公司发行的，可凭此向约定商人购买货物或享受服务，或向约定银行支取一定现金的信用凭证。

信用卡是一种由特制塑料制成的类似名片大小的卡片，卡面印有信用卡名、持卡人姓名、信用卡号码、发行日期、有效日期、发卡人等内容，背面有持卡人的预留签字、磁条和银行（发卡人）的简单声明等。

信用卡是 20 世纪 60 年代以来世界各国盛行的一种可以替代现金的消费支付工具。它起源于美国，早在 1915 年，美国的一些饭店和百货公司，为推销商品，扩大业务，就开始发行信用卡。到了 20 世纪 60 年代，信用卡得到了更加广泛的使用，不仅在其发源地美国得到广泛发展，而且在英国、日本、加拿大以及西欧各国盛行起来，成为一种普遍采用的支付方式。大到买房置地、旅游购物，小到公用电话、公共汽车，都普遍采用信用卡结算，备受广大商户和消费者的欢迎。

中国银行于 1981 年首次将信用卡这一新型的结算方式引进我国，此后国内其他银行也纷纷发行自己的信用卡，从而使信用卡业务在我国获得了较大的发展。

信用卡的种类很多，可按照不同的标准将其分类。

（一）按发行机构分类

1. 商业机构发行的零售信用卡

这种卡由零售百货公司、石油公司等单位发行，持卡人凭卡在指定的商店购物或在汽油站加油等，定期结账。该种信用卡的发行数量很大，约占全世界信用卡总数的 45%。但零售信用卡的流通区域受到了很大限制，使用范围较窄。

2. 服务业发行的旅游娱乐卡

旅游娱乐卡由航空公司、旅游公司等发行，用于购买火车票、飞机票、船票以及用餐、住宿、娱乐等。如美国的运通卡和大莱卡就属于此类信用卡。

3. 银行发行的信用卡

当代科学技术迅猛发展，电子计算机在银行广泛应用，使银行信用卡的使用范围迅速扩大，不仅减少了现钞的流通，而且使银行的业务突破了时间和空间的限制，起到了根本变化。银行发行的比较通用的信用卡主要有四种：

（1）购物卡。购物卡的持卡人在向银行组织的商店和服务行业（特约商户）购买商品或服务时，凭卡签具账单支付，然后由特约商户凭账单向银行收取货款或劳务费用。银行通常在月底凭账单向持卡人结账。持卡人若在规定时间内偿还贷款，无需支付利息；超过规定期限的，则要支付利息。

（2）记账卡。记账卡是银行业电脑化发展的产物。它可以通过银行在大的商业中心、旅游服务中心设置的电脑终端特制的自动柜台机上进行自动转账和支取部分现金。记账卡是购物时可以用于记账和转账的信用卡。

（3）提现卡。提现卡是购物时用于付款、转账并可在发行银行的所有分支机构或设有自动柜台机的地方随时提取现金的信用卡。发卡银行及其所属分支机构、联营银行向提现卡持有者提供透支现金的方便。发卡银行通常要规定信用卡的透支限额。

（4）支票卡。支票卡是指信用卡的持有人凭卡签发支票支款的信用卡。支票卡一般都规定了使用期限与最高金额，在限额内，银行保证支付，如果超过限额则可以拒付。支票卡实际上也是一种持卡人可以向银行透支的形式，银行与客户商定信贷限额以后，客户就能超过其存款余额取得贷款，即通过签发支票的方式支款。

（二）根据发卡对象分类

1. 公司卡

公司卡是向企业、事业单位、团体、部队、学校等发行的信用卡，其使用对象为单位。

2. 个人卡

个人卡是面向个人包括居住在城镇的工人、干部、教师、科技工作者、个体经济户，以及其他成年的、有稳定收入的居民发行的信用卡。

（三）按清偿方式分类

1. 贷记卡

贷记卡（Credit Card）的清偿方式是"先消费、后还款"。万事达国际卡属于贷记卡。

2. 借记卡

借记卡（Debit Card）的清偿方式是"先存款、后消费"。目前国内银行发行的人民币卡属于借记卡。

（四）按发卡技术分类

信用卡按发卡技术可以分为磁卡和 IC 卡（Integrated Circuit Card，集成电路卡）。

1. 磁卡

目前的银行卡大多数仍为磁卡，在塑料卡片上有磁条和凸印字。磁条中记录账号和密码等基本信息，而实际款项存储在由网络连接的银行计算机硬盘上。用户提取或存入的款项在不同的银行账户之间进行资金往来。用户消费的款项由银行和商户之间进行结转和清算。这种磁卡在使用时需要访问主机账户，因此只能在联机处理时间内使用，其速度和稳定性取决于通信线路的质量，在网络达不到要求的场所则无法使用。

2. IC 卡

IC 卡是继磁卡之后出现的又一种新型信息工具。IC 卡在有些国家和地区也称智能卡（Smart Card）、智慧卡（Intelligent Card）、微电路卡（Microcircuit Card）或微芯片卡等。它将一个微电子芯片嵌入符合 ISO7816 标准的卡基中，做成卡片形式。它已经十分广泛地应用于包括金融、交通、社保等很多领域。

发达国家的现钞流通量仅占流通实力的 8%，基本上是信用卡及各种金融卡主宰金融市场。而我国的现钞流通量则高达 25% 以上，大量现金的"体外循环"为腐败现象的滋生和各种经济犯罪提供了生存土壤，不仅扰乱了经济秩序，还严重影响社会的稳定及人民币的价值和信誉。电子货币或银行 IC 卡的普遍应用，正是解决上述问题的有效办法。

IC 卡既可以由银行独自发行，又可以与各企事业单位合作发行。这种联名卡形成银行 IC 卡的专用钱包账户。例如，医疗保险专用钱包账户不得用于消费，不得提取现金，只能在指定医院等场所使用。当前，联名卡主要有保险卡、财税卡、交通卡、校园卡等多种。由于 IC 卡既方便又快捷，所以在发达国家已相当流行。

我国发展信用卡的方针是"两卡并用，磁卡过渡，发展 IC 卡为主"。未来的发展趋势必将是 IC 卡逐步取代磁卡。1994 年 7 月 1 日，中国银行海南分行在国内最早发行了长城 IC 智能卡，同年 12 月，中国工商银行上海分行发行了浦江 IC 智能卡。之后，其他一些银行也推出了 IC 卡。1996 年 3 月，中国人民银行颁发了《银行 IC 卡规范》（暂行）。2004 年 6 月 23 日中国人民银行颁布的《支付结算办法》也对 IC 卡的使用作了相关规定，使 IC 卡步入法制轨道，并向规范化、标准化方向迈进。

（五）按流通范围分类

中国银行发行的外汇长城万事达卡属于国际卡（International Card），能跨国使用；而中国银行发行的人民币长城万事达卡、工商银行发行的人民币牡丹卡、农业银行发行的人民币金穗卡都属于地区卡（Local Card），其使用范围仅限于国内。

此外，根据持卡人所处的地位不同，信用卡可以划分为主卡和附属卡；根据持卡人的信誉、地位等资信情况不同，信用卡可以划分为普通卡和金卡等。

二、信用卡的运作程序

信用卡的运作过程较为简单，包括三个步骤：

（一）申领信用卡

信用卡的发卡机构只对有固定工资收入的人发卡，其标准按各种信用卡所提供的便利条件的不同而异。

要获得信用卡，首先要向发卡机构提出书面申请，经发卡机构审核合格后发给信用卡。持卡人要交纳手续费和年费，收费率各银行不尽相同，也有免收费用的。

（二）购物及取款

目前，国际上较流行的有两种做法：

（1）持卡人到指定的商店或银行购货或支取现金时，只要出示信用卡并在签购单上签名即可；

（2）持卡人要另开一张私人支票，信用卡对这种私人支票起保兑的作用。

不管是哪一种支付方式，有关的商店和银行都要：

• 核对此卡是否已逾期失效；

• 查对发卡机构印发的已注销的信用卡号码单，看此卡是否在单内，如果单内有此号码，则没收此信用卡，将其寄交给发卡机构；

• 如查核无误，应把信用卡正面的号码和持卡人的姓名等，用压印机压印在签购单上或私人支票的背面，以便发卡机构在结算时核销。

（三）结算

商店和银行在每天营业终了时，把签购单汇总后寄发卡机构，凭以划收所代付款项。信用卡的结算过程如图 12-2 所示。

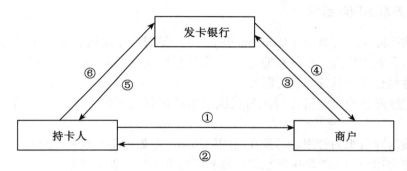

图 12-2　信用卡结算流程图

图 12-2 说明：

①持卡人用卡购物或消费并在签购单上签字；

②商户向持卡人提供商品或劳务；

③商户向发卡银行提交签购单；

④发卡银行向商户付款；

⑤发卡银行向持卡人发付款通知；

⑥持卡人向发卡银行归还贷款。

三、国际信用卡组织

（一）维萨国际组织

维萨国际组织（ VISA International Service Association）是一个由全球 21 000 多家金融机构会员所组成的非股份、非盈利性国际银行卡组织，也是目前世界上最大的信用卡和旅行支票组织。维萨国际组织的前身是美洲银行信用卡公司。

VISA 国际组织本身并不直接发卡，而是由 Visa 国际组织的会员银行发行。其中，摩根大通银行是全球最大的 Visa 卡发行银行。VISA 卡也被称为签证卡。

维萨国际组织的总部设在美国的洛杉矶市，总处理中心在洛杉矶的卫星城——圣曼托（St. Manto）。为便于各地区制定适合本地区情况的市场发展战略，维萨国际组织将全球划分为五大业务区，即美国区、加拿大区、亚太区、拉美区、欧洲中东和非洲区。Visa 国际组织的亚太区业务以新加坡为总部，旗下有 700 多家金融机构。

维萨国际组织经过几十年的发展，已成为世界上最大的信用卡集团，无论是信用卡的数量还是交易额，都居世界首位。该组织现代化的授权系统（BASE Ⅰ）和清算系统（BASE Ⅱ）有力地支持了维萨卡全球的发展。VISA 是全球最负盛名的支付品牌之一，

VISA 全球电子支付网络 "VISANet" 是世界上覆盖面最广、功能最强和最先进的消费支付处理系统。

VISA 于 1993 年和 1996 年分别在北京和上海成立代表处。目前，中国大陆几乎所有的商业银行都发行 Visa 卡。

（二） 万事达国际组织

万事达国际组织（Master Card International）是服务于金融机构（商业银行、储蓄银行、储蓄和放款协会、存款互助会）的非盈利性全球会员协会，公司的宗旨是为会员提供全球最佳支付系统和金融服务。

万事达国际组织目前已发展成为仅次于维萨国际组织的世界第二大信用卡国际组织。

万事达国际组织的管理总部设在美国纽约市，总处理中心设在圣路易斯市。万事达国际组织将全球分为与维萨国际组织大致相同的五个区开展全球业务。

（三） 美国运通公司

美国运通公司（American Express Card）是美国目前最大的跨国财务公司，该公司的业务主要包括旅游服务、国际银行服务、投资服务、信托财务咨询服务及保险服务五个部分。

美国运通公司的信用卡业务开始于 20 世纪 50 年代。从 1958 年起，美国运通公司先后向客户发行了普通卡、运通卡、公司信用卡、运通白金卡等。

美国运通卡（American Express Card）持卡人通常是社会上地位和收入较高的中上层人士，该卡分绿卡、金卡和白金卡三种。运通卡与维萨卡、万事达卡性质不同，维萨卡和万事达卡属于银行卡，运通卡属于旅游娱乐卡（Travel and Entertainment Card），适合消费者外出旅游之用。美国运通公司在全球的持卡人数量虽然远远少于维萨卡与万事达卡的持卡人，但其在全球信用卡的交易额中却占有很大比例，运通卡持卡人的人均年用卡消费额高于维萨卡或万事达卡持卡人的人均年用卡消费额。

美国运通公司经过多年的发展，已经成为全球最大的一家独立经营信用卡业务的公司，其总部设在美国纽约市，总处理中心设在盐湖城。美国运通已在 94 个国家与 85 家银行成立了环球网络服务（GNS）联盟，其伙伴银行为客户发行可在美国运通环球商户网络使用的信用卡。GNS 联盟已推出超过 350 种信用卡产品。

（四） 大莱信用卡公司

1950 年春，美国纽约商人麦克纳马拉与施奈德投资 1 万美元，成立了大莱俱乐部（Diners Club），即大莱信用卡公司的前身，以后很多人开始使用俱乐部发行的信用卡。随着公司的经营范围扩大到全球，公司也更名为大莱国际信用卡公司（Diners Club International）。1982 年，美国花旗银行收购了大莱信用卡公司的大部分股票，大莱信用卡公司成为花旗银行的控股公司。公司总部设在美国芝加哥市。

大莱信用卡公司经过 40 多年的发展，已成为世界上最大的信用卡公司之一。大莱卡（Diners Club Card）分地区卡和国际卡两种，国际卡上印有"International"的字样。

（五）JCB 信用卡公司

JCB 信用卡公司是目前日本最大的信用卡公司，也是全球五大信用卡公司之一。该公司由日本几十家商业银行筹资，并以日本著名的三和银行为主要后盾。

第三节 其他非贸易结算

一、外币现钞兑换

（一）外币现钞兑换的含义

外币是外国货币的简称。一个国家除本国货币外，将所有其他国家的货币统称为外币。

外币兑换的狭义概念专指外币现钞的兑换；广义概念上，不仅包括外钞兑换，还包括收兑外币旅行信用证、旅行支票、信用卡及买入外币票据等项业务。按国家公布的牌价将外币兑换成人民币，或将人民币按规定兑换成外币的业务，统称外币兑换。

外币现钞兑换包括兑入外币现钞和兑出外币现钞。兑入外币现钞是指外汇银行以一定的价格以人民币（本币）向客户买进外币现钞；兑出外币现钞是指外汇银行以一定价格将外币现钞卖给客户，收进人民币。银行兑入外汇现钞使用买入汇价；兑出外汇现钞使用卖出汇价。

（二）我国外币现钞兑换的种类

随着我国国际交往的不断扩大，外汇银行的外币兑换业务，包括外币现钞兑换业务也随之不断增长，可兑换的外币种类越来越多。到目前为止，我国外汇银行收兑的外币有美元、英镑、日元、加拿大元、香港元、新加坡元、澳大利亚元、澳门元以及欧元等。

（三）我国兑换外钞的基本过程

1. 兑入外币

凡属于国家外汇管理局"外币收兑牌价表"内所列的各种外国货币均可办理收兑。

兑入外币，必须坚持"先收后付"的原则。当顾客交来外币要求兑换时，首先是鉴别外币的真伪和是否现行有效的货币，避免把已经停止使用的废币或伪造的假钞收进来。若经过验证确属伪币，应予没收，并将有关情况向上级报告，以通报全行注意。经过鉴别，确为合格的外币，即可按当日现钞买入牌价填制兑换水单和内部传票，经复核无误后交出纳员，点收外币和支付人民币。

兑换水单一式四联。第一联为兑入外币水单，由兑入行加盖业务公章交给持兑人收执；第二联为外汇买卖科目外币贷方传票；第三联为外汇买卖科目借方传票；第四联为外汇买卖统计卡。

2. 兑出外币

兑出外币，一般对已签证出境的外国人和批准出国的中国人办理。兑出外币时，必须根据外汇管理部门在"非贸易外汇申请书"上批准的金额办理。兑换汇率使用卖出价。兑换后应收回原兑换水单，作出兑出外币的原始凭证存档备查。最后还应在顾客的海关申报单或回乡介绍信的银行外币登记栏中说明，以便出境时海关检验放行。

兑出外币要填制兑出外汇兑换水单一式四联，第一联为兑出外币水单，由兑出行盖章后交申请人收执；第二联为外汇买卖科目人民币贷方传票；第三联为外汇买卖科目借方传票；第四联为外汇买卖统计卡。

二、侨汇

(一) 侨汇的含义和作用

侨汇即海外私人汇款，是指居住在国外的华侨、中国血统外籍人、港澳台同胞从事劳动和各种职业所得，从国外或港澳台地区寄回来用以赡养国内家属的汇款。侨汇是我国非贸易外汇的主要来源之一。

我国政府长期坚持便利侨汇、服务侨胞和保护侨汇利益的政策，认为侨汇是侨眷、归侨的合法收入，永远归个人所有，并由本人支配使用，其所有权和使用权应得到保护，任何个人或团体不得向侨眷强迫借贷，不得积压侨汇，不得以任何借口变相侵犯侨汇。银行在解付侨汇业务中应坚持"谁款谁收，存款自愿，取款自由"的原则，不得擅自没收、扣押、延付和冻结侨汇。解付时应仔细审查各类证件，以防假冒，保证安全、便利、迅速，杜绝侨汇工作中的错、乱、压、慢等现象。为了更有效地使用侨汇，国家鼓励侨胞侨眷在自愿的原则下将侨汇投入生产、修建房屋和兴办公益事业等项目中。

由于侨汇的特殊性和积极作用，侨汇工作具有较强的政策性和业务原则要求。

(二) 侨汇解付手续

1. 侨汇的解付

按汇款方式的不同，侨汇分为信汇、电汇、票汇和约期汇款等。信汇、电汇、票汇与贸易结算中相应汇款基本相同。

约期汇款，是指华侨和港澳台同胞与汇出行约定，在一定时期，例如每月一次或两个月一次，汇给国内侨眷一定金额的汇款。由汇出行根据约定按期自动将华侨存款中的固定金额汇出。汇款时由汇出行寄出凭证，通知国内解付行按日期填制汇款收条，解付给收款人。

此外还可以旅行信用证和旅行支票汇入侨汇。

按使用货币的不同，侨汇分为原币汇款和人民币汇款两种。

原币汇款即以原来的外币为单位的汇款。解付行应按解付日外汇牌价的买入价折成人民币解付。

人民币汇款即以人民币为单位的汇款，解付行按照委解的人民币解付。

2. 侨汇收条的处理

信汇、电汇全套汇款收条一般都有正收条、副收条、汇款证明书和汇款通知书一式四联。

正收条（Original Receipt）应在解讫侨汇后，及时寄还汇出行，等候汇款人领取，以清手续。华侨一向重视正收条，有"见条如见亲人"之说，香港、新加坡联行汇入侨汇，尤应立即寄还正收条，一般应于第二天寄出。正收条要有收款人签章、现金付讫章和解付日期章。

副收条（Duplicate Receipt）是解付侨汇后，银行留存的主要凭证。副收条上要有收款人签章、现金付讫章和解付日期章，并作收款人证件号码的详细记录。如果个别汇款需盖公章，应盖在副收条上，以备日后查考。

汇款证明书是在解付侨汇时，交给收款人持有的一联，凭以查对收款金额，或凭以参加华侨储蓄存款。

汇款通知书有收款人的详细地址，以便通知收款人取款，它是解付侨汇的依据。

3. 侨汇的查询

（1）因收款人姓名有误、地址不详等原因，解付行无法解付侨汇时，应及时向汇出行查询；非直接通汇行，应通过转汇行向国外汇出行进行查询。

（2）电报密押不符，或报单签单有误时，应该向汇出行或转汇行查询，查复后解付。

（3）侨汇总清单及其附件发生差错时的处理方法：

• 总清单与附件不符的处理。总清单与附件（指信汇委托书等）笔数、金额不符，但总清单及附件上签章无误，应立即以信函或电报方式向国外汇出行查询。为避免侨汇积压，仍可按正常手续解付，对所附各笔侨汇的委托书应逐笔抄列清单，并连同总清单及有关附件交专人保管。解讫后以"暂付款项"过渡。等汇出行查复后再按应有手续转入"汇入汇款"并转销"暂付款项"科目。

• 解付行委托有误的处理。侨汇总清单以本解付行为抬头行，但其中误有委托其他解付行的侨汇，误附的各笔侨汇应按转汇方式处理。

• 总清单及附件误寄的处理。总清单及附件均应寄送其他通汇行而误寄本行的，应迅速转寄有关行。

4. 侨汇的退汇

侨汇的退汇应该慎重处理。

（1）收款人退汇。收款人拒收汇款要求退汇，汇入行应查清拒收原因，分清情况，恰当处理，必要时与汇出行联系，不得随便办理退汇。

（2）汇款人退汇。对于已经汇入的侨汇，如汇出行应汇款人的要求办理退汇，汇出行应来函、来电或以退汇通知书通知汇入行办理退汇，汇入行接到通知后，查明该笔汇款确未解付，即可办理退汇。

退汇时，汇入行应填制特种转账传票一式两联，一联连同加盖"退汇"戳记的正本收条侨汇证明书、通知书、汇出行的退汇申请书及联行划收报单一起寄清算行；一联代传票或与汇出行寄来的退汇查复书一起作传票附件。

（3）国内持票人退汇。国内持票人申请退汇，须经外汇管理部门审核批准，在取得邮寄外币票据出国证明书后，才能向邮局办理汇票邮寄国外手续，以便由汇款人持汇票向汇出行办理退汇。

三、光票托收

（一）光票托收的适用范围

光票托收（Clean Bill for Collection）是指汇票不附带单据的托收，它主要用于非贸易结算。光票托收主要适用于下列范围：
- 不能立即以买汇方式结算的各种外汇票据，如私人支票等；
- 未列入国家外汇管理局公布的外币收兑牌价表的各种外币；
- 虽列入收兑牌价表，但无法鉴别真伪，残损破旧等不能立即收兑的外币；
- 国外有市价的外币有价证券的出售或收取利息等。

（二）光票托收的手续

到外汇银行办理光票托收业务，须携带本人（收款人）的身份证件。如委托他人代办，还要携带代办人的证件，以确保收款人款项的安全。

办理光票托收业务，首先要填写票据托收申请书，填写内容包括托收日期、币种及金额、票据号码、收款人姓名或户名以及开户银行行名和账号、收款人地址和邮编。在票据的左后方背书（即写上收款人姓名或盖上合同单位的财务专用章）后，连同票据托收申请书及证件一起交银行（托收行）审核。

经审核无误后，托收行将一联票据托收申请书盖章后交给委托人或代办人保存，待票款收妥后凭此联托收申请书及身份证件到银行办理取款手续。受托行要将所接受票据向异地的（主要指国外）付款行收款，票据款项收妥时间的长短，主要由付款银行所在地区和办事效率两个因素来决定。

（三）托收费用

办理光票托收业务，需要交纳邮费及手续费。承办光票托收的银行要将票据寄送到国外付款银行，付款银行见票后才能付款，托收银行按票面金额收取一定比例的手续费。国外付款的票据，托收银行按每笔票据收取人民币 2 元邮费，港澳地区的收取人民币 1.20 元。对于美国境内付款的票面金额不超过 1 000 美元的票据，可以直接转入存款，银行按 7.5‰扣收贴息，存款银行对该票据保留 3 个月的追索权。所以，转入存款后，3 个月内不得支取。

四、光票信用证

光票信用证是专供常驻国外机构，如使领馆、商务处等支付日常经费的一种信用证。光票信用证不附有单据，但限制在一个国家、一个城市、一家银行兑取证款。

受益人持信用证来行取款时，经办人员应审核信用证正、副本内容是否一致，印鉴是否相符，及受益人的身份证明。确认可以兑付的，由受益人填制取款收条一式两联，一联随报单寄开证行，一联作传票附件。兑付行在开证行条款规定的范围内办理兑付手续。

五、旅行支票

（一）旅行支票的概念

1. 旅行支票的含义

旅行支票（Traveller's Cheque）在金融学上称为"近似货币"，是大银行或旅行社为旅游者备付旅途费用而开发的一种定额支付工具。它是一种银行汇款凭证，具有兑取方便、携带安全等优点，深受旅行者欢迎。

旅行支票一般有固定的面额，如美元旅行支票有 1 000、500、100、50、20、10 美元等面额，为便于支取，其面额通常较小。

旅行支票由美国运通公司首创，该公司在 1891 年发明了一种购票人自己证明身份的美元旅行支票，以后又逐渐发行了英镑、加拿大元、瑞士法郎、法国法郎、日元等五种货币的旅行支票。第二次世界大战后，随着旅游事业的发展，旅行支票逐渐被其他银行采用推广。由于具有方便、安全的优点，它很快成为国际旅游者常用的支付凭证之一。

按照货币的不同，旅行支票分为外币旅行支票和人民币旅行支票。中国银行可以收兑的外币旅行支票只限于中国银行与发行旅行支票的银行洽妥代兑，并备有旅行支票样本以供核验的旅行支票。

2. 旅行支票与支票的区别

旅行支票是一种用于特殊目的的定额支票，两者均是见票即付，但从旅行支票的付款人就是该票的签发人来看，它又带有本票性质。除此以外，两者之间还有如表 12-4 所示的几个主要不同点。

表 12-4　　　　　　　　　　　　旅行支票与支票不同点比较

	支票	旅行支票
付款条件	出票人签字和预留样本一致	初签与复签一致
签发人	由银行、商号、个人开立	由银行和旅行社开立
金额	金额不是固定的	金额固定
付款地	列有付款地和付款名称	不列明付款地和付款名称
期限	期限短	期限长（有时不注明期限）
是否扣息	兑付时不扣息	兑付时要扣息

（二）旅行支票的出售及挂失

1. 旅行支票的出售

发行旅行支票的银行或旅行社，除自己（包括其分支机构）发售旅行支票外，还可委托国内外的代理行发售。

旅客购买旅行支票时，只要填写申请书，注明要买哪家银行发行的旅行支票、什么币种及面额和张数即可。若用本币购买，按当天外汇牌价的卖出价折算，另收手续费，代售行代售旅行支票，应立即从发行银行划收。

按照旅行支票的基本规定，购买者应在代售银行的柜台，在每张旅行支票的初签栏签名，以便在兑付时与复签栏的签名核对。这是对旅行支票采取的安全措施。

2. 旅行支票的挂失

旅行支票遗失或被盗窃，可向银行挂失，说明丢失的时间、地点、支票的面额、号码和数量，以及是否已按规定在购买时作了初签，有没有复签。各发行银行对于挂失后的旅行支票的退款或补发新旅行支票的规定各有不同。旅行支票，一般是自出售之日起1年内有效，但现在由于银行间业务竞争激烈，许多银行已不对旅行支票规定有效期。

（三）外币旅行支票的兑付

目前，我国可以接受的外币旅行支票有十多种，兑付时的基本做法和要求是：

（1）检查旅行支票的真伪。要熟悉旅行支票票样，遇到有疑问的旅行支票，应检查原票样，以鉴别其真伪。收兑银行有发行旅行支票银行的名单，凡在名单之内的支票，可予收兑；不在名单之内者，应作托收处理。

（2）检查护照。证明持票人的身份，并验对旅行支票上的签名是否与护照一致。

（3）验证复签与初签是否相符。若复签走样，应再请其背书一次，若持票人交来已复签的支票，应请持票人在支票上背书，以便核对是否与正面的初签、复签相符。若接待单位送来已复签的支票，应请该单位证明持票人身份、姓名、护照号码等。若交来的支票，既无初签，也无复签，不能确定持票人是否为支票原主，一般不予收兑。

（4）兑付与转让。没有抬头人（Pay to the order of）或者已经证明不可转让（Non Negotiable）的旅行支票不能用以直接支付费用或转让给服务企业，只能由持票人向银行兑付票款。

有抬头人的旅行支票，如受让人是我国的服务企业，例如 Pay to the order of Beijing Hotel，可以收兑，也可寄国外托收。如是个人之间的转让，一般应予婉拒，如遇特殊情况，应在请示业务主管研究后另定。

（5）逾期托收。对于超过有效期限的旅行支票不能收兑，只能办理托收。

（6）填写兑付申请。兑付时，请客户填写购买外钞申请书，一式两份，注明旅行支票的行名、号码和面额。

（7）填制兑换水单。填制兑换水单一式两联，抬头人姓名要按护照上的全名写清楚，并注明护照号码。

（8）旅行支票不得盖上任何印章。

（9）收取贴息。收兑旅行支票时，按面额扣收 7.5‰的贴息。即按当天外汇牌价的买入价折算，减去贴息部分。

（10）收回垫款。银行兑付后，将旅行支票寄发行银行，收妥后以票款外汇归垫。

六、旅行信用证

旅行信用证（Traveler's Letter of Credit）是为便利旅客到境外旅行用款而开立的一种光票信用证，准持证人在规定的金额以及有效期内向指定的银行兑现。旅行信用证的特点是：开证申请人和受益人是同一人，开证时，开证行根据客户的旅行路线，在信用证上列明代理行或联行的名单，列入名单内的银行才能兑付。且旅行信用证的正本由申请人自己携带。作为一种支付工具，旅行信用证曾在 20 世纪 80 年代初期广泛使用，在一定时期内此项服务方便了广大旅游者。

旅行信用证的内容视开证行的不同而不同，一般有开证行名称、"旅行信用证"字样、信用证编号、受益人姓名和护照号码、金额、开证日期、信用证有效期（1 年以内）、预留印鉴、指定付款行名称、开证行有权签字人签章等。

使用旅行信用证的业务流程如图 12-3 所示。

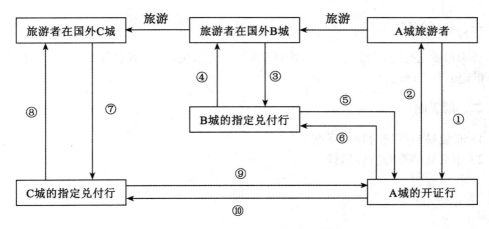

图 12-3 旅行信用证业务流程图

图 12-3 说明：
①旅游者在 A 城申请开证；
②A 城开证行向旅行者开出旅行信用证；
③在兑付行填写收据并提交旅行信用证；
④审查各项相符后给旅游者付款；
⑤寄出收据凭以索汇；
⑥偿付；
⑦在兑付行填写收据并提交旅行信用证；
⑧审核各项相符后给旅游者付款；

⑨寄出收据凭以索汇（用完信用证请予注销）；

⑩偿付。

　　旅行信用证使用起来不如旅行支票和信用卡方便，它只能在规定的银行兑付，还要在背面批注，一旦忘记，就可能超支，而且旅行信用证常被伪造。由于有这样的缺点，许多银行拒绝议付旅行信用证，所以这种结算方式越来越少。近十几年来，随着各种新型支付工具如信用卡、旅行支票、国际汇票等的普及使用，旅行信用证业务已经日趋萎缩，发达国家的银行早已拒绝受理旅行信用证业务。自 1994 年 10 月 1 日起，我境内银行也停办了旅行信用证业务。

本 章 小 结

　　非贸易结算是国际结算的重要组成部分，它主要适用于无形贸易引起的结算。主要有外币现钞兑换、外汇汇款、旅行支票、光票托收、光票信用证、外币信用卡等方式。

复 习 思 考 题

一、名词解释

外币现钞兑换　　外汇汇款　　旅行支票　　光票托收　　光票信用证　　外币信用卡
借记卡　　贷记卡

二、简答题

1. 非贸易结算的内容与特点。
2. 非贸易结算的发展趋势。

第十三章　国际结算方式比较与运用

◎**本章学习目的**

在学习本章之后，应该掌握以下内容：

1. 汇款、托收与信用证结算方式之间基本特点的比较。
2. 影响国际结算方式选择的基本因素。
3. 国际贸易融资的一般风险。
4. 国际结算方式如何结合使用。

第一节　国际贸易结算方式比较分析

贸易汇款、跟单托收、跟单信用证、银行保函和备用信用证、国际保理服务、福费廷业务以及非贸易结算等国际结算和贸易融资方式各有特点，各有利弊。本章将从横向角度对国际结算的各种方式加以比较分析，以便更好地了解和认识这些虽不相同但都很重要的国际结算和贸易融资方式。

一、国际结算方式的性质

依据国际结算方式的地位和功能不同，可将国际结算方式分成基本结算方式和附属结算方式两大类。

（一）基本结算方式

基本结算方式即狭义国际结算方式，主要包括信用证、托收和汇款等方式，其核心是说明国际间资金划拨、转移，或资金从债务人流向债权人的途径和渠道，程序性很强。但是，没有哪一种方式是完美无缺的，每种方式各有利弊。

信用证结算虽然有利于出口商降低收款风险，贸易融资方便且被广泛采用，但进口商却处于不利地位，信用证结算增加了其进口成本和风险，且结算周期较长。

托收和汇款结算虽然较为简单、快捷、便宜，但出口商收款风险较大，且贸易融资不便利。为弥补单一基本结算方式之缺陷，附属结算方式便应运而生。

非贸易结算方式也属于基本结算方式。

基本结算方式是国际结算方式的基础，是国际结算必须首先采取且可单独使用的方式。

（二） 附属结算方式

附属结算方式是指除基本结算方式以外的其他结算方式，主要包括国际银行保函、国际保理服务和福费廷业务等，其主要功能是在风险转移与贸易融资等方面弥补基本结算方式之不足。

银行保函本身不具备转移资金的功能，但当经济活动中的一方由于对另一方不信任或不了解而担心对方不能履行合约时，可要求对方提供银行保函而将信用风险转嫁给银行。银行担保的目的也不是为了发生支付，而是通过信用担保消除双方的顾虑以促使经济活动的顺利进行。

国际保理服务和福费廷业务则是以购买出口债权为手段，向出口商提供贸易融资和风险担保，以弥补 O／A、D／A 及光票托收之不足，只不过前者适用于消费品出口和短期融资，后者适用于资本品出口和中期融资。

附属结算方式是基本结算方式的补充，可根据需要选择是否采用及怎样采用。附属结算方式的使用以首先使用基本结算方式为前提。如国际保理服务是在 O／A、D／A 的基础上增加了保理商的综合服务，福费廷业务是在光票托收的基础上增加了包买商的无追索权贴现的融资服务，银行保函则是在汇款或托收基础上增加了银行的担保服务。如果脱离了汇款和托收，以上三种附属结算方式就失去了存在的基础。

二、国际结算工具的流动方向

根据国际结算中结算工具的传送方向与资金的流动方向是否一致，可将国际结算方式分为顺汇和逆汇两大类。

（一） 顺汇

顺汇（Remittance）又称汇付，它是由债务人或付款人主动将款项交给银行，委托银行使用某种结算工具将该款项支付给债权人或收款人的结算方法。在顺汇中，结算工具的传送方向与资金的流动方向是一致的。

站在银行的角度来说，顺汇是卖出结算工具，故有时也称为卖汇（Selling Exchange）。

在众多结算方式中，只有贸易汇款，包括电汇、信汇和票汇，是顺汇。汇款人或进口商即债务人，收款人或出口商即债权人，汇出行即接受委托出具或出售结算工具的银行，加押电报或电传、信汇委托书和银行即期汇票分别为电汇、信汇和票汇方式下的结算工具。结算工具和资金都是从进口商流向出口商。

顺汇中债权人的收款风险较大，因为他能否顺利收到有关款项，完全取决于债务人，如果债务人拒付或延迟付款，债权人将因此蒙受损失。因而，在国际贸易结算中，较少单纯采用顺汇方式结算。

非贸易结算中的侨汇也属于顺汇。

（二）逆汇

逆汇（Honor of Draft）是由债权人或收款人出具票据，委托银行向国外债务人或付款人收取一定金额的结算方法。在逆汇中，结算工具的传送方向与资金的流动方向相反。逆汇时通常由债权人签发结算工具向债务人收款，所以又叫出票法。

就外汇银行而言，逆汇是买入结算工具，故也叫买汇（Buying Exchange）。

跟单托收和跟单信用证业务是典型的逆汇。跟单托收由作为债权人的出口商或委托人出具汇票，并连同货运单据委托托收行通过代收行向作为债务人的进口商收取货款。跟单信用证是由作为受益人的出口商出具汇票通过出口方银行向开证行及进口商收款。这两种结算方式中，作为结算工具的汇票都是从出口商传送到进口商，资金则是从进口商流向出口商。

银行保函和备用信用证、保理服务、福费廷业务则比较复杂。它们可能是顺汇，也可能是逆汇。如果保理服务中贸易合同规定以 O/A 方式支付，则为顺汇；如果是以 D/A 方式支付，则为逆汇。福费廷业务中，如果债权凭证为远期汇票，则为逆汇；如果债权凭证是本票，可视为顺汇。银行保函和备用信用证下的贸易合同既可能是汇款（顺汇），也可能是托收（逆汇）。

不过，引入银行或金融机构以后，备用信用证和福费廷便明显成为逆汇。备用信用证项下受益人在向开证行索偿时，要出具汇票并提交有关证明文件。福费廷业务中，出口商是通过向包买商出售加保汇票或本票而取得现款的。开证行或包买商在付款后仍要凭这些结算工具或文件向申请人或进口商索款。

逆汇中，债权人的收款风险相对较小。因为债权人在出具结算工具收款时，往往附上货权单据，如果进口商不付款，他通常得不到单据，无法提货。

非贸易结算中的旅行支票、光票托收和光票信用证属于逆汇。信用卡也基本上是逆汇。

三、国际结算的信用基础

根据债务人是否为银行，国际结算可以分为以商业信用为基础的结算方式和以银行信用为基础的结算方式。

（一）以商业信用为基础的结算方式

以商业信用为基础是指债权人的收款不是取决于银行，而是取决于非银行的企业或个人的资信。汇款和托收即属于这类结算方式，其债权人（出口商）的收款取决于进口商的资信。一般而言，以商业信用为基础的交易中，债权人的收款风险较大，往往会发生无力支付、无理拒付或迟付现象，这是由债务人的实力和信誉决定的。因此，对债权人来讲，决定采取该类结算方式收取货款时，一定要谨慎从事，通常只是在对债务人比较了解，并且其资信较好时才采用。

在以商业信用为基础的结算方式中，银行主要是根据委托人的指示按常规处理业务，对结算过程中的一切风险和费用不承担任何责任。

非贸易结算中的侨汇、光票托收、旅行社等非银行签发的旅行支票是以商业信用为基础的结算方式。

（二） 以银行信用为基础的结算方式

以银行信用为基础是指债权人的收款主要取决于银行的资信，亦即银行本身作为债务人而承担付款的责任。在以银行信用为基础的交易活动或结算方式中，债权人的收款风险较小，因为银行一般实力雄厚、资信良好，通常不会发生或很少发生破产或无力支付、无理拒付的情况。对债权人来讲，应力争以这类方式进行结算。

跟单信用证、银行保函和备用信用证是标准的以银行信用为基础的结算方式，开证行或担保行（独立保函）承担的是第一性付款责任。保理服务和福费廷业务也可视为以银行信用为基础的结算方式，因为提供保理服务和福费廷业务的主要是国际商业银行的保理服务部和福费廷业务部。虽然在一些情况下提供专业服务的是专门的保理公司或包买公司，但它们都是附属于银行的金融公司或财务公司，其信用是接近于银行信用的商业信用。因此，从总体上讲，保理服务和福费廷业务的信用基础就是银行信用。

在以银行信用为基础的结算方式中，银行不再是处于简单代理人的地位，而是以独立的身份和独特的方式参与进来的，且本身就是有关合同（包括信用证、担保函、保理合同、包买合同）的当事人，并以自己的信用承担风险和责任，包括提供风险担保、融通资金和接受委托办理货款收付等。这些结算方式的产生，主要是为了弥补以贸易合同为基础的商业信用的不足。

非贸易结算中的光票信用证、银行签发的旅行支票是以银行信用为基础的结算方式。

四、国际贸易融资

国际贸易融资主要是针对国际贸易结算方式而言的。在融资的渠道和便利程度方面，不同的国际贸易结算方式表现出很大的不同。

信用证是一种功能全面的结算方式，既能基本消除债权人的收款风险，又能为贸易双方融通资金，且融资方式多，融资简单便利。信用证项下，开证行对进口商的融资形式有开证授信额度、进口押汇、信托收据及提货担保。出口银行对进口商的融资形式是通过假远期信用证，包括打包放款、出口押汇。进口方银行对出口商的融资形式有红条款信用证。

跟单托收中银行的融资作用要小得多。银行对出口商的融资形式只有托收出口押汇一种，并且由于收款风险较大，一些银行不大愿意开展此项业务。银行对进口商的融资主要是信托收据和提货担保两种形式。

银行尚无在汇款项下向贸易双方提供融资的渠道。反过来，办理汇款业务的银行（汇出行）还要在业务过程中，一定程度上占用汇款人的资金。

福费廷业务是为适应融资需要而产生的，是一种特定的融资方式。它主要提供以资本品出口为背景的金额较大、期限较长的中期贸易融资，并在此基础上承担风险及完成货款的收付。

提供风险担保和融通资金是保理服务的两项最基本内容。保理服务融资主要是指保理商在确定的信用额度内提供不超过 180 天的短期融资，这种融资多以消费品的进出口贸易为背景。

银行保函的主要目的是提供风险担保，不过利用银行保函也可以直接或间接融通资金，如借款保函、透支保函就是为申请人直接融资服务的；海关保函、保释金保函等避免了申请人垫付资金；中长期保函的持有者（受益人）还可以利用保函（抵押或转让）向银行取得贷款。

五、国际结算的手续和费用

由于结算的方式和渠道不同，各种结算方式的手续繁简不一，结算费用高低不等，见表 13-1。

表 13-1　　　　　　　　　　**部分国际结算业务银行费率表**　　　　　　单位：人民币

国际贸易和非贸易银行结算费率表（各银行略有不同）				
业务种类	费率（额）	最低	最高	说明
一、信用证（出口部分）				
1. 通知、转递	200	/	/	按笔计算
2. 预通知（简电通知）	100	/	/	/
3. 修改通知	100	/	/	/
4. 保兑	0.2%	300	/	每 3 个月计算
5. 议付（信用证）	0.125%	200	/	/
6. 付款（信用证）	0.15%	200	/	/
7. 承兑（信用证）	0.1%	200	/	按月计算，最低按 2 个月
8. 迟期（信用证）	0.1%	200	/	/
9. 转让	/	/	/	/
（1）信用证条款不变	200	/	/	/
（2）信用证条款改变	0.1%	200	1 000	/
10. 撤证/注销	100	/	/	/
二、托收（出口部分）				
1. 光票	0.062 5%	50	500	/
2. 跟单	0.1%	100	2 000	/
3. 免付款交单	100	/	/	/
4. 退票（退单）	100	/	/	/

国际贸易和非贸易银行结算费率表（各银行略有不同）

业务种类	费率（额）	最低	最高	说明
三、信用证（进口部分）				
1. 开证	0.15%	200	/	有效期 6 个月以上，按每 6 个月增加 0.05%收取
2. 修改/注销	200	/	/	修改增加金额按 0.15%收取
3. 无兑换付款手续费	0.125%	200	/	按保证金同币种收取
4. 承兑	0.1%	200	/	按月计算
5. 拒付	300	/	/	/
6. 提货担保	1 000	/	/	/
四、托收（进口部分）				
1. 光票	0.062 5%		500	/
2. 跟单	0.1%	100	2 000	/
3. 免付款交单	100	/	/	/
4. 拒付	50	/	/	/
五、汇款				
1. 汇入	0.1%	100	1 000	/
2. 汇出	0.05%	50	500	/
3. 修改/退票/止付	100	/	/	/
六、旅行支票				
1. 代售	0.1%	/	/	/
2. 兑付	0.75%	/	/	/
七、无兑换手续费	0.1%	/	/	外币收账/外汇转汇时计算
八、其他				
1. 票据挂失	50	/	/	按次计算
2. 查询	100	/	/	按笔数计算
3. 邮寄/电传电报费	/	/	/	按邮局、快递公司实际发生额计算

资料来源：某银行网站。

汇款和托收结算方式较简单，结算手续较少，银行不承担收款风险和责任，因此，结算费用较低。

银行保函虽然在汇款和托收的基础上引进了银行担保，但担保银行通常并不发生实际支付，所以结算手续和费用并未增加多少。因此，银行保函也是一种比较简单、灵活的结算方式。

保理服务和福费廷业务的结算方式就比较复杂了。保理服务是一种综合服务，且保理商又承担了信用额度内的收款风险或付款责任，因此，结算费用有所增加。福费廷业务对银行或包买商而言，手续比较复杂，它包括专业性很强的文件的起草、对各方当事人（进出口商、担保行及其所在国家）信用状况的了解和评估及授信额度的确定、债权凭证的购买与出售等，工作量较大，且承担了到期收款前的一切风险，因此，收取的费用较高。

信用证是结算手续最复杂、结算费用最高的方式。银行承担了开证、验证、通知、修改、议付、审单、偿付等大量工作，并且开证行承担了第一性付款责任，因此，结算费用最高。

第二节　国际贸易融资风险管理

一、国际贸易融资的一般风险

一般风险指商业银行各种国际贸易融资方式所共有的风险，包括：

（一）贸易融资信用风险

1. 银行融资客户信用风险

如客户资信不佳，无力或无愿望履约，国际贸易融资风险便随之产生。虽然贸易融资是自偿性很强的融资业务，但当第一还款来源落空时，客户是最后的追索对象；第一还款来源的落实，也取决于客户良好的资信。

2. 银行客户交易对手的资信

这是影响国际贸易融资风险的关键性因素。

如客户交易对手资信不佳，信用证方式下的贸易融资也难有保障，交易对手会对出口方银行押汇的单据百般挑剔，想方设法寻找不符点予以拒付。

3. 担保机构风险

银行或非银行担保人不能履行担保义务的风险。

4. 国家或地区风险

国家或地区风险包括客户贸易伙伴所在国或地区的政治经济风险和外汇管制风险。如果客户的贸易伙伴所在国或地区政局动荡、经济不稳、外汇短缺或实施严厉的外汇管制，客户的贸易收汇就难有保障，做贸易融资的商业银行面临的风险是不言而喻的。

（二）贸易融资市场风险

1. 市场价格风险

市场价格风险指国际和国内市场贸易商品价格下跌的风险。

当贸易商品的国际市场价格下降时，进口商可能设法拒付信用证项下单据，拒付托收，此时商业银行在国际市场处理贸易融资项下的货物，就可能面临损失。

当贸易融资项下货物的国内价格下降时，资信不良的国内进口商可能会拒付融资款或无力支付融资款，此时商业银行在国内商品市场处置融资项下货物也会面临损失。

2. 汇率风险

汇率风险指在国际贸易中，以某种货币计价的资产或负债，因汇率变动而给交易主体带来经济损失的可能性。主要是进口支付货币升值导致本币支付增加，出口计价货币贬值导致本币收入减少，从而削弱融资申请人的还款能力，给商业银行国际贸易融资带来风险。

3. 利率风险

利率变化可能会给以外币计值的资产和负债带来损失。

对于融资银行而言，利率风险一方面表现在，因融资货币利率趋高而使融资申请人负担加重，还款能力下降；另一方面表现在，银行在以固定利率融资给申请人后，利率趋高给银行带来损失。

（三） 国际贸易融资操作风险

1. 欺诈风险

欺诈风险是指故意错误地表述事实或真相，以便从另一人处获得好处的行为。欺诈者存在主观上的恶意，以不公平或不正当的途径、方式、手段获取实质上的利益。

国际贸易中的欺诈活动花样繁多，隐蔽性强，金额巨大，专业化程度高。在进口贸易中受益人以次充好、以假顶真，在出口贸易中进口商故意刁难拒付或故意将公司关闭逃债。利用假信用证、假单据诈骗的事件屡见不鲜，内外勾结、联手骗取银行融资的欺诈事件也时有发生。

利用人们普遍信赖的信用证进行欺诈是国际结算和贸易融资欺诈的一大特点。欺诈不仅会给办理国际贸易融资的商业银行带来经济上的损失，还会对银行的声誉造成严重的损害。

2. 法律和地区习惯风险

不同国家或地区的法律不尽相同，甚至相差甚远，如不了解客户交易对手国或地区的法律环境，即使遵循国际惯例办事，一旦产生纠纷，而国际惯例和交易对手国或地区的法律与国际惯例有冲突时，就会产生风险，进而影响到商业银行国际贸易融资的安全。

不熟悉地区习惯，也可能导致商业银行国际贸易融资风险。如在一些美洲国家，将远期付款交单（D/P at ____ days after sight）视为 D/A 处理，就大大增加了交易的风险。如果商业银行叙做了出口押汇，就有产生损失的可能性。

3. 业务过程操作风险

国际贸易融资和国际结算紧密相连，业务操作复杂程度较高，难度较大。如操作人员的业务素质较低或操作疏漏等原因，造成差错甚至事故，就会给商业银行的国际贸易融资带来损失风险。

4. 运输风险

运输风险指货物在由出口商发运给进口商的运输途中因灭失、损害、共同海损等原因而造成的风险。商业银行国际贸易融资项下的货物如遭遇运输风险，就可能产生风险。

二、国际贸易融资的特殊风险

国际贸易融资的特殊风险是只存在于特定贸易融资方式中的个性风险。具体融资方式和风险管理见第五章至第八章相关内容。

三、西方国家商业银行国际贸易融资风险管理体制的特点

西方国家商业银行国际贸易融资风险管理体制比较完善和有效，主要表现在以下三个方面。

（一）将国际贸易融资纳入统一授信管理体系

根据全面风险管理的要求将国际贸易融资纳入统一授信管理的体系之中，即将国际贸易融资纳入授信客户总的信用额度内，实行集中统一的风险识别、测度和控制。做到"三统一"：

- 统一授信管理下的国际贸易融资，要求授信主体统一，不多头授信；
- 授信风险品种统一，对同一授信对象不同品种的贸易融资，均纳入其总信用额度以内；
- 授信的风险识别和评价标准统一，避免人为降低授信标准现象。

（二）完善授信审批组织架构

西方国家规模较大的商业银行一般实行个人负责制或独立审贷官制，一笔授信业务由2~3名独立审贷官独立审批完成。独立审贷官一般直接对上级行或总行负责。风险管理委员会和授信审批委员会由各方面的业务专家和风险管理专家组成，在机制上保证授信审批的专业性、独立性和权威性。

（三）重构国际贸易融资流程

国际结算的集中模式是国外发达国家商业银行所普遍采用的模式，在国际结算集中模式下，全行在全球或全国仅设立一个或数个单证中心和会计核算中心，由这一个或数个单证中心和会计核算中心处理全行的国际结算业务。集中模式保证了作业的专业化，统一了作业标准，使安全性得到保证，流水化则保证了效率。

第三节　国际结算方式运用

一、影响国际结算方式选择的因素

（一）交易对手的信用因素

交易对手的信用状况是影响结算方式选择使用的决定性因素。在当代国际贸易中，

"一手交钱，一手交货"的银货两讫的结算方式很少使用。由于货币的运动和货物的运动方向往往不一致，所以，买卖双方之间总存在着授信问题，即一方为另一方提供信用。

根据信用提供者和信用接受者的身份不同，授信有三种类型。

1. 出口商授信

出口商授信指卖方对买方的授信，即卖方出于对买方的信任而先发货、后收款。采用卖方授信，意味卖方承担了收款风险，买方则比较主动。不过，卖方通常只是在买方资信良好时，才对其授信。

O/A、D/A 是典型的卖方授信结算。

2. 进口商授信

进口商授信指买方对卖方的授信，即买方先支付货款，卖方在收到货款后发货。采用买方授信，意味着买方承担了收货风险，卖方则比较主动。不过，买方也只是在卖方资信良好时，才对其授信。

预付货款是典型的买方授信结算。

3. 银行授信

银行授信指银行对买卖双方或一方的授信，通常指银行承诺在一定条件下支付货款。银行开展授信业务意味着银行承担了付款责任。银行一般是根据当事人（申请人）的资信状况来确定授信额度，必要时可要求申请人交纳部分或全部押金，提供反担保或物品抵押等。

银行授信业务通常是在贸易双方互不了解或互不信任，或买方所在国有严格外汇管制或政局严重不稳时开展，其目的是以银行信用弥补商业信用的不足，促进贸易活动的顺利进行。银行授信结算方式是目前国际贸易结算的主要方式。

信用证、银行保函、保理服务及包买票据业务都属于银行授信。

在选择结算方式时，无论是买方，还是卖方，首先考虑的因素就是交易对手的资信，他们都不会为销货或购货而冒太大的风险。

目前，国际上绝大多数商品处于买方市场，出口商为增强出口竞争力常常向进口商提供信用，因而也就承担了收款风险；在对进口商不了解或不信任时，则希望银行能承担付款或担保责任，但这样会增加成本而对进口商不利。

（二）交易货物因素

货物的市场销售情况是影响结算方式选择的另一关键因素。如果合同货物是畅销商品，则该商品一般是求大于供，处于卖方市场状态，卖方处于有利地位，卖方不仅可以提高市场销售价格，还可以选择对他有利的结算方式，如预付货款、信用证、银行保函等方式。对买方来说，畅销商品或许是盈利很大的交易，在支付方式上可以作适当让步。

如果合同货物是滞销商品，或是市场竞争十分激烈的商品，则该商品通常是供大于求，处于买方市场状态，买方处于有利地位，他不仅可以要求卖方给予价格方面的优惠，还可以选择对自己有利的结算方式，如赊销（O/A）、托收特别是承兑交单（D/A）等方式。对卖方来说，通常只有接受这些条件，才能增强市场竞争能力，达到出口销货的目的。不过，在选择以上方式结算时，卖方为降低出口收汇风险，可要求买方提供银行保函，或申请保理服务或包买票据服务，这些方式不仅可以提供风险担保，还可以提供融资服务。

此外，价格条件和运输单据的性质不同，也是影响结算方式的重要因素。如前所述，一般只有 CIF、CFR 等价格条件适合于跟单托收；同时，也只有运输单据具有物权凭证性质并可转让，适合于跟单托收和跟单信用证结算。

二、国际结算方式的综合使用

在国际贸易中，买卖双方除根据交易对方的资信条件、货物状况等因素直接从汇款、托收和信用证中选择对自己有利的结算方式外，还可以根据交易的实际情况，同时采用两种或两种以上的结算方式。

（一）采用综合性的附属结算方式

第二次世界大战后，特别是 20 世纪 60 年代以来，国际贸易结算一方面继续采用汇款、托收和信用证等传统的方式，另一方面又出现了一些新的综合性结算方式，如国际保理服务和福费廷业务等，它们的产生在一定程度上弥补了传统结算方式的不足，使国际结算方式不断朝快捷、方便、安全方向发展。

（二）银行保函与基本结算方式结合使用

银行保函的最大特点是其灵活性，它不仅适用范围广，而且还可与各种基本结算方式结合使用。

1. 银行保函与汇款结合使用

无论是预付货款，还是货到付款，都可使用银行保函来防止不交货或不付款的情况出现。如果进口商预付了货款，他可要求出口商提供银行保函，保证按期交货，否则应退还预付款并支付利息或罚款，如果出口商拒绝，则由担保行付款；如果是货到付款，出口商有权要求进口商提交银行保函，保证进口商在提货后的规定时间内按合同付款，如果进口商拒付，担保行应承担付款责任。

2. 银行保函与托收结合使用

为了使出口商收取货款有保障，出口商在采用托收时，可要求进口商提供银行保函。如果进口商拒不付款赎单或收到单据后未在规定时间内付款，出口商有权凭银行保函向担保行索取出口货款。

3. 银行保函与信用证结合使用

成套设备或工程承包的货款一般可以分成两部分，即一般货款和预付款或保留款。一般货款数额大，可用信用证方式支取，预付款的归还和保留款的收取可使用银行保函。

（三） 基本方式的结合使用

1. 信用证与汇款相结合

指主要货款用信用证支付，余款用汇款方式结算。

例如，对于初级产品的交易，可规定大部分货款由银行根据信用证的规定在收到单据后先支付，剩下部分待货到目的地后，根据检验的结果，按实际品质或重量计算确切金额，用汇款方式支付。

2. 跟单托收与汇款相结合

为减少托收中出口商的收款风险，出口商可要求进口商先支付一定金额的预付款或押金。货物出运后，出口商可从货款中扣除已收妥的款项（预付款），其余部分通知银行托收。

3. 跟单托收与跟单信用证的结合使用

在实际业务中，跟单托收与跟单信用证的结合使用较为常见。

（1） 部分托收与部分信用证结合。为使开证申请人节省开证费和押金，可以将合同金额的一部分（通常为合同金额的40%~70%）用信用证支付，其余部分采用托收方式。为保证货款的全部收回，可在信用证上加注特殊指示，规定开证行只有在收到有关托收款项后，才向进口商交单。

（2） 全额托收与全额信用证结合。主要用于进料加工业务结算。向国外进料可采用承兑交单（D/A）托收方式付款，成品出口可采用即期信用证收款，然后以出口货款来偿付进口货款。

本 章 小 结

本章是国际贸易结算方式部分的总结。

首先从国际结算的性质、结算工具的流动方向、结算的信用基础、贸易融资、结算的手续与费用等方面进行了比较和分析，从而说明各种方式各有长短处。

国际贸易融资面临的风险既有普遍风险或一般风险，也有不同结算方式和融资方式下的特殊风险。

影响国际结算方式选择的基本因素主要是交易对手的信用和交易货物的性质。

除根据情况有针对性地选择某种单一方式外，还可以同时使用两种或多种结算方式，以便相互补充。

复 习 思 考 题

一、名词解释

顺汇　　逆汇

二、简答题

1. 基本结算方式和附属结算方式各有何特点？
2. 影响国际结算方式选择的因素有哪些？
3. 简述国际贸易融资风险管理。

第十四章　商业单据（上）

◎ **本章学习目的**

在学习本章之后，应该掌握以下内容：

1. 商业单据的含义、作用与制作基本要求。
2. 国际货物运输方式与运输单据类型。
3. 海洋运输单据与其他运输单据的性质比较。
4. 银行审核海洋运输单据的要点。
5. 管辖海运提单的国际规则的种类与特点。

第一节　商业单据的基本概念

一、商业单据的含义与作用

（一）商业单据的含义

商业单据（Commercial Documents）简称单据（Documents），指在国际贸易和国际结算中直接说明货物有关情况的商业凭证。它通常是由出口商制作或取得后通过银行转交给进口商，交单是出口商履约的重要环节和内容。在现代国际结算中，出口商的交货主要是通过交单来完成的。

（二）商业单据的作用

商业单据在国际贸易和国际结算中具有十分重要的意义和作用。

1. 商业单据是出口商的履约证明和收取货款的凭证

从法律上讲，单据是一种书面证据，出口商只有在履行了合同义务后，才能取得相应的证据或单据。如出口商只有在货物交承运人后才能取得运输单据；办理了投保手续才能取得保险单；办理了出口手续后，才能取得出口地海关放行的证明。单据是出口商履行合约的证明。

出口商除履行合约规定的义务外，还应享受合同规定的权利，即收取出口货物的货款。其收款的权利和供货的义务是一致的，尽多大义务，就享受多大权利，义务的大小由单据来证明，权利的大小也由单据来体现。跟单汇票、商业发票等就是出口商收款的主要凭证。

2. 商业单据是进口商付款和提货的依据

进口商履约的主要义务是支付货款，他一般应在收到货物或单据后，在规定时间内支付货款，至于货款支付的数量、时间、币种等均以汇票、发票等为依据。

进口商享受合同规定的权利主要是提货，要提货首先必须取得代表货物所有权的单据，如海运提单、多式联运提单等，没有这些货权单据，进口商一般是提不到货的。

3. 商业单据是银行办理贸易结算的重要依据

现代国际结算是以银行为中介而进行的，出口商交单、融资和收回货款，进口商付款赎单和融资都不能脱离银行。因此，单据是银行开展国际结算和贸易融资的重要依据，并且银行只管单据，不管货物。

单据的作用在信用证业务中体现得最为充分，可以说，信用证业务是一种纯粹的单据业务。

UCP600 规定："银行处理的是单据，而不是单据所涉及的货物、服务或其他行为。"

4. 商业单据是进出口报关、纳税的重要凭证

进出口商在办理进出口报关时，必须提交商业单据和有关凭证，并依法缴纳关税。商业发票、跟单汇票通常是缴纳关税的依据。

二、单据的种类

随着国际贸易的发展，国际结算中的单据种类越来越多。常用的单据有跟单汇票、发票、保险单、运输单据、装箱单、重量单、产地证明书、商检证等。

根据不同的标准可将单据分成不同的种类。

（一）根据单据的作用不同划分

1. 基本单据

基本单据（Basic Documents）是交易中不可缺少的，也是出口商必须提供的单据。基本单据是出口商履约的主要证明，是进口商提取货物的物权凭证（货权单据），也是银行在单据业务中审查的重点。

基本单据主要有三类：商业发票、运输单据和保险单。跟单信用证汇票也通常被看成是基本单据。

2. 附属单据

附属单据（Additional Documents）是指除基本单据以外的其他单据，附属单据由出口商根据进口商的要求而特别提供。附属单据又可分为两类：

（1）进口国官方要求的单据。如领事发票、海关发票、检疫证、黑名单证明、出口许可证、航行证明、产地证明等，这类单据在进口报关时应向海关提供。

（2）进口商自己需要的单据。进口商要求的说明货物情况的单据，如装箱单、重量单、品质证等。

附属单据的种类较多，但在实际业务中出口商每次只是根据实际需要提供特定部分的单据。

基本单据是结汇单据的重点，附属单据是结汇单据的补充。

（二） 根据单据的签发单位不同划分

1. 出口商自制单据

出口商自制单据是指由出口商自行缮制签发的单据，如跟单汇票、商业发票、装箱单、重量单等。

2. 其他企业签发的单据

它是指与贸易有关的商业性服务企业签发的单据，如由承运人（运输公司）签发的各种运输单据，由保险人（保险公司）签发的保险单等。

3. 政府机关和社会团体签发的单据

政府机关和社会团体签发的单据主要是一些公务证明文件，如有关部门签发的出口许可证，贸促会签发的产地证明，商检局签发的商检证书等。

此外，有些交易还需通过国外有关单位提供必要的单据，如由国外轮船公司或其代理提供的船龄证明、国外商检机构出具的货物贸易项下品质证书等。

三、合格单据的基本要求

合格单据必须在内容和形式上都符合有关规定。

（一） 内容完整、正确

合格单据在内容上必须同时满足下列条件：

- 符合有关法规和常理；
- 符合合同条款规定；
- 符合货物实际；
- 信用证项下的单据应符合特定信用证条款和 UCP600 的规定。

（二） 制作准确、及时

1. 制作方法

传统的制作方法是打字加复写纸复写。打字机色带上的那一份就算正本（Original），复写纸复写的都叫副本（Copy），复写的注明"正本"字样时，也可作正本。

UCP600 规定：除非单据本身表明其不是正本，银行将视任何表面上具有出具人正本签字、标志、图章或标签的单据，或由单据出具人手工书写、签字的单据为正本单据。

2. 签字盖章

单据上的签字盖章有两个作用：一个是识别真伪；另一个是确定签字人的责任。因此，正本单据上的签字盖章必须是"真迹"（Genuine）。

另外，当单据必须修正或更改时，也应在更改处加校正章或简签。

副本单据不需要签字盖章。

3. 单据的日期

一般说来，单据都应该打出制单日期。对出单日期，UCP600 规定："单据的出单日期可以早于信用证开立日期，但不得迟于信用证规定的提示日期。"

对于不合格单据，进出口银行可以拒收，进口商也可以拒付、索赔。

四、银行与单据

（一）不同结算方式下的银行与单据

在不同的结算方式下，银行与单据的关系是不同的。

在汇款方式下，出口商发货后，一般是出口商用快递方式将单据交进口商，进口商委托银行将货款交出口商。银行与单据不发生直接联系。

在托收方式下，出口商要将单据交银行委托其代为收款，但银行只负责将收到的单据与托收委托书所列者核对一致，若有单据遗漏，银行立即通知托收行即可。银行没有审核单据的义务。

在信用证方式下，银行与单据的关系最为密切。银行不再是被动地传送单据，它"必须合理小心地审核信用证规定的一切单据"。不过如果银行收到信用证规定以外的其他单据，可退还交单人或将其照转，但对此不承担责任。

（二）信用证项下银行审单的标准

银行只负责审核单据的表面状况是否符合信用证的规定，如单据的种类、份数等。UCP600 规定银行审核单据的标准主要有三条：

1. 从表面上小心审核信用证规定的一切单据

银行必须合理小心地审核信用证规定的一切单据，以确定是否表面与信用证条款相符合。单据之间表面互不一致，即视为表面与信用证条款不符。

银行虽然只根据表面上符合信用证条款的单据议付、承兑或付款，但这种符合的要求却十分严格，在表面上不能有丝毫差错。

信用证业务中银行对单据实行"严格符合原则"（The Doctrine of Strict Compliance）。"严格符合"不仅要求"单证一致"，而且还要求各种单据之间的一致，即所谓"单单一致"，这也是信用证业务区别于其他结算方式的基本特征。

但是，"银行对任何单据的形式、充分性、准确性、内容真实性，虚假性或法律效力，或对单据中规定或添加的一般或非凡条件，概不负责；银行对任何单据所代表的货物、服务或其他履约行为的描述、数量、重量、品质、状况、包装、交付、价值或其存在与否，或对发货人、承运人、货运代理人、收货人、货物的保险人或其他任何人的诚信与否、作为或不作为、清偿能力、履约或资信状况，也概不负责"。

2. 银行审单时间不超过 5 天

开证行、保兑行，或代其行事的指定银行，在其收到单据翌日起的 5 个银行工作日内审核单据，决定接受或拒绝接受单据，并相应地通知寄送单据的一方。

银行收到单据后，若发现单据表面与信用证条款不符，可以拒绝接受单据。如开证行或保兑行或代其行事的指定银行，决定拒绝接受单据，那么它就必须立即以电信或其他快捷方式通知其决定，期限是收单后 5 个银行工作日之内。

拒绝接受单据的通知应发给寄送单据的银行，如果是直接从受益人处收到单据，则应通知受益人。该通知必须说明银行凭以拒绝接受单据的全部不符点，并说明银行的决定——是代为保管单据听候处理，还是将单据退还给交单人。然后，开证行及/或保兑行才可以行使相应的权利。

3. 银行对未要求提交的单据只是协助传递

提交信用证中未要求提交的单据，银行将不予理会。如果收到此类单据，可以退还交单人。

如信用证含有某些条件而未列明所需提交的与之相符的单据，银行将认为未列明此条件，且对此不予理会。在实际操作时，一般是协助传递但不负责审查。

第二节　海 运 提 单

一、海运提单的含义和作用

（一）海运提单的含义

海运提单（Marine Bill of Lading 或 Ocean Bill of Lading），简称提单（B/L），它是承运人在收到货物或货物装船后签发给托运人，约定将该项货物运往目的地交予提单持有人的物权凭证。

《汉堡规则》的定义是：提单是指证明海上运输合同和货物由承运人接管或装载以及承运人保证凭以交付货物的单据。

从以上定义中，可以看出：

● 提单由承运人签发，并在签发后交予托运人（可能是出口商，也可能是进口商）。

● 承运人签发提单的时间是在接管货物或货物装船以后（但不同时间签发的提单性质不同）。

● 承运人保证将货物运到目的地交提单持有人。

（二）海运提单的作用

海运提单有三个方面的作用：

1. 海运提单是货物收据

承运人签发提单后，表明他已经接管或收到了提单所列货物，并且货物已经装船或准备装船；托运人持有单据，表明他已经将提单货物交付给承运人。

根据海运传统，承运人要对装船提单上描述的货物负责，并在目的地将提单上描述的货物交提单持有人。

不过提单持有人的身份不同，其享有的权利是不同的。

如果提单持有人是托运人，那么提单对他只是初步证据，即如果承运人有相反证据，就可推翻提单上的描述，这就意味着托运人不一定能完全得到提单货物；

如果提单持有人是善意的受让人，那么提单就是终结性证据，承运人无权对受让人就提单上的记载提出抗辩，他一定要向受让人交出提单上描述的货物。

2. 提单是运输合同证明

承运人之所以为托运人运送货物是因为他们之间订有运输合同，提单则是承运人和托运人履行运输合同的证明（Evidence of the Contract of Carriage）。不能把提单看成运输合同，因为：

（1）在提单签发之前，双方已订有运输合同。

（2）提单内容不是完整的合同内容。

（3）如果提单记载的内容与事先约定（合同）的不一致，托运人可要求承运人赔偿损失。

3. 提单是物权凭证

提单是代表货物所有权的凭证（Document of Title），或者说提单代表了货物。谁拥有和控制了提单，谁就拥有和控制了货物，因此承运人通常只是将货物交给提单持有人。不具有物权凭证性质的运输单据不能叫提单。

只有包含海洋运输的运输单据才是物权凭证，只有具有物权凭证性质的单据才能叫提单。因此，海运、物权凭证、提单是三位一体的关系。

提单一般是可以转让的，转让提单的目的就是为了转让货物。

二、提单关系人

（1）承运人。承运人（Carrier）是指与托运人签订运输合同的关系人，根据情况不同，可能是船舶所有人即船东，也可能是租船人。UCP500、UCP600并不要求承运人一定拥有运输工具。

（2）托运人。托运人（Shipper/Consignor）是与承运人签订运输合同的关系人，根据不同的贸易条件，可能是发货人，也可能是收货人。FOB、CIF、CFR等条件下，出口商是发货人、托运人；EXW等条件下，进口商是托运人、收货人（也可以转让给他人）。

（3）收货人。收货人（Consignee）是提单的抬头人、持有人或记名提单载明的特定人。收货人一般是进口商。收货人在目的港凭提单向承运人提取货物。托收项下的提单，一般做成空白指示或托运人指示（Order of Shipper）提单，由托运人背书后送交托收银行。信用证项下的提单，必须严格按信用证规定缮制。

（4）被通知人。被通知人（Notify Party）是货物到达目的港时，船方发送到货通知的对象，可以是进口商自己或其代理人（如进口银行）等。

（5）受让人。受让人（Transferee or Assignee）是经过背书或交付转让接受提单的人，有向承运人要求提货的权利。只要抬头许可，提单是可以转让的。

（6）持单人。提单是物权凭证，可以转让。持单人（Holder）是经过正当手续持有提单的人，可凭单领取货物。持单人为收货人或单据受让人。

三、管辖提单的国际公约

为确定承运人的责任范围，保障货主的利益，从 20 世纪 20 年代起，开始了对提单的统一立法。迄今为止，先后产生了三个管辖提单的国际公约。

（一）《海牙规则》

1. 《海牙规则》的产生

《海牙规则》(The Hague Rules) 的全称是《统一有关提单的若干法律规则的国际公约》(International Convention for the Unification of Certain Rules Relating to Bills of Lading)，是世界上最早制订的有关提单的国际规则。由于该公约草案于 1921 年在荷兰海牙通过，故简称《海牙规则》。1924 年，欧美 26 个主要航运国家在布鲁塞尔通过该公约，1931 年 6 月《海牙规则》正式生效。现有 80 多个国家或地区承认并采用了该公约。我国也于 1981 年承认了该公约。

2. 《海牙规则》的主要内容

《海牙规则》规定了承运人的最低责任限度，其产生在一定程度上改变了提单条款完全由船方任意规定、货方的利益完全没有保障的状况，使提单下货方的利益在一定程度上获得了一些安全保障；同时使各国的提单内容基本趋于一致。

《海牙规则》对承运人的责任与义务、权利与豁免作了规定。规则共有 16 条，主要内容如下：

（1）《海牙规则》所称"货物"包括货物、制品、商品和任何种类的物品，但不包括活牲畜以及甲板货；

（2）船运方的责任期间限定为"钩至钩"，即"自货物装上船时起，至卸下船时止的一段期间"；

（3）承运人的职责是在开船前和开船时，应"相当谨慎"地使船舶"适航"，应"适当和谨慎地"装载、搬运、配载、运送、保管、照料和卸载所运的货物；

（4）规定了承运人的 17 种免责事项，其中之一是承运人对航行或管理船舶中的过失免责，即承担"不完全过失责任"——仅对管理货物的过失负责；

（5）规定承运人的赔偿责任限额为每件或每计费单位 100 英镑；

（6）规定提起诉讼和仲裁的时间为 1 年。

由于当时参加布鲁塞尔会议的主要航运国家都是代表船方利益的殖民地宗主国，所以《海牙规则》的内容有明显偏袒船方利益而忽视货方利益的倾向。因此，《海牙规则》生效以来一直受到代表货方利益和航运业不太发达的国家或地区的反对。

（二）《维斯比规则》

《维斯比规则》(Visby Rules) 的全称是《修改海牙规则的议定书》或《布鲁塞尔议定书》。《维斯比规则》并未对《海牙规则》的基本原则作出实质性修改，只是提高了货物损害赔偿的最高限额，明确了集装箱和托盘运输中计算赔偿的数量单位，扩大了公约的适用范围。

《维斯比规则》是一些保守的海运国家为了阻碍根本性地修改《海牙规则》的产物，该公约于 1977 年 6 月生效，但至今仅获得 10 多个国家的承认。

（三）《汉堡规则》

1. 《汉堡规则》的产生及作用

由于《海牙规则》过于偏向承运人的利益，发展中国家和地区积极主张对其进行全面实质性的修改，同时，海洋运输技术的迅速发展和集装箱运输的广泛使用，《海牙规则》的某些规定已不合时宜，所以，联合国国际贸易法委员会经过多次讨论和修改，于 1976 年 5 月草拟了《海上货物运输公约草案》，随后于 1978 年 3 月在汉堡召开的有 78 个国家参加的全权代表大会上，正式通过了这个公约，定名为《1978 年联合国海上货物运输公约》(U. N. Convention on the Carriage of Goods by Sea, 1978)，简称《汉堡规则》(Hamburg Rules)。该公约于 1992 年 11 月正式生效。

《汉堡规则》的积极作用在于将《海牙规则》中偏袒承运人利益的 17 项免责条款全部废除，以及对承运人的责任期间、赔偿责任、责任限度等作了重大调整和修改。该规则在较大程度上保护了货方的利益，使船、货双方的权利、义务基本对等。

2. 《汉堡规则》的主要内容

《汉堡规则》共 7 个部分 34 条。其主要内容如下：

（1）将"活牲畜"和"甲板货"包括在"货物"范围之内。

（2）规定承运人的责任期间为"港至港"，即对货物从装运港至卸货港的全部期间负责。

（3）规定承运人的责任包括延迟交货在内，并免除了《海牙规则》中承运人的 17 条免责条款；承运人承担"完全过失责任"，即既要对管理货物的过失负责，又要对驾驶和管理船舶的过失负责。

（4）对承运人赔偿责任的限额作了调整，规定每件或每单位 835 特别提款权（Special Drawing Rights，SDRs），或相当于毛重每公斤 2.5 特别提款权，以数额高者为准。

（5）规定提出诉讼和仲裁的时限为 2 年。

《海牙规则》和《汉堡规则》的基本内容区别比较见表 14-1。

表 14-1 　　　　　　　　　**《海牙规则》与《汉堡规则》基本内容区别比较**

	《海牙规则》	《汉堡规则》
基本精神	偏袒船方利益	平衡保护双方利益
货物定义	不包括活牲畜、甲板货	包括活牲畜、甲板货
承运人责任期间	钩至钩	港至港
承运人责任制	不完全过失责任制	完全过失责任制

续表

	《海牙规则》	《汉堡规则》
赔偿限额	每件或每计费单位 100 英镑	每件或每计费单位 835 SDRs①，或毛重每公斤 2.5 SDRs，以数额高者为准
提出诉讼和仲裁时间	1 年	2 年

四、海运提单的基本内容

海运提单由各船公司自己设计制作，其内容虽不完全相同，但提单的主要条款基本上是一致的。从总体上讲，海运提单的内容包括正面内容和背面条款两大部分。

提单正面一般记载的是运输货物的状况以及有关当事人的情况。

(一) 正面内容 I

该部分内容由托运人记载。

(1) 承运人。包括承运人的名称与主要营业所，根据国际商会意见，承运人必须是以运输公司身份注册的。

(2) 托运人。标出名称与详细地址。

(3) 收货人。提单的抬头决定了提单是否可以转让，应严格按信用证规定，不能改动、不能漏打或多打单词。

(4) 被通知人。信用证内有规定时，按规定填写；没有规定时，可填开证申请人或进口商。

(5) 提单号码。提单必须编号，出口商向进口商发装运通知时也必须包括船名与提单号码 (B/L No.)。

(6) 船名。填写货物所装船舶的船名 (Name of Vessel) 及航次。

(7) 装货港。装货港 (Port of Loading) 应填写实际装船的港口名称，必须具体地填写清楚。

(8) 卸货港。卸货港 (Port of Discharge) 指货物自所装载的船只卸下的地点。若是直达运输，填写目的港；若转船，则填写第一程海运船只将转船货物卸下的地点 (即转运港)，最后目的港填入 "Final Destination" 栏，港口要明确具体，且须与发票的价格条件与目的地相符合。

(9) 发票号码。出口商发票号码 (Invoice No.) 要如实填写，若信用证规定提单上不得出现发票及合同号时，就不应填写。

(10) 正本份数。按信用证规定制作正本，若仅仅规定全套提单，则作成一式两份

---

① SDR (特别提款权) 是 IMF 创设的记账单位，最初 1 单位 SDR 与 1 美元等价，现在 SDR 的价格由美元、欧元、日元和英镑组成的 "篮子货币" 决定。目前 1 单位 SDR 大约等于 1.5 美元。

或三份均可，其中任何一张提货后，其他各张正本即告失效。此栏须用文字表示具体正本张数（Number of Original Bs/L）。

（11）唛头。信用证有具体规定时，按信用证要求制作，并且必须和发票上的完全一致；证内无规定的，按发票上唛头（Shipping Marks）填写。

（12）货物件数。件数（Number of Packages）用阿拉伯数字小写，还要与唛头中的件号累计数相符合。

（13）货物描述。除非信用证另有规定，不必详细列明商品的规格、成分等。描述可用统称，但不得与信用证货物描述（Description of Goods）不一致。

（14）毛重。毛重（Gross Weight）列出货物毛重总数，一般以公斤为计量单位。

（15）尺码。尺码（Measurement）即表示整批货物的体积，通常以 m^3 为计量单位，保留三位小数。

（16）总件数。总件数（Total Package）要用大写表示，并且与小写件数、唛头中件号的累计数一致。

（二）正面内容 Ⅱ

该部分内容由承运人填写或印定。

（1）运费。UCP500 第 33 条曾作了相关规定。运费（Freight & Charges）一般不填写金额，如信用证规定提单必须列明运费，则须填写运费率及运费总额。

2007 年以前，信用证内若标明 CFR 或 CIF 价格术语，通常要求在提单内表明运费已付，此时"Freight Payable at"栏填写"Freight Prepaid"或"Freight Paid"；如标明 FOB 价格条款，则"Freight Payable at"栏填"Freight Collect"。若是运费到付，提单上必须打出运费金额。

但现在我们认为，关于运费到付/预付运输单据的规定是多余且过时的，因而 UCP600 不再保留此规定。

（2）签发地点与日期。地点（Place of Issue）应该是装运港所在城市，日期（Date of Issue）不得迟于信用证规定的装运期。签发日期在装船提单上是装运日期，在备运提单上就是承运人收货日期。

（3）契约文句。契约文句（Received）即承运人表示收到货物的正面印定契约文字，一般包括：

● 装船条款。印明外表状况良好的货物已装在船上。承运人只对表面（包装）良好的货物负责。

如果装上船的货物有表面（包装）状况不良好情形时，往往由承运人加批注作补充说明。承运人加批注的目的是使自己对表面（包装）状况不良好的货物免责。

● 内容不知悉条款。印明托运人在提单上填写的货物重量、数量、内容、价值等内容，承运人概不知悉。只要外包装没有被改变，承运人就免责。为了促使托运人如实申报，承运人有权对托运人交运的货物进行检查，如果发现托运人申报不实，承运人有权要求其缴纳罚金并赔偿由此而造成的损失。

● 承认接受条款。印明托运人、收货人、提单持有人表示同意接受提单背面印定条款、规定、免责事项，货方接受提单等于接受提单背面印定条款。

● 签署条款。说明签发的正本份数，且凭其中一张提货后其余均失效。

（4）船方签名和印章。每份正本提单必须有船方或其代理人的印章（Signed for the Carrier），信用证如规定需手签，除印章外，必须手签。

（三）提单背面条款

提单背面是印定的提单条款和规定承运人与托运人责任的条款。

（1）首要条款。主要作用是说明提单所适用的法律条款/规则，如《海牙规则》或《汉堡规则》。这一条款实际上决定了承运人的责任与免责的范围。

（2）承运人的责任期。说明承运人承担的责任期间，如《海牙规则》的规定是"钩至钩"（Tackle to Tackle），《汉堡规则》的规定是"港至港"（Port to Port）。在货物联运、转运时，承运人只对自己的运输段负责。

（3）包装与标志。货物包装必须适合海运，包装标志符合要求。包装应该坚固，适于长途海运，不然，货物损坏时承运人可免责。包装上应该有清晰的不易褪色的标志（Mark），标志内应以不小于5公分高的字体标明货物的目的地。

（4）错误申报。承运人有权查对货物的数量、重量、体积和内容，如果发现实际情况与托运人申报的情况不同，托运人应支付罚金并承担由此而造成的损失。

（5）留置权。留置权（Lien），即如果货方不支付应交款项，承运人有权扣押货物，甚至出售货物。

（6）分批装运与转船。如有需要，承运人有权转船与换船。

五、提单的种类

根据不同的标准，提单可以分成不同的种类，不同种类的提单，其效力是不同的。

（一）根据提单签发时货物是否已经装船划分

1. 装船提单

装船提单（Shipped B/L 或 On Board B/L）是指轮船公司将货物装上指定船舶后所签发的提单。提单上必须表明货物所装船舶的船名、装船日期、船长或其代理人签字。

按货物在船上的位置不同，装船提单又可分为：

（1）货装船舱舱板（Loaded on Board）提单。包括装在甲板下面（Loaded under Deck）和装在舱底（On Board Stowed）的提单，船主对装在这些部位的货物负有保管责任，银行也将接受该类提单。

（2）货装舱面（Loaded on Deck）提单。按照海运常规，易燃、易爆、剧毒等特殊物品只能装在舱面，但承运人对舱面货受损不负责任。

UCP600 规定："除非信用证另有规定，银行将不接受表明货物装于或者将装于舱面。但声明货物可能被装于舱面的运输单据条款银行可以接受。"

因此，银行一般拒收正面写明货装舱面的提单，除非信用证另有规定。

2. 备运提单

备运提单（Received for Shipment B/L）又称收讫待运提单，指船公司收到托运货物等待装运期间所签发的提单，提单上不写明装船日期和肯定的船名。

信用证一般规定提交装船提单，因此银行一般不接受备用提单。

但如货物确已装上预定船舶，就可以对备运提单进行加注使其成为装船提单，进而被银行接受。加注内容必须包括：

- 已装船批注 "On Board"；
- 承运人或其代理人签章；
- 货物实际装船船名与起运港；
- 装船日期。

银行只接受已装船提单（一般不包括舱面货提单），因为"装船"（Shipped）两字有非常重要的意义。

（1）在 CIF、CFR 和 FOB 价格条款中，"装船"是进出口双方的风险转移点。只有货物装上了船，出口方才算完成了交货，才有权利收款。因此，银行、进口商只有接受这样的单据才会付款。反之，出口方没完成交货时，银行、进口商是不会付款的。

（2）"装船"是承运人对货物负责的起点。提单上注明了"装船"，承运人才会对提单上描述的货物负责，收货人才能收到与提单描述一致的货物。

因此，只有已装船提单才是真正的物权凭证和货权单据，接受这样的提单才能享有提单上记载的物权。

（二）按承运人有无对货物外表状况的不良批注划分

1. 清洁提单

清洁提单（Clean B/L）指承运人没有在加注文字说明货物包装不良好的单据。

根据装船条款，装在船上的货物外表状况都是良好的，但实际装运的货物并非外表状况都是良好的，承运人为了免责，对包装不良好的货物要加批注进行更正。

根据 UCP600："银行只接受清洁运输单据，清洁运输单据指未载有明确宣称货物或包装有缺陷的条款或批注的运输单据。'清洁'一词并不需要在运输单据上出现，即使信用证要求运输单据为'清洁已装船'的。"

2. 不清洁提单

不清洁提单（Unclean B/L，Dirty B/L），又称瑕疵提单（Foul B/L），是指带有承

运人附加的关于货物外表状况不良或包装不当或存在缺陷等批注的提单。承运人对不良包装下货物的损坏不承担责任。除非信用证另有规定，否则银行不接受不清洁提单。

但是按国际航运公会规定，下列三种内容的批注不能视为"不清洁"：

- 没有说明货物或包装不能令人满意，只是批注"旧包装"、"旧箱"、"旧桶"等；
- 强调承运人对货物或包装性质所引起的风险不负责任；
- 否认承运人知悉货物内容、重量、容积、质量或技术规格等。

对于出口商通过出具保函而换取的清洁提单，银行只负责单据表面的审核，并不考虑这种事实的合法性。

（三）按提单抬头与转让划分

1. 记名提单

记名提单（Straight B/L），又称收货人抬头提单，提单上的收货人栏内填明特定收货人名称，只能由特定收货人提货，不能转让。

在贸易实务中很少使用记名提单，银行也不愿接受记名提单进行议付。

2. 不记名提单

不记名提单（Bearer B/L），又称空白提单（Open B/L）或来人提单，指提单收货人栏内没有指明任何收货人，仅填"BEARER"（来人）字样。此提单可转让并不需要任何背书手续，提单持有人凭单就可以要求承运人交货。

由于风险很大，不记名提单在贸易实务中很少使用。

3. 指示提单

指示提单（To Order B/L）指抬头带有"Order"（凭指示）字样的提单。指示抬头可分为记名指示和不记名指示。

记名指示如"to the order of"，在信用证项下记名人可以规定为出口商、进口商、出口地银行或开证行。

不记名指示又称"空白抬头"，如"to order"，由托运人背书后可转让。

指示提单的转让必须背书，提单背书可以是空白背书也可以是记名背书，记名背书的指示文句中不用"PAY"而用"DELIVER"。

在实际业务中使用得最多的是不记名指示并经空白背书的提单，习惯称为"空白抬头、空白背书提单"。

（四）按运输过程中是否转换运输工具或转换船只划分

1. 直达提单

直达提单（Direct B/L），是承运人或代理人签发的货物在启运港装船后直接运抵目的港卸货的提单。直达提单内只有装运港和目的港，没有"途中转船"等批语。

信用证内若明确表明不准转船，则受益人要求议付时必须提供直达提单。

2. 转船提单

转船提单（Transhipment B/L），指船舶在装运港载货后，不直接驶往目的港，而在中途港口转船，把货物转运目的港的提单。转船提单由第一承运人签发，还要注明"转船"或"在……港转船"字样，一般在提单正面货名栏下端或目的港栏加注"With transhipment at … into …"。

对于转运和转船提单，UCP600 规定：

"转运系指根据信用证的规定，在从装运港到卸货港的海运过程中，货物从一船卸下并再装上另一船。"

"提单可以表明货物将要或可能被转运，只要全程运输由同一提单涵盖。"

"即使信用证禁止转运，注明将要或可能发生转运的提单仍可接受，只要其表明货物由集装箱、拖车或子船运输。"

"提单中声明承运人保留转运权利的条款将被不予理会。"

3. 联运提单

联运提单（Through B/L）是指经过海运和其他运输方式联合运输时由第一承运人（海运承运人）签发的包括全程运输的提单。货物到达转运港后，由第一承运人代货主将货物交与下一段航程的承运人，继续运往最终目的地。各承运人的责任只限于其本身负责的航程。联运具有以下特点：

（1）性质上属于海运，但包含两段及两段以上运输且第一段为海运。

（2）第一承运人签发包括全程的提单，同时收取全程费用，代货主安排以后的运输。

（3）各承运人只对其各自负责的运输段负责。

联运提单包括转船提单，转船提单属于联运提单中海海联运提单。由首先接到交运货物的轮船公司签发的海陆/海河/海空联运提单，属于已装运提单性质，如信用证未规定是否准许转运，银行可以接受此种联运提单。

（五）运输行提单

运输行提单（Forwarders B/L）是运输行以承运人身份签发的运输单据。运输行自身一般没有运输工具。

过去运输行只是替货主代办托运、代为报关提货的机构。运输行给托运人签发的运输单据，一般是说明运输行将根据约定将货物发送到目的地的货物收据。运输行只对货物在它管辖时发生灭失负责，当货物交由承运人管辖时责任即告免除。

现在，运输行可以独立签发运输单据，对运输行发出的运输单据。UCP600 规定：

"运输单据，无论名称如何，必须看似：表明承运人名称，并由下列人员签署：承运人或其具名代理人，船长或其具名代理人。

承运人、船长或代理人的任何签字必须标明其承运人、船长或代理人的身份。代理人的任何签字必须标明其系代表承运人还是船长签字。"

"除非信用证另有授权，银行仅接受运输行出具的下列运输单据：

● 注明了作为承运人或多式联运承运人的运输行的名称，并由作为承运人或多式联运承运人的运输行签字或以其他方式证实的运输单据；

● 注明了承运人或多式联运承运人的名称并由作为承运人或多式联运承运人的具名代理或代表的运输行签字或以其他方式证实的运输单据。"

（六）按船舶营运方式不同划分

1. 班轮提单

班轮提单（Liner B/L）是指由班轮公司承运货物后所签发给托运人的提单。如果信用证中在价格条件后加注了班轮条件（Line Term），则受益人必须提交班轮提单给银行才能收汇。

各班轮公司提供的班轮提单内容基本一致，都包括正面内容和背面条款。背面条款是印定的运输条款，一般都以《海牙规则》作为依据，明确承运人和托运人之间，承运人和收货人及持单人之间的权利义务。托运人只要接受班轮提单，就表明他同意接受背面印定条款，也就证明两者之间运输合约宣告成立。

正面内容和背面条款都齐全的提单被称为全式提单（Long Form B/L）。

略式提单（Short Form B/L）保留了全式班轮提单正面的全部内容，而略去背面条款，或仅摘其中重要条款扼要列出，加注"本提单货物的收受、保管、运输、运费等事项，均按本公司全式提单的正面、背面的铅印、手写印章和打字等书面的条款和例外条款办理"等内容。

根据惯例，银行既接受全式提单，也接受略式提单。

2. 租船提单

租船提单（Charter Party B/L）指承运人根据租船合约签发的提单。这种提单通常是简式提单，提单上不列详细条款，只列货名、数量、船名、装卸港口等，并批注"运费及其他条件依照租船合约办理"。由于这种提单要受租船合约的约束，所以不是一个完整的文件。

银行或买方在接受租船提单时，通常要求卖方提供租船合约的副本。

UCP600 对租船合约提单作出了如下规定：

"表明其受租船合同约束的提单（租船合同提单），无论名称如何，必须看似：

● 由以下人员签署：船长或其具名代理人，船东或其具名代理人，租船人或其具名代理人。

船长、船东、租船人或代理人的任何签字必须标明其船长、船东、租船人或代理人的身份。

代理人签字必须表明其系代表船长、船东还是租船人签字。

代理人代表船东或租船人签字时必须注明船东或租船人的名称。

● 通过以下方式表明货物已在信用证规定的装货港装上具名船只：预先印就的文字，或者已装船批注注明货物的装运日期。

租船合同提单的出具日期将被视为发运日期，除非租船合同提单载有已装船批注注明发运日期，此时已装船批注上注明的日期将被视为发运日期。

● 表明货物从信用证规定的装货港发运至卸货港。卸货港也可显示为信用证规定的港口范围或地理区域。

- 为唯一的正本租船合同提单，或如以多份正本出具，为租船合同提单注明的全套正本。

银行将不审核租船合同，即使信用证要求提交租船合同。"

（七）按提单签发日与交单日的关系划分

1. 正常提单

正常提单（Unstale B/L, Fresh B/L or Current B/L）指在信用证规定的最迟交单日之前交付银行，且签单时间不超过 21 天的提单。

信用证常常规定一个交单期限（Period for Presentation of Documents），信用证受益人应在此期限内向银行交单；此外，还应满足 UCP600 的规定，在提单签发后不超过 21 天交单。

2. 过期提单

过期提单（Stale B/L）指超过规定交单日期的提单。包括超过信用证规定的最后交单日和提单签发 21 天后交付的提单。由于单证不符，所以银行不接受过期提单。

（八）根据签单日与装船日的关系划分

1. 倒签提单

倒签提单（Anti-dated B/L）指承运人或其代理人应托运人的要求，在货物装船以后，以早于该批货物实际装船完毕的日期作为签发日期所签发的已装船提单。

只要交单日期不超过信用证的规定且单证相符，银行就应该接受倒签提单。

2. 预借提单

预借提单又称无货提单，是承运人应托运人的要求，在货物尚未装船或装船尚未完毕的情况下，预先签发的"货已装船"提单。托运人要求签发预签提单的目的是为了在信用证的有效期结束之前交单取款。

同样，只要提单日期在信用证规定的有效期及装船期内且单证相符，银行就应该接受预签提单。

不过，预签提单和倒签提单不符合合同的规定，因为它隐瞒了延迟交货的真相。

（九）集装箱提单

集装箱提单（Container B/L）是指以集装箱装运货物所签发的提单。集装箱运输是货物成组化运输的主要形式，在托运人将货物成组化运输时，提单上一般注明"Shipper's load and count"（托运人装货并点数），承运人对每一组货物中的小包装数量不负责任，提单上在小件数量记载前加"Said to Contain"或"Just 'Say'"（据报）。

1. 集装箱提单上常见的术语

- FCL（Full Container Load）：整箱货，指箱内货物是同一货主的。
- LCL（Less Than Container Load）：拼箱货，指箱内货不属于同一货主。

● CY（Container yard）：货场，指专门堆放集装箱而不办理装拆箱业务的场所。由托运人自己装拆箱内货物，在货场收货或交付。

● CFS（Container Freight Station）：货站，是办理集装箱货物装拆业务的场所。由承运人装箱或拆箱的货物，均在货站办理收付。

2. 集装箱承运人的责任

● CY/CY：指承运人在装运港接托运人装好的整箱货运往目的港并将整箱货交持单人。

● CY/CFS：指承运人在装运港接托运人装好的整箱货运往目的港，拆箱后将货物交持单人。

● CFS/CY：指承运人在装运港接托运人的货物装箱后运往目的港，将整箱货交持单人。

● CFS/CFS：指承运人在装运港接托运人的货物装箱后运往目的港，拆箱后将货物交持单人。

集装箱提单有两种形式，一种是在普通海运提单上加注"Containerized"字样；另一种是使用多式联运提单。

六、银行审核提单的要点

银行在审核提单时，应着重注意以下几个方面的问题：

1. 提单与信用证是否相符

提单正面记载的基本内容必须逐项审核，必须与信用证规定相一致，信用证内没有规定的，以 UCP600 为标准，而且还必须符合国际标准银行惯例。UCP600 未尽事宜，则以有关国际公约为标准，但不得与 UCP600 的原则相抵触。

2. 提单与其他单据是否相符

提单正面记载的基本内容，不得多填、漏填，并必须与汇票、发票、保单、装箱单等的内容完全一致。

3. 提单的性质

提单上批注的内容必须符合信用证规定，如已装船"Shipped"或"On Board"，运费支付情况，货物及包装外表良好等。

对于不符合信用证规定的批注提单或是不清洁提单，银行拒绝接受。

只有在信用证不禁止租船提单时，银行才接受租船提单。

4. 签字、盖章

若信用证内规定了手签的，必须是手签，不得以其他方式代替；凡须背书的提单，背书不能遗漏。

5. 交单日期与提单份数

交单日期与提单份数应与信用证相符，或符合有关规定。如果是过期提单，银行不应接受。

第三节 其他运输单据

在国际贸易货物运输中，除海运外，航空运输、铁路运输也有较大的发展，并带动了公路、内河运输的发展。随着贸易方式的变化，邮购业务日渐繁荣。采用不同的运输方式，就需要承运人签发不同类型的运输单据。这些单据反映了跟货物运输有关的各方当事人的责任与权利，是货物运输中重要的单据，也是出口结汇的基本单据之一。

一、航空运输单据

（一）航空运单的性质

航空运单（Airway Bill）是承运人与托运人之间签订的运输契约，也是承运人或其代理人签发的货物收据。航空运单还可作为承运人核收运费的依据和海关查验放行的基本依据。

但是，航空运单不是代表物权的凭证，也不能转让；收货人提货不是凭航空运单，而是凭航空公司的提货通知单。

（二）航空运单的基本内容

目前经营国际货物运输的航空公司使用的都是统一的一式 12 份的航空运单，其中 1 至 3 联是正本。第 1 份正本注明 "Original — for the Shipper"，应交托运人；第 2 份正本注明 "Original — for the Issuing Carrier"，由航空公司留存；第 3 份正本注明 "Original — for the Consignee"，由航空公司随机带交收货人。其余副本则分别注明 "For Airport of Destination"、"Delivery Receipt"，"For Second Carrier"、"Extra Copy" 等，由航空公司按规定和需要进行分发。

3 份正本的背面印有承运条款，反映出航空运单的主要作用。在发货人或其代理人、承运人或其代理人履行手续签署运单以后，承运合同则开始生效。只要运单上没有日期和签章，承运人就可以不承担对货物的任何责任，货物也不受承运合同的约束。货物一旦交给运单上所记载的收货人，运单的效力就宣告终止，承运人完成了货物全程运输责任。

航空运单的正面内容包括：

（1）航空运单的号码。前三位数字是航空公司的代号，中国民航代号是 "999 …"。

（2）航空公司的名称。在此栏内除印有民航公司的全称及简称如 CAAC 外，还印有 "不可转让"（Not Negotiable）字样。

（3）发货人名址。发货人名址（Shipper's Name and Address）应填写托运人的全称及详细地址，包括城市与国家的名称及托运人的电话号码。

（4）收货人名址。收货人名址（Consignee's Name and Address）须按信用证规定填写。

（5）起运地。起运地（Airport of Departure）指飞机启航地的名称，须全名。

（6）航空路线。航空路线（Routing and Destination）由承运人填写。如不转运，则可不填；如转运，则要填写出转运机场所在地名称。

（7）目的地。目的地（Airport of Destination）须填全名，有时还须注明机场和国家名称。

（8）航班号与飞行日期。航班号与飞行日期（Flight Day），要特别注意飞行日期不得迟于信用证的最后装运期。

（9）收货人账号和托运人账号。收货人账号（Consignee's Account No.）和托运人账号（Shipper's Account No.）可按信用证规定填写。

（10）运费货币及支付方法。货币（Currency）以币制符号表示，如 RMB、HKD、USD 等，运费（Weight Charge and Valuation）和始发站其他费用（All other Charges at Origin）预付或到付按具体情况在印就的 PPD（预付）或 COLL（到付）上作上记号。"Accounting Information" 栏则由承运人填写具体的运费付款方式，如现金、支票等。

（11）申报价值。"Declared Value for Carriage" 栏填写托运人向承运人声明的该运输货物的总值，一般按发票价填入，如不愿宣布货值，或不必声明价值，可填写 "NVD"（No Value Declared）字样。"Declared Value for Customs" 是托运人向海关申报的货物价值，这必须与发票价一致，如果始发站海关和目的站海关允许不加申报，则填写 "NCV"（No Customs Value）。

（12）保险金额。保险金额（Amount of Insurance）一般不填写，除非信用证另有规定。

（13）随附单据。随附单据（Documents to Accompany Airway Bill）应标明托运人随同航空运单交给收货人的文件，如发票、装箱单、产地证等。

（14）货物件数。件数（No. of Package）指运输货物如果涉及不同运价，不同运价的件数要分别填写，总件数填在本栏最后。

（15）货物毛重。如果各货物毛重（Actual Gross Weight）分别填写，则总毛重量填在本栏最后。

（16）重量单位。重量单位（Weight Unit），一般以 "公斤" 为单位，有时也可以 "磅" 为单位。

（17）运价类别。运价类别（Rate Class）可用代号填写：如 "m" 代表起码运费，"n" 代表 45 公斤以下普通货物运价，"q" 代表 45 公斤以上普通货物运价。

（18）品名编号。品名编号（Commodity Item No.）应根据航空公司的类别填写，多数情况下可以不填。

（19）计费重量。计费重量（Chargeable Weight）如按起码运费价计算，此栏可不填；若按体积计算的重量大于实际毛重，必须将按体积计算的重量填入本栏。

（20）费率。费率（Rate of Charge）按实运的每公斤运价填写。

（21）运费总额。运费总额（Total）根据 "费率×计费重量＝运费" 计算，如各运输货物分别填写时，总运费填本栏最后。

（22）货物名称和数量。货物名称要详细具体地填写，标出运输唛头，体积按长宽高顺序以公分为单位列明货物每件或整批的长度、宽度和高度。

（23）预付费用总额。预付费用总额（Prepaid Charge）可按下列方式填写：A. 预付航空运费，填写第 21 栏中运费总额；B. 预付声明价值附加费；C. 其他预付费用，属于承运人的需要而产生的费用总额；D. 其他预付费用，属于代理人的需要而产生的费用总额。已预付总额是 A、B、C、D 各项费用的总数。

（24）其他费用金额。一般我国民航使用 C、N、R、S、W 五种，即容器费（包括集装箱费）、中转费、地面运输费、保管费、货运单费。

（25）到付费用总额。到付费用总额（Collect Charge）按内容"23"中 Prepaid Charge 相对应的 A、B、C、D、E 填写。

（26）托运人关于所装货物非危险品的保证。

（27）托运人特别指示。托运人特别指示（Shipper's Instructions）主要是关于货物到站交付发生障碍时如何处理的意见。

（28）处理情况。处理情况（Handling Information）包括标记、件号、包装方法等事项，或对第二承运人的要求等。

（29）承运人代理的名称和地点。承运人代理的名称和地点（Issuing Carrier's Agent Name and City）、代理人的"国际空运协会"代号及账号（Agent's IATA Code，Account No.）均应由承运人如实填写，如信用证无具体要求，一般可以不填。

（30）航空运单的签发地点与日期。此日期应与飞行日期相同或接近，如该提单无飞行日期，则此签发日期不得迟于信用证的装运日期。而且，正本需有承运人的印章方始生效。

（三）银行接受航空运输单据的条件

UCP600 对银行接受航空运输单据作出了如下规定：

（1）空运单据，无论名称如何，必须看似：

• 表明承运人名称，并由以下人员签署：承运人，或承运人的具名代理人。承运人或其代理人的任何签字必须标明其承运人或代理人的身份。代理人签字必须表明其系代表承运人签字。

• 表明货物已被收妥待运。

• 表明出具日期。该日期将被视为发运日期，除非空运单据载有专门批注注明实际发运日期，此时批注中的日期将被视为发运日期。空运单据中其他与航班号和航班日期相关的信息将不被用来确定发运日期。

• 表明信用证规定的起飞机场和目的地机场。

• 为开给发货人或托运人的正本，即使信用证规定提交全套正本。

• 载有承运条款和条件，或提示条款和条件参见别处。银行将不审核承运条款和条件的内容。

（2）航空转运指在信用证规定的从起飞机场到目的地机场的运输过程中，将货物从一架飞机上卸下再装上另一架飞机上的运输。

（3）即使信用证禁止转运，银行将会接受注明将发生或可能发生转运的空运单据，只要是同一空运单据，包括运输全程。

二、铁路、公路、内陆水运运输单据

铁路、公路、内陆水运运输业务主要集中在欧亚大陆，以及内陆相邻国家，其中以铁路运输量为最大。

（一）铁路运单的性质

铁路运单（Railway Bill）是铁路运输承运人与货主之间缔结的运输契约。铁路运单一式两份，正本从始发站随同货物附送至终点站并交给收货人作提货通知，副本经铁路加盖承运日期戳记后交托运人作为收据。在托收和信用证方式下，托运人凭副本运单收款。除了正、副本以外，必要时还要有运单副本抄件，作为发货人留存备查的单据，此副本留发货站，加盖"运单副本"戳记。

铁路运单不是物权凭证，不能转让，只是作为运输合约和货物收据，以及铁路与货主之间核收运杂费、索赔和理赔的依据。

公路和内陆水运的运输单据与铁路运单基本类似。

（二）对铁路、公路和内河运输单据的要求

UCP600 对铁路、公路和内河运输单据作出了如下规定：

（1）公路、铁路或内陆水运单据，无论名称如何，必须看似：

● 表明承运人名称，并且由承运人或其具名代理人签署，或者由承运人或其具名代理人以签字、印戳或批注表明货物收讫。

承运人或其具名代理人的收货签字、印戳或批注必须标明其承运人或代理人的身份。代理人的收货签字、印戳或批注必须标明代理人系代理承运人签字或行事。

假如铁路运输单据没有指明承运人，可以接受铁路运输公司的任何签字或印戳作为承运人签署单据的证据。

● 表明货物的信用规定地点的发运日期，或者收讫待运或待发送的日期。运输单据的出具日期将被视为发运日期，除非运输单据上盖有带日期的收货印戳，或注明了收货日期或发运日期。

● 表明信用证规定的发运地及目的地。

（2）公路运输单据必须看似开给发货人或托运人的正本，或没有任何标记表明单据开给何人；注明"第二联"的铁路运输单据将被作为正本接受；无论是否注明正本字样，铁路或内陆水运单据都被作为正本接受。

（3）如运输单据上未注明出具的正本数量，提交的份数即视为全套正本。

（4）铁路、公路和内河转运是指在从信用证规定的发运、发送或运送的地点到目

的地之间的运输过程中，在同一运输方式中从一运输工具卸下再装上另一运输工具的行为。

（5）只要全程运输由同一运输单据涵盖，公路、铁路或内陆水运单据可以注明货物将要或可能被转运；即使信用证禁止转运，注明将要或可能发生转运的公路、铁路或内陆水运单据仍可被接受。

三、邮包收据

（一）邮包运输和邮包收据

邮包运输（Parcel Post Transport）是一种较简便的运输方式。各国邮政部门间订有协定与公约，依照这些协定与公约，各国的邮件包裹可以互相传递，从而形成国际邮包运输网。由于手续简便，费用也不高，而且具有"门到门"运输的特点，这种运输方式在国际贸易中采用得比较普遍。

国际邮包运输对邮包的重量和体积均有限制，如每个包裹的重量不得超过 20 公斤，长度不得超过 1 公尺。因此，邮包运输只适用于量轻、体积小的货物。

邮包收据（Parcel Post Receipt）是邮局收到寄件人的邮包后所签发的凭证，也是收件人凭以提取邮件的凭证。当邮包发生损坏或灭失时，它还可以作为索赔和理赔的依据。

邮包收据不是物权凭证。

（二）UCP600 对专递及邮政收据的规定

（1）证实货物收讫待运的快递收据，无论名称如何，必须看似：表明快递机构的名称，并在信用证规定的货物发运地点由该具名快递机构盖章或签字；并且表明取件或收件的日期或类似词语，该日期将被视为发运日期。

（2）假如要求显示快递费用付讫或预付，快递机构出具的表明快递费由收货人以外的一方支付的运输单据可以满足该项要求。

（3）证实货物收讫待运的邮政收据或投邮证实，无论名称如何，必须看似在信用证规定的货物发运地点盖章或签署并注明日期。该日期将被视为发运日期。

四、多式联运单据

（一）多式联运单据的含义

国际多式联运（Multimodal Transport）是一种使用集装箱，通过海、陆、空等两种及两种以上运输手段完成的国际连贯运输。多式联运是一种现代化的运输方式。

以本人身份与托运人签订至少要用两种不同方式才能将货物从接管地运至交货地的运输合同，并对全程运输负责的承运人称多式联运营运人（Multimodal Transport Operator，MTO）。多式联运只有一个承运人即 MTO，MTO 收取全程费用并对运输全程负责，各段具体运输由 MTO 安排。

多式联运营运人 MTO 签发的证明货物将以多式联运方式或将安排以多式联运方式运送的合同文件就是多式联运单据（Multimodal Transport Document，MTD）。MTD 是近年来国际货物运输业为了适应成组化运输，特别是集装箱运输广泛发展的需要而采用的一种新的运输单据。

MTD 与海运中的联运提单虽然都使用了两种以上的运输方式，但是，这两种单据实质不一样，不能混为一谈。联运提单只适合于海运和其他运输方式所组成的运输，它属于海运；MTD 不一定包含海运，其范围更广。联运的每一承运人只负责自己的航段，提单签发人仅对第一程运输负责；而 MTD 的签发人则是对全程运输负责。

（二） 多式联运单据的性质

在实务中，一些集装箱海运集团，将 MTD 称为 Multimodal Transport Bill of Lading（MT B/L，多式联运提单），这主要是因为大多数的多式联运都包含了海运。

在 MTB/L 格式的背面条款中，有的规定只适合于多式联运，但大多数的规定是"一式两用"：

- 作为多式联运提单时，出单人 MTO 对全程负责；
- 作为海运提单时（包括 CY 或 CFS 至 CY 或 CFS 的港至港 Port to Port 运输）就按现实海运规则，只对自己的运段负责。

这种根据记载内容确定单据性质的做法，与信用证业务传统的做法相去甚远，所以 UCP600 把多式联运单据独立于海运提单之外，并制订了具体的规范。

（三） 合格多式联运单据的要求

UCP600 对多式联运单据作了明确规定：

（1） 表明承运人的名称，并由下列人员签字：承运人及其具名代理人，或船长及其具名代理人。且承运人、船长或代理人的签字必须分别表明承运人、船长或代理人的身份。代理人的签字必须显示其是否作为承运人或船长的代理人签署提单。

（2） 通过下述方式表明货物已在信用证规定的地点发运、接受监管或装载：预先印就的措词，或注明货物已发运、接受监管或装载日期的图章或批注。运输单据的出具日期将被视为发运、接受监管或装载以及装运的日期。然而，如果运输单据以盖章或批注方式标明发运、接受监管或装载，则此日期将被视为装运日期。

（3） 显示信用证中规定的发运、接受监管或装载的地点以及最终目的地，即使：

- 运输单据另外显示了不同的发运、接受监管或装载的地点或最终目的地。
- 运输单据包含"预期"或类似限定有关船只、装货港或卸货港的指示。

（4） 仅有一份正本运输单据。如果出具了多份正本运输单据，应在运输单据中显示正本份数。

（5） 包含承运条件须参阅包含承运条件条款及条件的某一出处（简式或背面空白的运输单据），银行对此类承运条件的条款及条件内容不予审核。

（6）未注明运输单据受租船合约约束。

（7）在所有其他方面符合信用证的规定。

对符合以上所有要求的单据，银行将会接受，即使信用证禁止转运，但只要同一多式联运单据包括全程运输，银行也将会接受表明转运将会发生或可能发生的多式运输单据。

（四）多式联运单据的内容

多式联运提单的基本内容和普通提单相同，但增加了以下几个项目：

（1）首程运输工具（Pre-carriage by），根据实际情况填写。

（2）收货地点（Place of Receipt），为多式联运的起运地点，也就是第一程运输的起点。

（3）交货地点（Place of Delivery），也就是多式联运的终点，根据实际情况和信用证规定填写，可以是内陆城市。

（4）集装箱号（Container No.），根据承运人或装箱人提供的号码填写。

（5）封号（Seal No.），根据实际资料填写，有信用证来作规定时，可以不填。

（6）集装箱货场至货场条款（CY to CY）。如果信用证规定提单必须证明货物由集装箱货场至货场，则提单中必须填上"CY to CY"。

（7）如提单项下的货物由集装箱运输，则由"Containerized"表示。

（8）装船声明（On Board Notation）。多式联运提单是收妥待运性质提单，如信用证要求提供已装船提单，承运人或其代理人必须在此签字或简签，并加盖装船日期章。

各种运输单据性质比较见表 14-2。

表 14-2　　　　　　　　　　各种运输单据性质比较

	货物收据	运输合同证明	物权凭证	可否转让*
海洋运输单据	√	√	√	√
铁路、公路、内陆水运运输单据	√	√	×	×
航空运输单据	√	√	×	×
邮包收据	√	√	×	×
多式联运单据	√	√	√（包含海运）×（不含海运）	√（包含海运）×（不含海运）

注：√为是；×为否。

* 只有指示抬头、不记名抬头单据才能转让。

五、包装单据

(一) 包装单据的含义与作用

出口单据中的包装单据是指一切记载或描述商品包装情况及数量等的单据。

包装单据的主要目的是补充商业发票的不足。通过单据内的包装件数、规格、唛头等项目的填制，可以明确商品的包装情况，便于买方对进口商品包装及数量的了解和掌握，也便于国外买方在货物到达目的港时，供海关检查和核对货物。

因此，买方在信用证中一般要求卖方提供包装单据。在出口商提交给银行的单据中，除散装货物外，一般都要求提供包装单据。

包装单据的大部分内容涉及运输单据的内容，因而实务中往往把包装单据作为运输单据的随附单据。

(二) 包装单据的类别与要求

出口业务中使用的包装单据有以下几种：装箱单、包装说明、详细包装单、重量单、重量证书、磅码单、尺码单、花色搭配单等。出口商应根据信用证的规定提供各种适当的包装单据。

从国外来证规定看，大多数要求卖方提供装箱单和重量单，或只提供其中一种。

1. 装箱单

装箱单（Packing List）主要是标明出口货物的包装形式、规格、数量、毛重、净重、体积等有关事项。装箱单一式几份，由买方提出，卖方按要求填制。

装箱单的内容，因货物不同而各异，但一般包括合同号码、发票号码、唛头、货名及品质、容积及重量、进口商或收货人名称及地址、船名、目的地等。

装箱单的内容应与实际货物包装一致，必须严格符合信用证的规定。虽然包装说明（Packing Specification）、详细包装单（Detailed Packing List）等与装箱单内容基本一致，但必须按信用证要求办理，不得擅自变动。

信用证中对包装有特殊规定时，必须在装箱单上充分显示这些特殊规定，如信用证规定每打装一纸盒，每20个纸盒装一纸箱，装箱单就必须注明：

Packing：One dozen to a cardboard box and then twenty cardboard boxes to a carton.

除此以外，装箱单的内容还必须与商业发票、领事发票、运输单据等结汇单据所列内容绝对一致，否则就会被视为"单单之间表面不符"而被银行拒收。

2. 重量单

重量单（Weight Certificate or List）一般列明每件货物的毛重、净重，是对按装货重量（Shipping Weight）成交的货物，在装运时由出口商向进口商提供的重量证明，它是出口方结汇、船公司计算运费并证明出口商履约的依据。

这项单据一般由商检机构、公证行、重量鉴定人或丈量公司出具，其内容必须与信用证、发票、运输单据等相一致。

海运提单、多式联运提单、航空运单、装箱单分别列示于式样 14-1、式样 14-2、式样 14-3、式样 14-4 中。

式样 14-1

海 运 提 单

B/L No.

金发船务有限公司
GOLDEN FORTUNE SHIPPING CO. ，LTD
HONGKONG

Shipper		BILL OF LADING RECEIVER the goods the total number or quantity of containers or packages or units stated by the shipper to comprise the goods specified below subject to all the terms hereof（including the terms on the reverse hereof and the terms of the carrier's applicable tariff）in apparent good order and condition as specified below unless otherwise stated herein. The Carrier in accordance with the provisions contained in this documents. 1）undertakes to perform or to procure the performance of the entire transport from the place at which the goods are taken in charge to the place designated for delivery in this document. And 2）Assumes liability as prescribed in this document for such transport.
Consignee or order		
Notify address		
Precarriage by	Place of receipt	
Ocean vessel	Port of loading	

Port of discharge	place of delivery	Freight payable at	Number of original B/L

Marks and NO.	Number and kind of packages； Description of goods	Gross weight kgs. Measurement，m^3
	ABOVE PARTICULARS DECLARED BY SHIPPER	

Freight and charges	INWITNESS whereof the number of original Bills of Lading stated above have been signed. All of this tenor and date，one of which being accomposhed. the other（s）to
	be valid. Place and date of issue
For transhipment details，Please contact Golden Fortune Shipping Co. ，Ltd，Hongkong TELEX 67628 GOFOR HX	As agents only

TERMS AND CONDITIONS AS PER BACK HEREOF

式样 14-2   多式联运提单

COSCO   B/L No

Shipper

××远洋运输公司

CHINA OCEAN SHIPPING COMPANY

Cable:	Telex:
COSCO BEIJING	2264 CPCPK CN
GUANGZHOU	44080 COSCA CN
SHANGHAI	33057 COSCO CN
COSCO QINGDAO	32037 OCSQD CN
TIANJIN	23221 TOSCO CN
DALIAN	86162 DOSCO CN

Consignee

Combined Transport BILL OF LADING

Notify Party

RECERVED in apparent good order and condition except as otherwise noted the total number of containers or other packages or units enumerated below for transportation from the place of receipt to the place of delivery subject to the terms and conditions hereof one of the Bills of Lading must be surrendered duly endorsed in exchage for the goods or delivery order on presentation of this document duly endorsed to the carrier by or on behalf the Holder of the Bill of lading, the rights and liabilities arising in accordance with the terms and conditions hereof shall, without prejudice to any rule of common law or statute rendering them binding on the Merchant, become binding in all respects between the Carrier and the Holder of the Bill of Lading as though the contract evidenced hereby had been made between them.

Pre carriage by   Place of Receipt

Ocean Vessel Voy No.   Port of Loading

IN WITNESS whereof the number of original Bills of Lading stated under have been signed, all of this tenor and date, one of which being accomplished, the other (s) tobe void

Port of Discharge   Place of Delivery

Final Destination See Article 7 Paragraho (2)

Container No.	Seal No. Marks & No.	No. of containers or P kgs	Kind of Packages: Description of Goods Final Destination(of the goods not the ship)	Gross Weight	Measu-rement

TOTAL NUMBER OF CONTAINERS OR PACKAGES (IN WORDS)

FREIGHT & CHARGES	Revenue Tons	Rate	Per	Prepaid	Collect
Ex Rate	Prepaid at	Payable at		Place and date of Issue	
	Total. Prepaid	No. of Original B (s) L		Signed for the Carrier	

LADEN ON BOARD THE VESSEL

Date

(COSCO STANDARD FORM 07)   By _____

(TERMS CONTINUED ON BACK HEREOF)   Printed in. 1986

式样 14-3

航 空 运 单

GENERAL ADMINISTRATION OF CIVIL AVIATION OF CHINA

国际货物托运书　　　　　　　货运单号码

SHIPPER'S LETTER OF INSTRUCTION　　　NO. OF AIRWAY BILL

999____

始发站 AIRPORT OF DEPARTURE	到达站 AIRPORT OF DESTINATION		供承运人用 FOR CARRIER USE ONLY			
路线及到达站 ROUTING AND DESTINATION			航班／日期 FLIGHT/DAY		航班／日期 FLIGHT/DAY	

至 TO	第一承运人 BY FIRST CARRIER	至 TO	承运人 BY	至 TO	承运人 BY	至 TO	承运人 BY

收货人账号 CONSIGNEE'S ACCOUNT NUMBER	收货人姓名及地址 CONSIGNEE'S NAME AND ADDRESS	已预留吨位 BOOKED
另请通知 ALSO NOTIFY		运费 CHARGES
托运人账号 SHIPPER'S ACCOUNT NUMBER	托运人姓名及地址 SHIPPER'S NAME AND ADDRESS	

托运人声明的价值 SHIPPER'S DECLARED VALUE		保险金额 AMOUNT OF INSURANCE	所附文件 DOCUMENTS TO ACCOMPANY AIR WAYBILL
供运输用 FOR CARRIAGE	供海关用 FOR CUSTOMS		

件数 NO. OF PACKAGES	实际毛重 ACTUAL GROSS WEIGHT（kg）	运价类别 RATE CLASS	收费重量 CHARGEABLE WEIGHT	费率 RATE/CHARGE	货物品名及数量（包括体积或尺寸） NATURE AND QUANTITY OF GOODS（INCL DIMENSIONS OR VOLUME）

在货物不能交予收货人时，托运人指示的处理方法
SHIPPER'S INSTRUCTIONS IN CASE OF INABILITY TO DELIVER, SHIPMENT SA CONSIGNED

```
┌─────────────────────────────────────────────────────────────────────────┐
│ 处理情况（包括包装方式、货物标志及号码等）                                 │
│ HANDLING INFORMATION（INCL METHOD OF PACKING IDENTIFYING MARKS AND NUMBERS │
│ ETC.）                                                                     │
└─────────────────────────────────────────────────────────────────────────┘
```

托运人证实以上所填全部属实并愿遵守承运人的一切载运章程

THE SHIPPER CERTIFIES THAT THE PARTICULARS ON THE FACE HEREOF ARE CORRECT AND
AGREES TO THE CONDITONS OF CARRIAGE OF THE CARRIER

托运人签字	日期	经手人	日期
AIGNATURE OF SHIPPER	DATE	AGENT	DATE

式样 14-4

装 箱 单

EAST OCEAN GROUP CO.

TRADING & FASHION

KOWLOON OFFICE：   TEL：7391986

B2-58 HOUSTON CENTRE   TELEX：52856 EOGC HX

63 MODY ROAD，T. S. T. E   CABLE：WINSTRONER

KOWLOON，HONG KONG   FAX：7396052

PACKING/WEIGHT LIST

No. OUT93-26   Date 29MAR 1993

Packing list of 16,175. 80KGS（544 CTNS）OF NYLON FILAMENT YARN FOR MAGIC TAPE USE

Shipped per S. S. "MILD STAR V. 9302" Sailing on/abt. — 1 APR 1993

From Hong Kong to SHANGHAI for account and risk of Messrs. SHANGHAI HOME TEXTILES IMPORT
& EXPORT CORPORATION

drawn under T/T

L/C No. _____   Buyer's order _____   Our Ref _____

标志及号码 Marks & No.	件数 No. of Packages	货物名称 Description of Goods	净重 Net Wt	毛重 Gross Wt	尺码 Measurement
			KGS		
		NYLON 66			
93BVVE-88005HK	1—160	0. 22 M/M	4000		
T88B		NYLON 6			
No. 1—160	1A—241A	200D/34F	7906. 3		
1A—241A		NYLON06			
1B—143B	1B—143B	100D/17F	4269. 5		
			16175. 8		

DETAILS AS PER ATTACHED SHEETS

TOTAL：FIVE HUNDRED AND FORTY FOUR CTNS ONLY

本 章 小 结

现代国际结算是跟单结算，单据对进出口商和银行都具有重要意义，信用证业务更是被称为单据业务。

国际结算中的单据很多，根据作用可分为基本单据与附属单据。基本单据包括运输单据、保险单、商业发票。跟单汇票也被看成是基本单据。

合格单据要求其形式和内容都合格。

国际贸易运输方式有海运、铁路（公路、内河）运输、航空运输、邮政运输、多式联运等五种，相应的运输单据也有五种：海运单据、铁路运单、航空运单、邮包收据、多式联运单据。

海运单据是最重要的运输单据，不仅因为它使用最普遍，而且因为它具有物权凭证性质。

管辖提单的国际公约主要有《海牙规则》、《汉堡规则》。

海运提单种类很多，但银行只接受装船提单、清洁提单、正常提单；信用证不禁止时，可接受分装与转运提单、租船提单。

铁路运单、航空运单、邮包收据不具有物权凭证性质，不是提单，不能转让。

多式联运单据包含海运时是物权凭证，反之，则不是物权凭证。

海运、物权凭证、提单是三位一体的。

复习思考题

一、名词解释

基本单据　提单 B/L　装船条款　联运　多式联运　正常提单
过期提单　倒签提单　预借提单　CY　CFS　MTO　MTD

二、简答题

1. 单据的含义与作用。
2. 合格单据的基本要求。
3. 海运提单的含义与作用。
4. 比较《海牙规则》和《汉堡规则》的特点。
5. 银行为什么不接受备运提单？
6. 银行为什么只接受清洁提单？
7. 与海运提单相比，铁路运单、航空运单、邮包收据有何特点？
8. 银行审核海运提单的要点有哪些？

第十五章　商业单据（下）

◎ **本章学习目的**

在学习本章之后，应该掌握以下内容：

1. 保障的危险。
2. 海损的类型。
3. 基本险与附加险的性质、种类及其承保范围。
4. 保险单的内容与种类。
5. 保险人的责任期间和除外责任。
6. 海上货物运输保险国际惯例规则。
7. 商业发票、海关发票与领事发票的含义与作用。
8. 跟单信用证汇票的性质与内容要求。

第一节　保　险　单　据

出口货物运输保险是对外贸易中不可缺少的一环。运输过程中，货物常因自然灾害或意外事故而遭受损失。货主为了在蒙受损失后取得经济补偿，往往会在货物出运前及时向保险公司投保。保险公司接受投保后，签发投保凭证——保险单据，承担保险责任范围内的经济补偿责任。

一、保险单的含义和作用

（一）保险单的含义

保险（Insurance）是以概率论和大数法则为依据收取保险费，建立保险基金，对保险标的物（Subject Matter）由于自然灾害和意外事故造成的损失予以补偿的经济制度。

保险的目的不是保证保险标的物不遭受自然灾害和意外事故的损失，而是为了使其在遭受损失后能得到经济补偿，从而降低和分散风险，减少损失。

货物运输保险属于财产保险，根据国际贸易货物的运输方式不同，国际贸易货物运输保险有海上运输保险、陆上运输保险、航空运输保险、邮政运输保险等。由于国际货物绝大部分是通过海上运输进行的，所以海上货物运输保险在各种保险中占主要地位。

保险的双方为保险人（Insurer 或 Assurer）和被保险人（Insured 或 Assured）。

保险单（Insurance Policy）是保险人在收取保险费后，向被保险人签发的对其承保的书面证明。它具体规定了保险人与被保险人的权利与义务。

（二）保险单的当事人

1. 保险人

保险人是保险合同中与被保险人签约的一方，保险人有取得保险费的权利，也有根据承保责任赔偿的义务。

以保险人身份经营业务的机构有：

（1）保险公司。保险公司（Insurance Company）指以公司名义注册的经营保险业务的组织。这是保险人的最主要形式。

（2）保险商。保险商（Under Writer）指个体的保险经营人，是英国特有的保险人。英国保险法允许劳合社（Lloyd's Institute）的成员以个人名义经营保险业务。

对于自己无法完成的业务，保险公司通常通过签订代理协议请海外机构代为办理，如检验、批改保单等，这类机构即为保险代理（Insurance Agent）。

（3）保险经纪人。保险经纪人（Insurance Broker）即代理被保险人投保，赚取佣金的中间人。保险经纪人受理保险业务时，对被保险人签发暂保单（Cover Note），然后再向保险公司投保，因而暂保单并非保险合同，只是一种代办约定。

除非信用证特别授权，银行将不接受由保险经纪人签发的暂保单。

2. 被保险人

广义被保险人是指与保险人相对应的当事人，包括投保人（订约者）、狭义被保险人（出险时受损者）、受益人（出险后索赔者）。

（1）投保人、狭义被保险人、受益人的关系。在货运保险中，这三者的界线难以划分。

办理出口保险时，投保人是出口商，在保险单证未提交前，被保险人与受益人都是出口商；银行在购进单据后而未得到偿付前成为被保险人与受益人；进口商付款赎单后，又成为被保险人与受益人。

在办理进口保险时，投保人、被保险人、受益人都是进口商。

银行所接受的保险单据，是出口商所提供的，因而表现为 CIF、CIP 条件下保险人与出口商订立的保险合同。

（2）被保险人要取得赔款应具有的条件。根据保险惯例，被保险人要取得赔款，必须具有两个条件。

• 有保险利益。指被保险人对保险标的拥有某种合法的经济利益，如享有所有权、担保物权，或承担经济风险和责任，如果保险标的发生损失，会给被保险人造成损失，则该被保险人就有保险利益（Insurable Interest）。

在索赔时，被保险人只有证明自己具有保险利益，才能取得赔款。在货物运输保险时，掌握提单即可证明拥有保险利益。

• 善意持有保险单。承办保险时，保险人对被保险人的投保申请并不调查核实。因此，要求被保险人如实介绍货物及运输等有关情况，以利于保险人作准确判断；并且，被保险人还必须保证标的物尚未出险，至少在投保时不知道标的物已经出险。

如果被保险人未达到"善意"标准，保险人有权在货物出险时拒绝赔偿。

(三) 保险单的作用

作为一种书面证明或文件，保险单主要有两方面作用。

1. 保险单是保险合同证明

保险单是保险人与被保险人签订的保险契约。它是保险人在接受被保险人的投保单或投保申请书后签署的承诺文件，是合格的保险合同证明。

虽然按保险业的惯例，只要保险人在投保单或投保申请书上签了字，保险合同关系就告成立，但根据法律规定，投保单并不具有合同证明文件的效力。因此，在办理保险时，保险人必须签发保险单。

2. 保险单是赔偿的证明

保险单是一种补偿性合同或证明文件，在保险标的物出险时，被保险人有权根据保险合同即保险单要求赔偿，保险单是赔偿权的证明文件。如果被保险人的索赔符合保险单的规定，那么保险人应在保险单规定的范围内进行赔偿。可见，保险单是索赔和理赔的根据。

作为一种权利凭证，保险单可以背书转让。

二、海上运输货物保险承保范围

海上货物运输保险的保障范围包括保障的危险、保障的损失和保障的费用三个方面。

(一) 保障的危险

保障的危险是指保险人承保的风险 (Risks) 类型。海上货物运输保险的保险人主要承保两类风险。

1. 海上风险

海上风险 (Perils of Sea) 又叫海难，指在海上发生的自然灾害和意外事故。

● 自然灾害 (Natural Calamities) 是指由非常的自然力量所造成的灾害，如恶劣气候、暴风雨、雷电、海啸、洪水、地震等。

● 意外事故 (Fortuitous Accidents) 是指由非意料之中的原因或不可抗拒的原因造成的事故，如搁浅、触礁、碰撞、沉没等。

自然灾害和意外事故的出现，往往会给海运货物带来一定程度的损失。

2. 外来风险

外来风险 (Extraneous Risks) 是指由外来原因造成的损失。根据造成损失的严重程度不同，外来原因又可分为一般外来原因和特殊外来原因。

● 一般外来原因指造成的损失相对较轻的外来原因，如偷窃、钩损、雨淋、串味等。

● 特殊外来原因指造成的损失十分严重的外来原因，如战争、罢工等。这类损失往往属于保险人的除外责任的范围。

（二）保障的损失

保障的损失是指保险人承保的损失类型。海上货物运输保险中保险人承保的损失又叫海损（Average）。

海损一般是指海运保险，即在海洋运输中由于海上风险所造成的损失和灭失。根据保险业务习惯，海损也包括与海陆连接的陆运过程中所发生的损失或灭失。

根据损失的程度不同，海损可分为：

1. 全部损失

全部损失（Total Loss）简称全损（TL），指运输过程中的整批货物或不可分割的一部分货物全部发生损失。

根据全损的确定方法不同，全损又包括：

（1）实际全损（Actual Total Loss）。指货物的全部灭失，或失去原有的性质和用途。其主要表现形式有：

- 保险标的物完全灭失；
- 丧失并无法挽回；
- 丧失商业价值或失去原有用途；
- 船舶失踪达到一定时期等。

（2）推定全损（Constructive Total Loss）。指保险标的物在遇险后，虽然没有直接造成全部损失，尚有部分残值，但要挽救这些残值，还需支付更多的费用，因此，宁愿放弃救助。构成推定全损的情况有：

- 保险货物受损后，修理费用已超过货物修复后的价值；
- 整理和续运到目的地的费用，超过到达目的地的价值；
- 保险标的物的实际全损已无法避免，或为了避免实际全损需要花费的施救费用，将超过获救后的标的价值；
- 保险标的遇险后，使被保险人失去标的物所有权，而收回这一所有权所花的费用，将超过收回后的标的价值等。

（3）部分全损。指货物中可以分割的一部分全部损失或灭失。

2. 部分损失

部分损失（Partical Loss）是指除全损以外的其他损失。根据损失的性质不同，部分损失又可以分为：

（1）共同海损。共同海损（General Average，GA）是指当载货船舶遇到威胁船货等各方共同安全的海上风险时，船方为了解除这种威胁，维护船货安全，有意识地采取合理措施而造成的特殊损失，或支出的特殊费用。

构成共同海损应具备以下条件：

- 共同海损的危险必须是实际存在的，或者是不可避免地要产生的，不能是船方主观想象的。
- 必须是船方主动的、有意识采取的救助行为，不是海上风险造成的被动损失。
- 船方采取的救助措施必须谨慎、合理。船方不能滥用职权。

- 必须属于非常性质的损失。

共同海损的牺牲和费用是为了使船舶、货物和运费支付方免于遭受更大损失而支出的，因而应由船舶、货物和运费支付方三方按最后获救价值共同按比例分摊，这种分摊叫共同海损的分摊（G. A. Contribution）。目前，国际运输中发生的共同海损，都是按照《约克·安特卫普规则》（York-Antwerp Rules）来处理的。

（2）单独海损。单独海损（Particular Average）是指除共同海损以外的部分损失。它属于特定方面的损失，不涉及其他货主和船方。单独海损由特定利益方承担。

（三）保障的费用

保障的费用是指保险人承保的费用。主要包括：

1. 施救费用

施救费用（Sue and Labour Expenses）是指当标的物遭遇保险范围内的灾害事故时，由被保险人或其代理人、受让人等采取施救措施所支出的费用。

2. 救助费用

救助费用（Salvage Charge）是指在标的物遭遇保险责任范围内的灾害事故时，由保险人和被保险人以外的第三者采取救助行动而向其支付的费用。

施救费用和救助费用由保险人负责支付。

三、海上运输货物保险的险别

保险险别是确定保险人和被保险人权利和义务的条款，也是保险人承保责任大小和收取保费多少的依据。

保险险别是根据造成损失的原因和损失的类型确定的。保险险别可分为基本险和附加险两类。

（一）基本险

基本险又叫主要险，是保险人对承保货物所负担的最基本的保险责任，它是投保人必须投保，并且是可以单独投保的险别。

就海运保险而言，基本险可分为平安险、水渍险和一切险三种类型。

1. 平安险

平安险（Free From Particular Average，FPA）的英文原意是指单独海损不赔。最初，平安险的保障范围只限于全部损失和共同海损。随着实践的发展，平安险的保障范围已经超出了全损和共同海损的限制。

平安险的责任范围包括：

（1）被保险货物在运输过程中，由于恶劣气候、雷电、海啸、地震、洪水等自然灾害所造成的整批货物的全部损失；

（2）由于运输工具发生搁浅、触礁、沉没、遇洪水，或与其他物体碰撞，以及失火、爆炸等意外事故造成的货物的全部或部分损失；

（3）运输工具发生意外事故，货物在此前后又在海上遭受自然灾害所造成的部分损失；

（4）装卸或转运时由于一件或整件货物落海所造成的全部或部分损失；

（5）共同海损的牺牲、分摊和救助费用；

（6）被保险人对遭受承保责任内危险的货物，采取抢救、防止或减少受损的措施而支付的合理费用，但以不超过该批被救货物的保险金额为限；

（7）运输工具遭遇海难后，在避难港卸货所产生的费用，或在中途避难港存仓与运送货物产生的特别费用；

（8）运输契约订有船舶碰撞条款，按规定应由货方偿还给船方的损失。

简言之，平安险的承保范围包括：

● 海上风险造成的全损；

● 海上风险造成的共同海损；

● 意外事故造成的单独海损。

平安险是保险人承保责任最小的一种基本险。

2. 水渍险

水渍险（With Particular Average，WPA）的英文原意是单独海损赔偿。保险人的承保范围要大于平安险，其责任范围除包括平安险的责任范围外，还负责被保险货物由于自然灾害所造成的部分损失（单独海损）。

水渍险的承保范围包括：

● 海上风险造成的全损；

● 海上风险造成的共同海损；

● 意外事故造成的单独海损；

● 自然灾害造成的单独海损。

可以说，水渍险的承保范围包括海上风险造成的全损和部分损失。

3. 一切险

一切险（All Risks，AR）的责任范围除了水渍险的各项责任外，还包括货物在运输途中由于一般外来原因所造成的全损或部分损失。

一切险的承保范围具体包括：

● 海上风险造成的全损；

● 海上风险造成的共同海损；

● 意外事故造成的单独海损；

● 自然灾害所造成的单独海损；

● 一般外来原因所造成的损失。

一切险的承保范围只包括海上风险和一般外来风险造成的全损和部分损失。一切险并非承保一切风险，它不包括特殊外来原因造成的损失。

可以看出，上述三种基本险别是包含与被包含的关系：一切险包含了水渍险、平安险的承保范围；水渍险包含了平安险的承保范围。

投保人办理货物运输保险时，只需任选一种投保即可。

（二）附加险

附加险是在投保人投保基本险之后，又增加投保的险别。附加险由外来风险引起。根据造成的损失程度不同，附加险可分为两类：

1. 一般附加险

一般附加险是指由一般外来原因所造成的各种损失的险别。常见的一般附加险有11 种，投保人可选择投保其中一种或多种：

- 偷窃提货不着险（TPND）；
- 淡水雨淋险（RFWD）；
- 短量险（Risk of Shortage）；
- 混杂、玷污险（Risk of Intermixture & Contamination）；
- 渗漏险（Risk of Leakage）；
- 碰损、破碎险（Risk of Clash & Breakage）；
- 串味险（Risk of Odour）；
- 受热、受潮险（Damage Caused by Heating & Sweating）；
- 钩损险（Hook Damage）；
- 包装破裂险（Loss or Damage Caused by Breakage of Packing）；
- 锈损险（Risk of Rust）。

2. 特殊附加险

特殊附加险是针对由于特殊外来原因引起的特殊风险造成的损失的特殊险别，包括：

- 战争险（War Risk）；
- 罢工险（Strikes Risk）；
- 交货不到险（Failure to Delivery Risks）；
- 进口关税险（Import Duty Risk）；
- 舱面险（On Deck Risk）；
- 拒收险（Rejection Risk）；
- 黄曲霉素险（Aflatoxin Risk）等。

投保特殊附加险时，应将具体险种一一列明。

（三）信用证项下投保险别的要求

对于投保险别，UCP600 的规定如下：

（1）信用证应规定所需投保的险别及附加险（如有的话）。假如信用证使用诸如"通常风险"或"惯常风险"等含义不确切的用语，则无论是否有漏保之风险，保险单据将被照样接受。

（2）当信用证规定投保"一切险"时，如保险单据载有任何"一切险"批注或条款，无论是否有"一切险"标题，均将被接受，即使其声明任何风险除外。

四、其他货物运输保险

指海上货物运输保险以外的其他运输保险，包括：

（一）陆上货物运输保险

陆上运输险（Overland Transportation Risk）适用于火车、汽车等陆上运输。承保陆运途中因自然灾害或意外事故造成货物的损失，基本险别为陆运险和陆运一切险。

（二）航空货物运输保险

航空运输险（Air Transportation Risk）适用于航空运输，承保航空运输途中因自然灾害和意外事故造成货物的损失，基本险别为航空运输险和航空运输一切险。

（三）邮运包裹保险

邮包险（Parcel Post Risks）适用于邮政包裹寄递，指承保邮递途中因自然灾害或意外事故造成的货物损失，基本险别为邮包险和邮包一切险。

在各种保险中，陆运险、航空运输险和邮包险的承保范围与海运水渍险承保范围大体相同。

保险公司对各种运输方式下的货物保险都订有相应的专门条款，由于海运的主要地位，海上运输货物保险成为实务中最经常处理的险别。

五、保险人的责任期限和除外条款

（一）保险期限

保险期限即保险有效期，是指保险人承担保险责任的起止期限。包括时间、空间的双重要求。

（1）从时间上要求运输开始之前已投保。

（2）从空间上讲，国际保业业惯用的是"仓至仓"（Warehouse to Warehouse，W/W）条款，即保险责任自被保险货物运离保险单所载明的起运地发货人的仓库时生效。

（3）出现下列情况之一，保险人责任自动解除：
- 货物到达保险单所载明的目的地收货人的仓库时止；
- 被保险货物在最后卸港离海轮后满 60 天止；
- 被保险货物在运到保险单所载明的目的地之前，由被保险人用作分配和分派；
- 被保险货物在运到保险单所载明的目的地之前，由被保险人用作该运输过程之外的货物储存。

（二）保险人的除外责任

承保货物运输保险时，保险人的除外责任包括：

（1）被保险人的故意行为或过失造成的损失。

（2）属于发货人责任引起的损失。

（3）在保险责任开始前，被保险货物已存在的品质不良或数量短差。

（4）被保险货物的自然损耗，本质缺陷，或因市价跌落、运输延迟所引起的损失或费用。

（5）战争险、罢工险中规定的责任和除外责任等。

六、保险条款

保险条款指选用的保险规则。在货物运输保险（包括海上货物运输）方面，目前国际上还没有统一的规则。

在实际业务中，流行较广且在国际上具有一定权威性，并为众多国家承认的主要有《伦敦保险协会保险条款》（Institute Cargo Clauses，ICC）和《约克·安特卫普规则》。此外，《中国人民保险公司海洋运输货物保险条款》（Ocean Marine Cargo Clauses of the People's Insurance Company of China）在我国对外海洋运输保险中采用较多。

（一）《伦敦保险协会保险条款》

1. 《伦敦保险协会保险条款》的产生

《伦敦保险协会保险条款》的前身是《伦敦保险协会货物保险条款》，它是英国伦敦保险协会于1912年制订的，有三个主要险别：平安险（FPA）、水渍险（WPA）和一切险（AR）。此外，还针对特定的商品和特定的航程等，规定了战争险等附加险条款。该条款由于新条款的制订而于1983年宣告失效。

新条款名为《伦敦保险协会保险条款》，于1982年1月1日在伦敦保险市场开始运用。该条款在国际保险市场和世界货运业务中有很大影响。据统计，目前世界上2/3的国家在海上保险业务中直接采用这一条款。

2. 《伦敦保险协会保险条款》的主要内容

新条款的险别有六种：协会货物条款（A）、协会货物条款（B）、协会货物条款（C）、协会战争险条款（货物）、协会罢工险条款（货物）、恶意损害险条款。其中前三项条款最为重要。

（1）协会货物条款（A）。即ICC（A），相当于旧条款中的一切险（AR）。ICC（A）采用的是一切风险减除外责任的办法。

ICC（A）的除外责任规定为：一般除外责任、船舶不适航和不适货除外责任、战争除外责任和罢工除外责任。

其中，一般除外责任包括：

- 被保险人故意行为所造成的损失和费用；
- 保险标的物的自然渗漏，重量或容量的自然损耗或自然磨损；
- 包装不足或不当造成的损失和费用；
- 由于保险标的物内在缺陷或特性造成的损失和费用，已由迟延引起的损失和费用；

- 由于船舶所有人、经理、租船人或经营人破产或不履行债务造成的损失和费用；
- 由于使用任何原子或核武器所造成的损失和费用。

（2）协会货物条款（B）。即 ICC（B），相当于旧条款中的水渍险。ICC（B）采用的是列明风险名称的办法。ICC（B）承保的风险是：

- 火灾或爆炸；
- 船舶或驳船触礁、沉没或倾覆；
- 陆上运输工具的翻车或出轨；
- 船舶、驳船或其他运输工具同除去水以外的任何物体碰撞；
- 在避难港卸货引起的损失或特别费用；
- 共同海损的牺牲；
- 抛货；
- 地震、火山爆发或雷电；
- 浪击落海；
- 海水、湖水或河水进入船舶、驳船、运输工具、集装箱、大型海运箱或储存处所；
- 货物在装卸时落海或摔落造成的整体全损。

（3）协会货物条款（C）。即 ICC（C），相当于旧条款中的平安险。它只承保"重大意外事故"，而不承保"自然灾害及非重大意外事故"，其具体内容是 ICC（B）条款中的 A~G 项内容。

（二）《中国人民保险公司海洋运输货物保险条款》

该条款是中国人民保险公司制订的《中国保险条款》（China Insurance Clauses，CIC）中的货物运输条款，全称为《中国人民保险公司海洋运输货物保险条款》，简称《海洋运输保险条款》。目前使用的是 1981 年的修订条款。

《海洋运输保险条款》规定了保险人的责任范围，除外责任以及保险责任的起讫期限；基本险和附加险；被保险人的义务和索赔期限等。

1. 责任范围和除外责任

保险公司对货物在运输途中由于自然灾害、意外事故等外来原因造成的损失负赔偿责任。

除外责任包括：

- 由于被保险人的故意行为，或发货人的过失所引起的损失；
- 在保险责任开始以前，被保险货物已存在的品质不良或数量短差所造成的损失；
- 商品在运输途中的自然损耗、本质缺陷以及运输延迟所引起的损失。

2. 被保险人的义务

《海洋运输保险条款》规定，被保险人的义务包括：

- 应及时提货，当发现被保险货物遭受损失时，应及时申请检验并取得有关证明；
- 对遭受危险的货物应采取合理的抢救措施，防止或减少货物的损失；
- 如遇航程变更或发现保险单所载明的货物、船名或航程有遗漏或错误时，应及时通知保险人；

- 向保险人提出索赔时，应提供必要的单证。

3. 保险险别及责任期间

保险险别划分如下：基本险包括平安险、水渍险和一切险；附加险包括一般附加险和特殊附加险。

责任期间采用"仓至仓"条款。

4. 索赔期限

从被保险货物在最后卸载港全部卸离海轮后算起，不得超过 2 年。

我国进出口公司或国外客户向中国人民保险公司办理海运货物保险业务时，原则上都采用《海洋运输保险条款》，如果国外客户要求采用《伦敦保险协会保险条款》，我们也可以接受。

（三）《约克·安特卫普规则》

1. 《约克·安特卫普规则》的产生

《约克·安特卫普规则》是国际间清算共同海损所依据的一项规则。1860 年由英、美、法、荷、比等国的代表在英国格拉斯哥港制订，其后又于 1864 年和 1877 年分别在英国的约克城和比利时的安特卫普港召开会议进行修改，此规则便以这两个城市的名称命名。该规则于 1890 年通过。此后，又经过多次修改，现行的《约克·安特卫普规则》是 1974 年通过的修正案。

规则制订的目的是为了使各国制定的关于共同海损的法律趋于一致。

2. 《约克·安特卫普规则》的主要内容

《约克·安特卫普规则》（以下简称《规则》）共 30 条，可分三组，分别对《规则》的适用范围，共同海损的定义、范围、补偿和分摊，共同海损的理算手续和计算方法等作了规定。

（1）《规则》适用范围。《规则》明确规定：当采用本《规则》时，共同海损应按本《规则》理算。凡与本《规则》相抵触的一切法律和惯例都不适用。

（2）共同海损的定义。只有在为了共同安全、使同一航程中的财产脱离危险，有意而合理地作出特殊牺牲或引起特殊费用时，才能构成共同海损行为。

（3）共同海损的范围。共同海损的范围由共同海损的牺牲造成和由共同海损的费用造成两部分组成。

①共同海损牺牲造成的损失包括：

- 采取抛弃措施所造成的损失；
- 救火所造成的损失；
- 自动搁浅所造成的损失；
- 船舶在避难港卸载，重装，倒移货物、燃料或物料所产生的损失。

②支出的非正常特殊费用。由共同海损的费用造成的损失指为了使船、货获得安全的共同利益而支出的非正常的特殊费用，包括：

- 救助费用；

- 搁浅船舶因轻载所引起的费用；
- 在避难港等地的费用；
- 修理费用。

（4）共同海损的分摊。共同海损的分摊以航程终止时财产的实际净值为基础，货物以卸货时的价值为基础。共同海损要按获救船舶、运费和货物的价值，由船、货、运费三方按各自比例分摊。

七、保险单的基本内容

保险单记载和印定的内容包括正面和背面两部分。

正面是有关保险人、被保险货物保险险别等有关情况的记载，背面是印定条款。银行主要审核正面记载内容，主要包括：

（1）保险人名称。主要指承保的保险公司名称，应符合信用证要求。

（2）单据名称。主要指提供哪种单据，要看信用证规定。

（3）保险单编号。

（4）被保险人名称。如果是信用证业务，与信用证受益人一致。

如信用证规定保单抬头为银行，则须在投保人名称后加上"Held to the order of …（银行）"字样；

若信用证规定保单抬头为第三者名称，则可填被保险利益人（To whom it may concern）；

若信用证规定空白抬头空白背书，被保险人名称可为…CORP.（投保人）"For the account of whom it may concern"；

若信用证规定以××公司为抬头，被保险人名称为此公司。

（5）唛头。按发票或提单上所标唛头填写，有种简化的办法，只打上"as per invoice No. …"。

（6）包装及数量。参照发票填写，信用证上规定打明重量的，必须标出重量。

（7）保险货物项目。可以使用统称。

（8）投保金额。保险单据表明的最低出口投保金额，应该是货物的 CIF 价格或 CIP 价格的金额加 10%。

如果单据不能表明或确定 CIF 或 CIP 价格，则银行接受的投保金额最低为信用证要求付款、承兑或议付金额的 110%，或发票毛值的 110%，两者之中取金额较大者为最低投保金额。

（9）保费率及投保费。投保费为投保金额与保费率之积。一般只需注明"As Arranged"（按照约定）即可。

（10）运输工具。根据具体情况填写。

直达海运写明船名及航次，出单时若船名未定，可填 To be declared（待告）；

如投保时已明确需要在中途转船，第一程船名后加填第二程船名，若第二程船名未加填，则以"And/Or Steamers"表示。

其他运输工具照实填写：火车运输填 By Train；航空运输填 By Airplane；邮包运输

填 By Parcel Post；陆海联运填 By Train and/or Steamers；海陆联运第一程船名后加填 And/Or other Conveyance；陆空陆联运可填 By Train/Air/Truck。

（11）开航日期。海运填"As Per B/L"；陆运填"As Per Cargo Receipt"；空运填"As Per Airway Bill"；邮运填"AS Per Post Receipt"。

（12）运输起讫地。采用海洋运输到内陆目的地的，必须表明卸货港；采用陆空邮运的，可直接标明起运地和目的地。

（13）承保险别。险别内容必须与信用证有关条款保持一致，填写秩序是首先主险（基本险），其次一般附加险，最后特别附加险，如战争险、罢工险。

（14）检验理赔代理人。填写保单所载明最后目的地的保险公司代理人名称；若无，可由当地合格的代理人检验。

（15）赔款地点。赔款地点（Chain Payable at …），一般为保险单所载明的目的港/地。

（16）签发日期。一般应早于运输单据日期。

UCP600 规定：保险单据日期不得晚于发运日期，除非保险单据表明保险责任不迟于发运日生效。

（17）签章。保险单必须由被保险公司或承保人或它（他）们的代理人签字或以其他方式证实。

八、保险单的批改

保险单出具后，如果保险内容有变动，被保险人可以向保险公司申请批改。批单必须粘贴在保险单上，并加盖骑缝章，作为保单不可分割的一部分。

批单（Endorsement）是批改保险单内容的凭证，具有补充变更保险单内容的作用。保险单被批改后，保险公司必须按照批改后的内容承担责任。

批改的内容如果涉及增加保险金额或者扩大保险责任，必须遵循诚信原则，即保险公司只有在证实货物未发生出险事故的情况下才同意办理保单的批改。

签发批单时应先将批单上的项目，例如批单日期、号码、保险单号码、投保人名称、投保金额、船名等逐一列明，然后再将批改措词打上，并将改好的批单粘贴在保险单上加盖骑缝章。

九、保险单的种类

保险单主要有以下几种类型：

（一）保险单

保险单（Insurance Policy）也称大保单，是一种正规保险合同，除载明投保人名称，被保险货物名称、数量或重量，唛头，保险起讫地点，承保险别，总保险金额等项目外，还列有保险人的责任范围，以及保险合同双方权利与义务等方面的详细条款。

这是贸易实务中使用得最多的一种，也是保险单的发展趋势。

（二）保险凭证

保险凭证（Insurance Certificate）也称小保单，是简化了的保险合同，除了背面没有印定条款外，其余内容均和大保单相同，与大保单具有同样效力。

由于单据的规范化要求，小保单逐渐被大保单所取代。

（三）联合凭证

联合凭证（Combined Certificate）是一种更为简化的保险凭证，保险公司只在出口公司的商业发票上加注保险编号、险别、金额，并加盖保险公司印戳。

联合凭证虽与保险单有相同的效力，但不可转让。

联合凭证仅适用于我国大陆对港、澳地区的部分交易。

（四）预约保险单与保险通知书

预约保险单（Open Policy or Open Cover）又称预保合同，是一种长期的、总括性的保险合同。合同中规定承保货物的范围、险别、责任、费率、赔款处理等项目，凡属于预保合同中约定的运输货物，被保险人在每批货物出运后，要向保险人申报，保险人再签发保险通知书或保险凭证（Insurance Certificate）。

保险通知书。在 FOB 或 CFR 等由进口商办理保险的交易中，进口商通常与本国保险公司签订有预保合同，然后在出口商发运货物时，向进口商指定的国外保险公司发出保险通知书/声明书（Insurance Declaration）。

通知书的内容除出运货物的具体品名、数量、重量、金额、运输工具、运输日期等以外，还要列明进口商名称和预保合同号码。通知书副本作为议付单据之一。

（五）暂保单

暂保单（Cover Note）可以是保险经纪人签发的保险代办协议，也可以是保险人证明承诺保险责任的一种临时性文件。

保险人在收到被保险人的装船通知后才出立正式保险单，但在 FOB 或 CFR 条件下由进口商投保时，若进口商收到出口商的装运通知后再投保，则货物已在运输途中，对投保前的这段航程内的风险损失保险人不负责任。为了分散风险，进口商预先与保险人订立合同，这时保险人就签发暂保单。

（六）UCP600 对保险单种类的要求

对于银行可以接受的保险单据的种类，UCP600 的规定如下：

（1）保险单据，例如保险单或预约保险项下的保险证实书或者声明书，必须看似由保险公司或承保人或其代理人或代表出具并签署。

（2）假如保险单据表明其以多份正本出具，所有正本均须提交。

（3）暂保单将不被接受。

（4）可以接受保险单代预约保险项下的保险证实书或声明书。

第二节　商业发票

出口贸易中，发票（Invoice）是卖方向买方发送货物或提供服务的凭证，是买卖双方收付货款和记账的凭证，是买卖双方报关、纳税的凭证，也是卖方缮制其他出口单据的依据。买方一般通过信用证规定卖方提供某种类型的发票，未明确发票类型的，则一般指商业发票。

一、商业发票的作用

商业发票（Commercial Invoice）是出口商在发出货物时开立的凭以向进口商索取货款的价目清单。

发票是货运单据的中心和装运货物的总说明，是出口商必须提供的基本单据之一。

商业发票的主要作用是供进口商凭以收货记账、支付货款和作为报关纳税的依据。具体而言，它有四个方面的作用。

（1）交易的证明文件。商业发票由出口商在发出货物后开立，它是出口商自己为说明履约情况而提供的证明文件。

（2）记账凭证。发票是进口商收货、记账、支付货款的原始凭证，也是出口商记账的凭证（副本）。

（3）报关纳税的依据。在正常情况下，世界上多数国家都是根据商业发票中的货物单价和总金额、原产地等内容来征税的。

只有在特殊情况下才采用海关估价等方法。

（4）付款的依据。在信用证不要求提供汇票的情况下，发票可代替汇票作为付款的依据，开证行以发票记载付款金额。

二、商业发票的内容

商业发票必须全面、准确地反映交易的各项内容，因此，它包括的内容较多，这些内容可分成三部分，即首文、正文和结文。

（一）首文

首文（Heading）部分主要写明基本情况，内容一般包括发票名称、发票号码、合约或定单号码、发票制作日期和地点、船名、装货港、卸货港、收货人等。

（1）发票签发人的名称和地址。发票签发人一般为出口商。信用证项下发票的签发人应与信用证的受益人名称、地址相同。

（2）发票抬头人及地址。主要是指进口方名称和地址，信用证支付方式中，发票抬头人必须是开证申请人。

• 银行代某公司申请开证时，抬头人应为公司名称和地址。

• 信用证内实在无法确定谁为发票抬头人但证内标明了汇票的付款人时，可将汇票付款人作为发票抬头人。

• 若信用证内特别规定"Invoice must be shown A Company as accountee"，则须以 A 公司为发票抬头人。

（3）单据名称。"发票"（Invoice）必须明确表现在单据中。

（4）发票号码与日期。发票号码可以用合同号码代替，也可以另行编号。

对于发票日期，UCP600 规定："除非信用证另有规定，银行可以接受出单日期早于信用证开立日期，但不得迟于信用证规定的提示日期的单据。"

（5）合同号码。应与具体成交的合同号一致，若买卖双方各有编号，则应一一列出。

（6）转运港。货物如需转船运输，应加注转运港。且要注意转运港应与提单所标明的一致。

（7）装运口岸。若信用证内规定装运地是"A China Port"或"China"，则发票上必须标明具体的中国装运港口或内陆城市；信用证内具体规定了的则照章办理。

（8）目的地。如果信用证内规定"××国家港口"，则可以是合同或订单内的目的地，但必须注意此目的地和价格条件的一致。

（9）信用证号码和开证银行。按信用证规定填写。

（二）正文

正文（Body）是说明履约情况的部分，主要是通过对货物和货价的描述提供履约证明。

正文内容主要包括唛头、号码、商品名称、规格、货物数量、单价、金额等。

（1）唛头与号码。唛头（Mark）与号码在发票上必须注明，且须与提单、包装单、货物一致。

对于件号、批号，如果是 No.1～No.100，但实际上货物只有 95 箱，又无法确定缺哪几号箱，这种情况下可在件号前加注"EX"，以此来表示该批货物中有缺箱，这样发票和提单装箱单上的件数表示就一致了。

当一张发票中需提供两个或两个以上的唛头时，第一个唛头必须制作完整，其余的可以省去这批唛头中相同的部分。

若信用证内没有具体规定唛头，发票上的唛头按合同内的规定制作；信用证与合同都没有具体规定的，受益人可自行设计唛头，或以合同号或以"N/M"字样代替，发票内绝不能没有唛头这一栏。

（2）货物的描述。货物的描述是发票的主要部分，要列明商品的名称、规格、数量。

根据 UCP600 的规定，商业发票上的货物、服务或履约行为的描述应该与信用证中的描述一致。如果信用证对货物的描述与合同中的描述不一致，而受益人又能通融并接受该不一致，例如 L/C 内个别字母有误，那么发票上对货物的描述就必须按信用证填写（即按错的做），然后将正确的标注在括号内。

如果信用证规定需要检验证明，发票就必须按检验证明中的结果实际填制，做到和检验证书一致。

（3）单价与累计总金额。单价（Unit Price）表示法必须与信用证规定一致，发票上必须注明贸易术语，同时贸易术语中的目的港和装运港必须和发票中标出的装运港和目的港相同，还应和唛头中的目的港相同。

对于折扣项目，如果信用证中未说明，发票中就不应扣除。

若来证规定折扣、佣金、选港费（Optional Charges）、港口拥挤费（Port Congestion Charges）等要在发票上显示，则应减折扣、佣金，再加选港费和拥挤费，而且信用证中的"现金折扣"字样（Cash Discount）在发票上也应全名照列。

若信用证中注明"Less ×% Commission"，但又规定"Under Separate Note"，此时发票内不要扣除佣金。

对于单价乘以数量得出的总金额（Amount），银行只负责从表面数字上与信用证核对。

UCP600 规定：按指定行事的指定银行、保兑行（如有的话）或开证行可以接受金额大于信用证答应金额的商业发票，其决定对有关各方均有约束力，只要该银行对超过信用证答应金额的部分未作承付或者议付。

（4）商品包装、件数。在发票中必须列明商品包装方式及件数，不仅要与提单等一致，还要与唛头相符。

（三）结文

结文（Complementary Clause）包括出口商的签章、进出口许可证号码、出具汇票文句等内容。

（1）加注内容。必须与信用证规定的加注内容一致，包括进出口许可证号码、出具汇票文句等。若凭单付款信用证不要求提供汇票时，发票上可以加注"收到货款"文字（Payment received against L/C No. ... Issued by ... Bank）（又称收妥发票，Receipt Invoice）。

（2）签署与份数。发票必须加盖出口商的图章，若信用证要求发票手签，必须另加负责人的手签，否则被视为无效发票。出口商提交的发票张数必须与信用证要求一致。

第三节　跟单信用证汇票

一、跟单信用证汇票的含义与特点

跟单信用证汇票是指信用证项下附带货运单据的汇票，它通常是由受益人在向银行交单时根据信用证的规定签发。

跟单信用证汇票与一般汇票的区别有两点：

1. 性质不同

一般汇票只是资金单据或票据；跟单信用证汇票通常被视为信用证所要求提交的一种国际贸易结汇单据，因此，它既是资金单据（票据），又是商业单据。

2. 要求不同

一般汇票是否有效主要看其是否满足了票据法的要求；跟单信用证汇票要有效则必须同时满足票据法、UCP600 和信用证条款的要求。

二、跟单信用证汇票的主要内容

跟单信用证汇票的双重性质决定了它必须同时满足票据法对汇票的要求及信用证对汇票记载内容的要求。其主要内容除"汇票"字样及无条件支付命令外，还包括：

1. 出票人

跟单信用证汇票的出票人只能是信用证指定的受益人。只有可转让信用证经转让后，汇票出票人才有可能是其他人（第二受益人）。

出票人必须填写受益人全称，并有公司负责人签字或盖章，而且还要同其他相应单据的签署人名称相符。

2. 收款人

跟单信用证汇票的收款人可以是受益人本身，也可以是议付银行。如果信用证未作规定，一般应填写议付银行且采用指示抬头，如 Pay to the order of … Bank。

3. 付款人

付款人可以是开证行或开证行指定的其他银行。如果信用证规定需出具汇票而又未明确汇票付款人，则开证行被视为付款人。付款人必须写明名称和地址。

UCP400 曾允许信用证申请人为汇票付款人，但从 UCP500 开始，信用证申请人不能作为信用证跟单汇票付款人。UCP600 明确规定：不得开立包含有以申请人为汇票付款人条款的信用证。

4. 汇票金额

汇票金额不得超过信用证规定的最高金额，正常情况下，应为发票金额的 100%。

如果货款金额超过信用证金额，则应签发两张汇票，一张为跟单信用证汇票，金额为信用证最高金额；另一张为一般汇票，金额为超过信用证金额的余额，对此张汇票，开证行不承担付款责任，但可转递给开证申请人。

此外，汇票所使用货币必须与信用证规定的和发票所使用的货币一致，汇票金额同时标明大小写且须一致。如果信用证规定佣金另作贷记通知单（Credit Note），则汇票金额应为发票金额减去贷记通知单金额后的净额。

5. 付款期限

汇票的付款期限应按信用证的规定填写。如果是即期付款，则汇票标明 At Sight，见票远期则为 At-days Sight，其他还有出票日或提单日远期及定日付款远期。

6. 出票日期和地点

跟单信用证汇票的出票日期一般为交单、议付日期，不得迟于信用证的有效期，也不得早于所有单据的出单日期。

出票地点一般为出口交单、议付地点，它常与出票日期连在一起。

7. 出票条款

出票条款主要是要表明汇票开立的依据。出票条款包括开证行名、证号和开证日期三项内容，写法是 Drawn under（行名），Irrevocable Letter of Credit No. （证号），Dated（开证日期）。

不管信用证是否规定有出票条款，跟单信用证汇票都必须列明该条款。

第四节　其他商业单据

一、商业发票以外的其他发票

发票的种类很多，商业发票以外的其他类型发票主要有：

（一）海关发票

1. 海关发票的含义

海关发票（Customs Invoice）是由出口商根据进口国海关的规定填写的一种特定格式发票。

海关发票有三种形式：

- 海关发票（Customs Invoice）；
- 估价和原产地联合证明书（Combined Certificate of Value and Origin，CCVO）；
- 根据某国海关法令签发的证实发票（Certificate Invoice in Accordance with … Customs Regulations）。

2. 海关发票的作用

海关发票具有以下四项作用：

（1）进口国海关作为统计的依据。

（2）作为货物估价定税的依据。

（3）核定货物原产地。

（4）确定有无倾销。

3. 审核海关发票应注意的问题

（1）各个国家（地区）使用的海关发票，有专用的固定格式，不能混用。

（2）海关发票与商业发票上共有的项目与内容，必须与商业发票一致；海关发票各项内容必须填全，如某一项目没有发生，则标明"无"（NIL）。

（3）如果成交价格为 CIF 条件，则必须分别列明 FOB 价、运费、保险费，三者的总值应与 CIF 货值相等。

（4）海关发票必须手签，签字人和证明人均须以个人身份出现，而且两者不能为同一人。

（二）领事发票

领事发票（Consular Invoice）是由进口国驻出口国领事认证或出具的发票。

领事发票的主要作用是核定出口价格是否公道，或有无倾销；充当进口许可证；增加领事馆收入，因为在获取领事发票时，出口商还必须支付一定费用。

领事发票的内容比普通发票更详细，通常还填写有关货物的信息资料，如货物的价值、入境的港口、信用证的详细内容等，还必须附带商业发票、提单等其他单据。领事发票与商业发票对于同一内容的记载必须与商业发票保持一致。

获得领事发票，还必须注意时限问题，例如有些国家规定只有在货物所装船舶启航后7天内可以签发领事发票，过了期限将无法获得，也就会造成单据不齐全的后果。

（三）形式发票

形式发票（Proforma Invoice）又叫预开发票，它是出口商在货物出运前向进口商开立的供其申请进口许可证和外汇的发票。如系样品，可开具形式发票供进口报关之用。

形式发票不是表示债务的单证，出口商不能凭形式发票托收或在信用证下议付货款。但它具有合同的效力，有时比合同还重要。在某些国家，虽然有了买卖合同，但进口商必须有形式发票才可以申请开立信用证。如伊朗银行在开立信用证时，将形式发票直接附在信用证后作为信用证的一个组成部分。

形式发票上除必须写明抬头人、品名、数量、单价、总值、交货期、有效期外，还应当注明"此发票仅供商人申请进口许可证用，本交易以卖方最后确认为效"，以此条款来约束进口商。

按照惯例，如果达成交易，出口商所开出的正式发票与成交前所开出的形式发票应相符合。因此，国外来证中，有时加列一项条款，要求受益人在正式发票中加注书面声明，声明正式发票中的内容与形式发票相符。出口商开具形式发票要慎重，银行审核更须小心在意。

（四）厂商发票

厂商发票（Manufacturer's Invoice）是由出口货物的制造厂商所出具的以本国货币计算价格，用来证明出口国国内市场的出厂价格的发票。

厂商发票的目的也是供进口国海关估价、核税、征收反倾销税之用。如果国外来证有此项要求，应参照海关发票中有关国内价格的填制办法处理。

（五）证实发票

证实发票（Certified Invoice）是根据信用证的要求，在发票上加注一个声明证实该商业发票的真实性的发票。通常会有如下的条款在发票上出现：

We hereby certify that the goods to which this invoice relates are of … origin. and that the above stated correct and ture.

此时应将发票下端通常印有的"有错当查"字样划去。

有时证实发票还需出口国家具体、独立的机构如商会等加以签证。

若信用证没有规定由谁签证时，可由出口国商会在商业发票上盖章签字并加注证明文句作签证。商会签证的一般又叫做签证发票（Visaed Invoice），有宣誓文字的又叫宣誓发票（Sworn Invoice），但都属于证实发票之类。

在一般情况下，商业发票出票人自己加注证明文句或宣誓文句说明发票内容真实就可以了。

（六）寄售发票

寄售发票（Consignment Invoice）是货物寄售时卖方给买方开立的作为定价依据的发票。根据协议，如果不能以原定价销售货物时，买方可以较低的价格出售货物。

二、商检证书

（一）商检证书的含义和作用

商检证书（Inspection Certificate）是各种进出口商品检验证书、鉴定证书和其他证明书的统称，是商检机构签发的证明商品检验结果的书面文件。如买卖双方同意，还可采用由出口商品的生产单位或进口商品的使用单位出具证明的办法。

在国际贸易中，商检证书的作用在于：

（1）作为议付货款的单据。如果检验证明中所列的项目或检验结果与信用证规定不符或与出口商提交的其他单据不符，有关银行可以拒绝议付货款。

（2）衡量交货是否与合同相符的依据。作为证明交货的品质、数量、包装以及卫生条件是否符合合同规定的依据。

（3）处理争议的依据。如交货品质、数量、包装以及卫生条件等不符合合同规定时，商品证书是买卖双方作为处理争议的具有法律效力的有效依据。

（4）作为海关通关验收、征收关税的必要证明。

（二）商检证书的内容

我国商检证书由五个部分组成：

（1）局名头。包括局名、标志、地址、电话和电报挂号。

（2）证书种类名称。包括正、副本字样，证书号码和签证日期。

（3）商品识别部分。表明证书证明批次商品的各有关项目，如发货人、受货人、商品名称、报检重量/数量、标记号码、运输工具、发货港、目的港等。

（4）证明内容。即检验、鉴定结果和评定结论部分。

（5）签署部分。包括检验日期和地点、签证机构印章和签署人的签字。只有经过签署人签字和盖有商检机构签证印章并加盖钢印章的证书才是有效的。

出口商品检验证明，一般用英文签发。如合同、信用证均为中文本或客商要求使用中文本，也可用中文签发。如进口国有法令规定或客商要求使用其他文种，也可使用其他文种证书。

商检机构对外签发证书，一般只签发一份正本，并根据报验人需要签发若干份副本。

（三）商检证书的种类

在实际中根据不同的检验鉴定，将国家商检局制定的商检证书分别填上标题后就成了不同种类的商检证书。

1. 品质证书

品质证书（Certificate of Quality）是证明进口商品品质、规格、等级等实际情况的书面证件。出口商品品质证书是卖方履行合同条款的具体证明，它是进口国通关输入的证件和银行议付的重要单据。

根据对外贸易关系人的申请，商检机构出具的"分析"、"规格"等检验证书，也属于品质证书的范畴。

2. 重量/数量证书

重量/数量证书（Inspection Certificate of Weight or Quantity）是证明进出口商品的重量或数量的证件。

3. 兽医证书

兽医证书（Veterinary Inspection Certificate）是证明出口动物产品经过检疫合格的证件。它适用于冻畜肉、冻禽、禽畜肉罐头、皮张、肠衣等出口商品，必须由主任兽医签署。

兽医证书的内容通常按照贸易合同、信用证、国家间的协定、协议以及进口国的卫生检疫法令规定的要求办理。证书上一般要列明所采用的畜、禽等来自安全非疫区，经过宰前宰后检验，未发现检疫对象等内容，有时还加上卫生检疫内容，称为兽医卫生检验证书。

4. 卫生证书

卫生证书（Sanitary Inspection Certificate or Inspection Certificate of Health）也称健康检验证书，是证明可供人类食用的出口动物产品、食品等经过卫生检疫或检验合格的证件。适用于肠衣、罐头、蛋品、乳制品、蜂蜜等产品，证书上要说明产品符合卫生要求，适合人类食用或使用。

5. 消毒证书

消毒证书（Disinfection Inspection Certificate）是证明出口动物产品经过消毒处理，保证安全卫生的证件，适用于猪鬃、皮张、山羊毛、羽绒制品等商品。证书的内容是证明商品经过高压蒸汽消毒等方法进行消毒处理，有时这些内容也可列入品质证书和卫生证书内，不另发消毒证书。

6. 熏蒸证书

熏蒸证书（Fumigation Certificate）是用于证明出口粮谷、油籽、豆类、皮张等商品以及包装用的木材与植物性填充物等已经过熏蒸灭虫的证书。它主要证明使用何种药物，经过多少时间熏蒸等具体情况，有些商品只在品质证书中加列有关熏蒸的内容，不再单独签发熏蒸证书。

7. 包装证书

包装证书（Inspection Certificate of Packing）是用于证明进出口商品包装情况的证书。出口商品的包装检验，一般在品质证书或重量证书中加以证明，如进口商要求单独证明包装情况，商检机构可以单独出具包装证书。

8. 验舱证书

验舱证书（Inspection Certificate on Hold/Tack）是证明运输工具装运技术条件的证书。

9. 货载衡量证书

货载衡量证书（Inspection Certificate on Cargo Weight & Measurement）是证明进出口

商品的重量、体积吨位的证书。

10. 集装箱鉴定证书

集装箱鉴定证书是证明有关集装箱情况的证书。根据不同的要求对出口商品进行装箱鉴定和集装箱的清洁、测温等项目鉴定。

11. 测温证书

测温证书（Inspection Certificate of Temperature）是证明出口冷冻商品温度的证书。商检机构根据信用证要求，对出口冷冻商品在装运前进行测温，签发测温证书。测温结果一般列入品质证书中，也可按要求单独出具测温证书。

12. 生丝品级及重量检验证书

生丝品级及重量检验证书（Inspection Certificate for Raw Silk Classification & Conditioned Weight）是出口生丝的专用证书，其作用相当于品质检验证书和重量检验证书。

出口商品的商检证书签证日期必须在提单日之前。在信用证项下，商检证书的内容要与信用证中完全相同。商检证书签发并已寄往国外后，如需要补充或更正内容，经同意可签发更正证书和补充证书。更正、补充证书仍用原发证书编号，但在号码前加"R"（Revision）和"S"（Supplement），并在证书中注明"本证书系第××号证书的更正（补充）"。商检证书的内容还须与发票、提单等单据内容一致。

三、产地证书

产地证书（Certificate of Origin）是证明有关出口货物原产地或制造地的证明文件，是进口国通关验放和征收、减免关税的必要证件。

产地证书包括一般原产地证书、普遍优惠制产地证书等。

（一）一般原产地证书

一般原产地证可以由进口国驻出口国的使领馆签发或认证，也可以由出口国的官方鉴定机构或商会团体签发。

我国签发的一般原产地证主要有以下几种：

1. 国际贸易促进委员会原产地证书或中国商会原产地证书

贸促会产地证主要填写以下内容：

● 证书编号，在证书编号前还要加打公司代号。

● 签发日期，不得迟于提单日期，参照发票日期填写。

● 证明产地文句，如信用证内有规定文句，必须把此类文句恰当填写。

● 唛头、件号、商品名称、数量、重量，按发票与提单有关内容填写。

● 出证人签章，如信用证规定要手签，必须由授权签字人手签，其他人不可代签。

● 其他方面要符合信用证有关规定。

2. 欧盟纺织品专用产地证明书

对欧盟出口纺织品均需产地证明书，由地方经贸厅或经贸委签发，其内容与欧盟纺织品出口许可证的内容完全一致。正本有绿色水印。

3. 对美国出口的原产地声明书

此声明书有三种格式：

- 格式 A，一国产地声明书（Single Country Declaration）。
- 格式 B，多国产地声明书（Multiple Country Declaration）。
- 格式 C，非多种纤维纺织品声明书（Negative Declaration），用于麻或丝面料的服装。

（二）普遍优惠制产地证书

1. 普遍优惠制产地证书的作用

普遍优惠制产地证书简称普惠制产地证，是普惠制的主要单据，凡是对给惠国出口一般货物，须提供这种产地证。

目前，惠制产地证基本采用格式 A（FORM A）原产地证书。新西兰可接受其自行规定的简化格式，澳大利亚可接受出口公司在商业发票上加注的"产品系受惠国产或在受惠国制造"的声明而不必提供 FORM A。

FORM A 一正两副，正本印有绿色扭索图案底纹，尺寸为 297 * 210 毫米，使用文种为英文或法文，由出口商填制申报，签证机构审核、证明及签发。签证机构必须是受惠国政府指定的，其名称、地址、印鉴都在给惠国注册登记，在联合国贸发会秘书处备案。

我国 FORM A 的签证由国家进出口商品检验局统一负责。

2. FORM A 的内容

在填制与审核 FORM A 时，要注意以下事项：

（1）FORM A 的标题栏（右上角）。填上签证当局所编的证书号（Reference No.），证头横线上方填 "Issued in the People's Republic of China"，国名必须是全名，不得简化。

（2）出口商的公司名称、地址、国别。这是带有强制性的，不能省略，必须是中国境内的详细地址。

（3）进口商的名称，地址和国别。一般应填给惠国最终收货人（即信用证上规定的提单通知人或特别声明的受货人），如最终收货人不明确，可填发票抬头人，不能填中间转口商的名称。

（4）运输方式及路线。一般应填装货、到货地点及运输方式，如系转运商品应加上转运港，如 "Via Hong Kong"。

（5）供官方使用。申请单位不用填。在一般情况下，此栏空白，如有需要则由签证当局填写；如果是后发（签证日期晚于提单日期），需加盖 "Issued Retrospectively" 红色印案，日本一般不接受 "后发" 证书。

（6）商品顺序号。单项商品可不填，若是多种商品，可填 1，2，3，…。

（7）唛头及包装号。照实缮制，如装箱货物无唛头，填 "N/M"，不得留空；如唛头过多，此栏填制不下时，可另加附页。附页大小与 FORM A 相等，一式三份，打上 FORM A 的编号，并由签证机构授权签证人手签，加盖签证章；或将附页附在证书背面，由商检机构加盖骑缝印章，并在本栏打上 "To See the Attached List"。

（8）品名、包装数量、种类。商品名称要尽量具体、明白，一般情况下，商品商标、牌名、货号可以不标示出来。包装一定要打上大写数字。商品名称列完以后，应在末行或次行加上表示结束的符号，以防伪造。内容要与信用证规定一致，与发票内容一致。

（9）原产地标准。这一栏是整个证书最重要的。

● 完全原产无进口成分，填"P"；

● 含有进口成分，但符合原产地标准的，出口至欧盟和日本的，填"W"，并在"W"下加盖商品四位数字级 HS 税目号；

● 出口至加拿大的，填"F"；

● 出口至澳大利亚、新西兰的商品，此栏可留空。

（10）毛重或其他数量。一般填毛重，若是净重，须标 N. W. ，此外，还可以商品的正常计量单位填，如"只"、"件"、"台"、"打"等。

（11）发票日期与发票号。不得留空，月份一律用英文缩写表示出来。

（12）签证当局证明。由商检机构手签并加盖签证印章，还要打上签证地点及日期，只签发正本。签发时，手签和公章的位置不能重叠，签发日期不能早于发票日期和申报日期，但应早于货物出运日期和提单日期的非公众节假日。

（13）出口商声明。生产国的横线填"China"，进口国国名一定要正确，不能以地区或城市名称或非正式名称代替。申报单位在商检局注册的手签人在此栏签字，任何人不得代签，并加盖公章，同时填上申报地点、日期。

"FORM A"若出现内容或打字上的错误，应重新填制；如果发现内容遗漏，要用原打字机补打，证书的内容必须与信用证及所附单据一致。

四、出口许可证

对涉及配额的商品，出口商须提供出口许可证（Export Licence），便于进口商申报进口许可证或报关作配额进口证明。凡属于实施许可管理的出口商品，在出口报关时必须附有出口许可证，否则海关不会接受其报关。

常用出口许可证有以下几种：

（1）一般出口商品许可证。

（2）对美国出口的纺织品出口许可证/商业发票。该项出口许可证 1 份正本 5 份副本。正本有蓝灰色水印，给美国客户，其余副本供出口报关、电脑统计、银行结汇、签发单位留存、出口公司留存。此项许可证有两种颜色，配额品种用蓝色，非配额品种用淡黄色。

（3）对欧盟成员国家的纺织品出口许可证。此证正本有绿色水印，在填写时，要注意配额年度应与提单签发年（出运年）度相一致。

（4）对加拿大/芬兰/瑞典的纺织品出口许可证。正本白色无水印，格式与对欧盟成员国家纺织品出口许可证一致。

（5）手工制品证书。我国出口到德国和意大利用手工制品配额的纺织品使用此证书。

（6）装船证书。对出口欧盟成员国家无配额限制纺织品须提供此证明，正本有绿色水印，由外经委签发。

这类单证均要求发证当局由指定的人手签，并加盖印章，且手签与印章不能重合。若出错，不能自行修改，要经过原发证机关办理。

五、船公司证明

为了满足进口商的要求，在出口人交单议付时，往往还需按信用证要求提供船公司出具的有关证明。常见的船公司证明（Shipping Company's Certificate）有：

（1）黑名单证明。阿拉伯国家将与以色列有往来的船舶列入黑名单，不允许这些船舶与阿拉伯国家发生业务关系，该证明是为了说明载货船舶未被列入黑名单。

（2）船籍证。主要说明载货船舶的国籍。

（3）船程证。主要说明航程中停靠的港口。

（4）船龄证。主要说明船龄，开证申请人往往在信用证中规定必须说明运输船舶，包括工程船的船龄不得超过15年。

（5）船级证。主要说明载货船舶符合一定的船级标准，一般以劳氏（Lloyd's Register）船级作为标准。

（6）班轮工会船只证明。主要说明运输船舶为班轮工会船只。

（7）收单证明。在近洋运输中，为了使进口商及时凭单提货，信用证往往规定货物装船后，正本或副本提单交装货船只的船长转交收货人，出口商凭船长签发的收单证明结汇。

六、装运通知

若信用证规定受益人须在货物装船以后，以电报或电传通知收货人或开证人，并凭该电传电报副本议付，则出口商须提供电报抄本（Cable Copy）或电传抄本（Telex Copy）来加以证明。如果信用证有限定电告日期规定，必须注意不得逾期。

七、航行证

航行证（Itinerary Certificate）是船公司签发给托运人的起船证明。一般信用证对此没有规定，但银行在结汇当中通常要求受益人必须提供此证，以构成一套完整的结汇单据，寄给付款行议付。

此外，根据进口方的不同需要，信用证中还常见有对下列单据的要求：

- 寄单、寄样证明及邮局收据。
- 受益人关于货物包装、品质与合同相符的说明。
- 贷记、借记通知。
- 运费账单。
- 保险公司的有关证明。
- 出口地无领事证明。

八、有关单证的式样

保险单、商业发票、普惠制产地证、出口货物许可证的式样分别见式样15-1、式样15-2、式样15-3、式样15-4。

式样 15-1

保 险 单

中国人民保险公司
THE PEOPLE'S INSURANCE COMPANY OF CHINA

总公司设于北京   一九四九年创立
Head Office：BEIJING   Established in 1949

保 险 单   号次
INSURANCE POLICY   No. SH02/

中 国 人 民 保 险 公 司 （ 以 下 简 称 本 公 司   ）
This Policy of Insurance witnesses that The People's Insurance Company of China（hereinafter
根据
called "the Company"），at the request of _____（hereinafter
（ 以 下 简 称 被 保 险 人 ） 的 要 求 ， 由 被 保 险 人 向 本 公 司 缴 付 约 定
called "the Insured"）and in consideration of the agreed premium paid to the Company by the
的 保 险 费 ， 按 照 本 保 险 单 承 保 险 别 和 背 面 所 载 条 款 与 下 列
Insured，undertakes to insure the undermentioned goods in transportation subject to the conditions
条 款 承 保 下 述 货 物 运 输 保 险 ， 特 立 本 险 单 。
of this Policy as per the Clauses printed overleaf and other special clauses attached hereon.

标 记 Marks & Nos.	包装及数量 Quantity	保险货物项目 Description of Goods	保险金额 Amount Insured
As per Invoice No.			

总保险金额：
Total Amount Insured：...

保 费   费 率   装 载 运 输 工 具
Premium __as arranged__   Rate __as arranged__   Per conveyance S. S _____
开行日期   自   至
Slg. On or abt. _____ From __SHANGHAI__ to _____
承保险别
Conditions

所保货物，如遇出险，本公司凭本保险单及其他有关证件给付赔款。
Claims，if any，payable on surrender of this Policy together with other relevant documents.
所保货物，如发生本保险单项下负责赔偿的损失或事故，
In the event of accident whereby loss or damage may result in a claim under this Policy immediate
应立即通知本公司下述代理人查勘。
notice applying for survey must be given to the Company's Agent as mentioned hereunder：

中国人民保险公司上海分公司
THE PEOPLE'S INSURANEC CO. OF CHINA
SHANGHAI BRANCH

赔款偿付地点
Claim payable at _____
日期   上 海
Date _____ Shanghai
地址：中国上海中山东一路 23 号
Address：23 Zhongshan Dong Yi Lu Shanghai，China.
Cables：42001 Shanghai   ------------------
                                                   Manager

式样 15-2

商 业 发 票

EAST OCEAN GROUP CO.

TRADING & FASHION

KOWLOON OFFICE：   TEL：7391986

B2-58 HOUSTON CENTRE   TELEX：52856 EOGC HX

63 MODY ROAD, T. S. T. E   CABLE：WINSTRONER

KOWLOON, KONG KONG   FAX：7396052

INVOICE

No. OUT93-26   Date — 1 APR 1993

Invoice of 16，175. 80KGS（544 CTNS）OF NYLON FILAMENT YARN FOR MAGIC TAPE USE

Shipped per S. S. "MILD STAR V. 9302" Sailing on/abt. — 1 APR 1993

From Hong kong to SHANGHAI for account and risk of

Messrs. SHANGHAI HOME TEXTILES IMPORT & EXPORT CORPORATION

drawn under T/T

L/C No. _____   Buyer's order _____   Our Ref _____

Marks & No.	Quantity	Description	Unit Price	Amount
	4269. 5KGS			
93BVVE-88005HK		NYLON 6 100D/17F	USD 4. 50	USD 19212. 75
T88B		120TP/M SD-143CTNS		
No. 1-160	7906. 3KGS	NYLON 6 200D/34F	USD 3. 90	USD 30834. 57
1A-241A		350TP/M SD-241 CTNS		
1B-143B	4000. 0KGS	NYLON 66 0. 22M/M-160CTNS	USD5. 50	USD22000. 00
	16175. 8KGS			USD72047. 32

TOTAL：FIVE HUNDRED & FORTY FOUR CTNS ONLY

SAY：UNITED STATES DOLLARS SEVENTY TWO THOUSAND

　　　FORTY SEVEN AND CENTS THIRTY TWO ONLY

PLEASE T/T TO BANK OF CHINA, TSIM SHA TSUI BRANCH,

HONG KONG USD SAVING A/C NO. 012-883-9-0002988 IN

FAVOUR OF "EAST OCEAN GROUP CO."

式样 15-3　　　　　　　　　　**普惠制产地证**
ORIGINAL

1. Goods consigned from (Exporter's business Name, address, country)	Reference No. GENERALIZED SYSTEM OF PREFERENCES CERTIFICATE OF ORIGIN (Combined declaration and certificate) FORM A Issued in THE PEOPLE'S REPUBLIC (country) OF CHINA See Notes, overleaf			
2. Goods consigned to (Consignee's name, address, country)				
3. Means of transport and route (as far as known)	4. For official use			
5. Item number	6. Marks and numbers of packages	7. Number and kind of packages; description of goods	8. Origin criterion (see Notes overleaf)	9. Gross weight or other quantity	10. Number and date of invoices

11. Certification It is hereby certified, on the basis of control above carried out, that the declaration by the exporter is correct	12. Declaration by the exporter The undersigned hereby declares that the details and statements are correct; that all the goods were produced in CHINA (country) and that they comply with the origin requirements specified for those goods in the Generalizde System of Preferences for goods exported to (importing country)
Place and date, signature and stamp of certifying authority	Place and date, signature of anthorized signatury

316

式样 15-4

出口货物许可证

中华人民共和国出口货物许可证

EXPORT LICENCE OF THE PEOPLE'S REPUBLIC OF CHINA

1. 申领许可证单位：　　　编码： Exporter	2. 出口许可证编号： Licence No.
3. 发货单位：　　　编码： Consigner 中国×××进出口公司	4. 许可证有效期 Validity
5. 贸易方式： Terms of trade	8. 输往国家（地区）： Country of destination
6. 合同号： Contract No.	9. 收款方式： Terms of payment
7. 出运口岸： Port of shipment	10. 运输方式： Means of transport

11. 唛头—包装件数
Marks & numbers of packages

12. 商品名称：　　　　　　　　　　商品编码：
Description of commodity　　　　　Commodity No.

13. 规格、等级 Specification	单位 Unit	14. 数量 Quantity	15. 单价（USD） Unit price	16. 总值（USD） Amount	7. 总值折美元 USD Amount in
	公斤				
18. 总计 Total	公斤				

19. 备注： Supplementary details	20. 发证机关盖章 Issuing authority's stamp & signature 发证日期：Date of issue

317

本 章 小 结

保险单和商业发票属于基本单据。

保险险别是保险单的核心内容。它由保障的危险、保障的损失确定。保障的危险有海上风险（海难）和外来风险两类。保障的损失分为全损和部分损失。

保险险别分为基本险与附加险。基本险包括平安险 FPA、水渍险 WPA、一切险 AR；附加险分为一般附加险、特殊附加险。

正常情况下，保险人的责任期间是"仓至仓"。

保险单一般指内容完整、规范的大保单，内容简单的小保单（保险凭证）也是合格保单。另外，还有联合凭证、预约保单等特殊保单。

国际上普遍采用的保险条款或规则主要是《伦敦保险协会保险条款》、《约克·安特卫普规则》，我国对外货物运输保险还常使用《中国人民保险公司海洋运输货物保险条款》。

商业发票是货运单据的中心和装运货物的总说明，是进出口商收付款、记账、报关纳税的依据。

跟单信用证汇票具有票据和单据的双重性质，其内容因此而受双重约束。

其他附属单据主要有海关发票、领事发票、商检证明、原产地证等。

复习思考题

一、名词解释

海难　　海损　　推定全损　　共同海损　　单独海损　　平安险（FPA）
水渍险（WPA）　　一切险（AR）　　预约保单　　暂保单　　商业发票　　海关发票
领事发票　　形式发票

二、简答题

1. 被保险人应具备的条件。

2. 保障的危险有哪些？

3. 保障的损失有哪些？

4. 共同海损应具备的条件。

5. 基本险、附加险的特点和类型。

6. 保险人的责任期限如何确定？

7. 简述保险险别的确定。

8. 商业发票的作用。

9. 跟单信用证汇票的基本内容。

附录一　SWIFT 结算

第一节　SWIFT 的基本内容

SWIFT 拥有属于自己的一套符号体系,在应用 SWIFT 进行国际结算时,有必要认识和理解这些符号。

一、SWIFT 银行识别代码

每个申请加入 SWIFT 组织的银行都必须事先按照 SWIFT 组织的统一原则,制定出本行的 SWIFT 地址代码(其中银行代码可根据行名拼写特点有若干种选择),经 SWIFT 组织批准后正式生效。

SWIFT 银行识别代码(Bank Identifer Code,BIC)由以下几部分构成:银行代码(Bank Code):由四位宜于识别的银行行名缩写字母构成;国家代码(Country Code):根据国际标准化组织的规定由两位字母组成;方位代码(Location Code):由两位数字或字母构成,标明城市;分行代码(Branch Code):由三位数字或字母构成,标明城市。

表附 1-1 是有关银行的 SWIFT 银行识别代码的说明,表附 1-2 是中国银行国内分支机构的 SWIFT 代码。

表附 1-1　　　　　　　　有关银行的 SWIFT 银行识别代码的说明

含义	银行代码	国家代码	方位代码	分行代码
中国银行	BKCH	CN	BJ	***
汇丰银行	HSBC	US	33	***

表附 1-2　　　　　　　　中国银行国内分支机构的 SWIFT 代码

机构名称 (Bank Name)	SWIFT
中国银行总行 Head Office	BKCH CN BJ
北京市分行 Beijing Branch	BKCH CN BJ 110
上海市分行 Shanghai Branch	BKCH CN BJ 300
天津市分行 Tianjin Branch	BKCH CN BJ 200

续表

机构名称（Bank Name）	SWIFT
重庆市分行 Chongqing Branch	BKCH CN BJ 59A
深圳市分行 Shenzhen Branch	BKCH CN BJ 45A
安徽省分行 Anhui Branch	BKCH CN BJ 780
福建省分行 Fujian Branch	BKCH CN BJ 720
甘肃省分行 Gansu Branch	BKCH CN BJ 660
广东省分行 Guangdong Branch	BKCH CN BJ 400
广西壮族自治区分行 Guangxi Branch	BKCH CN BJ 480
贵州省分行 Guizhou Branch	BKCH CN BJ 240
海南省分行 Hainan Branch	BKCH CN BJ 740
河北省分行 Hebei Branch	BKCH CN BJ 220
黑龙江省分行 Heilongjiang Branch	BKCH CN BJ 860
河南省分行 Henan Branch	BKCH CN BJ 530
湖北省分行 Hubei Branch	BKCH CN BJ 600
湖南省分行 Hunan Branch	BKCH CN BJ 970
内蒙古自治区分行 Inner Mongolia Branch	BKCH CN BJ 880
江苏省分行 Jiangsu Branch	BKCH CN BJ 940
江西省分行 Jiangxi Branch	BKCH CN BJ 550
吉林省分行 Jilin Branch	BKCH CN BJ 840
辽宁省分行 Liaoning Branch	BKCH CN BJ 810
宁夏回族自治区分行 Ningxia Branch	BKCH CN BJ 260
青海省分行 Qinghai Branch	BKCH CN BJ 280
陕西省分行 Shanxi Branch	BKCH CN BJ 620
山东省分行 Shandong Branch	BKCH CN BJ 500
山西省分行 Shanxi Branch	BKCH CN BJ 680
四川省分行 Sichuan Branch	BKCH CN BJ 570
西藏自治区分行 Tibet Branch	BKCH CN BJ 900
新疆维吾尔自治区分行 Xinjiang Branch	BKCH CN BJ 760
云南省分行 Yunnan Branch	BKCH CN BJ 640
浙江省分行 Zhejiang Branch	BKCH CN BJ 910

资料来源：中国银行网站，http://www.bank-of-china.com。

同时，SWIFT 还为没有加入 SWIFT 组织的银行根据其申请，按照此规则编制了一种在电文中代替输入其银行全称的代码，所有此类代码均在最后三位加上 BIC 三个字母，用来区别正式 SWIFT 会员银行的 SWIFT 地址代码，只能在报文中出现。

例如：CITICNBJBIC，花旗银行北京分行。

二、SWIFT 电文格式分类

SWIFT 电文格式分类（Message Type）是由 SWIFT 标准格式部门与银行共同进行开发，经董事会批准通过的。SWIFT 电文根据银行的实际运作共划分为十大类：

第一类：客户汇票与支票（Customer Transfers Cheques）。

第二类：银行头寸调拨（Financial Institution Transfers）。

第三类：外汇买卖和存放款（Foreign Exchange …）。

第四类：托收（Collections，Cash Letters）。

第五类：证券（Securities）。

第六类：贵金属和辛迪加（Precious Metals and Syndications）。

第七类：跟单信用证和保函（Documentary Credits and Guarantees）。

第八类：旅行支票（Travellers Cheques）。

第九类：银行账务（Statement …）。

第十类：SWIFT 系统电报。

每一类（Category）包含若干组（Group），每一组又包含若干格式（Type）。每个电报格式代号由三位数字组成。

例如：

MT1xx　客户汇款与支票类

MT10x　客户汇款与支票类客户汇款组

MT11x　客户汇款与支票类支票组

MT100　客户汇款格式

MT110　支票通知

此外，还设有公共组（Common Group）：

n90　费用、利息和其他调整的通知

n91　要求支付利息、费用和其他支出

n92　要求注销

n95　查询

n96　答复

n98　约定格式

n99　自由格式

公共组可以与任何一类电报格式套用，如 MT192 要求取消一笔客户汇款等。公共组的电报格式与加押类电报格式套用为加押电报，否则便为非加押电报。

三、SWIFT 电报结构

SWIFT 电报结构（Structure）由 5 个部分组成，各部分开头均以大括号标注。

{1：Basic Header Block}　基本报头

{2：Application Header Block}　应用报头

{3：User Header Block}　用户报头

{4：Text Block}　电报正文

{5：Trailer Block}　报尾

1. 基本报头

基本报头由以下六个部分构成：

{1：　　F　　01　　BKCHCNBJA940　　1234　　123456}

　　　　a　　b　　c　　　　d　　　　　e　　　f

其中：

a. "1"表示基本报头的数据块标识符。

b. 应用程序标识符：用以识别接收或发送电报的应用程序。其有效选择为：F：FIN（Financial Application），包括全部用户间的业务电报和 FIN 系统电报；A：APC（Application Control），包括 GPA 系统电报和命令；L：LTC（Logical Terminal Control），包括 Login、Login Acknowledgment 等对话控制命令，GPA＝APC+LTC。

c. 应用程序协议数据单元标识符（APDU）：由 2 位数字组成，用以识别发送或接收的数据类型。

d. 逻辑终端地址（Logical Terminal Address）：由收报行/发报行的 SWIFT 银行识别代码加上终端代码共 12 位字符组成。

e. 对话序号（Session Number）：由 4 位数字组成，从 0001～9999 循环使用。

f. 电报接收/发送序号：由 6 位数字组成，从 000001～999999 循环使用。发报序号即 ISN（Input Sequence Number）；收报序号即 OSN（Output Sequence Number）。

2. 应用报头

应用报头包括输入和输出两个方面：

（1）输入（Input Message）。

{2：　　I　　799　　COBADE×FX210　　U　　3　　003　　}

　　　　a　　b　　c　　　　d　　　　　e　　f　　g

其中：

a. "2"表示应用报头数据块标识符。

b. "I"表示输入标识符。

c. 报头类别（Message Type）：由 3 位数字组成，用以说明被输入电文（发电）的业务类型。

d. 接收地址：由 12 位字符组成的收报行逻辑终端地址代码。

e. 电报优先级：该字符规定电报传送的优先级，可有以下三种选择：S＝System：系统电报，只限于用户对系统的发报；U＝Urgent：加急电报，用于用户之间的业务电

322

报；N＝Normal：普通电报，用于用户之间的业务电报。

　　f. 传递监控：只用于 FIN 用户间的业务电报。

　　g. 失效时限：其使用只限于 FIN 用户间的业务电报。

　　（2）输出（Output Message）。

$$\{2\text{:}\quad \underline{O}\quad \underline{100}\quad \underline{910103}\quad \underline{HSBCCNSHA\cdots2222123456}\quad \underline{910103}\quad \underline{1201}\quad \underline{N}\}$$

　　　　a　　　b　　　c　　　d　　　　　　e　　　　　　　f　　　　g　　　h

其中：

　　a. "2"表示应用报头数据块标识符。

　　b. 字母"O"表示输出标识符。

　　c. 报头类别：由 3 位数字组成，表示被输出电文（收电）的业务类型。

　　d. 输入时间（Input Time）：表示发报行发报的当地时间，若该电报为系统报，则输入时间为标准时（GMT）。

　　e. 电报输入参号（Message Input Reference，MIR）：由一组 28 位的字符串构成，包括电报输入日期、发报行的逻辑终端标识符和分支代码、对话序号和发报序号。

　　f. 输出日期（Output Date）：表示收报行的收报日期（当地时间）。

　　g. 输出时间（Output Time）：表示收报行收报的当地时间。

　　h. 电报优先级（Priority）：发报行输入电文时选用的优先级在 FIN 的输出应用报头中显示。

　　3. 用户报头

　　用户报头为三种报头中的可选项，只适用于 FIN 用户间的业务电报。它使发报人可设置一个有关该报的专用参号，并显示在输出报文，收发报确认以及与之有关的系统报文中。用户报头中用户参号（MIR）部分可用作 SWIFT-I 电报寻索的选择依据。用户报头由两部分组成，如使用，至少选择其中一项。

$$\{3\text{:}\,\{\underline{113\text{:}}\,\underline{\times\times\times}\}\qquad\qquad\{\underline{108\text{:}\,abcdefgh\quad12345678}\}\,\}$$

　　　　　　　a　　b　　　　　　　　　　　　　c

其中：

　　a. "3"表示用户报头数据块标识符。

　　b. 银行业务优先级（Banking Priority）。

　　c. 电报用户参号（Mur-Message User Reference）：标识符"108"为一个可供用户设置其专用参号的由 16 位字符组成的自由格式字段。如未选用此项，在系统存储中，电报正文中的 20 项（TRN）将被自动抄入此项以供寻索用。但 TRN 将不作为 MUR 显示在输出报文中。

　　4. 电报正文

　　电报正文被置于 SWIFT-Ⅱ电报的第 4 部分（BLOCK 4）。数据块标识符用"4"标出，首尾用大括号标出。与 FIN 用户业务相比较，GPA 电报或 FIN 系统报的不同之处在于电报正文每一字段如同报文数据块（BLOCK 4）的子块，首尾也用括号标出。以未送达警告（NT010）为例：

　　　　$\{4\text{:}\,\{106\text{:}\,\underline{910103BKCHCNBJA\times\times\times12241654321}\}\,MIR$

{108：ABCDEF}	MUR
{431：07}	NO DELIVERY ATTEMPT
{102：BANKUS33}	SWIFT ADDRESS
{104：U} }	MESSAGE PRIORITY

5. 报尾

在 SWIFT-Ⅱ 电报中，报尾部分作监督控制用，或表示特殊情况下系统对电报的处理，或传达某些特殊的附加的信息，报尾可由用户或系统添加。报尾被置于 SWIFT-Ⅱ 电报的第 5 部分（BLOCK 5）。每一报尾以 3 个字母代码开始，随后为引导和报尾自身的信息。

6. 电报参号

以中国银行收报为例：

F 01 BKCHCNBJA910 1062 837371 O 100 1738 920701　　BOKFJPZA××× 0206
0220053 920701　 1638 113：108：　　101—11943—301

（1）电报输入参号（Message Input Reference，MIR）：指发报行的有关参号。

MIR：920701　　　BOKFJPJZA×××　　　0206　　　020053
　　　　a　　　　　　　b　　　　　　　c　　　　d

其中：

a. 电报输入日期；

b. 收报行逻辑终端地址代码；

c. 输入/输出对话序号；

d. 收报序号。

（2）电报输出参号（Message Output Reference，MOR）：指收报行的有关参号。

MOR：920701　　　BKCHCNBJA910　　　1062　　　837371
　　　　a　　　　　　　b　　　　　　　c　　　　d

其中：

a. 电报输出日期；

b. 发报行逻辑终端地址代码；

c. 输入/输出对话序号；

d. 发报序号。

（3）电报用户参号（Message User Reference，MUR）：电报用户参号由发报行人选用并显示在业务电报的用户报头中。标号（108：）为可选项，未选用 MUR 的电报在寻索时可用电报正文中 20 项 TRN 代替。

7. 确认

所有 SWIFT-Ⅱ 电报包括 SYS、GPAT 和 FIN 电报均按正确的输入/输出序号被逐一确认（Acknowledgement）。确认的基本报头，无论肯定或否定（ACK/NCK）均标明原报的参号与终端标识。这主要包括两个部分，即电报确认和用户电报确认。

电报确认（ACK/NCK）是由系统发给输入终端以证实电报被接受与否并在其 SP 的安全存储。其中，ACK 电报正文包括三个方面：177：电报被接收的日期、时间；

451：接收指示符 O＝接受；108：输入电报的 MUR（若选用）。而 NCK 电报正文包括四部分：177：电报被拒绝的日期、时间；451：接收指示符 1＝拒绝；405：拒绝原因（错误代码和标号）；108：输入电报的 MUR（如选用）。

用户电报确认：IAK/INK。由用户终端自动发至 SWIFT 确认每一份 GPA 和 FIN 输出电报的接收。

四、SWIFT 报文中的一些表示方法

1. 关于项目的表示方法

SWIFT 报文（TEXT）由一些项目（FIELD）组成，每一种报文格式（Message Type，MT）规定了由哪些项目组成，每一个项目又严格规定由多少字母、多少数字或多少字符组成，这些规定的表示方法及含义如下：

n：只表示数字；

a：只表示字母；

θ：数字或字母；

x：表示 SWIFT 电信中允许出现任何一个字符（包括 10 个数字、26 个字母、有关标点符号、空格键、回车键和跳行键）；

*：行数。

例如：2n 表示最多填入 2 位数字；3a 表示必须填入 3 个字母；4*35x 表示所填入的内容最多 4 行，每行最多 35 个字符。

在一份 SWIFT 报文中，有些规定项目是必不可少的，称为必选项目（Mandatory Field）；有些规定项目可以由操作员根据业务需要确定是否选用，这些项目称为可选项目（Optional Field）。我们用"M"来表示必选项目，用"O"表示可选项目。

项目代号由 2 位数字或 2 位数字加一个小写字母后缀组成，该小写字母后缀在某一份报文中必须由某一个规定的大写字母替换，例如项目"52a"，该项目在某一份报文中可能成为"52A"，在另一份报文中就可能成为"52B"。带上不同的大写字母后缀，其含义和用法就不一样。

2. 关于货币的表示方法

SWIFT 电信中的货币符号一律采用国际标准符号（见表附 1-3）：

表附 1-3 　　　　　　　　　　　　**主要货币的 SWIFT 表示**

AUD 澳大利亚元	CNY 人民币元	HKD 港元
SGD 新加坡元	DKK 丹麦克朗	JPY 日元
EUR 欧元	NOK 挪威克朗	USD 美元
CHF 瑞士法郎	MOP 澳门元	SEK 瑞典克朗
CAD 加拿大元	NZD 新西兰元	GBP 英镑

3. 关于日期的表示方法

SWIFT 报文中的日期用 6 位数字表示，规则为：YYMMDD，即年、月、日。例如，930406 表示 1993 年 4 月 6 日。

4. 关于数字的表示方法

SWIFT 报文中，数字的表示方法与常规写法有所不同，举例如下（见表附 1-4）：

表附 1-4　　　　　　　　　　　　**数字的 SWIFT 表示**

常规写法	SWIFT 表示方法
0	0,
, 67	0, 67
100 000	100000,
256 123	256123,
777 777 777	777777777,
100	100,
21，412.00	21412, 00
5　1/4	5, 25

5. 关于关系人的表示方法

SWIFT 报文格式中有 9 个关系人识别，项目"56a"、"59"是客户项目，其余均是金融机构项目或称为银行项目（见表附 1-5）。

表附 1-5　　　　　　　　　　　　**SWIFT 报文格式中关系人表示**

项目	名　　称
50	指示行（Ordering Customer）
51a	开证人的银行（Applicant's Bank）
52a	指示人（Crdering Institution）
53a	发报行的代理行（Sender's Correspondent）
54a	收报行的代理行（Receiver's Correspondent）
56a	中间行（Intermediary）
57a	账户行（Account with Institution）
58a	收款行（Beneficiary Institution）
59	收款人（Beneficiary Customer）

项目"50"中的第一行不能出现账号。项目"59"中的第一行视具体情况加列一行账号，该账号的开户人必须是项目所要表示的关系人。

第二节　SWIFT 在贸易汇款中的使用

一、MT100 客户汇款

MT100 客户汇款（MT100 Customer Transfer）格式见表附 1-6。

表附 1-6　　　　　　　　　　　**MT100 客户汇款的电文格式**

M/O	Tag	Field　　　　　　　Name		Content/Options
M	20	Transaction Reference Number	发报行编号	16x
M	32A	Value Date, Currency Code, Amount	起息日、货币和金额	6n3a/5number
M	50	Ordering Customer	汇款人	4 * 35x
O	52a	Ordering Institution	汇款行	A or D
O	53a	Sender's Correspondent	发报行的代理行	A, B or D
O	54a	Receiver's Correspondent	收报行的代理行	A, B or D
O	56a	Intermediary	中间行	A
O	57a	Account with Institution	账户行	A, B or D
M	59	Beneficiary Customer	收款人	[/34x] 4 * 35x
O	70	Details of Payment	付款详细情况	4 * 35x
O	71A	Details of Charges	费用负担	3a
O	72	Sender to Receiver Information	附言	6 * 35x

注：M = Mandatory（必选项目），O = Optional（可选项目）。

该报文用于银行在应用 SWIFT 处理客户汇款时所使用的报文格式。

表附 1-6 内有关参数说明：

56a：中间行，该项目列明中间行，该项目内容中可能出现中间行在某清算系统中的识别代码，例如：

//CP（后跟 3 位数字）：中间行在纽约银行同业清算系统（即 CHIPS）的成员号码；//FW（后跟 9 位数字）：中间行在美国联储系统的路由号码；//BL（后跟 8 位数字）：中间行在德国的银行号码。

71A：费用负担，该项目用以下形式之一表明费用由谁负担：

BEN：费用由收款人负担；OUR：费用由发报行负担。若报文未使用该项目，即表示由收款人负担可能产生的费用。

72：附言

（1）该项目中的每一项附言之前都必须冠以代码表明该附言是给谁的，除非附言使用代码。/REC/…：下列附言系给收报行；/INT/…：下列附言系给中间行；/ACC/…:下列附言系给账户行；/BNH/…:下列附言系给受益人。

（2）如果报文中有关项目未列明该交易过程中涉及的有关银行，此处应加以说明。

（3）付款及通知方式，可能出现的代码例如：

/BENONOY/：付给收款人本人；/CHEQUE/：通过支票付款；/HOLD/：收款人前来取款，验明身份后付款。

（4）对该笔汇款的说明，可能出现的代码：

/INTRACOM/：此系同一集团内部两个公司之间的付款；/CORPTRAD/：此系公司之间贸易结算的付款。

二、MT100 客户汇款的 SWIFT 应用

1. 汇款行与解付行之间存在直接账户关系

FRANZ CO. LTD. 指示 OESTERREICHISCHE LAENDERBANK, VIENNA 向 JANSSEN CO. LTD. 在 ALGEMENE BANK NEDERLAND, AMSTERDAM 开立的欧元账户支付 EUR 1 958.47（假设该两家银行之间存在直接欧元账户关系）（如下图附 1-1 所示）：

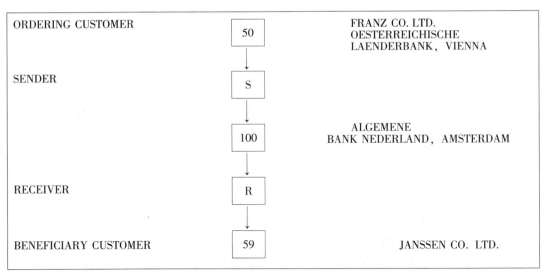

图附 1-1　该笔汇款业务中的各当事人之间的关系

SWIFT 报文：

MT100

TRANSACTION REFERENCE NUMBER：20：49493//DEV

VALUE DATE/CURRENCYCODE/AMOUNT：32A：910527 EUR1958，47

ORDERING CUSTOMER：50：JANSSEN CO. LTD.

BENEFICIARY CUSTOMER：59：JANSSEN CO. LTD. EDEBOERSTRAAT27 STER-DAM

2. 汇款行与解付行之间有账户关系，并指定解付行用以偿付的账户。

FRANZ. CO. LTD. 指示 OESTERREICHISCHE LAENDERBANK, VIENNA 向 JANS-SEN CO. LTD. 在 ALGEMENE BANK NEDERLAND, AMSTERDAM 开立的欧元账户支付 4 月 12 日发票 18042 项下货款 EUR 1 958.47（假设发报行在收报行开有多个账户，此时发报行要求对方使用 219-4290555-8 账户用以偿还）。

在本例中，其图示同上例。其报文（SWIFT）如下：

MT100

TRANSACTION REFERENCE NUMBER：20：494932/DEV

VALUE DATE/CURRENCYCODE/AMOUNT：32A：910527 EUR1958，47

ORDERING CUSTOMER：50：FRANZ CO. LTD.

SENDER'S CORRESPONDENT：53B：/219-4290555-8/

BENEFICIARY　CUSTOMER：59：JANSSEN　CO. LTD. LEDEBOERSTRAAT　27 MSTERDAM

DETAILS OF PAYMENT：70：/RFB/ZNV 18042-910412

第三节　SWIFT 在跟单托收中的使用

托收结算主要有以下几种 SWIFT 电文格式：

一、MT400 付款通知

MT400 付款通知（MT400 Advice of Payment）见附表 1-7。

本报文是由代收行发给托收行，或由代收行的分行发给托收行或托收行的分行，亦可以由代收行发给另一家代收行，用来通知托收款项下的付款或部分付款以及该托收款项的结算。除非报文中另有明确表述，发报行和收报行之间建有账户关系并将用于该业务的结算。

表附 1-7　　　　　　　　　　　**MT400 付款通知的电文格式**

M/O	Tag	Field　　　　　　Name		Content/Options
M	20	Sending Bank's TRN	代收行编号	16x
M	21	Related Reference	有关业务编号	16x
M	32a	Amount Collected	代收金额	A, B or K
M	33A	Proceeds Remitted	汇出金额	6n3a15number
O	52a	Ordering Bank	代收行	A or D
O	53a	Sender's Correspondent	发报行的代理行	A, B or D

续表

M/O	Tag	Field	Name	Content/Options
O	54a	Receiver's Correspondent	收报行的代理行	A, B or D
O	57a	Account with Bank	账户行	A or D
O	58a	Beneficiary Bank	收款行	A, B or D
O	71B	Details of Charges (Deductions)	从代收总额中扣除的费用	6 * 35x
O	72	Sender to Receiver Information	附言	6 * 35x
O	73	Details of Amounts Added	附加金额细目	6 * 35x

表附 1-7 内有关参数的说明：

32a：代收金额，该项目内容包括托收委托书上列明的到期日及付款人已支付或应付的本币币别和金额，其表现形式有三种：当项目代号为"32A"时，表明到期日已经确定；当项目代号为"32B"时，表示还无法确定到期日；当项目代号为"32K"时，表示到期日在某一段时期后。例：32K：D060ST USD 10 000，即见票后 60 天。

其中"ST"表示见票后，它还可用下列代码替换，表示在多少时间后：

BE：开出汇票后；CC：在货物清关后；GA：货物到达后；ID：在发票日期后等。

71B：该项目列明已从代收总额中扣除的费用，该项目只有在该费用货币与托收金额一致时使用。可能出现的代码：

/AGENT/：代理商佣金；/TELECHAR/：电信费用；/COMM/：我行费用；/COR-COM/：我代理行费用；/DISC/：商业折扣；/INSVR/：保险费；/POST/：邮费；/STAMP/：印花税。

72：附言，可能出现的代码：

/BNF/：下列附言给收费行；/REC/：下列附言给收报行；/TELEBEN/：请用快捷的有效电信方式通知收款行；/PHONBEN/：请用电话通知收款行；/ALCHAREF/：付款人拒付所有费用；/OVCHAREF/：付款人拒付我方费用；/UCHAREF/：付款人拒付你方费用。

73：附加金额细目，该项目内容是对加在代收本金上的金额的解释，且该项目只有在该金额货币与托收金额的货币一致时使用。其可能出现的代码：

/INTEREST/：代收金额的利息；/RETCOMM/：代收行支付的手续费。

二、MT410 确认

MT410 确认（MT 410 Acknowledgement）见表附 1-8。

本报文是由代收行发送给托收行，或由一家代收行发给另一家代收行，用来确认收到托收委托书的报文格式。除非另有表述，该报文表示代收行将按照委托书承办该业务。

表附 1-8 　　　　　　　　　　　　　**MT410 确认的电文格式**

M/O	Tag	Field	Name	Content/Options
M	20	Sending Bank's TRN	代收行的编号	16x
M	21	Related Reference	托收行的托收编号	16x
M	32a	Amount Acknowledged	确认的托收货币和金额	A，B or K
O	72	Sender to Receiver Information	附言	6 * 35x

表附 1-8 内有关参数说明：

72：附言，该项目可能出现以下代码：

/DRAWEE/：关于付款人的情况不详，请提供更详细情况；/FORWARD/：我行已将该托收业务转我××分行，请接洽该分行。

三、MT412 承兑通知

MT412 承兑通知（MT412 Advice of Acceptance）见表附 1-9。

本报文是由代收行发送给托收行，或由代收行发送给另一家代收行，用来通知收报行某托收委托书项下的一笔或多笔汇款已承兑的报文格式。

表附 1-9 　　　　　　　　　　　　　**MT412 承兑通知的电文格式**

M/O	Tag	Field	Name	Content/Options
M	20	Sending Bank's TRN	发报行编号	16x
M	21	Related Reference	有关业务编号	16x
M	32A	Maturity Date, Currency Code, Amount	到期日、货币和金额（已承兑托收）	6n3a 15number
O	72	Sender to Receiver Information	附言	6 * 35x

表附 1-9 内有关参数说明：

72：附言，该项目可能出现下列代码：

/REC/：下列附言给收报行；/ALCHAREF/：付款人拒付所有费用；/DOMICIL/：该托收业务已由××（银行）处理；/HOLDING/：已承兑汇票现由我们保管，到期将根据你行要求提示并要求付款；/OVCHAREF/：付款人拒付我行费用；/SENDING/：承兑汇票已航邮你行；/UCHAREF/：付款人拒付你行费用。

四、MT420 查询

MT420 查询（MT420 Tracer）见表附 1-10。

本报文是由托收行发给代收行，或由代收行发给另一家代收行，用来查询托收项下寄出的单据的报文格式。

表附 1-10　　　　　　　　　**MT420 查询的电文格式**

M/O	Tag	Field	Name	Content/Options
M	20	Sending Bank's TRN	发报行编号	16x
M	21	Related Reference	有关业务编号	16x
M	32a	Amount Traced	查询金额	A，B or K
O	30	Date of Collection Order	托收委托书日期	6n
O	59	Drawee	付款人	[/34x] 4*35x
O	72	Sender to Receiver Information	附言	6*35x

五、MT422 通知单据情况并要求给予指示

MT422 通知单据情况并要求给予指示（MT422 Advice of Fate and Requestion for Instructions）见表附 1-11。

表附 1-11　　　　　**MT422 通知单据情况并要求给予指示的电文格式**

M/O	Tag	Field	Name	Content/Options
M	20	Sending Bank's TRN	发报行编号	16x
M	21	Related Reference	有关业务编号	16x
M	32a	Amount Traced	查询金额	A，B or K
O	72	Sender to Receiver Information	附言	6*35x
O	75	Queries	查询	6*35x
O	76	Answers	答复	6*35x

本报文是由代收行发送给托收行，或由一家代收行发送给另一家代收行，用来通知

收报行关于代收行收到的托收单据情况。

表附 1-11 内有关参数说明：

75：查询，该项目列明有关托收的查询。一些常见的查询可用下列代号表示：

/1/WE APPEAR NOT TO HAVE BEEN DEBITED SO FAR；/14/WE CANNOT TRACE THIS TRANSACTION, PLEASE SEND DETAILS；/15/MAY WE RELEASE THE DOCUMENTS TO THE DRAWEE FREE OF PAYMENT?；/16/WE HAVE NOT RECEIVED YOUR CONFIRMATION TO DATE。

76：答复，该项目用于答复与本托收业务有关的查询。

一些常见的答复可用下列代号表示：

/1/WE HEREBY CONFIRM THAT WE CARRIED OUT YOUR ORDER ON…（日期）；

/2/WE HEREBY CONFIRM THAT THE TRANSACTION HAS BEEN EFFECTED AND ADVISED ON…（日期）；

/10/WE AUTHORISE YOU TO DEBIT OUR ACCOUNT。

该项目还可能出现下列代码：

/ARRIVCEP/：保证于货到后承兑；/ARRIVPAY/：保证于货到后付款；/DRAW-EE/：付款人情况不详，请提供详情；/INFNOCEP/：付款人声明已将未承兑的原因告之出票人；/PROMIPAY/：承诺付款。

六、MT430 修改托收指示

MT430 修改托收指示（MT430 Amendment of Instruction）见表附 1-12。

表附 1-12 **MT430 修改托收指示的电文格式**

M/O	Tag	Field	Name	Content/Options
M	20	Sending Bank's TRN	发报行的编号	16x
M	21	Related Reference	有关业务的编号	16x
O	32a	Existing Currency Amount Maturity Date, Code,	原到期日、货币和金额	A or K
O	33a	Amended Currency Amount Maturity Date, Code,	修改后的到期日、货币和金额	A or K
O	59	Drawee	付款人	[/34x] 4 * 35x
O	72	Sender to Receiver Information	附言	6 * 35x
O	74	Amendments	修改内容	6 * 35x

本报文是由托收行发给代收行，或由一家代收行发送给另一家代收行，用来修改托

收指示的报文格式。该报文分为两个部分：

第一部分：有关被修改的托收情况和对原托收委托书中的到期日、货币及金额的修改。

第二部分：对付款人的修改及对托收指示其他部分的修改。

表附 1-12 内有关参数说明：

74：修改内容，除到期日、货币、金额的修改，其他修改内容均列入此项目。在该项目中可能出现下列代码：

/CLOSE/：请将该托收项下的单据退给我行，结束该笔业务；/FREE/：请将单据交给××，不论对方是否付款；/HOLDCEP/：在付款人承兑后，请保留汇票，于到期日提示收款；/SENDCEP/：在付款人承兑后，请将该汇票航邮我行。

七、MT456 拒付通知

MT456 拒付通知（MT456 Advice of Dishonor）见表附 1-13。

本报文是由账户行发送给开户行，用来通知由于报文中列明的原因，某托收进账单项下的某票据已被拒付，发报行已借记收报行的报文格式。在该通知中，还将列明发报行已将被拒付的票据退给托收进账单的寄发行，或者已向付款人重新提示要求付款。

表附 1-13　　　　　　　　**MT456 拒付通知的电文格式**

M/O	Tag	Field	Name	Content/Options
O	25	Account Identification	账号	35x
O	52a	Sender of the Cash Letter	托收进账单的寄发行	A, B or D
O	72	Sender to Receiver Information	附言	6 * 35x

M	20	Transaction Reference Number	发报行的编号	16x
M	21	Related Reference	有关业务的编号	16x
M	32a	Date and Face Amount of Financial Document	出票日期和票面金额	A or B
M	33D	Total Amount Debited	借记总金额	6n3a15number
O	71B	Fee	费用	6 * 35x
M	77A	Reason for Dishonour	拒付原因	20 * 35x
M	77D	Details of Dishonour Item	被拒付票据的详情	6 * 35x

表附 1-13 内有关参数说明：

71B：费用，该项目对发报行就所拒付的票据收取的费用给予解释。可能出现的代码：

/AGENT/：代理商佣金；/TELECHAR/：电信费用；/COMM/：我行费用；/COR-

COM／：我代理行费用；／DISC／：商业折扣；／INSUR／：保险费；／POST／：邮费；／STAMP／:印花税；／WAREHOUS／：码头费及仓储费。

第四节　SWIFT 在信用证结算中的使用

随着电讯技术的发展，全电开证得到了普遍的应用。银行在应用 SWIFT 做全电开证时，有以下几种电文格式：

一、MT700/701 开立跟单信用证

MT700/701 开立跟单信用证（MT700/701 Issue of a Documentary Credit）见表附 1-14、表附 1-15，这是由开证行发送给通知行，用来列明发报行（开证行）开立的跟单信用证条款的报文格式。

表附 1-14　　　　　　　　　　**MT701 开立跟单信用证的电文格式**

M/O	Tag	Field	Name	Content/Options
M	27	Sequence of Total	报文页次	1n/1n
M	20	Documentary Credit Number	跟单信用证号码	16x
M	45B	Description of Goods and/or Services	货物/劳务描述	100 * 65x
O	46B	Documents Required	单据要求	100 * 65x
O	47B	Additional Conditions	附加条款	100 * 65x

表附 1-15　　　　　　　　　　**MT700 开立跟单信用证的电文格式**

M/O	Tag	Field	Name	Content/Options
M	27	Sequence of Total	报文页次	1n/1n
M	40A	Form of Documentary Credit	跟单信用证形式	24x
M	20	Documentary Credit Number	跟单信用证号码	16x
O	23	Reference to PreAdvice	预先通知编号	16x
O	31C	Date of Issue	开证日期	6n
M	31D	Date and Place of Expiry	最迟交单日期和交单地点	6n29x
O	51a	Applicant's Bank	开证申请人的银行	A or D
M	50	Applicant	开证申请人	4 * 35x
M	59	Beneficiary	受益人	[/34x] 4 * 35x
M	32B	Currency Code, Amount	货币和金额	3a15 number
O	39A	Percentage Credit Amount Tolerance	信用证金额上、下浮动最大允许范围	2n/2n

续表

M/O	Tag	Field	Name	Content/Options
O	39B	Maximum Credit Amount	信用证金额最高限额	13x
O	39C	Additional Amounts Covered	信用证涉及的附加金额	4*35x
M	41A	Available with…by…	有关银行及信用证兑付方式	A or D
O	42C	Drafts at…	汇票付款期限	3*35x
O	42a	Drawee	汇票付款人	A or D
O	42M	Mixed Payment Details	混合付款细节	4*35x
O	42P	Deferred Payment Details	迟期付款细节	4*35x
O	43P	Partial Shipments	分批装运条款	1*35x
O	43T	Transshipment	转运条款	1*35x
O	44A	Loading on Board/Dispatch/Taing in Charge at/from	装船、发运和接受监管的地点	1*65x
O	44B	For Transportation to…	货物发送最终目的地	1*65x
O	44C	Latest Date of Shipment	最迟装运日期	6n
O	44D	Shipment Period	装运期	6*65x
O	45A	Description of Goods and/or Services	货物/劳务描述	100*65x
O	46A	Documents Required	单据要求	100*65x
O	47A	Additional Conditions	附加条款	100*65x
O	71B	Charges	费用负担	6*35x
O	48	Period for Presentation	交单期限	4*35x
M	49	Confirmation Instructions	保兑指示	1x
O	53a	Reimbursement Bank	偿付行	A or D
O	78	Instruction to the Paying/ Accepting/ Negotiating Bank	给付款行、承兑行或议付行的指示	12*65x
O	57a	"Advise Through" Bank	通知行	A, B or D
O	72	Sender to Receiver Information	附言	6*35x

表附 1-15 内有关参数说明：

40A：跟单信用证形式，该项目内容总共有六种填法：Irrevocable：不可撤销跟单信用证；Revocable：可撤销跟单信用证；Irrevocable Transferable：不可撤销可转让跟单信用证；Revocable Transferable：可撤销可转让跟单信用证；Irrevocable Standby：不可撤销备用信用证；Revocable Standby：可撤销备用信用证。

41A：指定的有关银行及信用证兑付方式，该项目列明被授权对该证付款、承兑或议付的银行及该信用证的兑付方式。

（1）银行表示方法：当项目代号为"41A"时，银行用 SWIFT 名址码表示；当项目代号为"41D"时，银行用行名地址表示；如果信用证为自由议付信用证时，该项目代号应为"41D"，银行用"Any bank in...（地名/国名）"表示；如果该信用证为自由议付信用证，而且对议付地点也无限制时，该项目代号应为"41D"，银行用"Any bank"表示。

（2）兑付方式表示方法：By Payment：即期付款；By Acceptance：远期承兑；By Negotiation：议付；By DEF Payment：迟期付款；By Mixed Payment：混合付款。

49：保兑指示，该项目内容可能出现下列某一代码：Confirm：要求收报行保兑该信用证；May Add：收报行可以对信用证加具保兑；Without：不要求收报行保兑该信用证。

72：附言，可能出现的代码：/PHONBEN/：请用电话通知受益人；/TELEBEN/：请用快捷有效的电信方式通知受益人，包括 SWIFT、传真、电报、电传。

二、MT705 跟单信用证的预先通知

MT705 跟单信用证的预先通知（MT705 Preadvice of a Documentary Credit）见表附 1-16。本报文是由开证行发送给通知行，用来简要地通知跟单信用证内容的报文格式。

表附 1-16 **MT705 跟单信用证的预先通知的电文格式**

M/O	Tag	Field	Name	Content/Options
M	40A	Form of Documentary Credit	跟单信用证的形式	24x
M	20	Documentary Credit Number	跟单信用证号码	16x
M	31D	Date and Place of Expiry	到期日及到期地点	6n29x
M	50	Applicant	开证申请人	4 * 35x
M	59	Beneficiary	受益人	[/34x] 4 * 35x
M	32B	Currency Code, Amount	跟单信用证的货币和金额	3a15 number
O	39A	Percentage Credit Amount Tolerance	信用证金额浮动允许范围	2 n/2n
O	39B	Maximum Credit Amount	信用证金额最高限额	13x
O	39C	Additional Amounts Covered	附加金额	4 * 35x
M	41a	Available with...by...	有关银行及信用证兑付方式	A or D
O	44A	Loading on Board/Dispatch/Taking in Charge at/from	装船、发送和接受监管的地点	1 * 65x
O	44B	For Transportation to...	货物发送最终目的地	1 * 65x

M/O	Tag	Field	Name	Content/Options
O	44C	Latest Date of Shipment	最迟装运日期	6n
O	44D	Shipment Period	装运期	6 * 65x
O	45A	Description of Goods and/or Services	货物/劳务概述	100 * 65x
O	57a	"Advise Through" Bank	通知行	A, B or D
O	79	Narrative	其他内容简述	35 * 50x
O	72	Sender to Receiver Information	附言	6 * 35x

三、MT707 跟单信用证的修改

MT707 跟单信用证的修改（MT707 Amendment to a Documentary Credit）见表附 1-17。本报文可以由开证行发送给一家通知行，也可以由一家通知行发送给另一家通知行或由转让行发送给一家通知行，用来通知收报行有关由发报行或第三家银行开立的跟单信用证条款的修改内容的报文格式。

表附 1-17 **MT707 跟单信用证的修改的电文格式**

M/O	Tag	Field	Name	Content/Options
M	20	Sender's Reference	发报行的编号	16x
M	21	Receiver's Reference	收报行的编号	16x
O	23	Issuing Bank's Reference	开证行的编号	16x
O	52a	Issuing Bank	开证行	A or D
O	31C	Date of Issue	开证日期	6n
O	30	Date of Amendment	修改日期	6n
O	26E	Number of Amendment	修改次数	2n
M	59	Beneficiary (before this amendment)	受益人	[/34x] 4 * 35x
O	31E	New Date of Expiry	修改后的到期日	6n
O	32B	Increase of Documentary Credit Amount	跟单信用证的增额	3a number
O	33B	Decrease of Documentary Credit Amount	跟单信用证的减额	3a number
O	34B	New Documentary Credit Amount After Amendment	修改后的信用金额	3a 15 number

M/O	Tag	Field	Name	Content/Options
O	39A	Percentage Credit Amount Tolerance	修改后信用证金额浮动上、下限	2n/2n
O	39B	Maximum Credit Amount	修改后的信用证金额最高限额	13x
O	39C	Additional Amounts Covered	附加金额	4 * 35x
O	44A	Loading on Board/Dispatch/Taking in Charge at/from…	对装船、发运和接受监管的地点的修改	1 * 65x
O	44B	For Transportation to…	对货物发送最终目的地的修改	1 * 65x
O	44C	Latest Date of Shipment	对最迟装运期的修改	6n
O	44D	Shipment Period	对装运期的修改	6 * 65x
O	79	Narrative	修改详述	35 * 50x
O	72	Sender to Receiver Information	附言	6 * 35x

四、MT710/711 通知由第三家银行开立的跟单信用证

MT710/711 通知由第三家银行开立的跟单信用证（MT710/711 Advice of a Third Bank'S Documentary Credit）见表附 1-18、表附 1-19。本报文是由从开证行收到跟单信用证的通知行发送给通知受益人的银行或另一家通知行，用来通知收报行有关跟单信用证条款的报文格式。

表附 1-18　**MT710 通知由第三家银行开立的跟单信用证的电文格式**

M/O	Tag	Field	Name	Content/Options
M	27	Sequence of Total	报文页次	1n/1n
M	40B	Form of Documentary Credit	跟单信用证的形式	2 * 24x
M	20	Sender's Reference	发报行的编号	16x
M	21	Documentary Credit Number	跟单信用证号码	16x
O	23	Reference to Pre-Advice	预先通知的编号	16x
M	31C	Date of Issue	开证日期	6n
M	31D	Date and Place of Expiry	到期日及到期地点	6n29x
M	52a	Issuing Bank	开证行	A or D
O	51a	Applicant's Bank	开证申请人的银行	A or D

M/O	Tag	Field	Name	Content/Options
M	50	Applicant	开证申请人	4*35x
M	59	Beneficiary	受益人	[/34x] 4*35x
M	32B	Currency Code, Amount	跟单信用证的货币及金额	3a15 number
O	39A	Percentage Credit Amount Tolerance	信用证金额上、下浮动允许范围	2n/2n
O	39B	Maximum Credit Amount	信用证金额最高限额	13a
O	39C	Additional Amounts Covered	附加金额	4*35x
M	41a	Available with…by…	有关银行及信用证兑付方式	A or D
O	42c	Drafts at	汇票付款期限	3*35x
O	42a	Drawee	汇票付款人	A or D
O	42M	Mixed Payment Details	混合付款条件	4*35x
O	42P	Deferred Payment Details	迟期付款条件	4*35x
O	43P	Partial Shipments	分批装运条款	1*35x
O	43T	Transshipment	转运条款	1*35x
O	44A	Loading on Board/Dispatch/Taking in Charge at/from	装船、发运和接受监管的地点	1*65x
O	44B	For Transportation to…	货物发送最终目的地	1*65x
O	44C	Latest Date of Shipment	最迟装运期	6n
O	44D	Shipment Period	装运期	6*65x
O	45A	Description of Goods and/or Services	货物/劳务描述	100*65x
O	46A	Documents Required	单据要求	100*65x
O	47A	Additional Conditions	附加条款	100*65x
O	71B	Charges	费用负担	6*35x
O	48	Period for Presentation	交单期限	4*35x
M	49	Confirmation Instructions	保兑指示	1x
O	53a	Reimbursement Bank	偿付行	A or D
O	78	Instruction to the Paying/Accepting/Negotiating Bank	给付款行、承兑行或议付行的指示	12*65x
O	57a	"Advise Through" Bank	通知行	A, B or D
O	72	Sender to Receiver Information	附言	6*35x

表附 1-19　　　**MT711 通知由第三家银行开立的跟单信用证的电文格式**

M/O	Tag	Field	Name	Content/Options
M	27	Sequence of Total	报文页次	1n/1n
M	20	Sender's Reference	发报行的编号	16x
M	21	Documentary Credit Number	跟单信用证号码	16x
O	45B	Description of Goods and/or Services	货物/劳务描述	100 * 65x
O	46B	Documents Required	单据要求	100 * 65x
O	47B	Additional Conditions	附加条款	100 * 65x

五、MT720/721 跟单信用证的转让

MT720/721 跟单信用证的转让（MT720/721 Transfer of a Documentary Credit）见表附 1-20、表附 1-21。本报文是在受益人要求将跟单信用证转让给第二受益人时，由被授权通知该跟单信用证的转让的银行发送给通知第二受益人的银行，用以通知所转让的跟单信用证的全部或部分条款的报文格式。

表附 1-20　　　**MT720 跟单信用证的转让的电文格式**

M/O	Tag	Field	Name	Content/Options
M	27	Sequence of Total	报文页次	1n/1n
M	40B	Form of Documentary Credit	跟单信用证的形式	2 * 24x
M	20	Transfering Bank's Reference	转让行的编号	16x
M	21	Documentary Credit Number	跟单信用证号码	16x
M	31C	Date of Issue	开证日期	6n
M	31D	Date and Place of Expiry	到期日及到期地点	6 [ZZ] n29x
M	52a	Issuing Bank of the Original D/C	原跟单信用证的开证行	A or D
M	50	First Beneficiary	第一受益人	4 * 35x
M	59	Second Beneficiary	第二受益人	[/34x] 4 * 35x
M	32B	Currency Code, Amount	跟单信用证货币、金额	3 [ZZ] a1 5 number
O	39A	Percentage Credit Amount Tolerance	信用证金额浮动上下限	2n/2n
O	39B	Maximum Credit Amount	信用证金额最高限额	13x
O	39C	Additional Amounts Covered	附加金额	4 * 35x

M/O	Tag	Field	Name	Content/Options
M	41a	Available with…by…	有关银行及信用证兑付方式	A or D
O	42C	Drafts at…	汇票付款期限	3 * 35x
O	42a	Drawee	汇票付款人	A or D
O	42M	Mixed Payment Details	混合付款详述	4 * 35x
O	42P	Deferred Payment Details	延期付款详述	4 * 35x
O	43P	Partial Shipments	分批装运	1 * 35x
O	43T	Transshipment	转运	1 * 35x
O	44A	Loading on Board/Dispatch/Taking in Charge at/from	装船、发运和接受监管的地点	1 * 65x
O	44B	For Transportation to…	货物发运最终目的地	1 * 65x
O	44C	Latest Date of Shipment	最迟装运期	6n
O	44D	Shipment Period	装运期	6 * 35x
O	45A	Description of Goods and/or Services	货物/劳务描述	100 * 65x
O	46A	Documents Required	单据要求	100 * 65x
O	47A	Additional Conditions	附加条款	100 * 65x
O	71B	Charges	费用	6 * 35x
O	48	Period for Presentation	交单期限	4 * 35x
M	49	Confirmation Instructions	保兑提示	1x
O	78	Instructions to the Paying/Accepting/ Negotiating Bank	给付款行/承兑行/议付行的提示	12 * 65x
O	57a	"Advise Through" Bank	通知行	A, B or D
O	72	Sender to Receiver Information	附言	6 * 65x

表附 1-21 **MT721 跟单信用证的转让的电文格式**

M/O	Tag	Field	Name	Content/Options
M	27	Sequence of Total	跟单信用证页次	1n/1n
M	20	Transfering Bank's Reference	转让行的编号	16x
M	21	Documentary Credit Number	跟单信用证号码	16x
O	45B	Description of Goods and/or Services	货物/劳务描述	100 * 65x
O	46B	Documents Required	单据要求	100 * 65x
O	47B	Additional Conditions	附加条款	100 * 65x

六、MT730 确认

MT730 确认（MT730 Acknowledgement）见表附 1-22。本报文是由通知行发给开证行或另一个通知行，用来确认收到跟单信用证的报文格式。需要时，该报文也可以指明其报文已按要求通知受益人或另一家银行。该报文格式也可用来说明银行费用。

表附 1-22　　　　　　　　　　　**MT730 确认的电文格式**

M/O	Tag	Field	Name	Content/Options
M	20	Sender's Reference	发报行编号	16x
M	21	Receiver's Reference	收报行编号	16x
O	25	Account Identification	账号	35x
M	30	Date of Message Being Acknowledged	被确认报文的日期	6n
O	32a	Amount of Charges	费用金额	B or D
O	57a	Account with Bank	账户行	A or D
O	71a	Charges	费用	6 * 35x
O	72	Sender to Receiver Information	附言	6 * 35x

七、MT732 单据已被接受的通知

MT732 单据已被接受的通知（MT732 Advice of Discharge）见表附 1-23。这是由开证行发给付款行/议付行/承兑行，或由付款行/承兑行/议付行发给寄出单据的银行，用来通知收到的不符单据已被接受的报文格式。

表附 1-23　　　　　　　　　　**MT732 单据已被接受的通知的电文格式**

M/O	Tag	Field	Name	Content/Options
M	20	Sender's TRN	发报行的编号	16x
M	21	Presenting Bank's Reference	寄单行的编号	16x
M	30	Date of Advice of Payment/ Acceptance/Negotiation	付款/承兑/议付的通知日期	6n
M	32B	Amount of Utilisation	支取的金额	3a 15 number
O	72	Sender to Receiver Information	附言	6 * 35x

八、MT734 拒付通知

MT734 拒付通知（MT734 Advice of Refusal）见表附 1-24。这是由开证行发给寄单行，或由被指定付款/承兑/议付的银行发给寄单行，用来向收报行通知发报行认为单据表面上与信用证条款不符，故以不符点为由而拒绝接受单据的报文格式。发报行也可说明代为保管单据听候处理，或已退还收报行。该报文也可用来要求退款。

表附 1-24   **MT734 拒付通知的电文格式**

M/O	Tag	Field	Name	Content/Options
M	20	Sender's TRN	发报行的编号	16x
M	21	Presenting Bank's Reference	寄单行的编号	16x
M	32A	Date and Amount of Utilisation	寄单日期和支取金额	6n3a 15 number
O	73	Charges Claimed	要求支付的费用	6 * 35x
O	33a	Total Amount Claimed	要求支付的总金额	A or B
O	57a	Account with Bank	账户行	A, B or D
O	72	Sender to Receiver Information	附言	6 * 35x
M	77A	Discrepancies	不符点	20 * 35x
M	77B	Disposal of Documents	单据的处理	3 * 35x

表附 1-24 内有关参数说明：

33a：要求支付的总金额，该项目列明发报行要求支付的货币和总金额（包括费用）。若要求支付的总金额已被借记，该项目代号则为"33A"，并在该项目中加列起息日。如果系要求支付总金额，该项目代号则为"33B"。

77B：单据的处理，该项目列明有关单据处理的情况。此处可能使用以下代码：

/HOLD/：代为保管单据，听候处理；/RETURN/：单据已退贵行。

九、MT740 偿付授权

MT740 偿付授权（MT740 Authorisation to Reimburse）见表附 1-25。这是由开证行发给偿付行，用来要求收报行偿付跟单信用证项下的付款或议付款项的报文格式。

表附 1-25   **MT740 偿付授权的电文格式**

M/O	Tag	Field	Name	Content/Options
M	20	Documentary Credit Number	跟单信用证号码	16x
O	25	Account Identification	账号	35x
O	31D	Date and Place of Expiry	到期日及到期地点	6n 29x

续表

M/O	Tag	Field	Name	Content/Options
M	32B	Credit Amount	信用证金额	3a15 number
O	39A	Percentage Credit Amount Tolerance	信用证金额上、下限百分比	2n/2n
O	39B	Percentage Credit Amount Tolerance	信用证金额上、下限百分比	2n/2n
O	39B	Maximum Credit Amount	信用证金额最高限额	13x
O	39C	Additional Amounts Covered	附加金额	4*35x
M	41a	Available with…by…	有关银行及信用证兑付方式	A or D
O	42C	Drafts at…	汇票付款期限	3*35x
O	42a	Drawee	汇票付款人	A or D
O	42M	Mixed Payment Details	混合付款详述	4*35x
O	42P	Deferred Payment Details	迟期付款详述	4*35x
O	71A	Reimbursing Bank's Charges	偿付行的费用	3a
O	72	Sender to Receiver Information	附言	6*35x

十、MT742 索偿

MT742 索偿（MT742 Reimbursement Claim）见表附 1-26。本报文是由付款行或议付行发给被授权偿付的银行，就付款或议付的款项进行索偿的报文格式。

表附 1-26 **MT742 索偿的电文格式**

M/O	Tag	Field	Name	Content/Options
M	20	Claiming Banks Reference	索偿行的号码	16x
M	21	Documentary Credit Number	跟单信用证号码	16x
M	31C	Date of Issue	开证日期	6n
M	52a	Issuing Bank	开证行	A or D
M	32B	Principal Amount Claimed	要求偿付的本金	3a 15 number
O	33B	Additional Amount Claimed as Allowed for in Excess of Principal Amount	要求偿付本金以外的附加金额	3a15 number
O	71B	Charges	费用	6*35x
M	34a	Total Amount Claimed	要求偿付的总金额	A or B
O	57a	Account with Bank	账户行	A, B or D
O	58a	Beneficiary Bank	收款行	A or D
O	72	Sender to Receiver Information	附言	6*35x

十一、MT747 修改偿付授权

MT747 修改偿付授权（MT747 Amendment to an Authorisation to Reimburse）见表附 1-27。本报文是由发出偿付授权的银行（开证行）发送给偿付行，用来通知收报行关于修改与偿付授权相关的信用证条款的报文格式。

表附 1-27 **MT747 修改偿付授权的电文格式**

M/O	Tag	Field	Name	Content/Options
M	20	Documentary Credit Number	跟单信用证号码	16x
O	21	Reimbursing Bank's Reference	偿付行的编号	16x
M	30	Date of the Original Authorization to Reimburse	原偿付授权日期	6n
O	31E	New Date of Expiry	修改后的到期日	3a 15 number
O	32B	Increase of Documentary Credit Amount	跟单信用证金额的增额	3a 15 number
O	33B	Decrease of Documentary Credit Amount	跟单信用证金额的减额	3a 15 number
O	34B	New Documentary Credit Amount After Amendment	修改后的跟单信用证金额	3a 15 number
O	39A	Percentage Credit Amount Tolerance	信用证金额上、下限百分比	2n/2n
O	39B	Maximum Credit Amount	信用证金额最高限额	13x
O	39C	Additional Amounts Covered	附加金额	4 * 35x
O	72	Sender to Receiver Information	附言	6 * 35x
O	77A	Narrative	修改内容详述	20 * 35x

十二、MT750 通知不符点

MT750 通知不符点（MT750 Advice of Discrepancy）见表附 1-28。这是由接收交单的银行发送给开证行，或发送给被指定付款/承兑/议付的银行，用来通知收报行有关提交的单据与信用证不符的报文格式。

表附 1-28　　　　　　　**MT750 通知不符点的电文格式**

M/O	Tag	Field	Name	Content/Options
M	20	Presenting Bank's Reference	发报行的编号	16x
M	21	Related Reference	有关业务编号	16x
M	32B	Principal Amount	单据本金	3a 15 number
O	33B	Additional Amount	附加金额	3a 15 number
O	71B	Charges to be Deducted	应扣减的费用	6 * 35x
O	73	Charges to be Added	应加收的费用	6 * 35x
O	34B	Total Amount to be Paid	应支付的总金额	3a 15 number
O	57a	Account with Bank	账户行	A, B or D
O	72	Sender to Receiver Information	附言	6 * 35x
O	77A	Discrepancies	不符点	20 * 35x

十三、MT752 授权付款、承兑或议付

MT752 授权付款、承兑或议付（MT752 Authorization to Pay，Accept or Negotiate）见表附 1-29。这是由开证行发送给付款行/承兑行/议付行，用来答复用 MT750 报文格式或其他方式发送的授权付款/承兑/议付的请求，通知收报行在所提交的单据除了先前列明的不符点以外没有其他不符的情况下，可以对其进行付款/承兑/议付的报文格式。

表附 1-29　　　　　　　**MT752 授权付款、承兑或议付的电文格式**

M/O	Tag	Field	Name	Content/Options
M	20	Documentary Credit Number	跟单信用证号码	16x
M	21	Presenting Bank's Reference	收报行的编号	16x
M	23	Further Identification	报文功能进一步识别	16x
M	30	Date of Advice of Discrepancy of Mailing	通知不符点的日期	6n
O	32B	Total Amount Advise	通知的总金额	3a15 number
O	71B	Charges Deducted	扣减的费用	6 * 35x
O	33a	Net Amount	净金额	A or D
O	53a	Sender's Correspondent	发报行的代理行	A, B or D
O	54a	Receiver's Correspondent	收报行的代理行	A, B or D
O	72	Sender to Receiver Information	附言	6 * 35x

表附 1-29 内有关参数说明：

23：报文功能进一步识别，该项目列明该报文的目的。该项目内容为下列代码之一：

Accept：授权承兑汇票；Debit：授权借记开证行账户；Negotiate：授权议付有关不符点单据；Reimburse：授权提交单据的银行索偿；Remitted：该报文被用来对提交单据银行付款；See72：详见项目"72"。

附录二　重要词汇中英文对照

A

Acceptance	承兑
Acceptance Bill	承兑汇票
Acceptance for Honor	参加承兑
Acceptance L/C	承兑信用证
Acceptance Prohibited	不得提示承兑
Accepting Bank	承兑行
Acceptor for Honor	参加承兑人
Account Payee	入收款人账
Actual Gross Weight	货物毛重
Actual Total Loss	实际全损
Additional Documents	附属单据
Addressee	收件人
Advance Factoring	预支保理业务
Advanced Payment Guarantee	预付款保函
Advise	通知
Advising Bank	通知行
Affiliate	联营银行
Agency Office	代理处
Agreement On International RailRoad Through Transport of Goods	《国际铁路货物联运协定》
Airport of Departure	起运地
Airport of Destination	目的地
Airway Bill	航空运单
All Risks （A. R.）	一切险
American Express Card	美国运通卡
Amount of Insurance	保险金额
Anticipatory Credit	预支信用证
Anti-Date B/L	倒签提单
Applicant	开证申请人、申请人
Approved Receivables	已核准应收账款

As Arranged	按照预约
Assignee	受让人
Assignment of Proceeds	款项让渡
Associate-member Bank	联系成员银行
Assured	被保险人
Assurer	保险人
At a Fixed Date	定日
At a Fixed Period after Date	出票后定期
At a Fixed Period after Sight	见票后定期
At Sight	即期
Automated Clearing House （ACH）	自动清算所
Automated Teller Machine （ATM）	自动出纳机
Avalization	票据担保
Average	海损

B

Basic Documents	基本单据
Back to Back Factor System	背对背保理机制
Back to Back L/C	对背信用证
Bank-at-home System	银行居家系统
Bank for International Settlement （BIS）	国际清算银行
Bank Guarantee for Loan	借款保函
Bank-to-Bank	银行间
Banker's Cheque	银行支票
Banker's Demand Draft	银行即期汇票
Banker's Promissory Note	银行本票
Banker's Draft	银行汇票
Bank's Acceptance Credit	银行承兑信用证
Bank's L/C	银行保函

349

Barter Guarantee	易货保函	Clearing	清算
Barter Trade	易货	Clearing Account	清算账户
Be Authorized to Debit	授权借记	Clearing House	票据清算所
Be Sold out/up	售定	Clearing House Automated	交换银行自动收付
Bearer B/L	不记名提单	Payment System（CHAPS）	系统
Beneficiary	受益人	Clearing House Interbank	交换银行相互收付
Bill of Exchange（B/E）	汇票	Payment System（CHIPS）	系统
Bill Purchased	买单或买票	Clearing System	清算系统
Bills	票据	Code of International Facto-	《国际保理服务惯
Blank Endorsement	无记名背书、空白	ring Customs	例规则》
	背书、略式背书	Collecting Bank	托收行
Body	正文	Collection	托收
Branch	分行	Collection from Debtors	债款回收
Brief Cable	简电本	Combined Certificate	联合凭证
Buyer's Usance Clause	买方远期条款	Combined Transport Bill of	联合运输单据
Buyer's Usance L/C	买方远期信用证	Lading	
Buying Exchange	买汇	Commercial Documents	商业单据
		Commercial Invoice	商业发票

C

		Commercial Paper L/C	商业票据信用证
Cable	电开本	Commitment Fee	承担费
Cable Copy	电报抄本	Commitment Period	承担期
Cash Discount	现金折扣	Complementary Clause	结文
Carrier	承运人	Conditional Endorsement	有条件背书
Certificate of Compliance	明白声明书	Confirmed L/C	保兑信用证
Certificate of Origin	产地证明	Confirming Bank	保兑行
Certified Invoice	证实发票	Consignee	收货人
Certified Pay	保兑支票	Consignee's Name & Address	收货人名址
Certified to Pay	保付	Consignment	寄售
Charges	运费	Consignment Invoice	寄售发票
Charter Party B/L	租船提单	Consignor	托运人
Check/Cheque	支票	Consortium Bank	银团银行
Check Payable to Bearer	无记名支票	Constructive Total Loss	推定全损
Check Payable to sb. or order	记名支票	Consular Invoice	领事发票
China Insurance Clauses	中国保险条款	Container B/L	集装箱提单
（C. I. C.）		Container Freight Station	货站
Claiming Bank	索偿行	（CFS）	
Clean Bill	光票	Container Yard（CY）	货场
Clean B/L	清洁提单	Control Documents	控制文件
Clean Collection	光票托收	Convention for the Unification	《统一国际航空运
Clean Credit	光票信用证	of Certain Rules Relating to	输某些规则的公
Clean Transport Documents	清洁运输单据	International Carriage by Air	约》

Convention on the Recognition and Enforcement of Foreign Arbitral Award　《承认和执行外国仲裁裁决的公约》

Copy　副本

Correspondent Bank or Correspondents　代理行

Counter Guarantee　反担保

Counter Guarantor Bank　反担保行

Countermand Payment　撤销支付

Cover Note　暂保单

Credit　主动贷记

Credit Card　信用卡、贷记卡

Credit Control　信用销售额度

Credit Line　授信额度

Credit Note　贷记通知单

Creditor　债权人

Crossed Cheques　划线支票

Current B/L　正常提单

Customary Risks　惯常险别

Customs Invoice　海关发票

D

Date of Issue　出票日期、开证日期

Debit Card　借记卡

Debtor　债务人

Deferred Payment Credit　迟期付款信用证

Deferred Payment Transaction　延期付款交易

Deliver　交付

Delivery　交割

Demand Draft　即期汇票

Demonstrative Order　指示性抬头

Depository Bank　账户行

Description of Goods　货物描述

Detailed Packing List　详细包装单

Direct B/L　直达提单

Direct Export Factor System　直接出口保理机制

Direct Import Factor System　直接进口保理机制

Discounting　票据贴现

Discount Rate　贴现率

Dishonor　拒付、退票

Document of Title　所有权的凭证

Documentary Bill　跟单汇票

Documentary Collection　跟单托收

Documentary L/C　跟单信用证

Documents　单据

Documents against Acceptance（D/A）　承兑交单

Documents against Payment（D/P）　付款交单

Documents Negotiated against Beneficiary's indemnity　凭保议付

Domestic Sister Bank　国内联行

Draft　汇票

Drawee　受票人或付款人

Drawer　出票人

Drawn Clause　出票条款

Duplicate Receipt　副收条

E

Electronic Fund Transfers Systems　电子转账系统

Endorsee　被背书人

Endorsement　背书或批单

Endorsement for Collection　委托收款背书

Endorser　背书人

Engagement Clause　保证条款

Expiry Date　有效日期

Export Licence　出口许可证

Exporter　出口商

Extraneous Risks　外来风险

F

Factoring　保理服务

Factors Chain International（FCI）　国际保理商联合会

Federal Reserve　联邦储备银行

Finance of Foreign Trade　国际贸易融资、国际结算融资

Financed Factoring　融资保付代理

351

Financial Instruments	金融工具或信用工具	Guarantee for the Customs Duties	关税保函
Financial Service Network (FSN)	金融服务网络	Guarantee L/C	担保信用证
		Guarantee under Compensation Trade	补偿贸易保函
Foreign Bill	外国汇票	Guarantor	担保行
Foreign Currency Exchange	外币兑换		
Foreign Money Bill	外币汇票		
Forfaiter	包买商		
Forfaiting	包买票据		

H

Forfaiting Bank	包买行	
Forwarders B/L	运输行提单	Hague Rules	海牙规则
Free From Particular Average (FPA)	平安险	Hamburg Rules	汉堡规则
		Heading	（发票）首文
Freight	运费	Holder	持票人、持单人
Freight Collect	运费到付	Holder for Value	付对价持票人
Freight Forwarder	运输行	Holder in due Course	正当持票人
Freight Prepaid	预付	Home Money Bill	本币汇票
Fresh B/L	正常提单	Honor	承付
Form of Credit	信用证形式	Honor of Draft	逆汇
Fortuitous Accidents	意外事故	Horizontal Transfer	在同一层次上转让
Freely Negotiable L/C	自由议付信用证		
Full Cable	全电本		

I

Full Container Load (FCL)	整箱货	
Full Protection against Bad Debts	坏账担保	IFA International Forfaiting Rules	《IFA 国际福费廷规则》
		Importer	进口商
		In Writing	书面的
		Indorsement	背书

G

		Inland Bill	国内汇票
General Acceptance	普通承兑	Inspection Certificate	商检证书
General Average (GA)	共同海损	Inspection Certificate of Health	卫生证书
General Average Contribution	共同海损分摊		
General Rules For International Factoring (GRIF)	《国际保理服务通则》	Inspection Certificate on Hold/Track	舱证书
Generally Crossed/ Generally Crossing	一般划线支票	Institute Cargo Clause (ICC)	伦敦保险协会保险条款
Grace Days	宽限期、多收期	Instructing Bank	指示行
Gross Weight	毛重	Insurance	保险
Guarantee	保证	Insurance Agent	保险代理
Guarantee for Marine Accident	海事保函	Insurance Broker	保险经纪人
		Insurance Certificate	保险凭证
Guarantee for Processing of Imported Material	来料加工保函	Insurance Company	保险公司

Insurance Declaration	保险通知书、保险声明书	Letter of Guarantee（L/G）	银行保函、银行保证书
Insurance Interest	保险利益	Letter of Hypothecation	质押书
Insurance Policy	保险单	Letter of Indemnity	保证书
Insured	被保险人	Liner B/L	班轮提单
Insurer	保险人	Liner Terms	班轮条件
Intended Vessel	预期船只	Lloyd's Institute	劳合社
Interbank	银行同业	Loaded on Board	货装船舱板
Intermediary Bank	碰头行	Loaded on Deck	货装船舱面
International Card	国际卡	Loaded under Deck	货装甲板下面
International Chamber of Commerce（ICC）	国际商会	Local Card	地区卡
		Long Form B/L	全式提单
International Convention Concerting the Transport of Goods	《国际铁路货物运送公约》		
International Factoring	国际保理服务		

M

International Factors Group（IFG）	国际保理商组织	Mail Confirmation to Follow	随寄证实书
		Mail Transfer（M/T）	信汇
International Forfaiting Association（IFA）	国际福费廷协会	Maintenance Guarantee	维修保函
		Maker	出票人
International Rules for Interpretation of Trade Terms	《国际贸易术语解释通则》	Manufacturer's Invoice	厂商发票
		Margin	利差
International Settlement	国际结算	Marine Bill of Lading（B/L）	海运提单
International Standard banking Practice for the Examination of Documents under Documentary Credits（ISBP）	《关于审核跟单信用证项下单据的国际标准银行实务》	Master Card International	万事达国际组织
		Maturity Factoring	到期保付代理
		Measurement	尺码
		Multimodal Transport Bill of Lading（MT B/L）	多式联运提单
Invisible Trade	无形贸易		
Invoice	发票	Multimodal Transport Documents（MTD）	多式联运单据
Inward Bills	进口押汇		
Irrevocable L/C	不可撤销信用证	Multimodal Transport Operator（MTO）	多式联运营运人
Issue	出票		
Issuing Bank	开证行	Multiple Country Declaration	多国产地声明书
Itineary Certificate	船行证		

N

		Name of Vessel	船名
L		Natural Calamities	自然灾害
Latest Date for presentation of Documents	最迟交单日期	Negotiable Instruments Law	票据法
		Negotiating Bank	议付行
Latest Date of Shipment	装运期限	Negotiating Guarantee	议付保函
Less Than Container Load（LCL）	拼箱货	Negotiation	流通转让或议付
Letter of Credit（L/C）	信用证	Negotiation L/C	议付信用证

353

Non-depository Correspondent	非账户行	Packing Specification	包装说明
Non-Trade Settlement	非贸易结算	Parcel Post Receipt	邮包收据
Non-Transferable L/C	不可转让信用证	Parcel Post Transport	邮包运输
Nosotro Account	往户账	Partial Loss	部分损失
Not Negotiable	不可转让	Partial Shipment Permitted/ not Permitted	可否分批装运
Notice of Dishonor	拒付通知		
Notice of Dishonor Excused	免作拒付通知	Particular Average	单独海损
Notify Party	被通知方	Payee	收款人
Number of Packages	件数	Payer for Honor	参加付款人
		Paying Bank	汇入行
		Paying Transaction	付款交易

O

		Payment	付款
On Board Stowed	货装舱底	Payment after Arrival of the Goods	货到付款
On-Line Branch System (OBS)	分支行联网系统		
Open Account (O/A)	赊账方式	Payment for Honor	参加付款
Open Account Transaction	赊销交易	Payment Guarantee	付款保函
Open B/L	空白提单	Payment in Advance	预付货款
Open by Airmail	信开	Payment in Due Course	正当付款
Open by Cable	电开	Performance Guarantee	履约保函
Open Check	非划线支票	Perils of Sea	海上风险、海难
Open Cover	预约保险单	Person Designated as Payer	担当付款人
Open Policy	预约保险单	Place of Payment	付款地点
Opening Bank's Name & Signature	开证行代表签名	Point-of-sale System	零售点系统
		Port Congestion Charges	港口拥挤费
Option Period	选择期	Port of Discharge/Destination	卸货港或目的地
Optional Charges	选期费	Port of Loading/shipment	装货港
Order	命令	Port to Port	港至港
Order B/L	指示提单	Presentation	提示
Order of Shipment	托运人指示	Presentment for Acceptance Required	必须提示承兑
Original	正本		
Original Document	正本单据	Principal	委托人
Original Receipt	正收条	Proforma Invoice	形式发票、预开发票
Outward Bills	出口押汇		
Overdraft Guarantee	透支保函	Promissory Note	本票
Overseas Sister Bank	海外联行	Protest	拒绝证书
Overseas Remittance	侨汇	Protest Waived	免作拒绝证书

Q

		Qualified Acceptance	保留承兑

P

		Quality Guarantee	质量保函
Packing L/C	打包放款信用证		
Packing List	装箱单		

R

Railway Bill	铁路运单
Received	（提单）契约文句
Received Shipment B/L	备运提单
Reciprocal L/C	对开信用证
Recourse	追索
Red Clause L/C	红色条款信用证
Referee in Case of Need	预备付款人
Reimbursement Authorization	偿付授权
Reimbursement Claim	索偿书、索偿要求
Reimbursement Undertaking	偿付承诺
Reimbursing Bank	偿付行
Reissuing Bank	转开行
Remittance	汇款、顺汇、汇付
Remittance by Banker's Demand Draft（D/D）	票汇
Remitter	汇款人
Remitting Bank	汇出行、托收银行
Repayment Guarantee	还款保函
Representative Endorsement	限制背书
Representative Office	代表处
Reques for Transfer of Credit	转让申请书
Restricted Negotiable L/C	限制议付信用证
Restrictive Order	限制性抬头
Retention Money Guarantee	留置金保函
Revolving Credit	循环信用证
Risks	风险
Routing and Destination	航空路线

S

Salvage Charge	救助费用
Sample Invoice	样品发票
Seller's Usance L/C	卖方远期信用证
Selling Exchange	卖汇
Settlement Under Trade Agreement	协定贸易结算
Shipped B/L	已装船提单
Shipper's Name & Address	发货人名址
Shipping Company's Certificate	船公司证明
Shipping Guarantee	提货保函
Shipping Marks	唛头
Shipping weight	装箱重量
Short Form B/L	略式班轮提单
Sight Draft	即期汇票
Sight Payment L/C	即期付款信用证
Signature of the Drawer	出票人签字
Similar Credit	套证
Single Country Declaration	单一国家产地声明书
Single Factor System	单保理机制
Sister Bank	联行
Society for Worldwide Interbank Financial Telecommunication（SWIFT）	环球银行金融电讯协会
Sola Bill	单张汇票
Special Endorsement	记名背书、特别背书、正式背书、完全背书
Specially Crossed/ Specially Crossing	特殊划线支票
Specimen Signature	印鉴
Stale B/L	过期提单
Standard	准则
Standy Letter of Credit（SL/C）	备用信用证
Straight B/L	记名提单、收货人抬头提单
Straight L/C	不可议付信用证、直接信用证
Sub-branch	支行
Subsidiary	子银行
Subsidiary Credit	附属信用证
Sue and Labor Expenses	施救费用
Sworn Invoice	宣誓发票

T

Tackle to Tackle	钩至钩
Take Reasonable Care	合理谨慎地
Telegraphic Transfer（T/T）	电汇
Teletransmition	电讯传递

Telex	电传
Telex Copy	电传抄本
Tender Guarantee	投标保函
Terms and Conditions	费率表
Terms of Validity	有效日期
Test Key	密押
The Doctrine of Strict Compliance	严格符合的原则
The Giving of Value	付出对价
The Two Factor System	双保理机制
Through B/L	联运提单
Time Bill	远期汇票
To Draw	开票
Total Loss	全部损失
Total Package	总件数
Trade Bill	商业汇票
Trade Financing	融资保理
Trader's Acceptance Bill	商业承兑汇票
Trader's Promissory Note	商业本票
Transferable L/C	可转让信用证
Transferee	受让人
Transferor	让与人
Transhipment Allowed/not Allowed	可否转运
Transhipment B/L	转船提单
Transmit	转递
Transmitting Bank	转递行
Transport Documents	运输单据
Traveller's Cheque	旅行支票
Trust Receipt (T/R)	信托收据
Two Parties Credit	双名信用证

U

Unapproved Receivables	未核准应收账款
UNCITRAL Arbitration Rules	《联合国国际贸易法委员会仲裁规则》
Unclean B/L	不清洁提单
Unclean Transport Documents	不清洁运输单据
Under Writer	保险商
Undertaking Clause	开证行保证条款

Uniform Customs and Practice for Documentary Credits (UCP)	《跟单信用证统一惯例》
Uniform Customs and Practice for Documentary Credits for Electronic Presentation (eUCP)	《跟单信用证电子交单统一惯例》或《UCP电子交单增补》
Uniform Rules for a Combined Transport Documents	《联合运输单据统一规则》
Uniform Rules for Bank-to-Bank Reimbursements under Documentary Credits (URR)	《跟单信用证项下银行间偿付统一规则》
Uniform Rules for Collection (URC)	《托收统一规则》
Uniform Rules for Demand Guarantee (URDG)	《见索即付保函统一规则》
Unit Price	单价
United Nations Convention On Contracts for the International Sale of Goods	《联合国国际货物销售合同公约》
Unknown Clause	不知悉条款
Unstale B/L	正常提单
Usance Bill	远期汇票
Usance Credit	远期付款信用证
Usual Risks	通常险别

V

Vertical Transfer	垂直转让
VISA International	维萨国际组织
Visaed Invoice	签证发票
Visible Trade	有形贸易
Vostro Account	来户账

W

Weight Certificate or List	重量单
With Particular Average (WPA)	水渍险
Without Recourse	免于追索

356

Y

| York-Antwep Rules | 《约克-安特卫普规则》 |

■ 重要词汇英文缩写

AR：All Risks	一切险
ACH：Automated Clearing House	自动清算所
ATM：Automated Teller Machine	自动出纳机
BIS：Bank for International Settlement	国际清算银行
B/E：Bill of Exchange	汇票
B/L：Marine Bill of Lading	海运提单
CIC：China Insurance Clauses	中国保险条款
CHAPS：Clearing House Automated Payment System	交换银行自动收付系统
CHIPS：Clearing House Interbank Payment System	交换银行相互收付系统
CFS：Container Freight Station	货站
CY：Container Yard	货场
CORRES：Correspondent Bank or Correspondents	代理行
D/A：Documents against Acceptance	承兑交单
D/D：Remittance by Banker's Demand Draft	票汇
D/P：Documents against Payment	付款交单
eUCP：Uniform Customs and Practice for Documentary Credits for Electronic Presentation	《跟单信用证电子交单统一惯例》
FCI：Factors Chain International	国际保理商联合会
FSN：Financial Service Network	金融服务网络

FPA：Free From Particular Average	平安险
FCL：Full Container Load	整箱货
GA：General Average	共同海损
GRIF：General Rules For International Factoring	《国际保理服务通则》
ICC：Institute Cargo Clause	伦敦保险协会保险条款
ICC：International Chamber of Commerce	国际商会
IFA：International Forfaiting Association	国际福费廷协会
IFG：International Factors Group	国际保理商组织
ISBP：International Standard Banking Practice for the Examination of Documents under Documentary Credits	《跟单信用证项下审核单据的国际标准银行实务》
L/C：Letter of Credit	信用证
LCL：Less Than Container Load	拼箱货
L/G：Letter of Guarantee	银行保函、银行保证书
M/T：Mail Transfer	信汇
MT B/L：Multimodal Transport Bill of Lading	多式联运提单
MTD：Multimodal Transport Documents	多式联运单据
MTO：Multimodal Transport Operator	多式联运营运人
O/A：Open Account	赊账方式
SL/C：Standy Letter of Credit	备用信用证
SWIFT：Society for Worldwide Interbank Financial Tele-communication	环球银行金融电讯协会，环银电协
T/R：Trust Receipt	信托收据
T/T：Telegraphic Transfer	电汇
UCP：Uniform Customs and Practice for Documentary Credits	《跟单信用证统一惯例》
URC：Uniform Rules for Collection	《托收统一规则》

URDG：Uniform Rules for Demand Guarantee 《见索即付保函统一规则》

URR：Uniform Rules for Bank-to-Bank Reimbursements under Documentary Credits 《跟单信用证项下银行间偿付统一规则》

WPA：With Particular Average 水渍险

主要参考书目

1. 爱德华·G. 辛克尔曼，著．顾继红，周林，译．国际支付 ［M］．北京：经济科学出版社，2002.

2. 国际保理商组织，国际保理商联合会．国际保理服务通则 ［M］．1990.

3. 国际福费廷协会．IFA 福费廷国际规则 ［M］，IFA 福费廷国际规则用户指南 ［M］．2004.

4. 国际商会，国际商会中国委员会．国际贸易术语解释通则（2010 年），《托收统一规则》(1996 年)，《跟单信用证统一惯例》(2007 年)，《跟单信用证下审核单据的国际标准银行实务》(2007 年)，《跟单信用证电子交单统一惯例》(2007 年)，《跟单信用证项下银行间偿付统一规则》(2008 年)，《见索即付保函统一规则》(2010 年)．

5. 国际私法协会．国际保理服务公约 ［M］．1988.

6. 贺培．国际结算学（第 2 版）［M］．北京：中国财政经济出版社，2009.

7. 单建保．保付代理和包买票据 ［M］．北京：中国金融出版社，1993.

8. 苏宗祥，徐捷．国际结算 ［M］．北京：中国金融出版社，2009.

9. 原擒龙．商业银行国际结算与贸易融资业务 ［M］．北京：中国金融出版社，2008.

10. 张东祥．国际结算 ［M］．北京：首都经济贸易大学出版社，2008.

11. 中国人民银行．支付结算办法，2004.

12. 中国银行．SWIFT 实用手册，2003，2006.

13. 中华人民共和国票据法，1995.

14. Anthony N. Cox&John A. Mackenzie，International Factoring Euromoney，London，UK，1986.

15. Edward G. Hinkelman：International Payments. 上海：上海外语教育出版社，2000.

16. Willsher，Richard D.，Introduction to Forfaiting，Couble Notes，1993.

17. Willsher，Richard D.，Introduction to Trade Finance，Couble Notes，1994.